Christa und Gerhard Wolf
Gemeinsam gelebte Zeit

Sonja Hilzinger

# Christa und Gerhard Wolf
## Gemeinsam gelebte Zeit

verlag für berlin-brandenburg

1. Auflage dieser Ausgabe 2015

Binzstraße 19, D–13189 Berlin
www.verlagberlinbrandenburg.de

Redaktionelle Mitarbeit: Robert Schieding, Berlin
Umschlaggestaltung: Stephanie Raubach, Berlin
Satz und Gestaltung: Ariane Sept, Fredersdorf
Gesamtherstellung: druckwelten.org, Inh. Thomas Schneider, Jesewitz
Druck und Bindung: Multiprint OOD, Kostinbrod
Printed in Bulgaria

ISBN 978-3-945256-43-5

# Inhalt

## Seit 1988 | Berlin, Amalienpark 233



## Anhang 283

# Vorwort

Die thüringische Kleinstadt am Südhang des Kyffhäusergebirges, bei der 1525 die letzte vernichtende Schlacht des Bauernkrieges geschlagen wurde, und die Garnisonsstadt an der Warthe, im Osten, in der damaligen Mark Brandenburg gelegen – dies waren die Kindheitsorte von Gerhard Wolf und von Christa Ihlenfeld, die mit ihrer Familie 1947 nach Bad Frankenhausen kam. Beide gehören derselben Generation an, sie wuchsen während des Nationalsozialismus auf und erfuhren dadurch ähnliche Prägungen. Ihre unterschiedlichen familiären Umfelder und Erfahrungen formten ihre jeweiligen Vorstellungen von der späteren eigenen Familie. Die frühen Verluste, der Tod der Mutter bei Gerhard Wolf, der Verlust der Kindheitsheimat bei Christa Wolf, führten bei beiden zu einer besonderen Bedeutung und Wertschätzung von Familie, Zugehörigkeiten und Bindungen, und formten ihren Umgang mit Verlusten, Ängsten, Verletzungen und Konflikten. Während Christa Wolf dazu neigte, auf starke innere Erschütterungen mit starken körperlichen und psychischen Symptomen zu reagieren, blieb Gerhard Wolf in Konfliktsituationen äußerlich distanzierter. Seine Heiterkeit ergänzte ihre Ernsthaftigkeit, und wo sie sich im Gespräch auf den roten Faden konzentrierte, hatte er Freude an der anekdotischen Abschweifung. Ähnlich waren sie einander in der Art ihres Humors, der sich lakonisch-trocken wie feinsinnig-ironisch äußern konnte. Mehr als sechzig Jahre lebten sie zusammen, umgeben von einer großen Familie und einem weitverzweigten Freundeskreis. In den Jahrzehnten sind sie *ineinander gewachsen* und ohne den anderen und die andere wären beide *ein anderer Mensch* (Widmung). Ihre Liebe ermöglichte beiden jenes „Zu-sich-selber-Kommen“, das Johannes R. Becher als „die Erfüllung aller der Möglichkeiten, wie sie dem Menschen gegeben sind“, beschrieb (Aufstand, S. 116). Das „Wir“, das sie im Laufe der Jahrzehnte lebten, stand in den Anfangsjahren ihrer Beziehung, die auch die ersten Jahre der Deutschen Demokratischen Republik waren, im Zeichen des vom Antifaschismus geprägten Sozialismus. Die Ernüchterung, die nicht ausbleiben konnte, setzte bei Gerhard Wolf früher und gründlicher ein, während Christa Wolf sich wider besseres Wissen immer wieder von bestimmten Anlässen zu Veränderungshoffnungen verleiten ließ. Ihre enge Bindung, die über wechselnde Zeiten bewahrte Liebe, blieb die letzte gemeinsame Utopie. Christa Wolf, die von Anfang an *immer geschrieben* hat, hat nicht nur kompromisslos wahrhaftige Selbsterforschung und seismografisch genaue Wahrnehmung zeitgenössischer Realität in ihren Texten verbunden, sondern sie wurde darüber hinaus – vor allem in ihren Tagebuchaufzeichnungen – zur Chronistin nicht nur der eigenen, sondern auch ihrer beider gemeinsamer Erinnerung. Sie haben, was sie erlebten, von seltenen Ausnahmen abgesehen, gemeinsam erlebt, besprochen und bewertet, sie standen in fortgesetztem Dialog miteinander und haben die Arbeit des und der jeweils anderen aufmerksam, kritisch und mitdenkend begleitet. Sie haben ein Modell der anderen Art in ihrer Liebes- und Arbeitsbeziehung entwickelt, das ihnen beiden nahezu frei von herkömmlichen Rollenbildern die Erfüllung ihrer jeweils individuellen Möglichkeiten erlaubte und ein exklusives Wir etablierte, das im freundschaftlichen Austausch wie im gesellschaftlichen Engagement Impulse aufnahm und gab. Und, dies vor allem: Christa und Gerhard Wolf haben, als Einzelne und gemeinsam, die kulturellen Entwicklungen ihrer Zeit aktiv mitgestaltet und unübersehbar geprägt.

Um individuelle und gemeinsame Erfahrungen, um Liebe und Arbeit, Freundschaften und Familie, um Zeitgeschichte, Literatur und bildende Kunst, um Hoffnungen, Enttäuschungen und Verluste, um Konflikte, um Alltage, aus denen in der Zusammenschau das ganze Leben besteht, geht es in dieser Doppelbiografie, um einen fortgesetzten Dialog, in dem auch andere Stimmen willkommen waren.

Das Material, mit dem ich arbeite, ist vielfältig. In erster Linie natürlich mit den veröffentlichten Texten Christa und Gerhard Wolfs, aber auch mit unveröffentlichtem Material aus dem Christa-

Wolf-Archiv der Akademie der Künste zu Berlin und mit Protokollen von Gesprächen, die ich nach Christa Wolfs Tod mit Gerhard Wolf geführt habe. Ohne dies im Einzelnen immer wortwörtlich nachzuweisen, arbeite ich mit Wolf-Zitaten, die kursiv gesetzt sind. (Zitate aus Veröffentlichungen werden im Text durch Kurztitel und Seitenzahl nachgewiesen, die Kurztitel finden sich im Literaturverzeichnis im Anhang.) Ich beziehe natürlich auch Eindrücke von persönlichen Begegnungen und aus vielen Gesprächen aus etwa zwanzig Jahren mit ein.

Ende 1976 habe ich als linke frauenbewegte Studentin das erste Buch von Christa Wolf gelesen, *Nachdenken über Christa T.*, seitdem begleiteten mich ihre Bücher und gaben meiner literaturwissenschaftlichen Forschung die Richtung auf die DDR-Literatur vor, später, ausgelöst durch die Beschäftigung mit dem Werk von Anna Seghers, kam die Exilforschung hinzu. Seit ich vor mehr als dreißig Jahren das erste Buch über Christa Wolf veröffentlicht habe, sind zahlreiche weitere Bücher und Beiträge hinzugekommen, darunter die zwölfbändige Werkausgabe (1999–2001) sowie die Suhrkamp-BasisBiographie 2007. Auch dieses Material geht, aktualisiert und neu bewertet, in die Doppelbiografie ein. Und selbstverständlich haben die Arbeiten von Kolleginnen und Kollegen, die Bücher von Zeitgenossen und Gefährten der Wolfs ihre Spuren hinterlassen. Überhaupt wäre diese Doppelbiografie gar nicht zustande gekommen ohne Alain Lance, den französischen Autor und, gemeinsam mit seiner Frau Renate Lance-Otterbein, Übersetzer von Christa Wolf. Als er mich 2010 für den im Frühjahr 2011 geplanten Band der Literaturzeitschrift *europe* um einen Beitrag bat, erwogen wir verschiedene Themen, bis er, langjähriger Freund der Wolfs, vorschlug, über Christa und Gerhard Wolf als Paar zu schreiben. Den Wolfs gefiel die Idee eines Essays über ihre Lebensbeziehung ausgesprochen gut, sie begleiteten und bereicherten meine Arbeit mit Gesprächen am Teetisch, ergänzten, kommentierten und präzisierten meinen Text. Und dabei entstand die Idee, aus dem Essay *Sie und er* (*Elle et lui*) ein Buch zu machen, eine Art Doppelbiografie, eingebettet in die Zeitgeschichte, mit vielen Fotos. Nach der Rückkehr von Christa und Gerhard Wolf aus Woserin im Herbst

2011 wollten wir das Projekt angehen. Dazu kam es nicht mehr. Am 1. Dezember 2011 starb Christa Wolf nach langer Krankheit. Das folgende Jahr hindurch gab Gerhard Wolf mir Auskünfte und Einblicke, erzählte, erklärte und kommentierte. Für diese Gespräche am Teetisch bin ich sehr dankbar.

Für die „Anschubfinanzierung“ danke ich der Rosa-Luxemburg-Stiftung.

# 1928–1949 | Bad Frankenhausen am Kyffhäuser und Landsberg an der Warthe

## Frühe Jahre in Thüringen

Gerhard Wolfs Familie väterlicherseits kam aus dem thüringischen Städtchen Suhl, seit dem achtzehnten Jahrhundert der wichtigste Ort für die Herstellung von Schusswaffen in Kursachsen. Die Männer der Familie arbeiteten als Büchsenmacher in dem in Suhl seit 1856 ansässigen Unternehmen der Brüder Löb und Moses Simson. Alfred Wolf (1896–1994), Gerhards Vater, war das jüngste von neun Geschwistern. Seinen ältesten Bruder kannte er praktisch gar nicht, er war schon aus dem Haus, als Alfred noch ein Kind war. Anders als seine älteren Brüder, die als Büchsenmacher nicht eingezogen wurden, meldete Alfred Wolf sich 1914 als junger Mann freiwillig zum Kriegsdienst im Ersten Weltkrieg. Er hatte Glück: Er brach sich ein Bein und landete danach in der Schreibstube. Nach Kriegsende blieb er zunächst Mitglied des Hunderttausend-Mann-Heeres, das aufgrund der Bedingungen des Versailler Vertrags starken Beschränkungen unterlag, die allerdings durch illegale Maßnahmen umgangen wurden. Während der Weimarer Republik trug diese Berufsarmee den Namen Reichswehr, danach ging sie in der Wehrmacht auf.

Alfred Wolf wäre gerne Journalist geworden, nun wurde er Buchhalter und arbeitete beim Finanzamt. Er war siebenundzwanzig Jahre alt, als er sich mit der Schneiderin Margarete Stumpf (1895–1938) verheiratete. Sie stammte aus der Bergbau- und Garnisonsstadt Sondershausen im Norden Thüringens, bis 1918 Residenzstadt des Fürstentums Schwarzburg-Sondershausen. Auch Margarete kam aus einer kinderreichen Familie. Einige ihrer Verwandten führten Bauernwirtschaften in umliegenden Dörfern, andere waren in die USA ausgewandert und schickten Pakete, oft auch mit abgelegten Kleidern, aus denen Margarete neue Sachen schneiderte. Ein Halbkörperporträt aus dem Familienalbum, auf dem sie sehr jung aussieht, zeigt sie als schlanke, ja zierliche dunkelhaarige Frau mit sanftem, fast melancholischem Ausdruck. Alfred hingegen hatte eine untersetzte Figur, ein weiches, rundes Gesicht und schon als junger Mann nur noch wenig Haare.

Alfred und Margarete Wolf zogen nach Frankenhausen, das seit 1927 die Bezeichnung Bad Frankenhausen trug. Bereits um das Jahr 1800 wurde die zur Salzgewinnung genutzte Solequelle auch zu Heilzwecken eingesetzt, 1818 wurde das erste Kurhaus gebaut und 1926 ein Kinderkurheim oben auf dem Hügel. 1947 wurde Otto Ihlenfeld, Christas Vaters, dessen Geschäftsführer. Seit 1938 gab es ein Solefreibad im Ort. Die erste Wohnung der Wolfs lag in der Rosengasse neben der Mühle an der Wipper, die nach Gerhard Wolfs Erinnerung eher ein Bach als ein Fluss war. Dort wurde Gerhard am 16. Oktober 1928 geboren und 1933 sein Bruder Dieter. Später zog die Familie in den Bachweg. Die Mutter betrieb privat Schneiderei, der Vater arbeitete im Finanzamt. 1937 erkrankte Margarete Wolf an Brustkrebs und wurde stationär im Krankenhaus in Halle aufgenommen, wo ihr beide Brüste amputiert wurden. Alfred Wolf arbeitete ab 1938 als Buchhalter für den nationalsozialistischen Reichskriegerbund, den Dachverband deutscher Kriegervereine, dem Schloss Rathsfeld gehörte. In einem der Nebengebäude bezog die Restfamilie, versorgt von einer Haushälterin, eine schöne und für damalige Verhältnisse komfortable Wohnung mit Bad und Heizung.

Rathsfeld liegt wenige Kilometer nördlich von Bad Frankenhausen auf einer vor Jahrhunderten gerodeten Hochfläche des Kyffhäusergebirges. Im ehemaligen Jagdschloss der Schwarzburger Grafen wurde in den Dreißigerjahren ein Gebäudekomplex als Heim für den Reichskriegerbund errichtet. Die Buchsbaumhecke, welche die frühere Wohnung der Wolfs umgab, war damals dreißig Zentimeter hoch. Als Gerhard und Christa Wolf mit der Familie zur Feier ihres fünfzigsten Hochzeitstages 2001 dorthin fuhren, war sie so hoch gewachsen wie das Gebäude selbst.

Gerhard war ein hellblond gelocktes, zartes Kind mit einem feingeschnittenen Gesicht, „Bübchen“ und „Puppa“ genannt. Vom hochgelegenen Rathsfeld aus hatte er einen Weg von vielleicht sechs Kilometern zur Schule hinunter nach Bad Frankenhausen, den er im

Sommer mit dem Rad, im Winter auf Skiern zurücklegte. Gerhard war beim Jungvolk, danach in der Hitlerjugend. Aus Trotz lernte er nicht schwimmen, denn die Kinder wurden vom Sportwart einfach ins Wasser geworfen. Im Unterschied zu Christa, die eine sehr gute Schwimmerin war und gerne schwamm, wurde das Wasser nie Gerhards Element. Als Erwachsener wäre er während eines Urlaubs auf Hiddensee beinahe ertrunken.

Er war ein sensibles Kind, war viel allein und las gern. Der Vater war Mitglied eines Bücherclubs, und unter den Büchern, die es zu Hause gab, war zum Beispiel Dostojewskis *Schuld und Sühne*. Auch bei Gerhards Lieblingsonkel Albert in Suhl, wo der Junge die Sommerferien verbrachte, gab es Bücher und außerdem Schallplatten. Sein Cousin nahm ihn mit auf den Schießstand, Büchsen einschießen. Bis heute erinnert sich Gerhard Wolf gerne an den Berggarten hinter dem Haus der Lieblingstante Jenny, wo Beerensträucher und Obstbäume standen. Auch die anderen Suhler Verwandten besaßen große Nutzgärten hinter ihren Häusern, in denen Gerhard sich gerne aufhielt.

Die Mutter kam ein- oder zweimal aus der Klinik zu Besuch nach Rathsfeld. Ihre Brust war großflächig verbunden. 1938 – Gerhard war knapp zehn Jahre alt, sein Bruder fünf – starb sie im Krankenhaus in Halle. Nicht vom Vater, sondern von der Aufwartefrau erfuhr Gerhard vom Tod der Mutter. Sie wurde in Sondershausen im Familiengrab der Stumpfs beerdigt. Der familiäre Zusammenhang zerbrach durch den Tod der Mutter und die wortkarge, verschlossene Art des Vaters. Zeitlebens behielt Gerhard Wolf ein emotional distanziertes Verhältnis zum Vater und auch mit dem Bruder verband ihn wenig. Als der Krieg begann und der Vater eingezogen wurde, lebten die Brüder getrennt voneinander bei verschiedenen Verwandten. Der zehnjährige Gerhard kam zu Tante Rosa nach Jecha bei Sondershausen. Auf dem Bauernhof wurden Hühner und Schweine gehalten, im Garten wuchsen Gemüse und Obst, sodass es auch später im Krieg genug zu essen gab. Aus dieser Zeit stammt Gerhards Vorliebe für Birnen, denn die im Obstgarten in Jecha schmeckten besonders gut. In späteren Sommern, auch noch als Student in Jena, kam er öfters als Erntehelfer nach Jecha zu den Verwandten. Im besonders kalten Winter 1939/40 wurde es in der kleinen Dachkammer, wo er schlief, trotz des dicken Federbetts und der zwei heißen Backsteine darunter überhaupt nicht warm im Bett – und morgens war die Bettdecke von einer dünnen Schicht Eis überzogen: gefrorener Atem. Der Schulwechsel von Bad Frankenhausen ins etwa zwanzig Kilometer entfernte Sondershausen (von Jecha aus fuhr er wieder mit dem Rad) bereitete Gerhard große Schwierigkeiten, was angesichts seiner Lebensumstände nicht verwundert.

1939 wurde Alfred Wolf, dreiundvierzig Jahre alt, eingezogen, machte den Frankreichfeldzug mit und wurde danach demobilisiert. Er war als Ortspolizist in der Nähe von Sondershausen im Einsatz, zu seinen Aufgaben gehörte auch die Bewachung polnischer Zwangsarbeiter. Weil sie nach Kriegsende bei den Amerikanern für ihn eintraten, entging Alfred Wolf der Gefangenschaft. Otto Ihlenfeld, Christas Vater, hatte während des Krieges französische Kriegsgefangene zu bewachen, die sich später ebenfalls für ihn verwandten; er aber kam in russische Kriegsgefangenschaft bis 1947.

Noch als Soldat, 1940/41, lernte Gerhards Vater seine zweite Frau Felicitas kennen, die in Rathsfeld einzog. Dorthin kehrten nun auch die beiden Jungen zurück, acht und dreizehn Jahre alt. Alfred Wolf, SA-Mann und Wehrmachtssoldat, war im Unterschied zu Felicitas nur ein Mitläufer der Nazis. Sie hingegen war eine überzeugte Nationalsozialistin, arbeitete als Frauenbildungsleiterin in Gatersleben, wo sie Kindergärtnerinnen ausbildete, und besaß das goldene Sportabzeichen. 1942 wurde der Halbbruder Helmut geboren. Er starb 1987 nach einem schweren Autounfall in einem Potsdamer Krankenhaus.

## Kriegsjahre

Während der letzten Kriegsjahre war Gerhards Klasse zunächst als Luftwaffenhelfer in Erfurt im Einsatz. Dreimal pro Woche kamen ihre Lehrer aus Bad Frankenhausen, um die Jugendlichen zu unterrichten. Dann wurde Gerhard an der Bleilochtalsperre eingesetzt, an einem der größten deutschen Stauseen, wo sie Tiefflieger mit sogenannter Vierlingsflak beschießen sollten. 1944 kam der sechzehnjährige Gerhard an die Oder zu einer Flakbatterie, die am Oderdamm in Wriezen und in Alt-Lewin stand. Jahre später, während er als Dramaturg an Konrad Wolfs Film *Ich war neunzehn* mitarbeitete, konnte Gerhard Wolf die Erfahrungen dieser Monate auf der anderen Seite der Front einbringen: Der Film erzählt die Geschichte eines jungen Rotarmisten an der Oder. Der kunst- und literaturinteressierte Gerhard schätzte damals die Skulpturen des Bildhauers Arno Breker (1900–1991). 1935 hatte der alte Max Liebermann Breker bei der Übersiedlung von Paris nach Berlin freundschaftlich unterstützt, und ein Jahr später hatte Breker Liebermann die Totenmaske abgenommen. Zu dessen vierzigstem Geburtstag 1940 hatte Hitler seinem Lieblingsbildhauer den Landsitz Jäckelsbruch bei Wriezen geschenkt, und Breker hatte die historische Anlage um einen Atelieranbau erweitert. Im Winter 1944/45 standen dort noch Brekers riesige Figuren und Skulpturen. Die jungen Luftwaffenhelfer warfen ihre Mäntel über die ausgestreckten Arme der *griechischen Kerle* und nutzten die Figuren als Garderobe. Gerhards Begeisterung für Breker verflog. Am 16. April 1945 wurde die ganze Flak-Batterie in Wriezen von Sowjetsoldaten beschossen, sie setzten sich ab und machten sich auf den Weg nördlich an Berlin vorbei.

Nahe der Elbe geriet Gerhard in amerikanische Gefangenschaft. Der amerikanische Offizier, der ihn auf Deutsch befragte, war der deutschjüdische Emigrant Thomas Schiff. Inmitten eines Kiefernwaldes mussten die Gefangenen, überwiegend Soldaten und nur wenige Luftwaffenhelfer, sich selbst ihr Lager bauen und einen Stacheldrahtzaun setzen. Zwei, drei Wochen blieb Gerhard dort, wurde dann entlassen, machte sich auf den Weg nach Thüringen und war im Mai wieder zu Hause. In der Rathsfelder Wohnung fand Gerhard Vater, Brüder, Stiefmutter und deren aus Schlesien geflohene Familie vor. In einem anderen Gebäude auf dem Gelände war eine amerikanische Feldbäckerei untergebracht. Die von den Soldaten weggeworfenen leeren Mehlsäcke hoben sie auf, schüttelten das darin verbliebene Mehl sorgfältig aus und sammelten es, um Brot daraus zu backen. Aus dem Sackleinen wurden behelfsmäßige

Kleidungsstücke geschneidert. Nachdem die Amerikaner abgezogen waren, kamen die Russen, Thüringen war Teil der sowjetischen Besatzungszone. Das Rathsfelder Schloss wurde nun Lazarett. Die erweiterte Familie Wolf musste ihre Wohnung räumen und lebte zuerst provisorisch in Räumen der Berufsschule in Bad Frankenhausen, danach in einem kleinen hölzernen Gartenhaus, wo es sehr beengt zuging. Aber in dem sich an einem Weinberg hoch erstreckenden Garten, der einem Arzt gehörte, wuchsen zu Gerhards Freude herrliche Aprikosenbäume. Bis die Schule wieder begann, arbeitete Gerhard im nahegelegenen Steinthaleben bei einem Bauern. Der Vater, als Mitläufer eingestuft, musste zunächst als Landarbeiter, danach in einer Knopffabrik arbeiten, ehe er ab 1947 wieder Arbeit als Buchhalter fand.

In Gerhard Wolfs Erinnerung sind die Jahre 1944/45 auch besetzt mit Begegnungen mit Mädchen und jungen Frauen, deren Namen er bis heute weiß. Da war Marianne, die Braut seines Cousins Georg, eines Sohnes des Lieblingsonkels Albert; Georg war im Krieg vermisst und sein Schicksal blieb ungeklärt. In Marianne war Gerhard als Sechzehn-, Siebzehnjähriger verliebt. Da war Ruth, deren Vater, ein Gartenarchitekt, in Bad Frankenhausen eine Gärtnerei führte, da waren Ingrid und Bärbel und andere Mädchen, die 1944 aus bombardierten Städten nach Bad Frankenhausen kamen und hier für einige Monate zur Schule gingen. Da war Marlies, die im Sommer 1945 beim selben Bauern wie er arbeitete. Sie ging bald zurück nach Bremen, sie schrieben einander Briefe und knüpften daran Hoffnungen auf eine gemeinsame Zukunft. Als Gerhard sie 1949 dort besuchte, war die Wiederbegegnung jedoch seltsam ernüchternd – sie waren einander fremd geworden.

## Mit uns zieht die neue Zeit

Mit dem Wiederbeginn der Schule im Herbst 1945 verbindet Gerhard Wolf das Lied *Mit uns zieht die neue Zeit*, dessen eigentümliche Kontinuität als Lied der Arbeiterjugend aus der Weimarer Republik, während der Nazi-Zeit in HJ, BDM und SA verbreitet und dann als Lied der FDJ ihn bis heute befremdet. *Wann wir schreiten Seit' an Seit'/ Und die alten Lieder singen./ Und die Wälder wiederklingen,/ Fühlen wir, es muß gelingen.// Mit uns zieht die neue Zeit!* Die ersten Takte des Refrains erklangen in den frühen Fünfzigerjahren auch als Pausenzeichen der DDR-Radiosender. Die Heilsgewissheit und Aufbruchseuphorie dieses Liedes hielt es offen für die Sehnsucht jeder jungen Generation nach *ihrer* neuen Zeit, so ging es damals auch Gerhard. Er war achtzehn Jahre alt, liebte Gedichte – vor allem Rilke – und bildende Kunst, zeichnete und las gern; seine Lieblingsfächer waren Deutsch, Geschichte und Kunst. Diejenigen Lehrer, die in einer NS-Organisation Mitglied waren, mussten die Schule verlassen, und es blieben nur wenige unbelastete übrig, darunter der Latein- und der Mathematiklehrer. Der Deutschlehrer Otto Schröder war nach Gerhard Wolfs Erinnerung ein interessanter Mensch: In der Weimarer Republik Sozialdemokrat, Atheist, während der Nazi-Zeit kurzzeitig in Buchenwald interniert, verstand er es, seine Schülerinnen und Schüler für Literatur zu begeistern. Er las und diskutierte mit den jungen Leuten Nietzsches *Zarathustra* und Anna Seghers' im Exil entstandenen Deutschlandroman *Das siebte Kreuz*. In seinem Haus war der dänische Dichter Martin Andersen-Nexö zu Gast, und er lud den Schriftsteller Theodor Plievier zu einer Lesung aus seinem dokumentarischen Roman *Stalingrad* ein, der 1945 im Aufbau-Verlag erschienen war. Plievier (1892–1955) war 1933 in die Sowjetunion emigriert, wo er Mitglied des Nationalkomitees Freies Deutschland wurde. Er erhielt dort die Möglichkeit, deutsche Kriegsgefangene über den Untergang der 6. Armee in Stalingrad zu befragen und sowjetische Materialien dazu auszuwerten. So entstand sein Buch. 1945 kam er mit der Roten Armee nach Deutschland zurück und ließ sich in Weimar nieder, wo er als Landtagsabgeordneter, Verlagsleiter und Vertreter des Kulturbundes zur demokratischen Erneuerung Deutschlands arbeitete. Ernüchtert durch die politische Entwicklung in der SBZ ging er Anfang 1948 in den Westen.

Schon im letzten Schuljahr engagierte sich Gerhard im Kulturbund und besuchte den einen und anderen Lehrgang. Er bestritt sein Abitur 1947 in Deutsch mit einer Interpretation von Rainer

Maria Rilkes Gedicht *Der Panther*. Rilke hatte im Jardin des Plantes in Paris das Tier im Käfig gesehen, das ihn 1902 zu diesem Gedicht inspirierte. *Sein Blick ist vom Vorübergehn der Stäbe/ so müd geworden, dass er nichts mehr hält./ Ihm ist, als ob es tausend Stäbe gäbe/ und hinter tausend Stäben keine Welt.// Der weiche Gang geschmeidig starker Schritte,/ der sich im allerkleinsten Kreise dreht,/ ist wie ein Tanz von Kraft um eine Mitte, in der betäubt ein großer Wille steht.// Nur manchmal schiebt der Vorhang der Pupille/ sich lautlos auf. Dann geht ein Bild hinein,/ geht durch der Glieder angespannte Stille –/ und hört im Herzen auf zu sein.*

Von dieser frühen Faszination Gerhard Wolfs für den Prager Dichter führte ein direkter Weg zu einem anderen Prager Dichter, dessen Werk ihn lange begleiten wird: zu Louis Fürnberg, dessen Dichtung auch eine literarische Auseinandersetzung mit Rilke war. Viele Jahre später wird Gerhard Wolf über Fürnbergs Faszination für Rilke schreiben, *das war für ihn vollendete, melodische, alle menschlichen Nuancen aufnehmende Sprache* (Fürnberg, S. 114). Gerhard Wolfs späteres zentrales Arbeitsgebiet, die Analyse, Interpretation und Vermittlung von Lyrik, entwickelte sich aus seinem bereits in jungen Jahren vorhandenen lebhaften wachsenden Interesse für zeitgenössische Literatur und Kunst.

Im April 1946 wurde die Sozialistische Einheitspartei (SED) als Zusammenschluss von SPD und KPD gegründet. Damals war es einfach, Parteimitglied zu werden. So kam es, dass Gerhard 1946, mit achtzehn Jahren, SED-Mitglied wurde, gleichzeitig mit seinem Freund Manfred. Für beide war es zunächst ein Schritt, mit dem man sich von seiner Herkunftsfamilie absetzte, der während des Nationalsozialismus aktiven Elterngeneration. Es war aber auch ein symbolischer Akt: die Distanzierung von dem, was man hinter sich lassen wollte, und die Bereitschaft, sich auf die „neue Zeit" einzulassen. Gerhard verkündete die Neuigkeit stolz am Mittagstisch – das war natürlich eine Provokation für Alfred Wolf und insbesondere für seine Frau. Felicitas' Lebenswille war nach der militärischen Niederlage des Nationalsozialismus gebrochen, sie konnte den neuen Verhältnisse nichts abgewinnen. Wenige Jahre später, als Gerhard bereits in Jena studierte, starb sie dort im Krankenhaus an Unterleibskrebs.

## Oberschulhelfer in Schlotheim

Nach dem Abitur, das Gerhard (wie auch Christa) kriegsbedingt etwas älter als die Klassenkameraden absolvierte, entschied er sich für eine Ausbildung als Oberschulhelfer, um danach als Lehrer arbeiten zu können. Diese Option war der historischen Situation geschuldet: In den Schulen der sowjetischen Besatzungszone und der späteren DDR wurden dringend neue Lehrkräfte gebraucht, die die alten, NS-belasteten Lehrer ersetzen konnten. Gleichzeitig erhielt, wer sich für zwei Jahre als Oberschulhelfer verpflichtete, einen Studienplatz garantiert – und da Gerhard aus einer Angestellten-, nicht aus einer der bevorzugten Arbeiter- oder Bauernfamilien kam und unbedingt studieren wollte, ergriff er diese Chance. Außerdem war ihm daran gelegen, schnell von zu Hause wegzukommen, auch wollte er den Eltern nicht auf der Tasche liegen. Eigentlich hätte er lieber Deutsch unterrichtet, aber da gab es keinen Ausbildungsplatz mehr. Pragmatisch entschied er sich für Biologie. Die Ausbildung dauerte lediglich ein Vierteljahr und schloss direkt an das Abitur an. Die jungen Leute wurden in dem Stoff unterrichtet, den sie danach in der elften und zwölften Klasse selbst unterrichten sollten. Gerhard wohnte während dieser drei Monate in einem Gasthaus in Eisenach und erhielt gerade so viel Geld, dass er davon leben konnte. Nach der Schulhelfer-Ausbildung wurde er zunächst an seine alte Schule in Bad Frankenhausen versetzt, in das alte Kollegium, wo es jedoch schon nach kurzer Zeit zu Spannungen kam. Damals war die zugezogene Christa Ihlenfeld dort Oberstufenschülerin, ihr jüngerer Bruder Horst und Gerhards Bruder Dieter gingen in dieselbe Klasse. Der Schulleiter und Mathematiklehrer Dewald, der auf Christa großen Eindruck gemacht hat, war ein sehr kluger, in Gerhard Wolfs Erinnerung aber auch ein seltsamer Mensch, der durch einen steifen Arm beeinträchtigt war.

Gerhard Wolf verbrachte seine Oberschulhelferzeit an der zwölfklassigen Einheitsschule in Schlotheim, knapp fünfzig Kilometer von Bad Frankenhausen entfernt. Dort wohnte er zur Untermiete über einer Metzgerei. Wenn er alle vierzehn Tage zu Eltern und Brüdern fuhr, konnte er oft ein ordentliches Paket mit Wurst und Fleisch mitbringen. Damals war er knapp zwanzig Jahre alt, seine Schülerinnen und Schüler waren nur wenig jünger. Seine damalige Freundin war ein Mädchen aus der Abiturklasse, sie kam aus dem Sudetenland und war die Tochter eines Kunstmalers. Bis auf ein Zoologiebuch gab es keine Lehrbücher. Lehrer und Schüler haben sich den Stoff mehr oder weniger gemeinsam erarbeitet. Nach Schulschluss am Nachmittag spielten sie oft Handball. Weil es sich um eine Einheitsschule handelte, musste der junge Lehrer in der fünften Klasse auch Deutsch, Rechnen und andere Fächer unterrichten, was ihm nicht so gut gefiel.

Das war eine sehr bewegte, lebendige Zeit. In Schlotheim ging Gerhard oft ins Theater und gestaltete im Rahmen des örtlichen Kulturbundes, dessen Vorsitzender er war, Kulturprogramme – so lasen sie zum Beispiel *Faust* vor Publikum, er war *natürlich Mephisto*. In dieser Kulturarbeit bewegte er sich wie ein Fisch im Wasser, das Unterrichten hatte hingegen nicht dieselbe Wertigkeit für ihn. Als er dann nach den zwei Jahren Lehrtätigkeit sein Studium in Jena aufnahm – Pädagogik und Germanistik, dann auch Geschichte –, entsprach diese pragmatisch getroffene Berufswahl schon nicht mehr seinem tatsächlichen Berufswunsch. Zum Studienbeginn im Wintersemester 1949/50 kam er einige Tage später als seine Kommilitoninnen und Kommilitonen, weil er einen Kulturbund-Lehrgang in Bad Saarow besuchte. Die ein- oder zweiwöchigen Kulturbund-Lehrgänge waren für die jungen Leute auch Begegnungsorte mit remigrierten Schriftstellern und Dichtern sowie mit Kulturfunktionären. Gerhard Wolf begegnete dort unter anderem Johannes R. Becher, Rudolf Leonhard, Klaus Gysi und Alexander Abusch, im Kulturbundklub in der Berliner Jägerstraße sah er später zum ersten Mal Arnold Zweig. Viele spätere Autoren wie Günter Kunert oder Heiner Müller besuchten solche Lehrgänge und lernten von Mentoren, wie etwa Leonhard einer war, der auch Arbeitsgemeinschaften junger Autoren betreute.

## Christa Ihlenfelds Kindheitsort

Wie Gerhard Wolf, der bis auf die Monate als Luftwaffenhelfer an der Oder seine Kindheit und Jugend in Orten im Thüringischen verbracht hat, ist auch Christa Ihlenfeld in ihrer Kindheitsheimat geblieben, in Landsberg an der Warthe – bis sie diese durch Flucht und Vertreibung unwiederbringlich verlor: ein Verlust, der es ihr viele Jahre lang erschwerte, Heimatgefühle zu anderen Orten zu entwickeln, an denen sie eine Zeitlang lebte. Und als ihr dies schließlich gelang – die Sommerhäuser in Neu-Meteln, danach in Woserin inmitten der mecklenburgischen Landschaft mit ihrem hohen Himmel und der unbegrenzten Weite waren später solch heimatliche Orte für sie –, wuchs die Furcht vor erneutem Verlust, der ihr an die Substanz gegangen wäre. In *Kindheitsmuster* findet Christa Wolf lebendige Bilder für ihre Kindheitsstadt Landsberg an der Warthe, heute Gorzów Wielkopolski, damals eine Stadt mit knapp fünfzigtausend Einwohnern, eine Garnisonsstadt an der Ostbahnstrecke, die Berlin mit Danzig und Königsberg verband. Zur Stadt gehörten der Fluss und die Erinnerung an den Geruch des Wassers, die östliche Landschaft mit ihren kargen Kiefernwäldern, Schafgarbe, Johanniskraut und Wegwarte auf den Wiesen, gehörte der Blick aus dem Fenster ihres Zimmers über die Stadt und auf die Pappel im Vorgarten. Solche durch Fensterrahmen begrenzten und gehaltenen Ausblicke wird es in ihren Büchern später häufig geben.

Christa Ihlenfeld wurde am 18. März 1929 in Landsberg geboren. Das erste Foto zeigt sie mit den stolzen Eltern. Otto Ihlenfeld (1897–1989) hat ein weiches, freundliches Gesicht, die Mutter Herta (1899–1968) trägt eine schicke Kurzhaarfrisur, einen modischen Hut und einen Mantel mit Pelzkragen. 1932 kam der Bruder Horst zur Welt. 1936 eröffneten die Eltern ihren neuen Lebensmittelladen am Sonnenplatz. In ihm verkörperte sich ihr sozialer Aufstieg und materieller Wohlstand. Die Hypothek für das neugebaute Haus mit dem Ladengeschäft war gerade abbezahlt, als sie 1945 fliehen mussten. Für ihre Eltern, die durch die Flucht um Erfolg und Besitz gebracht worden waren, bedeutete *Besitz und Leben ein und dasselbe* (WA 5, S. 435), beobachtete Nelly, Christa Wolfs Alter Ego in *Kindheitsmuster*, und schämte sich dafür. Ihren Eltern war ein beeindruckender Aufstieg durch harte Arbeit gelungen. Herta Jaekel stammte aus einer Eisenbahnerfamilie und wuchs in Bromberg an der Weichsel auf, Verwandte gab es auch in Königsberg. Aufstiegsbewusst und diszipliniert, tüchtig und mit eisernen Grundsätzen hatte sie es aus einer

Kindheit in Armut zur Buchhalterin in einer Käsefabrik gebracht. Im Sommer 1925 verlobte sie sich mit Otto Ihlenfeld, einem kaufmännischen Angestellten bei einer Großhandelsfirma in Landsberg und eine flotte Erscheinung. Im Ersten Weltkrieg war er als junger Mann bei Verdun verschüttet; zeitweise war deshalb sein Erinnerungsvermögen beeinträchtigt, und er verabscheute den Krieg. In dem Haus am Sonnenplatz lebten auch die Großeltern mütterlicherseits. Sie besaßen einen Terrier namens Schnäuzchen, mit dem die Kinder gerne spielten. Hertas verheiratete Schwester Elfriede bekam 1935 ein Kind von dem jüdischen Arzt Dr. Lechner, dessen Praxis im selben Haus lag wie die Wohnung der Tante. Ihm gelang die Emigration in die USA, von wo aus er nach dem Krieg Care-Pakete nach Magdeburg schickte, wo Christas Tante damals lebte. Nachdem Dr. Lechner *Kindheitsmuster* gelesen hatte, begann er einen Briefwechsel mit Christa Wolf und besuchte die Wolfs in Berlin. Spuren von ihm finden sich auch in Wolfs Briefwechsel mit der nach London emigrierten jüdischen Ärztin Charlotte Wolff, in *Leibhaftig* und in *Stadt der Engel*.

Heimatverlust und Flucht haben auf ihre Weise die Familiengeschichte geprägt. Bis auf wenige Habseligkeiten – darunter Familienfotos – ging alles verloren. Es gibt keine materiellen Zeugnisse wie Möbel, Wäsche, Geschirr oder andere Erbstücke mit familiärer Tradition aus Landsberg. Auch verstreute, unkenntliche, unauffindbare Gräber gehören zur Familiengeschichte. Die Großmutter väterlicherseits starb im Juni 1945 in Bernau bei Berlin an Unterernährung, ihr Vater hatte sich im Mai erhängt, er wollte seine Heimat nicht verlassen. Der Großvater mütterlicherseits starb 1945 an Typhus in Gammelin in Mecklenburg, seine Frau, „Schnäuzchen-Oma“, starb 1952 in Magdeburg bei der Familie ihrer jüngeren Tochter Elfriede. Der Großvater väterlicherseits, der bei seinen Töchtern Grete und Frieda in der Altmark lebte, wurde sehr alt. In *Stadt der Engel* beschreibt Christa Wolf eine Nacht, in der sie nicht schlafen kann, weil sie das Gesicht ihrer Großmutter vor sich sieht, die auf der Flucht verhungert ist. Sie hat nie wirklich um sie getrauert – was hat sie daran gehindert? Sie gesteht sich ein, dass sie ihre innersten Gefühle ideologischen Vorgaben geopfert hat. Das beschämt sie noch immer. Sie verbot sich, in der Großmutter *ein unschuldiges Opfer* zu sehen, sie verbot sich Mitleid und Trauer, weil sie *den Verlust der Heimat und unsere Leiden als gerechte Strafe für die deutschen Verbrechen empfinden sollte und wollte.* (Engel, S. 405f.) Jetzt endlich kann sie sich diese lange Jahre vor sich selbst geleugnete Verfehlung eingestehen und den Verlustschmerz zulassen.

## Eine Sozialisation der Gefühle in Liedern

In *Kindheitsmuster* fragt Christa Wolf mit Blick auf ihre Generation danach, wie sie so geworden sind, wie sie heute sind. Sie sucht nach den Ursprüngen der Prägungen, die diejenigen, die im Nationalsozialismus aufwuchsen, bis in ihr Erwachsenenleben in die DDR begleitet haben. Sie will diese Prägungen, denen sie in der eigenen Biografie, im Unbewussten und im Vergessenen nachforscht, ins Bewusstsein heben. Die Sozialisation Nellys, ihres Alter Egos in *Kindheitsmuster*, lässt sich zum Beispiel anhand der Lieder erzählen, die sie unauslöschlich in ihrem Gedächtnis bewahrt hat. Mit dem Vater sang die Dreijährige *Wir sind die Sänger von Finsterwalde* und *Mein Hut, der hat drei Ecken. Üb immer Treu und Redlichkeit* war eine der ersten Melodien, die das Kind fehlerfrei singen konnte. Das Gute-Nacht-Lied der Mutter am Bett der Kinder war *Guten Abend, gute Nacht*. Beim BDM lernte Nelly dann Lieder wie *In den Ostwind hebt die Fahnen, Gen Ostland geht unser Ritt* und *Vorwärts, vorwärts, schmettern die hellen Fanfaren*. Die Lieblingslieder der geliebten Lehrerin – *Hohe Tannen weisen die Sterne* und *Kein schöner Land in dieser Zeit* – wurden auch Nellys. Diese Lieder hat Christa Wolf nie vergessen, auch wenn andere dazukamen – wenige Jahre später wird sie *Bau auf, bau auf* singen. Und wieder Jahre später, allein im kalifornischen Santa Monica, wird sie sich in einer Situation existenzieller Verzweiflung über die Nacht retten, indem sie unentwegt singt, alle Lieder, die sie kennt, von Kindheit an, bis es Morgen wird. Beim Singen dieser vertrauten Lieder fühlt sie sich aufgehoben und zugehörig – der Kosmos der Geborgenheit in einer Gemeinschaft, ein Grundgefühl der Kindheit, wirkt durch die Jahrzehnte hindurch wie ein Schutzmantel.

## Kindheit und Jugend

Auch in Christa Ihlenfelds Familie wurde über vieles nicht gesprochen – ein auch zeittypisches Phänomen. Das Kind wuchs in die Verleugnungs-, Verschweigens- und Nichtfühlensollen-Welt der Erwachsenen hinein. Der Vater war zwar Parteimitglied, aber kein Nazi, und die Mutter stand dem Nationalsozialismus distanziert und zunehmend kritisch gegenüber. Als Christa 1935 eingeschult wurde, erschloss sie sich im Lesen und Schreiben die Welt, die äußere wie die innere – eine folgenreiche Entdeckung für ihr ganzes Leben. Außer Wilhelm Busch gab es zu Hause keine Literatur, bis auf Erich Maria Remarques Antikriegsbuch *Im Westen nichts Neues*, das sie als Kind auf dem Sofa in der Wohnstube der Großeltern verschlang. Sie las die damals verbreiteten Bücher von Binding, Carossa, Jelusich, Grimm, Johst, germanische Heldensagen und Grimms Märchen. In dem Essay *Lesen und schreiben* wird sie Jahre später festhalten: *Lückenloser kann die Absperrung von aller Literatur der Zeit nicht erdacht werden, als sie uns zugefügt wurde, bis zu unserem sechzehnten Jahr. Sehr möglich, daß die auffällig verzögerte Reife meiner Generation nicht zuletzt diesen Grund hat.* (WA 4, S. 251)

Christa wollte dazugehören, sie wurde Mitglied der Hitlerjugend. Das Mädchen mochte es allen recht machen, versuchte, die an sie gerichteten Erwartungen zu erfüllen und geriet, angezogen von der Deutschlehrerin, einer intellektuellen, als NS-Frauenschaftsleiterin politisch aktiven Frau, in die Falle der Liebe *als Gefangenschaft* (WA 5, S. 323). Obwohl die Lehrerin – sie war klein, dunkelhaarig, unverheiratet und kinderlos –, keineswegs dem Ideal der „deutschen Frau“ entsprach, war sie überzeugte Nationalsozialistin. Ihr Beispiel formte in der jungen Christa das Ideal einer gebildeten, unabhängigen Frau, die ihr Leben lebt. Das Motiv der Liebe als Gefangenschaft, dessen Spuren sich im erzählerischen Werk nie ganz verlieren, wird sie jedoch in der Beziehung mit Gerhard verwandeln können.

1939 wechselte Christa an die Oberschule, sie war eine gute Schülerin. Wie die anderen auch verfolgte sie den „Siegeszug“ der Wehrmacht. Der Vater, gleich bei Kriegsbeginn eingezogen, wurde nach dem Polenfeldzug demobilisiert und arbeitete in der Schreibstube des Wehrbezirkskommandos in Landsberg. Später bewachte er in einer alten Fabrik französische Gefangene. Er, der im Ersten Weltkrieg selbst in französischer Gefangenschaft war, ließ „seinen“ Gefangenen manches durchgehen, was ihr Leben erleichterte. In den Wirren des Kriegsendes rettete einer von ihnen sein Leben, indem er ihm die Achselstücke von der Uniform riss und ihn vor einem sowjetischen Offizier als „guten Mann“ verteidigte. Vor der Kriegsgefangenschaft bewahrte ihn dies jedoch nicht. In *Kindheitsmuster* resümiert die Erzählerin: *Eine merkwürdige Verkettung von Umständen hat [ihm] das Leben gerettet, darunter an erster Stelle die Tatsache, daß er die Leiden der Kriegsgefangenen als junger Mensch erfahren und daß diese Erfahrung ihn unfähig gemacht hatte, Gefangene zu schinden.* (WA 5, S. 448)

Als die ersten Flüchtlingstransporte durch Landsberg kamen, gehörte die fünfzehnjährige Christa zu denen, die sie betreuten. Einmal reichte sie einen Säugling an die Mutter weiter – das Baby war erfroren, und der markerschütternde Schrei der Mutter ließ die Jugendliche zusammenbrechen. In *Nachdenken über Christa T.* hat Christa Wolf diese Szene beschrieben. Das war wahrscheinlich die erste Manifestation jenes Zusammenhangs von seelischer Überforderung und starker körperlicher Reaktion, von Konflikt und Krankheit, der sie lebenslang prägte und den sie am Beispiel literarischer Figuren in vielen ihrer Texte von *Der geteilte Himmel* bis zu *Leibhaftig* eindringlich beschrieb. Auch in *Ein Tag im Jahr*, ihren Tagebuchaufzeichnungen über Jahrzehnte hinweg, ist dieses Muster wieder und wieder Gegenstand der Beschreibung und Reflexion. Ein Reaktionsmuster übrigens, das Gerhard Wolf eher fremd war; er versuchte später vergebens, seiner Frau einen distanzierteren, rationaleren und weniger selbstschädigenden Umgang mit Konflikten nahezubringen, wie er ihn sich angeeignet hatte. Der Schock des Heimatverlustes, die Erlebnisse der Flucht – die Jugendliche registrierte das ganze Elend, verbot sich aber Gefühle wie Verzweiflung oder Mutlosigkeit. Sie lernte, *daß Gefühlstaubheit wie Tapferkeit aussehen kann, denn die rühmte man nun an ihr.* (WA 5, S. 432)

## Auf der Flucht

Im Januar 1945 entschied Herta Ihlenfeld, ihre beiden Kinder mit den Verwandten auf den Treck Richtung Westen zu schicken, während sie selbst in Landsberg bleiben und Haus und Laden schützen wollte. Tags darauf jedoch folgte sie der Familie nach. Die Unerschrockenheit und Zivilcourage, die ihre Mutter mehrfach bewiesen hat, beeindruckte die Tochter nachhaltig. Zu den letzten Bildern, die sich Christa einprägten, gehörte die Pappel vor ihrem Zimmerfenster. *Das siehst du niemals wieder* (WA 3, S. 117), dachte sie damals. Ein schier endloser Treck von Flüchtlingen zog bei eisiger Kälte über die Oder nach Westen. Über Seelow kamen sie schließlich bis Wittenberge an der Elbe. Dort stießen im Februar durch einen glücklichen Zufall Mutter und Onkel zu den Großeltern, der Tante und den drei Kindern. Die folgenden zweieinhalb Jahre lebten sie in dieser Konstellation in wechselnden Unterkünften an verschiedenen Orten zusammen, mit Streit und Konkurrenz zwischen Herta und ihrer Schwester Elfriede. Als sie in Grünefeld bei Nauen in einem Gasthof untergekommen waren, machte Herta Ihlenfeld sich auf die Suche nach ihrem Mann – aber erst ein Jahr später erhielten sie eine Karte von Otto Ihlenfeld aus einem Kriegsgefangenenlager bei Minsk. Damals hielten sie ihn für tot. Als sowjetischer Gefangener war er auf dem Weg nach Osten an seinem eigenen Haus vorbeigefahren. Zwei Jahre und sieben Monate lang wusste er nichts von seiner Familie.

In Nauen ging Christa zur Schule und fehlte zufällig an dem Tag, als die Schule bombardiert wurde. Sie verbrachten viele Nächte in Luftschutzkellern. Damals verbrannte Christa ihre Tagebücher, die sie aus Landsberg mitgenommen hatte – ein Motiv, das sich in den Geschichten ihrer weiblichen Figuren wiederholt als symbolischer Akt der Auslöschung des Vergangenen, als Ausdruck von Scham und Schuld findet. Im April 1945 dann der nächste Aufbruch der Großfamilie von Grünefeld aus, ihr einziges Ziel: die Tieffliegerangriffe überleben. *Nelly hing mit nichts mehr zusammen. Wo sie jetzt ging […] war der äußerste Rand der Wirklichkeit* (WA 5, S. 455), schreibt Christa Wolf in *Kindheitsmuster*. Und weiter: *Was sich ereignete, war ein Stillstand der inneren Zeit. Nelly hielt ihr Gesicht, ihren Körper hin, und die Leute, die sie traf, und die Ereignisse stürzten in sie hinein wie tote Vögel. […] Da die Verbindung mit ihr selbst abgebrochen ist, überzieht alles, was ihr begegnet, ein Glanz unheimlicher Fremdheit.* (WA 5, S. 463) Mit Genauigkeit und Empathie fasst Christa Wolf dreißig Jahre später die seelischen Überlebensstrategien der Jugendlichen, die sie damals war, in Worte. Ende April trafen die Flüchtlinge auf Überlebende eines Todesmarsches, und einer der ehemaligen KZ-Häftlinge sprach jenen Satz aus – *Wo habt ihr bloß alle gelebt?* (WA 5, S. 482) –, der später zu einer Art Motto für Christa Wolf wurde, ihren Blick schärfte für Parallelwelten.

Im Sommer 1945 hatten sich die Flüchtlinge in einem Gutshaus in der Nähe von Gammelin in Mecklenburg provisorisch einquartiert. Herta Ihlenfeld, die mit unermüdlicher Sorge und Energie das Überleben ihrer Familie sicherte, arbeitete in der Gutsküche und verschaffte der Tochter eine Tätigkeit als Schreibkraft im Bürgermeisteramt der Gemeinde Gammelin. Sie erlebten den Einzug der Amerikaner, dann der Briten und schließlich der Russen, mussten erneut umziehen und landeten schließlich in einer bunt zusammengewürfelten Gemeinschaft in einem Haus, das sie „Arche" nannten. Christa bekam Typhus. Diesen ersten Nachkriegsmonaten folgten *Jahre ohne Gedächtnis: Jahre, in denen das Mißtrauen gegen die sinnliche Erfahrung um sich greift. Niemals haben Menschen so vieles vergessen sollen, um funktionsfähig zu bleiben, wie die, mit denen wir leben*, hält Christa Wolf in *Kindheitsmuster* über diese Zeit fest. (WA 5, S. 563)

## Versuchte Normalität

Als im Herbst 1945 die Schulen ihren Betrieb wieder aufnahmen, schickte Herta Ihlenfeld, die übrigens weitsichtig die Zeugnisse ihrer Kinder gerettet hatte, ihre Älteste zur Oberschule nach Schwerin. Christa, sechzehn Jahre alt, wohnte zunächst zur Untermiete in einer Familie und organisierte sich dann ein eigenes kleines Zimmer im Haus einer Witwe. Vielleicht war das Leben dort so von Wandsprüchen und Verboten umstellt und so einsam, wie Christa Wolf es in *Nachdenken über Christa T.* ihre Protagonistin als Untermieterin bei der *Dame Schmidt* erleben ließ: *Sie kam in die Stadt und blieb lange allein.* (WA 2, S. 52) Das introvertierte junge Mädchen, das die Erfahrung einer unbeschwerten Jugend nie hat kennenlernen können, hatte keine Angst vor dem Alleinsein. Sie las und schrieb, und sie war eine gute Schülerin; ihr Ziel war, Lehrerin zu werden. Diesen *handgreiflichen Beruf* setzte sie dem entgegen, was sie als *geheime Überspanntheit* selbstkritisch an sich wahrnahm. (WA 4, S. 439f.) Ihr Vorbild war die Lieblingslehrerin in Landsberg, die, wie sie später erfuhr, auf einem Transport nach Sibirien an Typhus gestorben war. Die Lehrerin, der sie nun in der Schweriner Schule begegnete, übte zwar nicht dieselbe Faszination auf die junge Christa aus, aber in den Gesprächen mit ihr begann ein erstes Umdenken, Umfühlen. Denn diese Lehrerin, eine Pfarrerstochter, war gläubige Christin und hatte nie die Hakenkreuzfahne gegrüßt – sie war ihrer Überzeugung ebenso treu geblieben wie die Landsberger Lehrerin der ihren. Christa schrieb manche Sätze ihrer Lehrerin kommentarlos neben Rilke-Gedichten auf. Sie schrieb Tagebuch, Gedichte, Erzählungen, die sie niemandem zeigte.

Im Frühjahr 1946 steckte sie sich bei einer Schulkameradin mit Tuberkulose an. Christa hatte keine Angst zu sterben. Die Mutter nahm alles wie gewohnt in die Hand, holte die Tochter zurück nach Gammelin, wo sie bei gutem Wetter draußen lag, saure Sahne mit Schwarzbrot und Zucker aß und die Bücher verschlang, die ihre Lehrerin ihr schickte, darunter jenes kleine hellblaue Buch mit Goethe-Gedichten, das Christa Wolf seitdem ihr Leben lang begleitete. Wie sie es später von der genesenden Rita Seidel im *Geteilten Himmel* beschrieb, geriet sie selbst damals *an die Hand und in die Hände der Dichter.* (WA 5, S. 578)

Im Spätsommer kündigte ein Telegramm die Rückkehr des Vaters aus der sowjetischen Gefangenschaft an – große Freude! – und dann kam ein Fremder. Nicht nur seine Kinder erkannten ihn nicht, auch seine Frau hatte ihn nicht erkannt. Diese von Sprachlosigkeit begleitete Entfremdung zu überwinden, war für alle Familienmitglieder ein schwieriger und langwieriger Prozess. Christa bekam bald schon einen Platz in einem Lungensanatorium an der Ostsee, wo sie den sehr kalten Winter verbrachte. In ihrer letzten Erzählung

*August* beschreibt Christa Wolf den Aufenthalt in Boltenhagen, die Freundschaften auf Abruf, die alltägliche Gegenwart von Tod und Sterben. Zu dem zehnjährigen elternlosen August entwickelte sie eine besondere Beziehung, bewahrte seine Briefe auf, verlor aber später den Kontakt zu ihm. Im April 1947 wurde sie entlassen.

Die Familie zog um nach Bad Frankenhausen, wo Otto Ihlenfeld kaufmännischer Leiter des Kinderkurheimes am Kyffhäuserhang wurde. Dort, in einer Dienstwohnung in einem Zweifamilienhaus, fanden Ihlenfelds, mehr als zwei Jahre nach ihrer Flucht aus Landsberg, wieder eine feste Bleibe. Aus ihrem Zimmer im Souterrain schaute Christa auf den schiefen Turm der Oberkirche und nachts in den *überwältigenden Sternenhimmel.* (Engel, S. 134) Viel später beschrieb Christa Wolf in dem kurzen Text *Blickwechsel* aus der Perspektive der Jugendlichen das geistige Niemandsland, in dem sie sich in diesen Jahren befand, diese höchst irritierende, von widersprüchlichen Gefühlen, Verlustschmerz und Ängsten geprägte Umbruchzeit.

## Blickwechsel

Christa, achtzehn Jahre alt, und ihr fünfzehnjähriger Bruder Horst besuchten nun die Schule in Bad Frankenhausen. Christa las Gedichte von Goethe und Rilke und Seghers' *Das siebte Kreuz*. Diese Lektüre verwies sie, wie die Frage des KZ-Häftlings *Wo habt ihr bloß alle gelebt?*, auf eine real existierende Parallelgesellschaft in Nazi-Deutschland, auf widerständige Deutsche, die – allein ihrem Gefühl für Menschlichkeit vertrauend und ohne von anderen Gleichgesinnten zu wissen – einen aus dem KZ entflohenen Häftling vor seinen Verfolgern retteten. Der Roman ermöglichte ihr den Blick in eine andere Wirklichkeit, die genauso wirklich war wie die, die sie für die einzige gehalten hatte. *Ich sehe noch, in der altmodischen Handschrift meiner alten Lehrerin*, schrieb sie in ihrem Nachwort zu einer Ausgabe des Romans 1964, *den merkwürdigen Namen und den merkwürdigen Titel an unserer Schultafel stehen: Anna Seghers, Das siebte Kreuz.* Das war 1948, als sie die *atemberaubende Geschichte der Flucht eines Menschen, eines Kommunisten* lasen und nicht anders konnten, als dem Flüchtling Georg Heisler das

Gelingen seiner Flucht zu wünschen. Aber zugleich wunderten sie sich, denn sie glaubten doch zu wissen, *was in jenen Jahren Deutschland gewesen war: Sollte also unter der glatten, uns oft glücklich erscheinenden Oberfläche ein solcher Heisler, sollten viele seinesgleichen um ihr Leben gelaufen sein, vielleicht an uns vorbei? Und hatten die anderen, die Erwachsenen, ihn aufgenommen – ihn ausgeliefert?* (WA 4, S. 39) Die Irritation blieb, und die Sensibilität für Parallelwelten wurde geweckt.

Jahre später beschreibt Christa Wolf das Dilemma ihrer Generation, erwachsen zu werden ohne wirkliche Vorbilder. *Als wir fünfzehn, sechzehn waren,* erinnerte sie sich, *mußten wir uns unter dem niederschmetternden Eindruck der ganzen Wahrheit über den deutschen Faschismus von denen abstoßen, die in diesen zwölf Jahren nach unserer Meinung durch Dabeisein, Mitmachen, Schweigen schuldig geworden waren. Wir mußten diejenigen entdecken, die Opfer geworden waren, diejenigen, die Widerstand geleistet hatten.* (WA 12, S. 58f.) Aber auch mit den Opfern konnten sie sich nicht identifizieren, dazu hatten sie kein Recht. Sie waren also als Sechzehnjährige in der Situation, sich mit niemandem identifizieren zu können, und erhielten ein *verlockendes Angebot: Ihr könnt, hieß es, eure mögliche, noch nicht verwirklichte Teilhabe an dieser nationalen Schuld loswerden oder abtragen, indem ihr aktiv am Aufbau der neuen Gesellschaft teilnehmt, die das genaue Gegenteil, die einzig radikale Alternative zum verbrecherischen System des Nationalsozialismus darstellt. Und an die Stelle des monströsen Wahnsystems, mit dem man unser Denken vergiftet hatte, trat ein Denkmodell mit dem Anspruch, die Widersprüche der Realität nicht zu verleugnen und zu verzerren, sondern adäquat widerzuspiegeln.* (WA 12, S. 58f.) Hier liegen die Gründe für die starke Bindung Christa Wolfs an die von Antifaschisten aufgebaute DDR. Die Entwicklung einer eigenen Identität zwischen abgründigen Schuldgefühlen, der Distanzierung von den Eltern und dem vorbehaltlosen Engagement für die neue Ordnung war gerade für diese Generation kompliziert und langwierig. Die Loyalität zu der neuen Gesellschaft als radikalem Gegenentwurf zu Hitler-Deutschland – wie sie damals glaubten – wurde zu einem wesentlichen Bestandteil dieser Identität. Diesen Glauben Schritt für Schritt aufzugeben, weil die Desillusionierung unausweichlich wurde, erwies sich besonders für Christa Wolf als schwer.

In ihrer Klasse war Christa eine der Ältesten, hatte viel mehr erlebt als die anderen, war ernsthafter und zum Lernen motiviert, was dazu führte, dass manche sie für eine Streberin hielten. Ende 1948 las sie zum ersten Mal Marx, und zwar die Feuerbach-Thesen. Ihr Mathematik- und Physiklehrer Dewald hatte ihr diese Lektüre nahegelegt. Er war ein Flüchtling aus dem Osten und genau wie sie zufällig in dieser kleinen thüringischen Stadt gelandet. Dewald war ein ausgesprochen intellektueller, etwas *undurchsichtiger, aber eben deshalb für [sie] besonders faszinierender Mann* (Engel, S. 133). Die Anziehung war gegenseitig. Was sie las, leuchtete ihr unmittelbar und tiefgreifend ein: *daß die Welt nicht immer nur interpretiert, sondern daß sie von Grund auf verändert werden mußte* (Engel, S. 134). Christa Ihlenfeld wurde im November 1948 Mitglied der Freien Deutschen Jugend (FDJ), und als sie im Februar 1949 der SED beitrat, war Dewald ihr Bürge. Später erfuhr sie, dass Dewald seine frühere Mitarbeit im Goebbels-Ministerium verschwiegen hatte, weshalb er als Schulleiter abgesetzt und versetzt wurde. Dennoch fühlte sie sich keinen Augenblick von ihm betrogen: Sie war sicher, dass er an die Lehren glaubte, die er ihr nahegebracht hatte. Viele Jahre später erinnert sie sich an ihre Motivation, damals als Zwanzigjährige der SED beizutreten. Die SED bedeutete für sie *genau das Gegenteil von dem, was im faschistischen Deutschland geschehen war. Und ich wollte genau das Gegenteil. Ich wollte auf keinen Fall mehr etwas, was dem Vergangenen ähnlich sehen könnte. Ich glaube, das ist in meiner Generation häufig so gewesen. Das war der Ursprung dieser Bindung; das war auch der Grund, warum wir so lange an ihr festhielten, nicht gegen innere Widerstände; ich sah auch später noch keine Alternative dazu.* (WA 12, S. 445)

Im Frühjahr 1949 legte Christa das Abitur mit „sehr gut“ ab. Wie Gerhard kam auch sie weder aus einer Arbeiter- noch einer Bauernfamilie, sodass in Frage stand, ob sie überhaupt einen Studienplatz bekäme und Lehrerin werden könnte. Im Goethe-Jahr 1949 beteiligte sie sich mit einem Aufsatz an einem Wettbewerb zum Thema „Revolutionen – Notwendigkeit oder Exzesse der Geschichte?“ Sie plädierte für Notwendigkeit, gewann einen Preis und eine Fahrt zu den Goethe-Tagen der Jugend nach Weimar. Wegen dieses ausgezeichneten Aufsatzes setzte Dewald sich im Bildungsministerium in

Erfurt persönlich für seine Schülerin ein und sicherte ihr so einen Studienplatz. Er unterstützte auch ihren Berufswunsch, Lehrerin zu werden. Der Lehrerausbilder Schwarzenbach im Geteilten Himmel erinnert in manchen Zügen an ihn.

# 1949–1959 | Jena, Leipzig, Berlin

## Erste Studienjahre

Die nächstgelegene Universitätsstadt war Jena, im Saaletal gelegen und umgeben von bewaldeten Berghängen, keine zwanzig Kilometer von Weimar entfernt. Die thüringische Stadt kann auf eine lange und bedeutende Geschichte zurückblicken. Ihre im sechzehnten Jahrhundert gegründete Universität ist nach Friedrich Schiller benannt, der dort von 1789 bis 1799 lehrte und in diesen Jahren mit Johann Wolfgang Goethe Freundschaft schloss, der als Minister des Herzogs von Sachsen-Weimar im benachbarten Weimar lebte. Die Jenenser Universität war ein Zentrum der deutschen Philosophie des Idealismus, repräsentiert durch Johann Gottlieb Fichte, Friedrich Wilhelm Joseph Schelling und die Brüder Schlegel, und sie ist verbunden mit der Frühromantik. Diese Gemeinschaft von Gelehrten und Schriftstellern, inspiriert durch die Freiheitsideen der Französischen Revolution, aber ohne Chance, diesen Ideen unter ihren Landsleuten Gehör zu verschaffen, hat Jahrzehnte später Christa und Gerhard Wolf intensiv beschäftigt. Caroline Schlegel-Schelling, Dorothea Mendelssohn-Schlegel, die Brüder August Wilhelm und Friedrich Schlegel, Ludwig Tieck, Clemens Brentano, Friedrich von Hardenberg, der sich Novalis nannte, lebten für wenige Jahre in lockerer Verbindung untereinander in Jena. Dieser freiheitliche Aufbruch einiger weniger ging schon bald in den Interventionskriegen gegen die französischen Besatzer unter. 1806 besiegte in der Gegend um Jena die napoleonische Armee Preußen und Sachsen, und mit diesen kriegerischen Auseinandersetzungen ging auch eine Zerstörung der Stadt einher. In den deutschen Ländern machten sich restaurative Tendenzen breit. Im neunzehnten Jahrhundert entwickelten Unternehmer wie Carl Zeiss und Otto Schott Jena zu einem Industriezentrum im Zeichen von Optik, Feinmechnik und

Glas. Vom Wohlstand der Stadt in dieser Epoche zeugen noch heute öffentliche Gebäude und historische Bürgerhäuser. Jena war in den letzten Monaten des Zweiten Weltkriegs durch schwere Bombardements getroffen worden, die Innenstadt und die Universität waren jedoch den Zerstörungen weitgehend entgangen.

Die Aufnahme ihres Studiums an der Friedrich-Schiller-Universität in Jena fiel für Gerhard Wolf und Christa Ihlenfeld zusammen mit der Gründung der Deutschen Demokratischen Republik – mit der „neuen Zeit". *Wir waren in einer Stimmung übersteigerter Intensität*, erinnerte sich Christa Wolf Jahre später, *alles, was „hier und heute" geschah, war entscheidend, das Richtige mußte sich bald und vollkommen durchsetzen, wir würden den Sozialismus, den Marx gemeint hatte, noch erleben. Auf der einen Seite Einübung in nüchternes, kritisches, analytisch-dialektisches Denken, auf der anderen Seite eine Art Heilsgewißheit, wenige Jahre lang.* (WA 12, S. 72) Über diese ersten Jahre der DDR und die sich nach und nach einstellende Ernüchterung wird sie in *Nachdenken über Christa T.* erzählen.

Auf der Treppe der Mensa begegneten sich Christa Ihlenfeld und Gerhard Wolf. Man wusste von der jeweils anderen Familie aus Bad Frankenhausen, aber persönlich hatten sie sich bisher noch nicht getroffen. *Das war die Initialzündung*, bringt Gerhard Wolf sechzig Jahre später diese erste Begegnung auf den Punkt, *wir haben uns gesehen und waren gleich sehr befreundet.* Zwar hatte er damals eine andere Freundin, aber das klärte sich schnell. Christa Wolfs Erinnerung, vierzig Jahre später niedergeschrieben: *Gerüchte, die mir über ihn zugetragen wurden, ehe wir uns kannten, besagten: Er ist ein Spötter; er ist zynisch; man kommt nicht an ihn heran; er hat keinen Familiensinn. Von mir sagte man ihm, wie er später zugab: Sie ist Klassenbeste; sie ist streberhaft. Beide kamen wir, aus unterschiedlichen Gründen, zu spät zum Studium. Ein Mädchen von der Art, die ihm immer auf die Nerven gingen und noch heute auf die Nerven gehen – naiv, etwas zudringlich – bereitete mich auf sein Erscheinen vor (sie bewunderte ihn) und machte uns miteinander bekannt. Als ich ihn zum erstenmal sah – es war auf der Treppe zur Mensa der Jenenser Universität –, trug er eine dunkelblaue Luftwaffenhelferjacke. Bei Kälte und Wind stülpte er sich eine ballonartige Baskenmütze auf, die sein kleines, blasses Gesicht vollkommen zum Verschwinden brachte, und zog einen viel zu weiten und zu langen dunkel gefärbten Mantel über, der ebenfalls aus einem Uniformstück stammte. Ich trug ein braunes Kleid mit feinem Nadelstreifenmuster und den damals modischen „Glockenrock“, der im Winter sehr unvorteilhaft unter meiner weißen Manteljacke hervorkam, die aus der Decke eines Krankenhauses geschneidert war, in dem ich einmal gelegen hatte, und die deshalb so kurz ausfiel, weil wir den Randstreifen, in den groß die Initialen des Krankenhauses eingewebt waren, hatten abschneiden müssen.* (Poesie, S. 145)

Gerhard wohnte bei der Witwe Specht im Ricarda-Huch-Weg – im Nebenhaus hatte die betagte Schriftstellerin gelebt, ehe sie 1947 mit ihrer Familie nach Frankfurt am Main übersiedelte. Christas Zimmer lag am entgegengesetzten Ende der Stadt, am anderen Saaleufer in der Wogauer Straße. Gerhard schmuggelte sie schon bald bei der Witwe Specht ein, sie bekam dort offiziell die unheizbare Wohnstube und wohnte im Winter mit in seinem Mansardenstübchen mit Ofen. Vom Balkon aus konnte man über ganz Jena schauen. Knapp zwei Jahre lebten sie hier zusammen. Ein solches Zimmer unterm Dach mit weitem Ausblick beschreibt Christa Wolf dann im *Geteilten Himmel*.

Während der vier Semester, die Christa Ihlenfeld und Gerhard Wolf in Jena studierten, kam es immer wieder vor, dass sich Professoren in den Westen absetzten, und auch viele Studierende verließen die noch junge DDR. Überhaupt waren unter den Studierenden nur wenige SED-Mitglieder. Sie wurden unterrichtet von Remigranten wie dem linksbürgerlichen Theaterkritiker Albert Malte Wagner, ein unkonventioneller, interessanter Mann, der in britischer Emigration gewesen war und den Studierenden anschaulich von den Jahren der Weimarer Republik erzählte. Vom Goethe-Schiller-Archiv in Weimar kamen Edith Braemer und Gerhard Scholz als Hochschullehrer nach Jena herüber. Edith Braemer (1909–1969), Jüdin und Kommunistin, war 1939 nach ihrer Haftentlassung ins Exil nach Shanghai geflohen. Von 1949 bis 1953 arbeitete sie am Goethe-Schiller-Archiv, später war sie Hochschullehrerin in Rostock und in Leipzig. Sie war eine Expertin des Sturm und Drang und der Weimarer Klassik, und sie brachte ihren Studierenden bei, Literatur aus dem Kontext und den Widersprüchen ihrer Zeit heraus zu verstehen. Bei ihr erfuhren sie viel über den jungen Goethe. In *Stadt der Engel* erzählt Christa

Wolf von der Faszination, die von Braemers klugen und engagierten Ausführungen auf die jungen Studierenden ausging. Gerhard Scholz (1903–1989), ein SPD-Mann und KPD-Sympathisant, der im Prager und Stockholmer Exil gelebt hatte, wurde 1949 zum Direktor des Goethe-Schiller-Archivs in Weimar und 1950 zum Lehrstuhlinhaber an der Universität Jena berufen, verlor jedoch bereits 1951 seine Stelle (vermutlich im Zuge der Repressionen gegen sogenannte Westemigranten) und konnte seine Universitätslaufbahn erst 1955 fortsetzen. Bei Braemer und Scholz wurden Christa und Gerhard zu überzeugten Lukácsianern. Damals leuchtete ihnen ein, warum der marxistische Philosoph und Literaturtheoretiker Georg Lukács (1885–1971) in Kleist einen Reaktionär sah, und warum er die Romantik, Goethe folgend, als „krank" abtat. Jahre später revidierten sie dieses Urteil. Christa arbeitete im Rahmen eines mehrwöchigen Praktikums an der Ausstellung „Gesellschaft und Kultur der Goethe-Zeit" im Goethe-Schiller-Archiv über den Sturm und Drang mit. Während der Vorbereitungen zu dieser Ausstellung starb Anfang 1949 Hans Wahl, seit 1928 Direktor des Archivs, und Scholz wurde sein Nachfolger. Scholz veränderte deren konventionelles Konzept und realisierte mit einigen jungen Mitarbeiterinnen und Mitarbeitern eine Ausstellung, die später als exemplarisch galt für den neuen marxistischen Ansatz in der Klassik-Forschung. Über Goethe persönlich war in dieser Ausstellung eher wenig zu erfahren; er wurde in den Kontext seiner Zeit gestellt. Die Pionierleistung bestand darin, zuerst die gesellschaftliche Basis darzustellen, auf der das Kunstwerk entstand, dann dieses selbst und die Wechselwirkungen zwischen beiden herauszustellen.

In *Stadt der Engel* erinnert sich Christa Wolf an die mit der Aufbruchseuphorie der Studienzeit verknüpften Anfangsjahre ihrer Beziehung mit Gerhard: *Jena. Die alte Universität, aus deren Hörsälen ihr auf die Wege blicken konntet, auf denen Goethe und Schiller miteinander gewandelt sein mochten. Von den Gedankengebäuden dieser beiden leiteten eure Dozenten die Linien ab, die bis zu euch hin führten: Fortschritt und Reaktion, sie haben sich immer gegenübergestanden, kämpfend. Du siehst dich mit den anderen im Viereck um den Tisch in dem Seminarraum sitzen, der von Bücherwänden umstellt war, hörst den jungen Dozenten begeistert von Georg Lukács sprechen, dessen Theorien euch einleuchteten, es ging um den Realis-*

Christa Ihlenfeld und Gerhard Wolf in der Nähe von Jena, Mai 1950

*mus, um was denn sonst, begeistert saugtet ihr seine Thesen auf, konntet euch nicht vorstellen, wie man Literatur anders beurteilen sollte.* (Engel, S. 135) Damals lasen sie beide nachts Erich Maria Remarques *Arc de Triomphe*, und dies war *das erste der hunderte von Büchern, die ihr inzwischen gemeinsam gelesen habt.* (Engel, S. 135)

Eine der Grundlagen ihrer Beziehung war von Anfang an die aufregende gemeinsame Entdeckung des Neuen. Sie erlebten miteinander und aneinander, welche Veränderungen diese neuen Erfahrungen und Erkenntnisse in ihnen auslösten und vergewisserten sich ihrer im fortwährenden Dialog. Die Offenheit und das Vertrauen, das mit dem gemeinsamen Erleben wuchs, blieb Grundlage ihrer Beziehung. Gemeinsame Lektüren waren von Anfang an wichtig. Im Laufe der Jahre „spezialisierten" sie sich, auch aus Zeitgründen, auf jeweils besondere Gebiete, Gerhard auf Lyrik, Christa auf Prosa. Noch später weiteten sich Christa Wolfs Interessen auf psychologische, naturwissenschaftliche, biografische Literatur und auf gute Kriminalromane aus, während Gerhard Wolf sich der Begeisterung für experimentelle sprach- und bildkünstlerische Arbeiten, für Malerei und Grafik verschrieb.

Für Gerhard Wolf war bereits bei Studienbeginn klar, dass er nicht Lehrer werden wollte – ihn interessierte viel mehr der Kulturbetrieb, und er setzte sein Engagement beim Kulturbund, nun gemeinsam mit Christa Ihlenfeld, auch während der Jenenser Zeit fort. Aufgrund seiner Oberschulhelfer-Ausbildung musste er sich für mindestens ein Jahr Pädagogik einschreiben, danach konnte er wechseln und wählte Germanistik und Geschichte. Bei Christa Ihlenfeld war der Berufswunsch Lehrerin schon früh entstanden, auch als Reflex auf die Vorbildrolle der von ihr verehrten Deutschlehrerin in Landsberg. Mit ihr verband sich für das junge Mädchen die Vorstellung einer unabhängigen Existenz als weibliche Intellektuelle. Das war für sie eine anziehendere Perspektive als die Rolle, die ihre Mutter als selbstständige, tatkräftige und in der Familie dominierende Frau ausfüllte. Mit den Jahren und durch die Partnerschaft mit Gerhard gelang es ihr, Schreiben und Familienleben – wenn auch nicht immer konfliktfrei – zu verbinden. Spätestens ein mehrwöchiges Praktikum, das Christa Ihlenfeld damals in einem Heim für schwer erziehbare Kinder absolvierte, ließ sie vom Wunsch, Lehrerin zu werden, Abstand nehmen. Kurzzeitig erwog sie, statt Pädagogik Psychologie zu studieren, entschied sich dann aber doch für Germanistik und Geschichte, sodass beider Studien nun weiter synchron verliefen und auf verschiedene mögliche Berufstätigkeiten von der Literaturkritik bis zur Dramaturgie hinausliefen.

Als Studenten verfügten Christa Ihlenfeld und Gerhard Wolf jeweils über eine Studienbeihilfe von etwa 120 Mark im Monat, und Christa erhielt zusätzlich noch etwas Geld von den Eltern. Ihre Zimmer bei der Witwe Specht kosteten nicht viel. Sie kauften, was es auf Lebensmittelkarten gab, und kochten am Wochenende. *Erinnerst du dich übrigens, daß wir in unserer Anfangszeit immerzu Kaßler gegessen haben?* (Blick, S. 158) heißt es in Christa Wolfs köstlichem Text *Herr Wolf erwartet Gäste und bereitet für sie ein Essen vor,* in dem man Gerhard sinnierend mit seiner Frau reden hört. *Kaßler, bei der Witwe Specht, die zum Glück fast taub war, im Ricarda-Huch-Weg in Jena sonnabends auf dem Herd geschmort, dazu Erbsen und Möhren. Die hab ich teilweise auf dem Markt geklaut – ein Bündel Möhren bezahlt, eins geklaut. Ebenso wie die Bücher. Geld hatten wir ja keins.* (Blick, S. 158) Ihre

Lebensmittelkarten sparten sie für das Stück Schwarzmehltorte im Café am Markt, und einmal aßen sie im HO-Restaurant Bratkartoffeln mit Sülze – *das schmeckte phantastisch und hat ein Schweinegeld gekostet.* (Blick, S. 158)

## Schwangerschaft und Heirat

In ihren Herkunftsfamilien war man von der Verbindung zwischen Christa und Gerhard nicht besonders angetan. Für Gerhard war es wegen Christas dominierender Mutter schwierig – sie hielt ihn keineswegs für den richtigen Mann für ihre Tochter –, in der sehr festgefügten Familie Ihlenfeld Aufnahme zu finden. Dass sie sich im August 1950 verlobten, war bereits ein Zugeständnis an die dezidierten Moralvorstellungen Herta Ihlenfelds, die allerdings für die damalige Zeit typisch waren. Als Christa im Frühjahr 1951 schwanger wurde, traute sie sich nicht, ihrer Mutter davon zu erzählen. Sie schickte Gerhard mit der Nachricht nach Bad Frankenhausen. Für Herta Ihlenfeld war klar: Wenn man nicht verheiratet ist, hat man auch keine Kinder zu kriegen. Als Gerhard nun beichten musste (denn so kam es ihm vor), dass sie ein Kind bekamen, brachen Vorwürfe und Beschimpfungen über die abwesende Christa herein, die ihn schwer trafen. Dieses Verhalten konnte er seiner späteren Schwiegermutter lange nicht vergessen. Es war jedenfalls klar, dass sie – allein um des Familienfriedens willen – möglichst bald heirateten. Im Juli 1951 fand die Hochzeit in Bad Frankenhausen statt.

Für Christa Wolf war es immer selbstverständlich, dass sie nicht nur einen Beruf, sondern auch Kinder, eine Familie haben wollte. Für Gerhard Wolf war es selbstverständlich, dass ihrer beider gemeinsame und jeweils individuelle Entwicklungsmöglichkeiten im Studium, in der politischen Arbeit, im gesellschaftlichen Engagement und in der gerade gegründeten Familie gleich sein sollten. Diese Selbstverständlichkeit, die in ihrer Liebe und Ehe von Anfang an galt, verlangte ihnen beiden allerdings auch einiges ab. Aber es gelang ihnen über die Jahre, ein Lebensmodell der anderen Art zu entwickeln. Vor allem gelang es ihnen, ihre Beziehung jenseits der herkömmlichen Geschlechterrollen ihren individuellen Persönlichkeiten und Lebenssituationen entsprechend auszugestalten und zu verändern. Damals mussten sie sich überlegen, wovon sie leben konnten, denn die Studienbeihilfe reichte nicht aus. Im Unterschied zu Christa hatte Gerhard Wolf ja bereits eine Berufsausbildung und als Lehrer gearbeitet, und seine Kulturbundtätigkeit hatte ihm vielerlei Kontakte und Einblicke in den Kulturbetrieb ermöglicht. Es war naheliegend, dass er nach einer Anstellung suchte, um zunächst für den Familienunterhalt zu sorgen, während Christa ihr Studium abschloss. Wahrscheinlich von Anne Pfeuffer, einer späteren DEFA-Dramaturgin, die mit ihnen studierte, bekam Gerhard Wolf den Hinweis, dass beim Rundfunk in Leipzig Leute gesucht wurden.

## Von Jena nach Leipzig

Gerhard Wolf ließ sich vom Studium beurlauben und nahm eine Stelle als Hilfsredakteur beim Mitteldeutschen Rundfunk in Leipzig an, die ordentlich bezahlt war, und für eigene Sendungen erhielt man zusätzlich noch Honorar. Zu seinen Aufgaben gehörte das Senden und Rezensieren von Gegenwartsliteratur. In diese Zeit fiel seine erste Begegnung mit Stefan Heym. 1951 hatte Gerhard an der Jenenser Universität einen Vortrag über Heyms Roman *Crusaders* gehalten, in dem er die *Kreuzfahrer von heute* (so der Titel der ostdeutschen Übersetzung) ganz nach den Grundsätzen von Lukács interpretierte und mit *Frühling an der Oder* von Emanuel Kasakewitsch verglich. Im Frühsommer 1952 erhielt er im Redaktionszimmer der Literaturabteilung des Mitteldeutschen Rundfunks in der Springerstraße Besuch von Stefan Heym und seiner Frau Gertrude Gelbin, die aus den USA kamen. Er spielte den beiden Bändern mit Heyms Kurzgeschichten vor, die er gesendet hatte: *Eine davon war auf abenteuerlichen Wegen, aus dem Russischen übersetzt, zu uns gekommen. Wir lachten gemeinsam darüber, wie sie sich jetzt in der deutschen Version darbot.* (Poesie, S. 20) Damals gab Gerhard Wolf dem verehrten Autor auch sein Vortragsmanuskript, und Heym antwortete darauf in einem Brief, *in dem er* [Gerhard Wolfs] *brave Lehrmeinung freundlich und konsequent zurechtrückte, keine positiven Helden gelten ließ, wohl aber „Charaktere, die auf der Seite der Menschlichkeit stehen und selber anständige Menschen sind"* (Poesie, S. 20).

Christa Wolf wechselte zum Wintersemester 1951/52 an die Karl-Marx-Universität nach Leipzig. Im Sommer 1951 zogen sie um in eine zugewiesene Zwei-Zimmer-Wohnung in Leipzig-Gohlis. Diese war, wie damals häufig, Teil einer größeren Wohnung. Die sehr enge Küche mussten sie sich teilen mit einer Frau, deren Tochter Tänzerin am Leipziger Theater war. Diese Wohnsituation wurde vor allem für Christa schwierig, als im Januar 1952 die Tochter Annette geboren wurde, sie Windeln waschen und Brei kochen musste. Für wenig Geld fanden sie eine Frau, die das Baby stundenweise betreute, sodass Christa weiter studieren und später ihre Examensarbeit schreiben konnte. Sie war weitgehend allein auf sich gestellt, weil Gerhard bereits Ende 1952 nach Berlin versetzt wurde und nur an den Wochenenden nach Leipzig kam.

Auch an der Leipziger Universität lehrten damals Remigranten, darunter der Romanist Werner Krauss, der Philosoph Ernst Bloch, der aus der US-amerikanischen Emigration sein Hauptwerk *Das Prinzip Hoffnung* mitgebracht hatte, und der Jurist Hans Mayer (1907–2001), Professor für Kultursoziologie und Literaturgeschichte. Mayers während der Exiljahre entstandenes Werk *Georg Büchner und seine Zeit,* 1946 erschienen, wies ihn als Literaturwissenschaftler aus. Bei ihm, dem Antipoden zu ihren Jenenser Lehrern Braemer und Scholz, lernte Christa Wolf, Literatur nach ästhetischen Maßstäben zu beurteilen. Im Winter 1952/53 schrieb sie ihre Diplomarbeit über „Das Problem des Realismus in Hans Falladas Erzählungen und Romanen" bei Mayer und schloss im Frühsommer 1953 mit dem mündlichen Examen ihr Germanistik-Studium ab. In einem Hörsaal der Leipziger Universität begegnete sie ihrer Schulfreundin Christa Tabbert wieder, und von der Geschichte ihrer Freundschaft in diesen Jahren erzählt *Nachdenken über Christa T.* Seitdem riss der Kontakt nicht mehr ab – bis zum frühen Tod der Freundin zehn Jahre später.

Die Situation beim Rundfunk, in die Gerhard Wolf 1952 hineingeriet, war eine sehr bewegte. In den Nachkriegsjahren wurden dort, wie in den Schulen und Hochschulen, in Verlagen und Theatern, in Verwaltung und politischen Funktionen, junge und unbelastete, politisch zuverlässige und qualifizierte Leute gesucht. So kam es, dass Gerhard Wolf, der nach seiner zweijährigen Lehrertätigkeit zwei weitere Jahre studiert hatte und Mitglied der SED und des Kulturbundes war, beim Leipziger Rundfunk eine Stelle als Hilfsredakteur in der Literaturredaktion erhielt und schnell aufstieg. Einige der Männer und Frauen, mit denen er dort zusammenarbeitete, waren, sofern sie keine Nazis waren, aus der NS-Zeit übernommen worden, aber die meisten waren Antifaschisten, einige KZ-Überlebende, andere junge Parteimitglieder wie er. Einer von Gerhards vorgesetzten Kollegen war der Leipziger Heinz Zöger (1915–2000), der während der Nazi-Zeit wegen antifaschistischer Agitation mehrfach inhaftiert war, nach dem Krieg in die KPD eintrat und leitende Positionen beim DDR-Rundfunk innehatte. 1955/56 war er Chefredakteur der Berliner Wochenzeitung *Sonntag*. Gemeinsam mit Gustav Just, seinem Stellvertreter, Wolfgang Harich, dem Philosophen und Mitarbeiter Ernst Blochs, und dem Leiter des Aufbau-Verlags, dem ehemaligen Spanienkämpfer Walter Janka, wurde Zöger in einem Prozess verurteilt und inhaftiert. Nach seiner Haftentlassung 1959 floh er in die BRD und arbeitete viele Jahre als Redakteur beim WDR. Er war verheiratet mit der Publizistin und Journalistin Carola Stern. In den Neunzigerjahren sahen Gerhard Wolf und Heinz Zöger sich wieder, und Gerhard hielt dem früheren Kollegen die Totenrede.

Lektüren und Theaterbesuche waren für Christa und Gerhard Wolf ein schier unerschöpfliches Thema ihrer Gespräche und ihres Interesses, und sie schärften ihr an Lukács geschultes literaturkritisches Vermögen in der Auseinandersetzung vor allem mit zeitgenössischer Literatur. Christa Wolf schrieb und veröffentlichte noch während des Studiums erste Rezensionen, und Gerhard band ihre Kritiken von Anfang an in seine Rundfunkarbeit ein. Er schrieb sogenannte Musik-und-Dichtung-Sendungen. Wegen seines hörbaren Thüringer Dialekts sprach er nicht selbst, was auch nicht notwendig war, denn sie setzten Schauspieler des Leipziger Theaters als Sprecher ein und luden Autoren zu Lesungen ein. Unter den Autoren, die Gerhard Wolf während seiner Rundfunkzeit kennenlernte, war der als Dichter damals noch nicht sehr anerkannte Georg Maurer

(1907–1971), der aus Siebenbürgen stammte. Er verfügte über eine exzellente Bildung, war *ein idealistischer und rationaler Typ*. Maurer und seine Frau wohnten ganz in der Nähe von Wolfs. Damals in Leipzig begann die langjährige enge Freundschaft zwischen dem Lyriker, Essayisten und Übersetzer und Gerhard und Christa Wolf. Später gehörte Maurer zu den Autoren, die Gerhard als Lektor des Mitteldeutschen Verlags betreute.

## Von Leipzig nach Berlin

Im September 1952 wurde in Berlin nach sowjetischem Vorbild das Staatliche Rundfunkkomitee gegründet als oberstes Leitungsgremium für den Rundfunk der DDR, der in den Fünfzigerjahren aus Radio DDR I und II, dem Berliner Rundfunk, der Berliner Welle und dem Deutschlandsender bestand. Leipzig war danach lediglich noch ein Landessender, die wichtigsten Leute wurden nach Berlin abgezogen. Für Gerhard Wolf bot sich die einmalige Chance einer festen, gut dotierten Stelle beim Deutschlandsender in Berlin und noch dazu in einer kulturpolitisch spannenden und interessanten Konstellation. Denn während des Kalten Krieges verfolgte der Deutschlandsender das Konzept der *einen* deutschen Kultur über die Grenzen des geteilten Deutschland hinweg. Es war eine Aufbruchs- und Aufbausituation, in die er da hineinkam, und das reizte ihn. Die kleine Annette war anderthalb Jahre alt und Christa stand kurz vor dem Examen. Auch diese Entscheidung trafen und trugen sie gemeinsam. Während Christa in Leipzig ihr Studium abschloss und für das Kind da war, ging Gerhard, vierundzwanzig Jahre alt, als stellvertretender Leiter der Literaturabteilung nach Berlin, wo er im Winter 1952/53 zunächst in einem Zimmer in Müggelheim, danach in Köpenick wohnte und an den Wochenenden nach Leipzig fuhr.

Das Funkhaus in der Nalepastraße in Rummelsburg war damals noch nicht betriebsbereit. Deshalb sendeten sie bis zum Sommer 1953 von provisorisch umgestalteten großen Bootshäusern in Grünau aus. Am grünen Ostufer der Spree entstand durch den Umbau einer alten Fabrikanlage unter Federführung des Architekten Franz Ehrlich das Gebäude des Rundfunkzentrums, in dem dann alle überregionalen Radiosender der DDR ihre Sendungen produzierten.

Die Literaturabteilung, deren Leiter der etwa dreißigjährige Gerhard Stübe wurde, war zuvor von Peter Huchel und Günther Cwojdrak geleitet worden; in der Redaktion arbeiteten neben anderen auch Berta Waterstradt und Herbert Ihering. Während der Jahre beim Deutschlandsender knüpfte Gerhard zahlreiche Kontakte, aus denen einige Freundschaften erwuchsen, in die meistens auch Christa einbezogen war. Weil der Deutschlandsender – jedenfalls bis 1956 – die Idee *einer* deutschen Kultur verfocht, waren in den Sendungen auch westdeutsche Literatur und westdeutsche Autoren präsent. Da sie kein Westgeld zur Verfügung hatten, waren die Redakteure auf Rezensionsexemplare westdeutscher Verlage und die Bereitschaft westdeutscher Autoren zu Lesungen im Funkhaus in der Nalepastraße angewiesen. Aus Westberlin kamen zum Beispiel Robert Wolfgang Schnell oder Günter Bruno Fuchs, Freunde von Johannes Bobrowski, der damals allerdings noch nicht als Autor hervorgetreten war.

Für Christa Wolf, die mit der kleinen Annette die Woche über allein in Leipzig lebte, war vor allem die Examenszeit enorm anstrengend. Sie lernte für ihre mündlichen Prüfungen, als im März 1953 Stalin starb und im Juni die Arbeiter auf die Straße gingen. Jahre später erinnerte sie sich, dass sie damals etwas erlebte, was sich später öfters wiederholte: *die verschiedenartigen Reaktionen der verschiedenen Menschen auf ein Schock-Erlebnis.* (WA 12, S. 67) Während die einen schnell vergaßen, was da geschah und was dem vorausgegangen war, bestanden andere, wie Christa, darauf, die Vorgänge genau zu analysieren, um daraus Hinweise für notwendige Veränderungen gewinnen zu können. Was sie damals und auch später nicht verstehen konnte, war die ungezügelte Destruktionslust, die sie am 17. Juni beobachten konnte. Abends kam sie nach Hause mit einer Handvoll Parteiabzeichen, die sie von der Straße aufgelesen hatte.

Die Loyalität der damals vierundzwanzigjährigen Christa Wolf gegenüber ihrem Staat war ungebrochen, aber sie nahm doch auch deren Grenzen wahr. Aus den Semesterferien im Sommer 1953 datiert eine andere Erinnerung. Während Annette bei Christas Eltern in Bad Frankenhausen lebte, führte Christa Gruppen von Besuchern durch die Ausstellung „Gesellschaft und Kultur der Goethezeit" im Weimarer Schloss. In einer Versammlung dort hörte sie den Referenten erklären, der Klassenkampf verschärfe sich, Pazifismus sei heutzutage *geradezu selbstmörderisch* (Engel, S. 136) und sie müssten sich darüber klar werden, dass sie die Republik notfalls auch mit dem Gewehr in der Hand verteidigen müssten und deshalb den Umgang mit Waffen lernen sollten. Es wurde still im Raum. Nach einer schlaflosen Nacht antwortete Christa, wie alle anderen auch, dem Versammlungsleiter, ja, sie würde an den Schießübungen teilnehmen. Es blieb bei dieser Versicherung, eine konkrete Aufforderung erfolgte nicht. Der tiefsitzende Widerwille Christas gegen Gewalt ließ ihr die Vorstellung, auf Menschen zu schießen, völlig unmöglich erscheinen. Das Erinnerungsbild, das ihr damals vor Augen stand, waren die Berge von Gewehren, die die besiegten Wehrmachtssoldaten im April 1945 in die Straßengräben geworfen hatten, an denen ihr Flüchtlingstreck vorbeizog. Von ihnen nahm niemand ein Gewehr an sich, *aber die KZler, die auf dem Todesmarsch vom Lager Sachsenhausen teilweise auf den gleichen Straßen nach Norden getrieben worden waren, die nahmen sich Gewehre, die sie vor Schwäche kaum halten konnten, und bezogen Posten auf der Anhöhe des Hohlwegs.* (Engel, S. 137) Der bedingungslose Pazifismus, in dessen Namen Christa Wolf später ihre Kassandra sagen lassen wird, auf der Seite der Wurfspeere gäbe es nur Unrecht, akzeptierte auch nicht die Handlung der KZ-Häftlinge.

Ebenfalls aus den Fünfzigerjahren, wahrscheinlich bereits aus der Berliner Zeit, datiert eine weitere Erinnerung, an der die Grenzen ihres Einverständnisses mit der Parteimoral deutlich werden. Christa und Gerhard Wolf sahen damals *Ljubow Jarowaja*, das Stück eines sowjetischen Autors. Die Heldin kämpft im Bürgerkrieg 1919 auf der Seite der Roten, liebt einen weißen Offizier und erschießt ihn, weil sie ihn nicht von einem Anschlag auf die Roten abbringen kann. Über dieses Stück gerieten Gerhard und Christa in einen heftigen Streit miteinander. Damals dachte Christa: *So muß eine Revolutionärin sein. Dazu muß sie fähig sein. Und zugleich wußte ich: So könnte ich nie werden. […] Und ich brauchte lange, bis ich erkannte, daß eine Moral, die Menschen in solche Konflikte stellt, ihnen etwas von ihrem Menschsein nimmt. Der neue Mensch als der reduzierte Mensch.* (Engel, S. 150)

## Annäherungen an die Gegenwartsliteratur

Nach Christas Examen im Sommer 1953 ging es für Wolfs einerseits darum, wieder einen gemeinsamen Ort als Familie zu finden, andererseits wollte nun auch Christa ins Berufsleben einsteigen. Eine Anstellung an der Leipziger Universität, die ihr Professor Mayer anbot, schlug sie aus, das war ihr zu akademisch. Auch war das Leipzig der frühen Fünfzigerjahre nicht ihr Ort. Christa bewarb sich als wissenschaftliche Mitarbeiterin beim Deutschen Schriftstellerverband (DSV) in Berlin. Der Dichter und damalige Erste Sekretär des 1952 gegründeten Verbands, Kurt Barthel, genannt KuBa, unterstützte ihre Bewerbung und sie erhielt die Stelle. Damals lasen sie und Gerhard gemeinsam Gedichte KuBas, sie schätzten sein Poem *Gedicht vom Menschen* und *Sagen wird man über unsre Tage.* Kurt Barthel (1914–1967) stammte aus einer sozialdemokratischen Familie und hatte während des Exils in Prag mit Louis Fürnberg zusammengearbeitet. Aus dem britischen Exil war er nach Deutschland zurückgekehrt und wurde zu einem „Parteidichter", der Hymnen auf den sozialistischen Aufbau schrieb, einer *der gläubigsten und zugleich unerbittlichsten, engstirnigsten* (Engel, S. 84) Kommunisten, die Wolfs damals kannten. In seiner Funktion als Erster Sekretär des Schriftstellerverbands hatte er nach dem 17. Juni 1953 *das aufmüpfige Volk strafend [zurechtgewiesen]: Nun müsse es aber viel arbeiten, um diesen seinen Fehler gegenüber der Regierung wieder gutzumachen. Und man kennt ihn wegen der Antwort, die Brecht ihm versetzte: Dann solle die Regierung sich doch ein anderes Volk wählen.* (Engel, S. 84)

Annette, die noch keine zwei Jahre alt war, blieb zunächst bei den Großeltern Ihlenfeld, als Christa Wolf zum Frühherbst 1953 nach Berlin ging und mit in Gerhards Zimmer in Köpenick wohnte. Zuzugserlaubnis nach Berlin bekam man nur, wenn man eine feste Anstellung vorweisen konnte. Die hatte Gerhard beim Deutschlandsender und Christa dann beim Schriftstellerverband. Schließlich fanden sie eine Wohnung in Karlshorst, in der Stechlinstraße, und konnten nun Annette zu sich holen. Zuerst hatten sie dort nur ein oder zwei Zimmer zur Untermiete, als dann aber der Hauptmieter, ein Funktionär, mit seiner Familie auszog, hatten sie die ganze Wohnung für sich: drei Zimmer, Bad, Heizung. Mit dieser Wohnung in der Stechlinstraße stiegen sie dann in das in der DDR übliche Wohnungstauschsystem ein. Hier lebten sie die folgenden sechs Jahre, bis zum Umzug nach Halle, obwohl es keine schöne Gegend war, so zwischen Kohlenplatz, S-Bahn und Kraftwerk gelegen, aber nahe beim Rundfunk. Die Stelle als wissenschaftliche Mitarbeiterin beim Schriftstellerverband hatte Christa Wolf zwei Jahre inne. Zu ihrer Arbeit gehörte es, Manuskripte zu beurteilen und über die Förderung junger Autorinnen und Autoren zu entscheiden, Reden zu schreiben für den Ersten Sekretär und Kritiken für die *Neue Deutsche Literatur* (*NDL*), die Zeitschrift des Verbands, zu verfassen. Christa Wolfs ernsthaft und voller Überzeugung argumentierende, ideologisch geprägte Kritiken, in denen sie die normative Ästhetik Georg Lukács' vertrat, sorgten für Aufmerksamkeit. Sie wurde zur Vorsitzenden der Betriebsgewerkschaft gewählt, wurde offizielles Mitglied des Schriftstellerverbands und kam gleich in den Vorstand. Ihre Beziehungen nutzte sie, um ihren Eltern die Leitung des Verbands-Heims in Petzow am Schwielowsee zu verschaffen. In der ehemaligen Villa der Schauspielerin Marika Rökk hatte der Verband 1953 das Schriftstellererholungsheim „Friedrich Wolf" eingerichtet, das in den kommenden Jahren auch immer wieder für Christa und Gerhard ein Erholungs- und Begegnungsort mit interessanten Leuten aus dem Literaturbetrieb, vor allem aus dem westlichen Ausland, werden sollte. Dort begegneten sie dem Remigranten Leonhard Frank (1882–1961), der in Westdeutschland lebte und dessen Bücher im Aufbau-Verlag erschienen, dem Hamburger Schriftsteller und Orgelbauer Hans Henny Jahnn (1894–1959), dem österreichischen Dramatiker Arnolt Bronnen (1895–1959), dem linken westdeutschen Liedermacher Gerd Semmer (1919–1967) und dem aus Wien stammenden Buchenwald-Überlebenden Fred Wander (1917–2006), der später mit seiner jungen Frau Maxie zu Wolfs Freundeskreis in Kleinmachnow gehörte. Gerhard Wolf gestaltete damals zum Beispiel eine Rundfunksendung, in der Fred Wander von seinem Paris-Aufenthalt erzählte und von ihm mitgebrachte Aufnahmen französischer Musik eingespielt wurden.

Sowohl Gerhard Wolf beim Rundfunk als auch Christa Wolf beim Schriftstellerverband standen in engem Kontakt mit den Protagonisten und den Veröffentlichungen der Gegenwartsliteratur, sie lernten Autorinnen und Autoren mit unterschiedlichsten Biografien kennen. Vor allem die Kontakte zu den Remigranten waren für beide wesentlich. Nicht nur brachten diese, die vielfach das lebendige kulturelle Leben der Weimarer Republik aus eigener Anschauung kannten, die in europäischen und überseeischen Exilländern gelebt und gearbeitet hatten, völlig neue Welt- und Lebenserfahrungen in das Nachkriegsdeutschland und öffneten damit der in der Nazi-Zeit aufgewachsenen Generation Türen in eine Terra incognita. Die jüdischen und kommunistischen Remigranten hatten ihr Leben und ihre Freiheit aufs Spiel gesetzt, hatten auf der „richtigen" Seite gestanden und brachten nun den jungen Deutschen freundschaftliches Interesse entgegen. Es war für Christa und Gerhard Wolf *entscheidend wichtig, so unterschiedliche Menschen wie Fürnberg, Weiskopf, Alex Wedding, auch KuBa, selbst zu kennen, mit Uhse, Bredel, Claudius, Hermlin (etwas später), Kurt und Jeanne Stern über ihr Leben sprechen zu können, manche von ihnen ausfragen zu können über die Emigration, über Spanien, Mexiko, die Sowjetunion; sie in politischen Konfliktsituationen zu beobachten. Mit manchen von ihnen [waren sie] mit der Zeit befreundet [...]. Da haben sich Klischees nicht lange halten können. Sie erzählten ihre Geschichte, unsere Vorgeschichte anders und plastischer, als sie in den Lehrbüchern stand.* (WA 8, S. 372) Es war bisweilen eine Art familiäre Verbundenheit, die sich zwischen den Generationen entwickelte. Manche der Remigranten waren wie *Wahleltern* für die jetzt knapp Dreißigjährigen, diese brachten ihnen Respekt entgegen und lernten von ihnen; was ihre eigenen Eltern gelebt hatten, daran wollten und konnten sie nicht anknüpfen. Die familienähnlichen Verflechtungen, Bindungen, Zugehörigkeiten, die vor allem Christa Wolf sehr lange mit der antifaschistischen Gründergeneration der DDR verbanden und zur Loyalität gegenüber der Partei motivierten, resultierten aus diesen frühen Jahren.

## Überforderung und Selbstverleugnung

Noch keine zehn Jahre war es her, seit Christa ihre Kindheitsheimat verloren und mit ihrer Familie immer wieder umgezogen war, ehe sie in Bad Frankenhausen ein neues Zuhause gefunden hatten.

In den vergangenen fünf Jahren hatten Christa und Gerhard Wolf, die nun Mitte zwanzig waren, in kurzer Zeit wichtige Lebensentscheidungen getroffen: Sie engagierten sich vorbehaltlos für die neue Gesellschaft und wurden SED-Mitglieder, sie folgten ihrem Interesse für Literatur und nahmen ihr Studium auf, sie heirateten und bekamen ihr erstes Kind, und innerhalb weniger Jahre zog es sie von Jena nach Leipzig und nach Berlin. Ihre beruflichen Tätigkeiten führten sie mitten in den Kultur- und Literaturbetrieb, sie standen am Anfang einer möglichen Karriere, Gerhard Wolf beim Deutschlandsender wie Christa Wolf beim Schriftstellerverband. Das war für diese junge Generation, die in Hitler-Deutschland aufgewachsen war und sich nun für den Aufbau der neuen Gesellschaft begeisterte, sich dabei beweisen und bewähren wollte, eine einmalige Chance. So lebten auch Gerhard und Christa Wolf unter dem Eindruck, *die gesellschaftliche Entwicklung erfordere es, daß man in diese Bresche springt* (WA 12, S. 63), und sie erlaubten sich nicht, sich die *Dauer-Überforderung* einzugestehen, unter der sie standen, und die ihnen – neben wichtigen positiven Erfahrungen – auch *Selbstverleugnung, Selbstzweifel und dauernde Über-Anstrengung* aufzwang (WA 12, S. 62). Ihre Ehe und ihr Familienleben drohten immer wieder zurückzustehen hinter den Erfordernissen der täglichen beruflichen und gesellschaftlichen Arbeit. Eine Vielzahl von Eindrücken und Begegnungen, Erlebnissen, Erfahrungen und Konflikten wollte wahrgenommen und verarbeitet werden, Entscheidungen mussten getroffen, Konsequenzen gezogen, Positionen vertreten werden.

1954 fuhr Christa Wolf mit einer kleinen Delegation des Schriftstellerverbands nach Ungarn. Das war ihre erste Auslandsreise. Aber es wurde nicht nur eine Reise in ein fremdes Land, in eine faszinierende Landschaft, sondern auch die Begegnung mit einer unerwarteten Leidenschaft, die sie mitriss. Ein bulgarischer Autor, wie sie verheiratet, verliebte sich in sie und fand Gegenliebe. Diese Episode, die keine Fortsetzung fand, wurde zu einem Einschnitt in ihrem gemeinsamen Leben mit Gerhard. Christas Ausbruch war gewissermaßen das Zeichen, dass sie in dieser permanenten Überforderung nicht weiterleben konnten. Sie brauchten mehr Freiraum nach innen, füreinander und ihre gemeinsame Entwicklung. Sich diesen Raum zu schaffen, gelang

Urlaub auf der Insel Poel, um 1955

ihnen in einem sich über Jahre erstreckenden Prozess, in dem sie sich nach und nach freimachten von den institutionellen Anforderungen und auch Zumutungen, in die sie beruflich eingebunden waren, und sich schließlich für freiberufliches Leben und Arbeiten entschieden. Dies ermöglichte ihnen nicht nur, die Basis ihrer Zusammenarbeit zu erweitern, sondern auch, dem häuslichen Familienleben und ihren Freundschaften mehr Zeit zu widmen.

Die ungarische Episode ging als konfliktreiche Konstellation einer Frau zwischen zwei Männern in die ersten Entwürfe jener Geschichte ein, die – nach einigen Verwandlungen – unter dem Titel *Moskauer Novelle* das Debüt der Prosaautorin Christa Wolf werden sollte.

## Studium an der Humboldt-Universität

In den Jahren 1953 bis 1956 setzte Gerhard Wolf an der Humboldt-Universität sein Germanistik-Studium fort und schloss es ab. Gelegentliche Arbeiten für den Rundfunk sorgten für zusätzliches Einkommen. Er studierte jetzt mit einer anderen Haltung als noch wenige Jahre zuvor in Jena. Dazwischen lag die Berufserfahrung beim Rundfunk, die seinen Horizont erweitert hatte. Während er mit seiner Berufstätigkeit Christa den Abschluss des Studiums ermöglicht hatte, war sie nun in der Situation, durch ihre Arbeit beim Schriftstellerverband die kleine Familie zu ernähren, und Gerhard konnte sich auf sein Studium konzentrieren. Die Grundlage ihrer Partnerschaft, die sie in diesen ersten Jahren angesichts der sich stellenden Herausforderungen entwickelt haben, blieb auf Jahrzehnte tragfähig. Beide waren sich schon damals der Tatsache bewusst, dass ihre Lebensform, ihre Partnerschaft etwas Besonderes war. Das war die ideale Beziehung für beide, sie hat immer funktioniert. Weder Christa noch Gerhard Wolf hatten das Gefühl, „zurückstecken" zu müssen, sie haben einander selbstverständlich unterstützt und konnten sich immer aufeinander verlassen. Ihre jeweils individuellen Möglichkeiten haben sich durch das gemeinsame Leben erweitert, nicht verringert, und sie waren beide flexibel und souverän genug, sich über tradierte Verhaltensmuster hinwegzusetzen. Ihre Wertvorstellungen und Lebensansprüche waren gleichgelagert, und sie befanden sich – so haben es beide wiederholt formuliert – in einem fortwährenden Gespräch miteinander.

Was den Umgang mit Literatur betraf, so waren sie beide wesentlich geprägt von der Realismusauffassung Georg Lukács' und der Idee der Wechselwirkungen zwischen Gesellschaft und Kunst. Christa hatte in Leipzig bei Hans Mayer ihr Examen abgelegt, und Gerhards hauptsächlicher akademischer Lehrer an der Humboldt-Universität, bei dem er auch seine Examensarbeit schrieb, war Alfred Kantorowicz (1899–1979). Er entstammte einer jüdischen Berliner Kaufmannsfamilie, hatte Jura und Germanistik studiert und pflegte seit der Studienzeit lebenslange Beziehungen mit Lion Feuchtwanger und Ernst Bloch. Während der Weimarer Republik arbeitete er als Journalist, trat in die KPD ein und lebte im sogenannten „Künstlerblock" am Laubenheimer Platz in Berlin. Zusammen mit seiner Frau Friedel emigrierte er nach Frankreich, kämpfte im Spanienkrieg und lebte danach im US-amerikanischen Exil. Ende 1946 kehrte er nach Deutschland zurück, wo er ein Jahrzehnt leben sollte als Publizist und seit dem Winter 1949 als Professor für Neuere deutsche Literatur an der Humboldt-Universität. 1956 verweigerte er die Unterschrift unter die Ungarn-Resolution des Schriftstellerverbands und floh im August 1957 vor drohender Verhaftung nach Westberlin. Die beiden Bände seines *Deutschen Tagebuchs* (1959, 1961) legen subjektiv Zeugnis ab vom Lebensgefühl in der DDR der frühen Fünfzigerjahre.

Kantorowicz' vordringlichstes Anliegen war es, seinen in Hitler-Deutschland sozialisierten Studierenden die deutsche Literatur seit dem Naturalismus nahezubringen. Dabei stützte er sich auch auf einzelne Schriften von Georg Lukács wie den Essay *Deutsche Literatur im Zeitalter des Imperialismus*, ohne dessen Anhänger zu sein. Er schätzte vor allem die Realisten wie Heinrich Mann, Arnold Zweig, Friedrich Wolf und Lion Feuchtwanger. Klaus Hermsdorf, der spätere Kafka-Forscher, der bei ihm studiert hat, erinnert sich, dass Kantorowicz die Studierenden am meisten fesselte, wenn er über Autoren sprach, die er persönlich gekannt hatte, wenn er von seiner Zeit als Mieter im „Roten Block" am Laubenheimer Platz erzählte (wo auch Theodor Balk, Manès Sperber, Ernst Bloch, Ernst Busch, Walter Hasenclever, Arthur Koestler, Susanne und Wolfgang Leonhard, Gustav Regler, Günther Ruschin, Steffie Spira, Hedda Zinner gelebt hatten), vom Exil in Frankreich, vom Spanienkrieg, der Internierung in französischen Lagern, dem New Yorker Exil. Im Unterschied etwa zu dem selbst- und machtbewussten Professor Hans Mayer, der ein charismatischer Redner war, galt der eher zurückhaltende Kantorowicz vor allem als Parteimann, dessen Biografie den Jüngeren Respekt abverlangte. Deshalb wurde er zum Mittelpunkt für die Genossinnen und Genossen unter den Studierenden, zu denen auch Gerhard Wolf gehörte. Aus ihrem Kreis kamen auch seine Doktoranden und Assistenten. Er zog auch jene jungen Klassik-Forscher an, die im Winter 1950/51 in Weimar an einem von Gerhard Scholz geleiteten Lehrgang für germanistische Nachwuchswissenschaftler teilgenommen hatten und nun in Berlin bei Kantorowicz promovieren wollten. Sie alle kannten sich untereinander und bildeten eine Art Kreis, wenn auch keine Schule. In der von Kantorowicz geleiteten Abteilung für Neueste deutsche Literatur am Germanistischen Institut der Humboldt-Universität liegen die Anfänge einer explizit marxistischen Literaturwissenschaft in der DDR, die methodische Anleihen aus dem Weimarer Scholz-Kreis nahm.

Auch Gerhard Wolf erinnert sich gern an die lebhaften Erzählungen Kantorowicz'. Kantorowicz konnte jedoch den von Gerhard Wolf geschätzten Dichtern wie Fürnberg oder KuBa nichts abgewinnen, sein literarischer Maßstab war ein anderer. Dennoch akzeptierte er die Examensarbeit über Louis Fürnberg, mit der Gerhard Wolf sein Studium Ende 1955 abschloss.

Gerhard Wolf hatte beim Deutschlandsender schon viel von Fürnberg gesendet, ehe er ihn schließlich persönlich kennenlernte. Seit der Studienzeit faszinierten ihn und auch Christa Fürnbergs Gedichte, die sie damals gemeinsam lasen. Aber Fürnbergs Bedeutung lag für Gerhard nicht nur in seiner Lyrik und seiner Verbindung zu Rilke (es ärgerte ihn lange, dass Peter Huchel in Fürnberg immer nur einen Rilke-Epigonen sah), sondern auch in seinem antifaschistischen Engagement und seinen Emigrationserfahrungen. Thema der Examensarbeit war Fürnbergs Werk insgesamt. Nach dem Examen arbeitete Gerhard Wolf weiter beim Rundfunk bis 1957, zuletzt als Leiter der Redaktion Kulturpolitik, ehe er sich für die Freiberuflichkeit entschied. 1957 wurde er Mitglied des Schriftstellerverbands.

## Begegnung mit Louis und Lotte Fürnberg

Die Begegnung mit Louis Fürnberg und die lebenslange Beschäftigung mit seinem Werk war für Gerhard Wolf prägend. Seine frühe Vorliebe für Rilke-Gedichte und seit der Kulturbund-Zeit auch für Bühnenpräsentationen mit Liedern und Spielszenen fand in Fürnberg einen idealen Protagonisten. KuBa, der als Erster Sekretär beim Schriftstellerverband Christa Wolf die Stelle als wissenschaftliche

Mitarbeiterin verschafft hatte, war seit seiner Emigration in der Tschechoslowakei mit Fürnberg befreundet und hatte gemeinsam mit ihm die Spieltruppe *Das neue Leben* gegründet. Gerhard Wolf lernte Fürnberg persönlich kennen, während er an der Humboldt-Universität studierte und an seiner Examensarbeit schrieb. Fürnberg, in seiner Erinnerung ein sehr freundlicher, offener Mensch, der sich über das Interesse des jungen Mannes freute, lebte damals in Weimar. Während eines Berlin-Aufenthaltes Fürnbergs trafen sie einander erstmals persönlich, und daraus entwickelte sich eine Freundschaft, die auch die Familien einschloss.

Mit Louis und Lotte Fürnberg begegneten Wolfs einem Paar mit einer bewegenden und abenteuerlichen Geschichte, dem allerdings nur noch wenige gemeinsame Jahre in Weimar vergönnt waren. Lotte Wertheimer, 1911 in Prag geboren, kam aus einer großbürgerlichen jüdischen Familie mit einem großzügigen, kulturell und musisch orientierten, wohlhabenden Hintergrund, die ihr höhere Bildung und Selbstständigkeit vermittelte. Die Eltern Wertheimer emigrierten nach Uruguay, Lotte trat 1934 in die KP ein und unternahm eine Reise in die Sowjetunion. Ende 1936 lernte sie in Prag Louis Fürnberg kennen, der damals als politischer Sänger bekannt war und mitreißende Songs vortrug mit seiner Spielgruppe *Echo von links*. Er wurde Lottes dritte und größte Liebe, 1937 heirateten sie. Fürnberg, 1909 im mährischen Iglau geboren und in Karlsbad aufgewachsen, stammte aus einer Fabrikantenfamilie. Früh an Lungentuberkulose erkrankt, wirkte in seinem Leben die Angst vor dem Tod als Antrieb. Er liebte Rilke und besuchte ihn in Muzot. 1928 trat er in die kommunistische Partei ein, schrieb für seine Agitprop-Gruppe und für die kommunistische Prager Presse. Nach dem Einmarsch der Wehrmacht in Prag im Frühjahr 1939 wurden Fürnbergs inhaftiert. Nach ihrer Entlassung betrieb Lotte von London aus die Freilassung ihres Mannes, was ihr schließlich durch Bestechung eines Gestapo-Mannes gelang. Sie emigrierten über Belgrad nach Palästina, wo Fürnberg 1945 die Nachricht erreichte, dass seine Eltern die Shoah nicht überlebt hatten. Als Louis und Lotte Fürnberg mit ihrem Sohn Mischa dann 1946 nach Prag zurückkehrten, erfuhren sie, dass alle Mitglieder ihrer beider Familien, die nicht emigriert waren, getötet worden waren. Fürnbergs blieben in Prag, wo die Tochter Alena geboren wurde, und arbeiteten als Rundfunkjournalisten. Fürnberg brachte 1949 die erste deutsche Schriftstellerdelegation mit Hans Marchwitza, KuBa, Ludwig Renn, Stephan Hermlin, Bodo Uhse, Max Zimmering und Friedrich Wolf nach Prag, und engagierte sich wie Franz Carl Weiskopf als Mittler zwischen der deutschsprachigen und der tschechischen Kultur. 1949 kam Fürnberg als Botschaftsrat nach Berlin. Fürnbergs Grundstück in der Pankower Pfeilstraße grenzte an das von Arnold Zweig, dem Gefährten aus dem palästinensischen Exil, wenige Häuser weiter wohnten KuBa und Hanns Eisler. Lotte Fürnberg fühlte sich in Berlin nicht wohl. Sie fertigte Rohübersetzungen tschechischer Gedichte an, die Fürnberg nachdichtete, übersetzte selbst und schrieb Reportagen über die DDR für den Prager Rundfunk. Die stalinistischen Säuberungen in den Ostblockländern, die vor allem Westemigranten und jüdische Kommunisten trafen, führten im Kontext der Slánský-Prozesse in Prag zu Verhaftungen auch von Freunden und Bekannten der Fürnbergs. Sie wurden nach Prag zurückbeordert und lebten in Angst, ebenfalls als „belastet“ zu gelten. Das Angebot an Louis Fürnberg, als stellvertretender Direktor der Nationalen Forschungs- und Gedenkstätten nach Weimar zu kommen, war ihre Rettung. 1954 bezogen sie das Haus in der Rilkestraße. Lotte Fürnbergs Vater war kurz nach Kriegsende im südamerikanischen Exil gestorben, die Mutter kam 1956 zur Tochter nach Weimar, wo sie 1986 starb.

Die Verwaltungstätigkeiten ließen Fürnberg nur wenig Zeit für seine literarischen Arbeiten. Den XX. Parteitag der KPdSU erlebte er als Befreiung in jeder Hinsicht, auch seiner dichterischen Inspiration. Im Sommer 1957 starb er, achtundvierzig Jahre alt, an einem Herzinfarkt. Lotte Fürnberg charakterisierte ihn als einen Menschen, „der aus Güte Kommunist geworden ist. Immer hat ihn der menschliche Aspekt der sozialistischen Idee und deren menschliche Möglichkeiten fasziniert“. (Grenzen, S. 90f.)

*Wir erlebten ihn gegen Mitte der fünfziger Jahre als aufgeschlossenen, freundlichen Menschen,* schrieb Gerhard Wolf im Nachwort eines Fürnberg-Bandes zu dessen einhundertstem Geburtstag, *der uns Jüngere ohne Ressentiments – sein Bruder war im KZ Buchenwald über Weimar, die*

*Eltern waren in anderen Lagern ermordet worden – freundschaftlich ermutigend entgegenkam, sich und uns am nächsten, wenn er am Klavier seine Chansons, den Song von den Träumern, oder burleske Couplets und Moritaten berühmter Kollegen von Wedekind bis Brecht unnachahmlich zum Besten gab; wenn er Motive von Mozart, Dvořák – „Sonatine Opus 100" – oder Gustav Mahler intonierte, die wir bis dahin nicht kannten.* (Fürnberg, S. 111f.) Gerhard Wolf legte Wert auf bestimmte Differenzierungen, die er aus seiner den zeitgeschichtlichen Kontext berücksichtigenden Interpretation ableitete. So war es ihm wichtig, zu betonen, dass Fürnberg Lieder wie *Du hast ja ein Ziel vor den Augen* oder *Das neue Leben muß anders werden* bereits 1937 geschrieben hatte für die Auftritte seiner Spielgruppe vor dem Hintergrund der sozialen Krise im Sudetenland und des drohenden Einmarsches der Nationalsozialisten. Eben diese Lieder übernahm die FDJ und machte sie in der DDR populär, und seitdem wurde Fürnberg *gemeinhin nur als Verfasser agitatorischer Lieder und Verse auf und für die Partei beurteilt*, dabei gehörte er *seinem Rang nach in die Gemeinschaft Prager deutscher Dichter der Generation nach Kafka, Werfel, Rilke.* (Fürnberg, S. 112) Als „Weltfreunde" waren diese Prager Dichter 1965 bei einer Tagung auf Schloss Liblice, an der Gerhard Wolf mit einem Beitrag über Fürnberg teilnahm, gewürdigt worden. Diese Tagung war die Fortsetzung jener berühmten Kafka-Konferenz von 1963, die zur Vorgeschichte des Prager Frühlings von 1968 gehörte, weil sie – ausgehend vom Werk des damals in den meisten sozialistischen Ländern verbotenen Prager Autors Franz Kafka (1883–1924) – das Phänomen Entfremdung auch im Kontext sozialistischer Gesellschaften thematisierte.

Das ist die Linie, die durch Fürnberg in Gerhard Wolfs Leben kam – bei Rilke knüpfte er an. Für ihn wurde die Beschäftigung mit dem Werk Fürnbergs in den kommenden Jahren nicht nur inhaltlich wichtig – er gab zusammen mit Lotte Fürnberg die Werkausgabe und den Briefwechsel mit Arnold Zweig heraus, er schrieb über Fürnbergs Werk und Leben – und aufgrund der familiären Freundschaft zu Lotte Fürnberg und den Kindern Mischa und Alena, sondern auch beruflich: Die langfristige Perspektive der Werkausgabe im Auftrag der Akademie der Künste ermöglichte ihm auch den Ausstieg aus dem Rundfunkbetrieb und den Einstieg in die freiberufliche Tätigkeit.

## Literatur- und Kulturpolitik im Rundfunk

Die Literaturvermittlung im Rundfunk in Lesungen, Themensendungen, Kritiken und Essays hatte sich an den kulturpolitischen Vorgaben zu orientieren, also vorrangig an der Schwerpunktsetzung auf die deutsche Klassik einerseits und der Propagierung einer einheitlichen deutschen Kultur andererseits. Von den Mitarbeitern wurde erwartet, dass sie ihre Tätigkeit als politische Arbeit verstanden. Es gab auch Themensendungen, also Zusammenstellungen, die sich direkt auf die politische Entwicklung in der BRD bezogen. Gerhard Wolf betreute zum Beispiel im April 1954 eine Sendung mit dem Titel *Die Landsknecht sind ein böser Hauf!*, die als Beitrag zur Diskussion um die Wiederbewaffnung und die Einführung der Wehrpflicht gedacht war und in der er Texte von Bürger, Seume, Büchner bis zu Tucholsky, Weinert und Brecht rezitieren ließ.

Im Programm des Deutschlandsenders, der sich vor allem auch an ein Westberliner und westdeutsches Publikum richtete, aber natürlich auch in der DDR gehört wurde, war westliche Literatur stärker vertreten als DDR- und sowjetische Literatur. Darunter war Lyrik von Ingeborg Bachmann, Karl Krolow und Günter Eich, Prosa von Heinrich Böll, Wolfgang Koeppen oder Wolfgang Weyrauch. Im Zusammenhang mit seiner Arbeit beim Deutschlandsender reiste Gerhard Wolf gelegentlich in den Westen, und seine Besuche galten Autoren, deren Bücher er in Lesungen vorstellen oder rezensieren wollte. So besuchte er Hans Erich Nossack in Hamburg, in München traf er Georg Britting, in Köln Heinrich Böll.

Zu den Aufgaben der Literaturredakteure gehörte außerdem die Förderung des literarischen Nachwuchses. So gab es Sendereihen, in denen junge Autorinnen und Autoren mit ihren ersten Werken vorgestellt wurden. Während Prosaautoren zumeist die Veröffentlichung im gedruckten Buch vorzogen, nutzten Lyriker die Möglichkeit, im Rundfunk mit Gedichten präsent zu sein. Insofern wurde der Rundfunk mit seinen vielen Lyriksendungen geradezu zu einem Förderer für Lyrik. Das war Gerhard Wolfs genuines Gebiet, in dem er sich als Kritiker einen Namen machte. In seinem in der *NDL* 12/1955 veröffentlichten Beitrag *Sieg der Dilettanten?* polemisierte er gegen die überhandnehmende Produktion von Agitationslyrik und kritisierte damit auch die vordergründig ideologische Bewertung von Literatur. Für die Veranstaltung *Lyrik heute – Dichter lesen*, die Ende November 1957 in der Volksbühne stattfand, schrieb Gerhard Wolf beispielsweise kleine Porträts von Arendt, Hermlin und Huchel. Über die ästhetische Theorie der westdeutschen modernen Lyrik veröffentlichte er die Essays *Die Lyrik der Nachhut* (*Sonntag*, März 1957) und *Die Ptolemäer* (*NDL* 2/1961). In der *NDL* erschienen auch seine Essays zur Lyrik von Georg Maurer (*Von einer Menschenheimat, die ich finde*, 1/58), Walter Werner (*Neue Landschaft im Gedicht*, 9/59) und Stephan Hermlin (*Politische und ästhetische Maximen*, 11/61).

## Das Jahr 1956

Am 7. November 1955 schrieb Christa Wolf an Louis Fürnberg: *Ich sitze noch nicht im Verlag, sondern bis zum 1. Januar als Lückenbüßer in der NDL. Nicht sehr erfreulich. Meine Unzufriedenheit mit mir selbst wächst von Tag zu Tag und legt sich mir schon auf den Magen. […] Die Diskrepanz zwischen dem, was sein sollte, und dem, was ist, kann einen schon krank machen. (Ich meine: zwischen dem, was ich sein sollte, und dem, was ich kann und bin, um es deutlich zu sagen.)* (BW Fürnberg, S. 264) Die noch ausstehende Befreiung von gesellschaftlichen und beruflichen Verpflichtungen versetzte Christa in eine Konfliktsituation, die sie – dies ist ein lebenslanges Muster – schließlich krank machte. Die Notbremse, die ihr Körper zog, konnte sie auf lange Sicht nicht ignorieren. Das Intermezzo, den Schriftstellerverband zu verlassen und als Lektorin beim Verlag Neues Leben einzusteigen, war ihrem Wunsch geschuldet, den an sie gerichteten Erwartungen gerecht zu werden, die an sie herangetragenen Verpflichtungen zu erfüllen und zu „funktionieren". Eine Alternative schien es nicht zu geben. Während sie auf der einen Seite ihren Verbands-Verpflichtungen weiter nachkam, begann sie bereits als freie Kritikerin und Lektorin für verschiedene Zeitungen und Verlage zu arbeiten – und wurde schwanger. Gerhard schrieb an seiner Examensarbeit und wollte danach beim Rundfunk weiterarbeiten.

Beim IV. Schriftstellerkongress im Januar 1956 hielt Christa Wolf eine vorab in der *NDL* abgedruckte Rede (*Popularität oder Volkstümlichkeit?*). Die Funktion *unserer Literatur* sieht sie darin, den Leserinnen und Lesern zu zeigen, *wie bei uns endlich das gesellschaftlich Notwendige sich in Übereinstimmung befindet mit der tiefen Sehnsucht der Menschen nach Vervollkommnung, nach allseitiger Ausbildung der Persönlichkeit; welch ein starker, unerschöpflicher Kraftstrom der sozialistischen Welt durch die Möglichkeit zufließt, diese tiefe Sehnsucht der Menschen zu befriedigen* (*NDL* 1/56). Von diesen Sätzen führte ein direkter Weg zu dem etwa zehn Jahre später in dem zentralen Essay *Lesen und Schreiben* formulierten Gedanken von der Gleichgerichtetheit sozialistischer Literatur und Gesellschaft.

1956 wechselte Christa Wolf auf Wunsch des Verlagsleiters Bruno Petersen als Cheflektorin zum Verlag Neues Leben, brach aber nach wenigen Monaten völlig überfordert ab, als sie schwanger wurde. In diese angespannte und komplizierte persönliche Situation brach nun ein für die Entwicklung der sozialistischen Länder folgenschweres Ereignis herein: der XX. Parteitag der KPdSU im Februar 1956. Chruschtschow, der Generalsekretär der KPdSU, machte in seiner berühmten Rede die Verbrechen der Stalin-Ära erstmals öffentlich und ermöglichte so den Beginn der Entstalinisierung, der Auseinandersetzung mit dem Personenkult und dem stalinistischen Terror. Noch 1993 sprach Christa Wolf vom *tiefen Schock* (WA 12, S. 458), den der Parteitag damals ausgelöst habe. Damit begann eine langfristige Veränderung, auch bei ihr und Gerhard, und auch in ihrem Verhältnis zu manchen Remigranten. Deren Offenheit oder Verdrängung und Schweigen wurde für Christa und Gerhard Wolf zu einem Maßstab. Verstört waren sie nicht nur durch die Informationen über Stalins Verbrechen, sondern auch von den Reaktionen älterer Kollegen und Genossen im Schriftstellerverband; manche von denen, die in der Moskauer Emigration waren, brachen jetzt zusammen. Rückblickend hält Christa Wolf fest: *Ich fragte mich, wie es ihnen möglich gewesen war, alles, was sie dort erfahren oder selbst erlebt hatten, so weit zu verdrängen, daß sie ganz oder partiell gläubig bleiben konnten. Ich denke, ich habe dabei etwas gelernt: Meine eigene Gläubigkeit schwand dahin, künftig wollte ich zu meinen Erfahrungen stehen und sie mir durch nichts und niemanden ausreden, verleugnen oder verbieten lassen.* (WA 12, S. 73) Wahrscheinlich war Christa Wolf bereits damals klar, dass sie das keinesfalls als Kritikerin oder Funktionärin des Verbands tun konnte, sondern nur als Autorin, der eigenen Wahrhaftigkeit verpflichtet. Insofern war ihre Entscheidung für diesen Weg auch eine konsequente Fortsetzung ihrer moralischen Haltung, ihres Gewissens und ihrer Wahrhaftigkeit. Ihr wurde damals schmerzhaft deutlich, dass es bei den Vorbildern, den *Wahleltern* an Aufrichtigkeit, an Wahrhaftigkeit gefehlt hatte, und das war eine der protestantischen Tugenden aus ihrer familiären Erziehung. Sie fragte sich, warum die Älteren wider besseres Wissen den Jüngeren eingeredet hatten, an diesem Sozialismus festzuhalten, in dessen Namen so viele Menschen um ihr Leben gebracht worden waren. Sie verstand, dass diese ihre Vorbilder sich selbst nicht gut genug gekannt hatten, und das sollte ihr nicht passieren. Dennoch konnte sie manchen Remigranten ihr Mitgefühl nicht versagen, was vor allem in ihren Essays über Anna Seghers deutlich wird. Jahre später sah sie die Remigranten auch als *Angehörige einer tragischen Generation, die erbarmungslos zwischen den Fronten zerrieben wurde und auf die Nachsicht der Nachgeborenen allerdings nicht rechnen kann* (Blick, S. 57).

Im Juni 1956 erholte sich Familie Wolf im FDGB-Heim Walter Ulbricht in Friedrichroda, eine kleine Auszeit für die Eltern. Kaum zurück im Alltag, schrieb Christa Wolf an Fürnberg: *Ich habe sehr viel zu tun, den ganzen Haushalt und eine Menge Arbeit für verschiedene Verlage; aber das ist doch nicht das Eigentliche und macht mich nicht zufrieden. Übrigens sehe ich Kritik im Moment auch nicht als „Das Eigentliche" an. Selber schreiben möchte ich können, ich wüßte vielleicht sogar, was.* (BW Fürnberg, S. 290) Der Schock des XX. Parteitags und die Folgen hatten Zweifel an der Richtigkeit ihres Auftrags, ihrer Aufgabe geweckt. Sie versuchte sich vor Vereinnahmung zu schützen, indem sie das Eigene, das Subjektive stärkte – das war das Movens ihres Schreibens.

Im Grunde erwiesen sich auch einige der Remigranten, die Christa und Gerhard Wolf nahestanden, als nicht aufrichtig und auf der richtigen Seite stehend. Sie mussten nach der Distanzierung von den eigenen Eltern erneut eine Distanzierung von den *Wahleltern* auf sich nehmen, eine weitere Desillusionierung verarbeiten. Dabei zeigte sich, dass nur wenige vertrauenswürdige Freunde blieben, und vor allem, dass sie beide sich vorrangig aufeinander verlassen konnten. Auch Fürnberg gehörte in dieser schwierigen Zeit zu den Vertrauten. Er reagierte auf Christa Wolfs Brief über ihre Suche nach dem Eigentlichen mit geballtem Zuspruch: „Selber schreiben möchtest Du können und wüßtest vielleicht sogar, was? Christa!! Ja, wer soll denn schreiben können, wenn nicht Du? So schreib doch!! So versuch's doch einmal! [...] Hab Vertrauen zu Dir! [...] Talent brauchst Du nicht nachzuweisen – das ist in jeder Zeile von Dir, darauf versteh ich mich! Schreib!" (BW Fürnberg, S. 291f.)

Die Liberalisierungstendenzen nach dem XX. Parteitag der KPdSU im Frühjahr 1956 und die Diskussionen unter Intellektuellen lösten auch in der DDR Reformbestrebungen aus. Für Gerhard Wolfs Umfeld beim Rundfunk bedeutete dies, dass zunächst auch durchaus Autoren und Sichtweisen, die nicht vollständig mit den an der Doktrin des sozialistischen Realismus orientierten literaturpolitischen Leitlinien übereinstimmten, Aufnahme in das Literaturangebot fanden. Schon im Herbst 1956 setzte jedoch ein Ende dieser Tauwetterphase ein, ausgelöst durch die antisowjetischen Erhebungen in Ungarn, und in der DDR begannen Schauprozesse gegen sozialistische Reformer wie Wolfgang Harich, Walter Janka, Heinz Zöger und Gustav Just. Im Rundfunk wurden Programme und Redaktionen auf „opportunistische, aufweichlerische und liberale Tendenzen" untersucht, und schließlich geriet Hans Mayer mit seinem Essay *Zur Lage der Gegenwartsliteratur* ins Visier. Mayer war bis dahin mit zahlreichen Beiträgen in literarischen Sendungen vertreten. Sein Vortrag war bereits produziert und sollte am 28. November 1956 gesendet werden. Er wurde ohne Ankündigung aus dem Programm genommen, was eine Reihe empörter Nachfragen zur Folge hatte. Am 2. Dezember 1956 wurde Mayers Beitrag allerdings im *Sonntag* veröffentlicht. Wolfgang Rödel, Mitglied des Rundfunkkomitees, machte in einem Kommentar die offizielle Rundfunkbegründung öffentlich – Mayer beurteile Literatur nach ästhetischen Kategorien und stelle somit ihre politische

Aussage hintan – und betonte damit die Stellung des Rundfunks als kulturpolitisches Sprachrohr der SED. Mayers Position teilte auch Gerhard Wolf. Infolge dieses an dem Leipziger Literaturprofessor statuierten Exempels sollten in der Literaturvermittlung im Rundfunk verstärkt ideologische vor ästhetischen Positionen zur Geltung kommen. Obwohl 1957 an die sechzig Prozent der redaktionell Mitarbeitenden SED-Mitglieder waren, konnte sich die SED-offizielle Kurskorrektur nicht ohne Weiteres durchsetzen. Die Auftragspolitik änderte sich; Autoren und Komponisten sollten in Betrieben der Industrie und der Landwirtschaft neue Stoffe für Sendungen finden, eine sozialistische Kulturrevolution mit der Arbeiterklasse als Trägerin sollte in Bewegung kommen. Der V. Parteitag der SED im Juli 1958 und die Bitterfelder Konferenz unterstützten diese Position, die allerdings ihr Ziel, die Bevölkerung insgesamt verstärkt für aktive kulturelle Teilhabe zu gewinnen, nicht erreichte. Aber sie schuf eine der Grundlagen für die öffentlichen Literaturdebatten der Sechzigerjahre, an der sich Autoren der älteren wie der jüngeren Generation, darunter Heiner und Inge Müller, Brigitte Reimann und Christa Wolf, beteiligten.

## Privatleben

Das Haus in Karlshorst wurde zunehmend auch eine Art Refugium, ein geschützter Ort für die Familie, für das gemeinsame Leben und Arbeiten, das man sich als *ein dauerndes, endloses Gespräch* (WA 12, S. 224) vorstellen muss. Gerhard und Christa Wolf organisierten gemeinsam Familie und Haushalt, arbeiteten an Eigenem und an Gemeinsamem, lasen wechselseitig, was der oder die andere schrieb und diskutierten darüber. Dabei zeigte sich zunehmend, dass für Christa die Rückmeldung ihres Mannes, sein Mitdenken und sein Insistieren auf bestimmten Veränderungen, die sich schließlich als in ihrem Sinne erwiesen, wichtiger war als umgekehrt. Auch Gerhard legte großen Wert auf das Urteil seiner Frau, aber er machte sich weniger davon abhängig. Als im September 1957 die zweite Tochter Katrin geboren wurde, lag Gerhard wegen einer Herzmuskelentzündung im Krankenhaus in Mahlow. Das Mahlower „Wasserkrankenhaus“, wie Wolfs es nannten, war ebenfalls ein Rückzugsort für sie, und nicht nur, weil man in seiner Umgebung bei Waldspaziergängen in Abgeschiedenheit Gespräche führen oder für sich allein sein konnte. Das war *was für Intellektuelle mit Beschwerden*, sagt Gerhard Wolf, auch Maurer ging dorthin, Fühmann und Heise. Naturheilverfahren, Rohkost-Diät und Anwendungen à la Kneipp kamen dort zum Einsatz.

Tinka, wie Katrin genannt wurde, war anfangs sehr krank. Mit zwei kleinen Kindern, eines davon oft krank, war an geregelte Arbeitszeiten kaum zu denken, weshalb Christas Tante Grete zur Betreuung der Mädchen für eine Zeitlang zu ihnen zog. Viele Jahre später erinnerte sich Annette, dass Tante Grete – die einzige in der Familie, die öfters nach Westberlin fuhr, sich aber an die Auflage der Eltern hielt, die Kleine nicht mitzunehmen – ihr von den West-Besuchen jedesmal etwas Schönes mitbrachte. Tante Grete erwirkte aber auch von den Eltern, dass Annette zur Heilung ihres Keuchhustens mit auf den Westberliner Funkturm fahren durfte – wobei dessen Höhe, nicht der Standort das Entscheidende war. Annette erinnerte sich an die Aufregung, als sie im Fahrstuhl hoch zur Aussichtsplattform fuhren. Allerdings änderte dieser Ausflug nichts am Keuchhusten.

Grete und Frieda, die beiden Schwestern Otto Ihlenfelds, lebten in der Altmark zusammen mit ihrem sehr alten Vater. Später zogen sie nach Bremen. Dank Tante Grete konnten Christa und Gerhard Wolf ihren Arbeitsverpflichtungen guten Gewissens nachgehen. Beide nahmen deutlich wahr, wie sich unter den massiven Repressionen gegen die antistalinistischen Erhebungen in Polen und vor allem in Ungarn, aber auch gegen Reformsozialisten in der DDR, auch die Institutionen der Kulturarbeit, innerhalb derer sie ihrer Arbeit nachgingen, veränderten und die Spielräume sich verengten. Das bekam Gerhard Wolf in seiner Rundfunkarbeit massiv zu spüren, die unter starkem politischem Druck stand. Die Abkehr Ungarns von den Warschauer-Pakt-Staaten bezeichnet er als *Generaleinschnitt*. In Ungarn hatte sich die Erbitterung über das stalinistische Regime Mátyás Rákosis in einem Aufstand entladen, der zur Bildung einer reformkommunistischen Regierung unter Imre Nagy und mit Georg Lukács als Kulturminister führte, die Auflösung der Kommunistischen Partei und schließlich den Anschluss von Armee und Polizei an die Aufständischen zur Folge hatte. Im November 1956 kündigte die neue Regierung die Mitgliedschaft Ungarns im Warschauer Pakt auf und erklärte die Neutralität des Landes. Dies war der Anlass für die militärische Intervention durch die Sowjetarmee, die den Aufstand niederschlug. 1968 wird sich diese Machtdemonstration mit dem Einmarsch der Armeen der Warschauer-Pakt-Staaten in Prag wiederholen. Im Zuge dieser Entwicklung wurde in der DDR der Abbruch der Beziehungen zu Westberlinern, zu Leuten im Westen überhaupt nahegelegt. Es gab in der Rundfunkarbeit immer mehr Unannehmlichkeiten und Einschränkungen. Aber wie sollte man über Westliteratur berichten, wenn man keine Kontakte dorthin haben konnte, um Schriftsteller und Bücher kennenzulernen? Der Tropfen, der das Fass für Gerhard Wolf zum Überlaufen brachte, war dann die Absetzung des Essays von Hans Mayer im Dezember. In seinem Essay *Zur Gegenwartslage unserer Literatur* beklagte Mayer, dass die DDR mit der als „formalistisch" und „dekadent" abgewehrten Literatur der Moderne, von Joyce oder Kafka, den Anschluss an die Weltliteratur verloren hatte. Gerhard Wolf hatte als Kulturredakteur des Deutschlandsenders das Manuskript zur Sendung angenommen und vorbereitet, das dann am Sendeabend kurzfristig „von oben" abgesetzt wurde. Dass der Essay dann doch noch im *Sonntag* erschien, sei, so glaubten Wolfs, einer der Auslöser für die Verhaftung der *Sonntag*-Redakteure Just und Zöger im März 1957 gewesen. Noch im Dezember 1956 waren Walter Janka, Leiter des Aufbau-Verlags, und sein Cheflektor Wolfgang Harich verhaftet worden. Wolfs verstanden damals nicht, warum diese Kollegen, die sie mehr oder weniger gut kannten, angeklagt und verurteilt wurden. Vielleicht stieg damals sogar eine ähnliche Angst in ihnen hoch wie die, von der ihnen Louis und Lotte Fürnberg berichtet hatten angesichts der Slánský-Prozesse in Prag. Der nachhaltige Schock, den diese Aktionen jedenfalls bei Christa Wolf auslösten, zeigte sich noch Jahre danach beim 11. Plenum, als sie sich genötigt sah, in ihrer Verteidigungsrede für den angegriffenen Kollegen Werner Bräunig den

Vorwurf einer Gruppenbildung à la Petöfi-Klub weit von sich zu weisen. Mit den Repressionen gegen Reformsozialisten – Janka und Harich wurden in Schauprozessen zu hohen Freiheitsstrafen verurteilt – sollte jedenfalls eine Gruppenbildung wie in Ungarn verhindert werden. Georg Lukács galt fortan in der DDR als Unperson, seine Bücher wurden verboten.

## Blochs Isolierung im Gefolge der Verhaftungen

Der Philosoph Wolfgang Harich hatte seit 1953 zusammen mit Ernst Bloch die *Deutsche Zeitschrift für Philosophie* herausgegeben. Im Kontext der Schauprozesse gegen Harich, Janka, Just und Zöger wurde Bloch von der SED kaltgestellt, emeritiert und isoliert. Im April 1957 hatte die SED-Parteileitung am Philosophischen Institut der Karl-Marx-Universität Leipzig, wo Bloch lehrte, eine Konferenz über Fragen der Blochschen Philosophie einberufen, um deren „verderblichen Einfluss" auf Studierende und Intellektuelle zu unterbinden. Im Mai 1957 schrieb Gerhard Wolf an den befreundeten Lyriker Georg Maurer, dessen philosophisch vertiefte Gedichte er für den Mitteldeutschen Verlag in Halle lektorierte, dass die *Diskussionen um Bloch* ihn anregten, sich mehr mit Philosophie zu beschäftigen, zumal es *abgesehen von dem direkten politischen Anlaß der Diskussion* ja um *Grundfragen der marxistischen Philosophie* gehe. (Wahrheit, S. 63) Diese Themen waren natürlich auch Gegenstand der Gespräche mit Christa.

Christa Wolf berief sich später im *Geteilten Himmel* in Wendungen wie *aus dem Vollen schöpfen*, vor allem aber in *Nachdenken über Christa T.* auf Blochs *Prinzip Hoffnung*. In diesem faszinierenden Werk befragt Bloch das Denken, Träumen, Fühlen, Wünschen von Menschen, ihre Erfahrungen, Ideen und Pläne, die Weltreligionen, Sozialutopien, die Ökonomie, die bildenden Künste, Musik und Literatur, er erschließt das immense Potenzial menschlicher Produktion, materieller und immaterieller, um es nutzbar zu machen für die uneingelöste Sehnsucht des Menschen nach einer freien, humanen, gerechten Gesellschaft. Die Sehnsucht, die sich auf das

„Besserhabenwollen" richtet, identifiziert er dort als „die einzige ehrliche Eigenschaft aller Menschen". (Bloch, S. 111) Von all diesen Hoffnungsbildern führt für ihn ein Weg ins Real-Geschichtliche, und „dieser Weg ist und bleibt der des Sozialismus, er ist die Praxis der konkreten Utopie" (Bloch S. 16). Die Auseinandersetzung mit den messianischen und eschatologischen Strömungen des Christentums ist eine von mehreren Perspektiven in *Prinzip Hoffnung*, und dabei liest Bloch die Bibel natürlich anders als die orthodoxe Theologie. Blochs Philosophie der Hoffnung, die ihn in den späten Fünfzigerjahren in Opposition zum DDR-Sozialismus brachte, stellt den wesentlichsten Kontext dar für den Gebrauch biblischer Motive in der Literatur von Autorinnen und Autoren, die den Sozialismus als Ursprungsidee gegen die gesellschaftliche Realisierung mobilisierten, wie Anna Seghers, Erwin Strittmatter und auch Christa Wolf.

Ernst Bloch (1885–1977) war seit den Zwanzigerjahren befreundet mit Georg Lukács, später auch mit Walter Benjamin, Bertolt Brecht und Kurt Weill. Der marxistische Philosoph jüdischer Herkunft, Autor des zwischen 1938 und 1947 in der US-amerikanischen Emigration entstandenen *Prinzip Hoffnung*, hatte 1948 einen Ruf an die Uni Leipzig erhalten. Zusammen mit seiner Frau Karola, einer Architektin, die während der Exiljahre den gemeinsamen Lebensunterhalt bestritten hatte, und dem gemeinsamen Sohn Jan Robert siedelte er nach Leipzig um und trat im Alter von vierundsechzig Jahren sein erstes Lehramt als Ordinarius für Philosophie an. Die Studierenden konnten kaum seine während der Weimarer Republik und des Exils publizierten Bücher kennen (*Geist der Utopie*, 1918; *Thomas Müntzer als Theologe der Revolution*, 1921; *Spuren*, 1930; *Erbschaft dieser Zeit*, 1935), wohl aber *Freiheit und Ordnung. Abriß der Sozialutopien*, ein Vorabdruck aus *Prinzip Hoffnung,* 1946 im New Yorker Exilverlag Aurora von Wieland Herzfelde veröffentlicht. Die ersten beiden Bände von *Prinzip Hoffnung* erschienen 1953 und 1955 im Berliner Aufbau-Verlag, der dritte 1959. Die faszinierende Wirkung Blochs beschrieb Hans Mayer, sein Kollege von der philologischen Fakultät, als „Prozeß lebendigen Denkens", als Verwandlung des „Denkens in Hauptworten in einen dialogischen Denkvorgang". Bloch mischte in seinen Texten poetische Visionen mit Alltagsbegriffen, Zitate griechischer Philosophen mit Schlagertexten, und besonders gern gebrauchte er „volkstümliche Redewendungen". (Wirkung, S. 219) Ob Christa Wolf während der anderthalb Jahre ihres Studiums in Leipzig Bloch hatte lesen hören, ist nicht gesichert. Zwar steht sein Name in ihrem Studienbuch, aber sie erinnerte sich nicht an ihn – was unwahrscheinlich ist, wenn sie ihn je gehört hätte. Bloch erhielt 1955 den Nationalpreis der DDR und den Vaterländischen Verdienstorden, wurde zum ordentlichen Mitglied der Deutschen Akademie der Wissenschaften in Berlin berufen, hatte dort die Leitung der Sektion Philosophie inne und sein siebzigster Geburtstag wurde feierlich begangen. An der Akademie der Wissenschaften veranstaltete Bloch im März 1956 die Konferenz „Das Problem der Freiheit im Lichte des wissenschaftlichen Sozialismus". Im Rückgriff auf den frühen Marx verteidigte er die Freiheit des Menschen gegen ihren ideologischen Missbrauch, egal wo. Im November 1956 bezog er in seiner Festrede zur Hegel-Gedenkfeier an der Berliner Humboldt-Universität Position zur aktuellen politischen Situation und griff den SED-Kurs an. Nach der Verhaftung von Harich wurde er kaltgestellt. Die Vorwürfe von Seiten der SED hießen „Titoismus", „Subjektivismus", „Religiosität" und „Utopismus". Bloch habe, so der Hauptvorwurf, die sozialistische Gesellschaft in der DDR nicht als realisierte Utopie im Sinne des Marxismus, sondern als Übergang dorthin dargestellt. Darüber hinaus charakterisiere er in seinem Hauptwerk die Arbeit falsch als Selbstverwirklichung statt als Produktion, und statt des Klassenkampfes stelle er in seiner „Welterlösungslehre" die Sehnsucht nach Selbstverwirklichung und nach Aufhebung aller Entfremdung ins Zentrum. Diese Vorwürfe von orthodoxen Marxisten qualifizierten Bloch zum kommunistischen Ketzer, zum Propheten mit „Marx- und Engelszungen" (Wolf Biermann). Denn Bloch rekurrierte ja gerade auf das Kommunistische Manifest, in dem Marx und Engels die neue Gesellschaft beschrieben als „eine Assoziation, worin die freie Entwicklung eines jeden die Bedingung für die freie Entfaltung aller ist". Nach dem Mauerbau 1961 kehrte Bloch von einem Aufenthalt im Westen nicht mehr nach Leipzig zurück und nahm eine Gastprofessur in Tübingen an, wo er bis zu seinem Tod im August 1977 lebte.

## Fürnbergs Ermutigung für Christa Wolf

In anderer Weise als für Gerhard Wolf hat Louis Fürnberg für Christa Wolf eine wichtige Rolle gespielt. Fürnberg gehörte zunächst für sie zu den antifaschistischen Remigranten, das Wissen über seine Lebensgeschichte kam erst im Verlauf der Freundschaft hinzu. Fürnberg lud Gerhard und Christa Wolf zu sich nach Weimar ein, nachdem er in Berlin Gerhards Bekanntschaft gemacht und dieser ihm eröffnet hatte, dass er über den Dichter Fürnberg schreiben wolle. Damals wussten Wolfs noch nicht, dass die Übersiedlung nach Weimar und Fürnbergs Tätigkeit am Goethe-Schiller-Archiv ihn und seine Frau aus einer lebensbedrohlichen Situation gerettet hatte. Denn in seiner Heimat Prag waren enge Genossen von ihnen, zumeist Juden wie sie, in den Slánský-Prozessen als „Verräter" zu Haftstrafen oder zum Tod verurteilt worden. Irgendwann hat Fürnberg ihnen diese Geschichten erzählt, viel Zeit blieb ihm nicht. *Fürnberg war neugierig auf euch Junge, Namenlose*, erinnert sich Christa Wolf in *Stadt der Engel* an diese Begegnungen. *Er hat euch viel erzählt. Ich sehe ihn in seinem Haus in Weimar am Klavier sitzen, auch Songs aus seiner Agitprop-Truppe in den zwanziger Jahren intonierend, die ihr auswendig lerntet wie seine Gedichte, mitsingen konntet.* Mit den Erzählungen Fürnbergs, der ein *glühender Kommunist* war, begann für Gerhard und Christa *der lange Weg der Erkenntnis,* die in Ernüchterung mündete. Fürnberg, dem die Nazis *auf dem Transport ins Zuchthaus [...] das Gehör zerschlagen [hatten], indem sie Bücher auf ihn warfen,* der mit seiner Familie später emigrieren konnte, war *für euch dann der Verfasser des Jugendlieds „Du hast ja ein Ziel vor den Augen, damit du in der Welt dich nicht irrst", das erschien euch soviel besser als alle die Lieder, die eure Kindheit und Jugend beherrscht hatten und die man so schwer vergessen konnte.* Aber Fürnberg, der auch *innige Gedichte und feinsinnige Prosa* schrieb, ist heute *vergessen oder wird, schlimmer noch, nur genannt, wenn man ein besonders absurdes Beispiel für Parteidichtung braucht, denn auch das hat er ja geschrieben, das „Lied von der Partei", das er – wer weiß das schon – gegen seine Zweifel anschrieb, 1950, zwei Jahre, nachdem Stalin Jugoslawien, eines der Fluchtländer der Fürnbergs, das sie liebten, aus der sozialistischen Völkergemeinschaft exkommuniziert hatte. „Denn wer kämpft für das Recht, der hat immer recht, gegen Lüge und Ausbeuterei".* (Engel, S. 84f.) Im Zusammenhang dieser Erinnerungen an Louis Fürnberg beschreibt Christa Wolf auch jene (Partei-)Versammlung im Frühjahr 1956, in der *ein Bericht des Genossen Chruschtschow verlesen wurde, über den Personenkult um Stalin und erste Andeutungen seiner „Fehler", und Genossen, die in der Sowjetunion im Exil waren, in Tränen ausbrachen und bekannten, sie hätten manches selbst erlebt, vieles gewußt, aber geschwiegen, um den Aufbau in unserem Land nicht zu gefährden […].* (Engel, S. 85f.) Christa Wolf zeigt nun an den Reaktionen von KuBa und von Fürnberg die unterschiedliche Souveränität beider Männer (was allerdings ihre persönliche Wertschätzung und Sympathie im Fall von KuBa keineswegs beeinträchtigte); während KuBa dogmatisch den Genossen dankte, dass sie *ein schweres Geheimnis der Partei so lange bewahrt hätten*, und fortan Chruschtschow für einen Renegaten und Verräter hielt, schickte Fürnberg einen *Jubelbrief: Tauwetter! Endlich wieder schreiben können! – Dieser Jubel verriet die tiefe Bedrückung, in der er und viele Genossen seiner Generation so lange gelebt hatten. Und keine Alternative sahen. Und schwiegen.* (Engel, S. 86) Der Zusammenhang von Schweigen und Alternativlosigkeit beschäftigte die Autorin Christa Wolf in persönlichen Konfliktsituationen immer wieder, und sie fand, gemeinsam mit ihrem Mann, Lösungsstrategien – die Hinwendung zu den Lebensläufen und Werken nicht-klassischer Dichterinnen und Dichter der Goethe-Zeit, die sogenannte Romantikrezeption, war ein solcher Weg nach 1976.

In seinen Briefen an Gerhard Wolf schickte Louis Fürnberg auch immer wieder Ermutigungen und Ermunterungen an Christa mit, so im Brief vom 15. September 1956: „Und sag der Christa, daß ich fest auf sie vertraue, daß ich ganz sicher weiß, daß sie eine Schriftstellerin IST und daß sie ein tolles Buch machen wird und daß wir fest an sie denken und ihr den Daumen halten" (Poesie, S. 24). Dieser Zuspruch hat Christa Wolf viel bedeutet und ihr Selbstvertrauen gestärkt, nicht nur zu schreiben, sondern auch zu veröffentlichen. Die Freundschaft mit Fürnbergs war familiär, herzlich, unkompliziert und vertrauensvoll. Als Fürnberg im Sommer 1957 in Weimar von einer Menschenmenge zu Grabe getragen wurde, gingen auch Gerhard und Christa Wolf im Trauerzug mit. Innerhalb von wenigen Jahren starben Fürnberg, Weiskopf, Uhse, Brecht und Becher. Wolfs sahen diese frühen Tode der Remigranten im Zusammenhang mit dem XX. Parteitag: *Dem jahrzehntelangen Druck hatten ihre Herzen standgehalten, der plötzlichen Befreiung von diesem Druck nicht.* (Engel, S. 86) Sie starben, meint Gerhard Wolf, altmodisch ausgedrückt an gebrochenem Herzen.

Unter den Sowjetunion-Remigranten, die geschwiegen hatten über ihre damaligen Erlebnisse, war es Willi Bredel, der sich Christa Wolf gegenüber öffnete. Als sie im Sommer 1957 mit einer Delegation des Schriftstellerverbands zu einem Schriftstellerkongress in Moskau – für Christa war es die erste Begegnung mit dieser Stadt – reisten, führte er sie *durch das Moskau seiner Emigrantenzeit.* Er zeigte ihr das Hotel Lux, wo die Emigranten wohnten und einander während der Zeit der Säuberungen abends gegenseitig anriefen, um zu hören, ob der andere noch da war – und mancher war eben nicht mehr da. *Du versuchtest dir die Einsamkeit vorzustellen, in die sie gestoßen wurden*, schreibt Christa Wolf in *Stadt der Engel. Und? fragtest du. Wie habt ihr das ausgehalten? – Wir hatten keine Alternative. – Das sollte euch nicht passieren. Ihr damals Jungen hocktet beieinander, Stunden um Stunden, Nacht um Nacht. Eure Aufgabe würde es sein, dachtet ihr, Stalins Ungeist aus dem gesellschaftlichen Leben zu vertreiben, die Konflikte durchzustehen, deren Schärfe ihr nicht voraussaht, und nicht aufzugeben. Ein naives Programm.* (Engel, S. 87)

## Freiberufliche Arbeit

Mitte der Fünfzigerjahre begann Christa Wolf, den biografischen Wendepunkt in ihrem Leben erzählerisch zu umkreisen, Material zu sammeln, Strukturen und Stimmen auszuprobieren. Warum gerade jetzt? War es der Wunsch nach einem Innehalten, nach einer Überprüfung der eigenen Voraussetzungen, der eigenen Position? Vorausgegangen war die ungarische Episode, die sie später in den Vorfassungen zur *Moskauer Novelle* zu bewältigen versuchte, das heißt zu ideologisieren, denn in den frühen Fassungen zu ihrem ersten veröffentlichten Prosatext ging es ihr darum zu zeigen, wie „die neue

Moral" idealerweise beschaffen sein soll – und kaum um die subjektive Bewältigung einer existenziellen Erfahrung, um Leid, Verzicht und Anspruch. Vorausgegangen waren die Ermutigungen von Louis Fürnberg, dessen Zuspruch Christas Selbstvertrauen stärkte und ihre Überzeugung, dass sie Wesentliches einzubringen hatte in die Literatur ihres Landes, ihrer Generation. Vorausgegangen waren aber auch die verstörenden, vielgestaltigen und lange nachwirkenden Erfahrungen mit dem XX. Parteitag der KPdSU, mit dem befreienden Tauwetter und der plötzlich einsetzenden erneuten Erstarrung. Am langjährigen Schweigen und an den vereinzelt gewagten Mitteilungen der Älteren den Jüngeren gegenüber spürte Christa Wolf, wie wichtig es war, sich selber zu kennen, sich auf die Spur zu kommen und offen und öffentlich darüber zu reflektieren und wahrheitsgemäß zu berichten. Über die Erfahrungen und Erlebnisse, die für Christa wie für Gerhard Wolf ein erstes Umdenken und Umfühlen nach der nationalsozialistischen Indoktrination ermöglicht hatten, hatten sie sich immer wieder ausgetauscht und im Gespräch vergewissert. Christa Wolf begann, aus ihrer Erinnerung eine Geschichte zu formen, die Geschichte von Hanna, die mit der Familie auf der Flucht vor der Roten Armee in einem Dorf in Mecklenburg ankommt. Die Phase, über die Christa Wolf schreiben wollte, war die ihres eigenen „Blickwechsels" zwischen Februar 1945 und September 1946: *Kern der Handlung ist der Weg der zu Beginn 16jährigen Hanna durch das völlige innere Chaos, über die verschiedensten Irrwege, bis an die Schwelle eines neuen Lebens.* (WA 3, S. 556) Die Selbsterforschung stellte sie, wie um den möglichen Vorwurf, im Subjektiven stecken zu bleiben, zu entkräften, in den Kontext der Erfahrung ihrer Generation – zugleich ermöglichte ihr diese erweiterte Perspektive, das Grundsätzliche herauszustellen, aber auch, die persönliche Erinnerung durch Objektivierung zu prüfen und zu konkretisieren. In ihrem Vorwort zu *Proben junger Erzähler* (1959) thematisierte Christa Wolf als Herausgeberin „fremder" Prosatexte die Spezifik ihrer Generationserfahrung und die Problematik von deren Gestaltung. Diese jungen Erzähler, schreibt sie, haben wach das Ende des Nationalsozialismus erlebt, für manche brach mit dem Glauben an die NS-Ideologie auch jeder innere Halt zusammen; vor ihnen lag ein mühseliger Prozess der Desorientierung, der selbstkritischen Aufarbeitung des Vergangenen, begleitet vom Hineinwachsen in die neue Ordnung. Als sie dann wieder festen Boden unter den Füßen hatten, wagten sie den Rückblick auf die eigene Kindheit und Jugend. Damit hatte die Kritikerin Christa Wolf das Thema identifiziert, das sie als Autorin gestalten wollte: *Das große Thema unserer Zeit aber ist das Werden des neuen Menschen* (WA 3, S. 555) – einschließlich der Konflikte und Widersprüche dieser Entwicklung. Vom Ballast der ideologisierten literarischen Gestaltung sich zu befreien, war ein langer Weg, der sich schließlich als identisch erwies mit dem *langen, nicht enden wollenden Weg* zu sich selbst, von dem Christa Wolf am Beispiel der Christa T. erzählte.

Im Frühjahr 1957, nach dem Intermezzo im Verlag Neues Leben und der Geburt der zweiten Tochter, kehrte Christa Wolf zur *NDL* zurück. Tinka hatte sich inzwischen zu einem ausgeglichenen, fröhlichen Baby entwickelt, das sie *Blauauge* nannten. Bei der *NDL* wollte man Christa Wolf gerne mit einer festen Stelle in die Redaktion einbinden, aber das war nicht das, was sie wollte. Zu Hause diskutierten Gerhard und sie, ob und unter welchen Voraussetzungen und Bedingungen eine institutionelle Anbindung an den Rundfunk, an Verlage, an den Schriftstellerverband weiterhin für sie beide sinnvoll und zuträglich wäre; sie diskutierten, welche Spielräume es gäbe, wie sie mit wachsendem politischem Druck umgehen könnten. Eine feste Arbeitsstelle bot allerdings auch gesellschaftliche Integration und materielle Sicherheit. Bei der *NDL* verhandelte Christa Wolf schließlich mit dem Ergebnis, dass sie drei Tage die Woche in der Redaktion anwesend war und die übrige Zeit zu Hause arbeitete. Ihre Kritiken und Berichte erschienen nicht nur in der *NDL*, sondern sie schrieb auch regelmäßig für *Forum*, *Sonntag* und *ND*. Später äußerte sie sich wiederholt selbstkritisch-distanziert über ihre frühen literaturkritischen Texte, die von der damals verbreiteten ideologisierten Einstellung zur Literatur ausgegangen waren. Zwar teilte sie diese Positionen schon lange nicht mehr, aber damals war sie von dem überzeugt, was sie schrieb – das war in ihren Augen das Entscheidende. Im Juni 1957 war Christa Wolf mit einer Delegation des Schriftstellerverbands zu ihrer ersten Moskau-Reise aufgebrochen; sie reisten auch nach Armenien und besuchten den Katholikos. Nach dem gemeinsamen Sommerurlaub mit der Familie nahm sie weitere Verbands-Termine wahr – sie besuchte Konferenzen und Tagungen, eine Feier zum Jahrestag der Oktoberrevolution und fuhr zu einem Besuch in die Schwarze Pumpe.

Für Gerhard Wolf war spätestens nach dem abgesetzten Mayer-Essay sehr deutlich, wie eng sein Spielraum beim Rundfunk war, wo er inzwischen zum Leiter der aus fünf oder sechs Kollegen bestehenden Redaktion Kulturpolitik aufgestiegen war. Chef-Kommentator war Karl Eduard von Schnitzler, den er damals schon furchtbar fand. Für seine Sendung zum Tod Brechts im August 1956 erhielt Gerhard Wolf eine Auszeichnung. In der von Gerhard Rensch geleiteten Hörspiel-Abteilung lernte Gerhard Wolf damals Rosemarie Zeplin kennen, eine sehr anmutige und kluge Frau, später verheiratet mit Günter de Bruyn und Mitglied in Christa Wolfs „Weiberrunde".

Die Frage, wie es beruflich weitergehen sollte, war schon länger häusliches Gesprächsthema, und im Einvernehmen mit Christa entschied sich Gerhard Wolf dafür, den Deutschlandsender zu verlassen – einige freie Arbeiten hat er danach noch für den Rundfunk gemacht. Seinen Weggang hat er offiziell einerseits mit dem Ausstellungsprojekt über Fürnberg begründet, andererseits mit seinem Herzmuskelschaden. Eine kurze Zeit hatte er beim Rundfunk auch eine Parteifunktion inne, das war sehr unangenehm, weil sie da Leute ausgeschlossen haben. Fortan hat er sich grundsätzlich von allen Parteifunktionen ferngehalten und bewahrte sich nach Möglichkeit seine Unabhängigkeit. In politisch-ideologischer Hinsicht war er schon früh distanzierter und nüchterner als Christa.

Im Mai 1957 hatten Wolfs Louis und Lotte Fürnberg zum letzten Mal in Weimar besucht. Kaum war Christa Wolf zurück aus Moskau, fuhren sie nun Ende Juni erneut nach Weimar zu Fürnbergs Begräbnis. Die Erschütterung über diesen unerwarteten Verlust ließ Gerhard Wolf nach einem Weg suchen, das Gedenken an den Dichter und Freund lebendig zu halten, und es entstand der Plan zu einer Ausstellung zu Fürnbergs fünfzigstem Geburtstag. Ab Mai 1959 war sie unter dem Titel *Der Menschheit Träumer und Soldat – Louis Fürnberg. Ein Leben in Versen* im Römischen Haus in Weimar zu sehen. Gerhard Wolf konzipierte sie, schrieb Texte dafür, wählte Dokumente und Bilder aus und stellte den Katalog zusammen. Da wichtiges Material in Prager Archiven lagerte, war eine Recherchereise dorthin notwendig; Ende 1958 fuhr er dorthin. Bei dieser ersten Prag-Reise knüpfte Gerhard Wolf eine Verbindung, die sich für ihn und seine Familie zu einer Lebensfreundschaft entwickelte. Er lernte Franci Faktorová kennen, Redakteurin der Literaturzeitschrift *Literární noviny* und Auschwitz-Überlebende; sie besuchte Wolfs dann 1959 in Halle. Aber auch andere Kontakte entstanden während seines mehrwöchigen Prag-Aufenthalts: zu Paul Reimann, zu Eduard Goldstücker, der gerade aus dem Gefängnis entlassen war, und zu anderen, die Fürnbergs kannten. Zwei weitere Erlebnisse aus diesem ersten Prag-Aufenthalt blieben Gerhard Wolf in Erinnerung: Im Prager Parteiarchiv sah er zum ersten Mal eine tätowierte KZ-Nummer auf dem Arm einer Frau, und bei der mit Lotte Fürnberg befreundeten Antiquarin Frau Spitzová, die viele deutschsprachige Bücher führte, erstand er eine signierte Karl-Kraus-Ausgabe sowie eine Ausgabe von George Grosz' Grafik-Mappe *Ecce homo* aus dem Malik-Verlag.

Lotte Fürnberg konnte sich durch ihre Kinder, die sie brauchten, und durch die Aufgabe, das Werk Fürnbergs zu bewahren, aus ihrem Verlustschmerz allmählich herausarbeiten. Zusammen mit ihr begann Gerhard an der Werkausgabe zu arbeiten. Eine weitere freiberufliche Perspektive ergab sich durch die engere Zusammenarbeit mit dem Mitteldeutschen Verlag in Halle. Im Januar 1958 schrieb Gerhard Wolf über diese Entwicklung an Georg Maurer: *Ich soll ihnen helfen, gute Bücher zu finden usw. Natürlich in erster Linie Prosa. Aber natürlich werde ich auch etwas für die liebe Lyrik tun können.* (Wahrheit, S. 66) Er schrieb für den Verlag außerdem Gutachten und verschaffte auch Maurer welche. Im Februar fuhren Wolfs für ein paar Tage zu Christas Eltern in das Schriftstellerheim am Schwielowsee, im Sommer verbrachten sie dort ihren Urlaub mit den Kindern. Dort ergaben sich oft anregende Gespräche, sie lasen viel und tauschten sich über ihre Lektüren aus.

Im September 1958 wurde Annette eingeschult. Der Familienalltag musste neu organisiert werden, neue Erfahrungen und Einblicke auch für die Eltern standen an. Jene Wahlhelferepisode – die Flugblattaktion inklusive ein paar Tage Haft in Westberlin –, von der Christa Wolf später in *Unter den Linden* und in *Stadt der Engel* erzählte, erlebte sie in einer Woche im Oktober. Das Nachdenken über diese Erfahrung, die sie rückblickend als Warnung verstand, sich nicht von den eigenen Genossen täuschen zu lassen, ging unter in den alltäglichen Anforderungen. Silvester verbrachten Wolfs und die Mädchen bei Christa und Gustav Gebauer und deren Kindern im mecklenburgischen Jarmen. Seit sie sich im Leipziger Hörsaal wiedergetroffen hatten, waren die Freundinnen in Verbindung geblieben. Im neuen Jahr schrieb Christa Wolf eine Rezension zu Ruth Werners Romanbiografie von Olga Benario, sie und Gerhard trafen sich mit Anne Pfeuffer von der DEFA, um über Ideen zu einem Film zu sprechen; Christa besuchte eine Kulturbundtagung in Dresden und eine Leserkonferenz in Rostock. Im März lag sie mit einer Erkältung im Bett. Das war die Zeit der Kontaktaufnahme durch die Staatssicherheit. Sie wurde angeworben, aber nicht schriftlich verpflichtet, und sie machte von Anfang an gegenüber den Stasi-Leuten deutlich, dass sie ihren Mann einbezog. Vermutlich versprach sich das Ministerium für Staatssicherheit von ihr, die Mitarbeiterin des Schriftstellerverbands und der *NDL*-Redaktion war und als parteitreue Kritikerin galt, Informationen über Schriftsteller und Kollegen aus dem Umkreis des Verbands und des Verlagswesens. Da Christa Wolf vorsichtig und zurückhaltend in ihren Auskünften war, waren diese eher unergiebig, sodass ihre IM-Akte nach der Übersiedlung nach Kleinmachnow 1962 letztendlich geschlossen wurde. Dem für sie selbst ungeheuerlichen Vorgang, dass sie diese Episode in ihrem Unterbewusstsein vergraben hatte, ging sie in späteren öffentlichen Äußerungen, vor allem aber in ihrem letzten Roman *Stadt der Engel* schonungslos forschend nach. 1993 erläuterte sie dazu: *Ich mußte, um mir mein Verhalten erklären zu können, mich noch einmal jener Person aussetzen, die ich damals war: ideologiegläubig, eine brave Genossin, von der eigenen Vergangenheit mit einem tiefen Minderwertigkeitsgefühl behaftet gegenüber denen, die durch* ihre *Vergangenheit legitimiert, im historischen Recht zu sein schienen. Diese Besinnung war anstrengend, da ich zu der jungen Frau von damals kaum noch eine Brücke in mir fand, aber ihre in dieser Akte auf mich gekommene Hinterlassenschaft annehmen mußte.* (Akteneinsicht, S. 166) Im selben Jahr veröffentlichte sie – ein einmaliger Vorgang – ihre komplette „Täter“-Akte unter Berücksichtigung von Daten- und Personenschutz.

## Die Bitterfelder Konferenz und der Mitteldeutsche Verlag

Am 23. und 24. April 1959 fand im Kulturpalast des Elektrochemischen Kombinats Bitterfeld jene später berühmte Autorentagung des Mitteldeutschen Verlags statt, die den Beginn des Bitterfelder Weges markierte. Dort trafen sich an die hundertfünfzig Autoren und etwa dreihundert Arbeiterkorrespondenten, auch Wolfs gehörten zu den Teilnehmenden. Die Tagung stand unter der Losung „Greif zur Feder, Kumpel, die sozialistische deutsche Nationalkultur braucht dich!“. Der progressive Impuls, der von diesem Aufbruch ausging und den neben Wolfs auch andere Autorinnen und Autoren nutzten, bestand darin, dass diese, indem sie sich in Betriebe begaben, in der industriellen Produktion mitarbeiteten und neugierig waren auf die Erfahrungen und Einschätzungen der Arbeiter, Ingenieure und Ökonomen, sich neue Quellen der Realitätswahrnehmung erschlossen. So konnten sie durch Hinschauen und Nachfragen ein klareres Bild von den konkreten Verhältnissen und Schwierigkeiten in den Betrieben gewinnen. Intellektuelle, Arbeiter und Wirtschaftsleute lernten einander kennen, tauschten sich aus, sammelten kritisches Potenzial – und das war dann auch der Grund für den offiziellen Abbruch des Bitterfelder Weges. Für Wolfs blieben aber weiterhin Kontakte sowohl zu Leuten aus der Wirtschaft wie der Wissenschaft interessant; hier ist vor allem – allerdings erst in späteren Jahren – der Kontakt zu dem Genetiker und Agrarwissenschaftler Hans Stubbe (1902–1989) zu nennen, der das Institut für Kulturpflanzenforschung in Gatersleben leitete, das Teil der Akademie der Wissenschaften der DDR war. Wolfs besuchten später gerne Vorträge und Diskussionen dort und lasen aus eigenen Texten. Auch Christas Bruder Horst Ihlenfeld war als promovierter Ingenieur und späterer Professor für Strömungstechnik an der TU Dresden in dieser Hinsicht ein interessanter, weil kenntnisreicher und kritischer Gesprächspartner.

Um das Programmatische des Bitterfelder Weges zu verstehen, muss man sich einerseits die staatliche Kulturpolitik und andererseits die Politik des Mitteldeutschen Verlags vor Augen führen, dessen Entwicklung „zum Zentrum einer neuen Generation von DDR-Schriftstellern“ (Abenteuer, S. 128) im Umfeld der Konferenz im April 1959 ihren Ausgangspunkt nahm. Erst seit 1952 hieß das 1946 gegründete und durch die sowjetische Besatzungsbehörde lizenzierte Unternehmen Mitteldeutscher Verlag Halle an der Saale. Bis 1959 und zwischen 1968 und 1970 war Heinz Sachs Verlagsleiter, zwischen 1959 und 1968 Fritz Bressau. Schon Anfang der Fünfzigerjahre wurden die MDV-Autoren aufgefordert, in die Betriebe zu gehen und über ihre Erfahrungen vor Ort zu schreiben. Zu ihnen gehörten Marianne Bruns, Otto Gotsche, August Hild, Hans Lorbeer, Werner Reinowski und Karl Zuchardt. Obwohl einige aus der Arbeiterschaft stammten, waren sie, zwischen fünfzig und sechzig Jahre alt, nach den Erfahrungen von zwei Weltkriegen und zumeist politischer Verfolgung in der NS-Zeit, vielleicht schon zu alt für solche „Experimente“ – andererseits waren einige von ihnen bereits Mitglieder des 1928 gegründeten Bundes proletarisch-revolutionärer Schriftsteller (BPRS) oder der Arbeiterkorrespondentenbewegung gewesen. Beim IV. Schriftstellerkongress im Januar 1956 in Berlin regte Bertolt Brecht für die Theaterpraxis den Rückgriff auf die operativen literarischen Formen der Agitprop-Bewegung der späten Zwanzigerjahre an, um neue Stoffe für das Theater zu erschließen. Aber nicht Remigranten wie Friedrich Wolf oder Brecht selbst, sondern die jungen Autoren des Didaktischen Theaters wie Inge (1925–1966) und Heiner Müller (1929–1995) waren es dann, die mit *Zehn Tage, die die Welt erschütterten* (1957), vor allem aber mit *Der Lohndrücker* und *Die Korrektur* (beide 1958) diese Anregung umsetzten. Was Brecht nicht gelang, die Geschichte des Aktivisten Hans Garbe auf die Bühne zu bringen (sie ist als „Büsching-Fragment“ überliefert), gelang Inge und Heiner Müller, eine Generation jünger, im *Lohndrücker.* Und für *Korrektur* recherchierten sie, wie Jahre später Brigitte Reimann, in der Schwarzen Pumpe, dem im Aufbau befindlichen Braunkohlekombinat in der Nähe der Stadt Hoyerswerda. Dieser größte Braunkohleveredlungsbetrieb Europas wurde nach einem Beschluss des IV. Parteitags der SED 1954 in Angriff genommen. Die Schwarze Pumpe wurde, noch vor der Bitterfelder Konferenz, zu einer Chiffre für den Aufbau des Sozialismus, und das machte sie zu einem großen Stoff für die Literatur.

Beim Mitteldeutschen Verlag war in den Fünfzigerjahren der Autorenstamm relativ klein. Durch großzügige Förderung wurden Autoren unterstützt, ihre bisherige Berufstätigkeit aufzugeben und sich freiberuflich zu professionalisieren, was häufig dazu führte, dass sie den Kontakt zur „Basis" verloren. Deshalb begann der Verlag schon früh, seine Autorinnen und Autoren immer wieder in die Produktion zu schicken. Der MDV veranstaltete jährliche Konferenzen, um Nachwuchsautoren zu fördern. Um neue Talente zu gewinnen, arbeitete der Verlag mit den Arbeitsgemeinschaften Junger Autoren in Halle, Leipzig, Magdeburg und Dresden zusammen und auch mit dem Johannes-R.-Becher-Institut in Leipzig. Das Literaturinstitut, 1955 gegründet, erhielt 1958 Hochschulstatus und wurde nach dem damaligen Kulturminister benannt. Einer der wichtigsten Lehrer dort war der Lyriker Georg Maurer (1907–1971), der von 1955 bis 1970 die sogenannten schöpferischen Seminare leitete. Für die „Entwicklung", die „Ausbildung" junger Autoren beim Mitteldeutschen Verlag waren aber vor allem die Lektoren zuständig. Sie sollten nicht nur ideologisch verlässlich und fachlich qualifiziert sein, sondern auch über pädagogische und psychologische Fähigkeiten verfügen. 1954, als der Mitteldeutsche Verlag sich auf Belletristik zu spezialisieren begann, betreuten zehn festangestellte und drei externe Lektoren etwa vierzig Autorinnen und Autoren.

Im Zuge der Repressionen gegen Reformsozialisten waren auch Restriktionen gegenüber Verlagen wie Aufbau, Neues Leben und Mitteldeutschem Verlag an der Tagesordnung. Der MDV-Autor Erich Loest wurde Ende 1957 verhaftet und zu acht Jahren Zuchthaus verurteilt, 1958 musste die Buchreihe *tangenten* wegen „dekadenter Tendenzen" eingestellt werden. Für die mangelnde Einhaltung parteilicher Positionen wurde das Lektorat verantwortlich gemacht, weshalb die Lektoren sich politisch ständig weiterzubilden hatten und verstärkt darauf geachtet wurde, dass es sich um SED-Mitglieder handelte. 1958 und 1959 waren zwei sehr erfolgreiche Jahre für den Mitteldeutschen Verlag: Mit Bruno Apitz (1900–1979) und Otto Gotsche (1904–1985) erhielten zwei seiner Autoren Nationalpreise. Apitz' Buchenwaldroman *Nackt unter Wölfen*, 1958 erschienen, in viele Sprachen übersetzt und 1963 verfilmt, war bereits Ende 1959 zweihunderttausendmal verkauft worden und brachte seinem Autor, der selbst in Buchenwald interniert gewesen war und später als Dramaturg bei der DEFA und als Hörspielautor arbeitete, Weltruhm ein. Auch Gotsches erfolgreicher Roman *Die Fahne von Kriwoj Rog* wurde verfilmt. Gotsche, der aus der Arbeiterkorrespondentenbewegung der Zwanzigerjahre kam und wie Apitz Mitglied der KPD und des BPRS und im antifaschistischen Widerstand aktiv war, war seit 1949 Ulbrichts persönlicher Referent, seit 1966 auch ZK-Mitglied. Aufgrund seiner Nähe zu Walter Ulbricht konnte er seinen Einfluss auch in der Literaturpolitik geltend machen und tat dies auf ganz direkte Art und Weise, was seinem Verlag, dem MDV, in Gestalt von größeren Papierkontingenten, Gehaltserhöhungen für die Mitarbeiter und eine großzügigere Autorenförderung zugutekam. Vor allem aber nutzte er seine Kontakte, um dem Bitterfelder Weg nachdrücklich Geltung zu verschaffen. Gotsche schlug dem Kultursekretär der SED-Bezirksleitung Halle, Hans Bentzien, vor, die jährliche Autorenkonferenz des MDV „zu einer allgemeinen Kulturkonferenz des ZK aufzuwerten" (Abenteuer, S. 143), und Ulbricht sagte seine Teilnahme zu. Auch die Konzeption der Bitterfelder Tagung mit der zentralen Rolle des „schreibenden Arbeiters" stammte von Gotsche, unterstützt durch Alfred Kurella, der die Losung des Schriftstellers und ehemaligen Wismut-Arbeiters Werner Bräunig „Greif zur Feder, Kumpel!" um den Zusatz „die sozialistische Nationalkultur braucht dich" ergänzte. An der Umfunktionierung der Autorenkonferenz des MDV zu einer Großveranstaltung war die Abteilung Literatur und Buchwesen im Ministerium für Kultur nicht beteiligt. Dabei stand das, was in Bitterfeld im April 1959 proklamiert wurde, bereits auf der Agenda des Ministeriums: In der zweiten Hälfte des Jahres 1958 hatte eine intensive Zusammenarbeit zwischen Schriftstellerverband, den Verlagen für Gegenwartsliteratur und dem

Ministerium begonnen, die darauf zielte, den „lesenden Arbeiter" als „neuen Leser" (Abenteuer, S. 148) verstärkt anzusprechen, die Autorenförderung zu intensivieren und die Lektoren gründlicher zu schulen. Beim V. Parteitag der SED im Sommer 1958, auf dem die Tauwetter-Phase schon wieder für beendet und die ökonomische Entwicklung zur vorrangigen Aufgabe erklärt wurde, gab es bereits den Aufruf an die Künstler, in die Betriebe und auf die Bauplätze zu gehen – dem aber kaum jemand Folge leistete. Die Bitterfelder Konferenz hatte „hauptsächlich eine Katalysator-Funktion" (Abenteuer, S. 149): Sie führte die bisher getrennt, aber in gleicher Richtung verlaufenden Bestrebungen zusammen, Werktätige als Produzenten (und Rezipienten) von Literatur zu fördern und Betriebe als Erfahrungskosmos und literarischen Stoff den Autoren nahezubringen. Die breite Akzeptanz dieses kulturpolitischen Konzepts, das nicht nur durch Kulturfunktionäre, sondern auch durch Buchhändler und Bibliothekare unterstützt wurde, führte dazu, dass im April 1960 über zweihundertsiebzig Zirkel schreibender Arbeiter im Rahmen des Schriftstellerverbands aktiv waren, davon allein fünfundvierzig im Bezirk Halle. Im *Börsenblatt* stilisierte sich der MDV als „der Verlag der jungen Autoren", der „den Anstoß zur Förderung der Massenbewegung des schreibenden Arbeiters" (Abenteuer, S. 153) gab. Allerdings zeigten sich auch schon bald die Grenzen dieses Konzepts anhand der oft eher kunstgewerblichen Produktion von Laiendichtern.

## Christa Wolfs zweite Moskaureise

Im Mai 1959 war Christa Wolf zehn Tage lang in Moskau zum Schriftstellerkongress und besuchte außerdem Kiew. Bei der Eröffnung von Gerhards Fürnberg-Ausstellung in Weimar war sie also nicht dabei. Bei dieser Sowjetunion-Reise, erneut eine Delegation des Schriftstellerverbands, fuhren unter anderen auch Anna Seghers, Willi Bredel, Otto Gotsche und Erwin Strittmatter mit. Dort erlebte Christa Wolf jene Episode, die in die *Moskauer Novelle* und auch in *Stadt der Engel* einging und im Rückblick noch einmal verdeutlicht, wie konsequent sie sich – übrigens nicht nur in diesem Fall – eine gerechte, differenzierte und komplexe Betrachtung selbst eines erklärten Gegners abverlangte. *Ich kann nicht vergessen*, schreibt sie in ihrem letzten Roman, *wie an der überreich bestückten Tafel in einem sowjetischen Kolchos, der für eine DDR-Delegation ein Gelage gab, zwischen ausschweifenden Trinksprüchen auf euer aller Gesundheit, Glück und Wohlergehen immer mal wieder, niemals anklagend, die Rede war von dem Sohn, der als Partisan von den Deutschen erschossen, dem Bruder, der im Krieg gefallen, der Nachbarsfamilie, die ausgerottet worden war. Und wie da der Leiter eurer Delegation, ein alter Kommunist, der seine Unbeugsamkeit im Klassenkampf der zwanziger Jahre erworben und in Zuchthaus und Illegalität bewiesen hatte und der inzwischen ein hochrangiger, unversöhnlich engstirniger Funktionär geworden war, wie der einen Weinkrampf bekam, als er auf die Trinksprüche der Russen erwidern wollte.* Nicht nur konnte sie diese Szene nicht vergessen, sondern die Erinnerung daran machte es ihr besonders schwer, gerade diesem Genossen später *grundsätzlich und scharf zu widersprechen*. (Engel, S. 111f.) Diese mehrfach notierte Erinnerung Christa Wolfs macht deutlich, wie ernst es ihr war, als sie in ihrem Erstling *Moskauer Novelle* zu zeigen hoffte, dass aus dem unversöhnlichen Gegeneinander von Deutschen und Russen eine Freundschaft geworden war – daran glaubte sie, und dafür standen solche Erlebnisse wie das hier erinnerte aus dem Jahr 1959. Diese Passage, deren Protagonist Otto Gotsche ist, verdeutlicht ein weiteres Mal, woher Christa Wolfs starke, loyale Bindung an die Generation der Antifaschisten rührte – trotz deren politischer Engstirnigkeit, ihres brutalen Machtmissbrauchs und ihres neurotisch gewordenen Misstrauens gegenüber ihren Landsleuten. Mitten in einer scharfen Auseinandersetzung mit Gotsche um ihr Buch *Nachdenken über Christa T.*, dessen Erscheinen er verhindern wollte, weil er es für *schädlich* hielt, dachte Christa Wolf *an seine Zeit als Widerstandskämpfer und an [ihre] eigene Zeit in der Hitlerjugend* (Engel, S. 111f.) – und hatte seiner Kälte nichts als Verzweiflung darüber entgegenzusetzen, dass sie unversöhnt auseinandergingen. Diese Erfahrung erklärt auch, warum Christa Wolf zwar zu dezidierter Gegnerschaft, aber nicht zu einem Gefühl wie Hass gegenüber diesen alten Genossen fähig war.

## Bekanntschaft mit Anna Seghers

Bei Veranstaltungen des Schriftstellerverbands war Christa Wolf schon öfter Anna Seghers (1900–1983) begegnet. Seghers war 1947 aus der mexikanischen Emigration allein zurückgekehrt, ohne ihren Mann, der noch fünf Jahre in Mexiko blieb, und ihre Kinder, die bereits in Frankreich, wo sie in den frühen Exil-Jahren aufgewachsen waren, ihr Studium aufgenommen hatten. Die besondere Freundschaft zwischen diesen beiden Frauen, die nach und nach entstand, war jedoch nicht von ähnlicher Offenheit geprägt wie die späteren Freundschaften von Christa und Gerhard Wolf mit Frieder und Änne Schlotterbeck oder mit Jeanne und Kurt Stern, die sie in den Kleinmachnower Jahren knüpften. Anna Seghers war distanzierter im Umgang mit der Jüngeren, aber die beiderseitige Sympathie trug einige auch persönlichere Gespräche während der gemeinsamen Moskaureise. Kaum zurück in Berlin, besuchte Christa Wolf Seghers in Berlin-Adlershof, um ein Gespräch für die *NDL* mit ihr zu führen über ihren Roman *Die Entscheidung*. Christa Wolf war gerade dreißig, als sie Anna Seghers, die eine Generation Ältere, näher kennenlernte. In ihren letzten Schuljahren hatten Gerhard und sie *Das siebte Kreuz* gelesen, und dieser in der französischen Emigration entstandene Roman über Deutschland unterm Hakenkreuz klärte sie auf über Realitäten, die sie, die inmitten dieses Landes lebten, überhaupt nicht wahrgenommen hatten. Das Erschrecken über das, was sie damals nicht wussten, und die Sensibilität für mögliche Parallelwelten blieb ihnen aus dieser Lektüre. Seghers war eine faszinierende Persönlichkeit durch die geheimnisvolle Aura, mit der sie sich umgab – sie sprach kaum über ihre abenteuerlich-tragische Lebensgeschichte – wie auch durch die Tatsache, dass sie als weltberühmte Autorin nach Deutschland zurückgekehrt war, von wo sie als Jüdin und Kommunistin vertrieben worden war. Ihre Mutter und andere Verwandte hatten in Vernichtungslagern der Nazis ihr Leben verloren. Seghers war eine Ausnahmefrau unter Männern, seit 1952 und bis 1978 Vorsitzende des Schriftstellerverbands. Als Christa Wolf sich zu diesem Interview am Küchentisch in Adlershof mit Seghers traf, hatte sie bereits eigene Schreibideen, und in ihren Fragen kann man die Spuren ihres Interesses am Thema Entscheidung und an der Gestaltung von Gegenwartsstoffen verfolgen.

In die Freundschaft Christas mit Anna Seghers war Gerhard wenig einbezogen. Weder Christa noch Gerhard Wolf mochten Seghers' Mann, den Wirtschaftswissenschaftler Laszlo Radvanyi (Johann Lorenz Schmidt), der als das ideologische Gewissen seiner Frau galt – man nannte ihn Seghers' „achtes Kreuz“ – und ihre Texte und Entwürfe entsprechend kommentierte. Nicht immer folgte Seghers seinen Vorschlägen, aber sie nahm sie ernst und suchte seinen Rat. Während die Beziehung zu der bewunderten älteren Schriftstellerin von Christa aus von Offenheit, Interesse, Respekt und Zuneigung geprägt war – und sich über die Jahrzehnte hindurch in zahlreichen schönen Essays manifestierte –, blieb Seghers bei aller Sympathie reserviert. Dies war allerdings eine Zurückhaltung, die sie – jenseits ihrer Familie und engen Freunden und Gefährten aus den Jahren der Weimarer Republik und des Exils – allgemein im Umgang mit den Deutschen charakterisierte und die sich erst allmählich veränderte. Von den Jüngeren war es jedoch gerade Christa Wolf, der Seghers am meisten vertraute und die sie ihrerseits in schwierigen Situationen unterstützte. Damals konnte Christa Wolf nicht wissen, dass auch Anna Seghers schmerzhafte politische Desillusionierungen erlebt hatte, aber ihre Parteizugehörigkeit niemals aufzugeben bereit war, um nicht einem erneuten Heimatverlust ausgesetzt zu sein. In *Transit* hatte sie verdeckt davon erzählt, und das tat sie auch in späteren Jahren in Geschichten wie *Das Licht auf dem Galgen* oder *Überfahrt*. Nun war ihr Roman *Die Entscheidung* erschienen, endlich der Gegenwartsroman, auf den man gewartet hatte. Das Entscheidungsmotiv wird auch ein Grundmotiv in Christa Wolfs *Moskauer Novelle* sein, stärker und politisch modifiziert noch im *Geteilten Himmel*. Von der Erzählerin Seghers lernte die Autorin Wolf, dass nicht die ideologisch korrekte Darstellung anzustreben sei, sondern die Gestaltung erfahrungsgesättigter Realität aus der Perspektive möglichst verschiedener Figuren. Seghers' Briefdebatte mit Lukács während der Dreißigerjahre hatten Gerhard und Christa Wolf zwar schon in ihren Jenenser Studienjahren kennengelernt. Aber erst viel später, als Christa Wolf dabei war, aus den Erfahrungen des 11. Plenums ihre besondere Schreibweise der subjektiven Authentizität in *Nachdenken über Christa T.* zu entwickeln, konnte sie die Gegenposition zu Lukács, die Seghers in diesen beiden Briefen darlegte, für ihr eigenes Realismusverständnis nutzen. Anna Seghers war eine Schriftstellerin, die ihre spezifische Schreibweise als junge Frau ausgebildet und in späteren Jahren modifiziert hatte. Das Erzählen in des Wortes ursprünglichster Bedeutung ist dafür zentral. Ihre Schreibintention („Denn wir schreiben ja nicht, um zu beschreiben, sondern um beschreibend die Welt zu verändern“ (Glauben, S. 334) – die Anwendung der Marxschen Feuerbach-These auf die Literaten) verfolgte sie mit vielschichtigen kompositorischen und stilistischen Mitteln und dem Ziel der „höchstmöglichen Annäherung an die Realität“ (Glauben, S. 181). Sie formulierte im Briefwechsel mit Lukács, dem Freund aus Berliner Tagen, die zentrale Bedeutung des Schriftstellers als „Umschlagestelle vom Objekt zum Subjekt und wieder zum Objekt“ (Glauben, S. 181) und wandte sich damit gegen eine ideologisierte Gestaltung von Realität, welche die Subjektivität des Schreibenden ausblendete. Das Kommunikationsdefizit, das Christa und Gerhard Wolf im Umgang mit den meisten Remigranten wahrnahmen, ließ sie einerseits die Freundschaften zu denen besonders suchen, mit denen offene, kritische Gespräche über Vergangenheit und Gegenwart möglich waren (wie Schlotterbecks, Sterns, Walter Janka, Eduard Claudius), und beförderte andererseits ihren eigenen Austausch mit Freunden und Kollegen, für die sie immer ein offenes Haus hatten.

## Gerhard Wolfs Fürnberg-Ausstellung und erste Arbeiten für den Mitteldeutschen Verlag

Die freiberufliche Tätigkeit beider Wolfs als Lektoren, Herausgeber und Kritiker war in diesen Jahren, bis Christa als Prosaautorin hervortrat, eine gleichgerichtete. Dass sie dieselben Bücher lasen, dieselben Theaterstücke sahen, miteinander und mit gemeinsamen Freunden diskutierten, ähnliche Positionen zur zeitgenössischen Literatur entwickelten – das alles verbreiterte und stabilisierte auch die Basis ihrer Beziehung und blieb ihr Leben lang so. Ihre Verbindung als Paar und ihre Familie waren zentral für ihr Lebensmodell, das ihnen so selbstverständlich erschien und über dessen Besonderheit sie sich doch auch bewusst waren. Sie waren nun um die dreißig und gestalteten, beide gleichermaßen profiliert, den Kulturbetrieb mit. Während freiberufliche Perspektiven in der Planwirtschaft der DDR wenig Akzeptanz fanden, waren sie gerade im Kulturbereich durchaus attraktiv. Hier gab es vielfältige, gut bezahlte Tätigkeiten und Arbeitsprojekte, es gab staatliche Förderungen, und die kulturelle Produktion und ihre Produzenten genossen öffentliche Anerkennung.

Im Mai 1959 wurde in Weimar Gerhard Wolfs Fürnberg-Ausstellung eröffnet, zur Eröffnung kam unter anderen auch Arnold Zweig, der sich im palästinensischen Exil mit Fürnberg befreundet hatte. In diesem Jahr hatte Gerhard Wolf bereits erste Arbeiten für den Mitteldeutschen Verlag und andere Verlage übernommen. So gab er die Gedichtanthologie *Sagen wird man über unsre Tage* heraus, deren Titelzeile aus einem Gedicht von KuBa stammt. Er edierte den Band *Louis Fürnberg: Echo von links*, und ebenfalls 1959 erschien im Berliner Verlag des Ministeriums für Nationale Verteidigung die Anthologie *Sputnik kontra Bombe. Lyrik, Prosa, Berichte*, herausgegeben und mit einem Nachwort von Gerhard Wolf. Dieser Band versammelte unter dem martialisch klingenden Motto „Kämpfende Kunst“ Beiträge von Rudolf Bahro, Johannes R. Becher, Bertolt Brecht, Erich Brehm, Günther Deicke, Adolf Endler, Franz Fühmann, Louis Fürnberg, Stephan Hermlin, Stefan Heym, KuBa, Georg Maurer, Erwin Strittmatter, Paul Wiens, Klaus Wolf, Max Zimmering bis zu Arnold Zweig und ist als zeittypische Sammlung zu sehen.

Die Zusammenarbeit mit dem MDV begann bereits vor dem Umzug nach Halle und war mit ein Grund für den Umzug. Zum zehnten Jahrestag der DDR im Oktober 1959 erschienen dort die beiden Bände *Wir, unsere Zeit*; Gerhard gab den Lyrik-, Christa den Prosa-Band heraus. Ihre Auswahl und ihre Einordnung dieser Texte stand in Übereinstimmung mit der kulturpolitischen Tendenz jener Zeit. *Wir erlebten die Veränderung des Menschen in einem sich ändernden Land* (WA 3, S. 555), beschrieb Christa Wolf diese Entwicklung.

Ebenfalls 1959 gab sie im Leipziger Reclam-Verlag die Anthologie *Proben junger Erzähler* heraus mit einem Vorwort ganz im Sinne des Bitterfelder Weges. Der Umzug nach Halle stand für Wolfs im Zeichen eines Aufbruchs. Sie hatten gute Grundlagen für ihre freiberuflichen Tätigkeiten geschaffen, würden sich neue Erfahrungen erschließen, neue gesellschaftliche Bereiche kennenlernen und in einer neuen Stadt heimisch werden. *Wir sahen verschiedene Strömungen in der Gesellschaft. Wir hatten das Gefühl, die Realität bewege sich auf die Dauer in die gleiche Richtung wie wir, und wir konnten, zusammen mit den Leuten aus der Wirtschaft, aus der Wissenschaft, dieser progressiven Richtung zum Durchbruch verhelfen* (WA 12, S. 87), erinnerte sich Christa Wolf später. Damals waren einige Schriftsteller in Betriebe gegangen, hatten sich mit Mitgliedern ihrer Brigade befreundet und gewannen durch ihre Mitarbeit Einblicke in ökonomische Prozesse einschließlich der Widersprüche und Widrigkeiten im Alltag. *Das war alles sehr anstrengend, aber auch hoch interessant, und wir waren immer noch jung, zwischen dreißig und fünfunddreißig. Und es gab für uns keine Alternative. Sollten wir das Westdeutschland Adenauers und Globkes oder Ehrhards als möglichen Lebensort in Betracht ziehen? Dieses Land hier war – großmäulig gesprochen – unser Kampffeld, hier wollten wir es wissen, hier sollte es passieren, und zwar noch zu unseren Lebzeiten.* (WA 12, S. 87f.) Diese Position und Haltung teilten Christa und Gerhard Wolf damals mit vielen Kollegen.

Im Sommer 1959 fuhren sie für drei Wochen an die Ostsee, danach ging es ans Packen, und Anfang September zogen sie um nach Halle an der Saale.

# 1959–1962 | Halle an der Saale

## In Halle an der Saale

In die Entscheidung der Wolfs für den Umzug nach Halle an der Saale flossen verschiedene Gründe ein: zum einen die Perspektive, dass beide verstärkt freiberuflich mit dem Mitteldeutschen Verlag zusammenarbeiten wollten, zum anderen der Wunsch, sich aus dem hauptstädtischen Betrieb herauszuziehen und einen Neuanfang zu wagen, den sie mit ihrem Engagement in der Bitterfelder Bewegung verbanden. Halle, eine Großstadt im Süden von Sachsen-Anhalt, liegt knapp zweihundert Kilometer südwestlich von Berlin und etwa dreißig Kilometer von Leipzig entfernt. Braunkohle, Steinkohle und Tonerde sind als Bodenschätze vorhanden und werden im Tage- und im Tiefbau gefördert. Was die Gegend aber viel stärker prägt, sind die Chemiewerke in Leuna und Buna. Von der Luft- und Umweltverschmutzung in diesem Industriegebiet und dem Umgang der Funktionäre damit hat Monika Maron am Beispiel Bitterfelds in ihrem Roman *Flugasche* erzählt, der in den Siebzigerjahren entstand.

Die Bekanntschaften und Freundschaften der Wolfs zu bildenden Künstlern nahmen in Halle ihren Anfang. Willi Sitte, den sie dort kennenlernten, war damals ein nicht unumstrittener Professor an der Kunsthochschule Burg Giebichenstein, die oberhalb des rechten Saaleufers im Norden der Stadt liegt. Nach der Auflösung des Bauhauses in Weimar 1925 gingen einige Lehrer von dort an die Kunsthochschule, bis sie auch diese 1933 verlassen mussten. Unter ihnen waren der Bildhauer Gerhard Marcks, die Keramikerin Marguerite Friedlaender und der Maler Charles Crodel. Während der NS-Zeit wurde Burg Giebichenstein als Handwerkerschule weitergeführt, nach dem Krieg aber als Kunstschule wiederaufgebaut. Maßgeblich daran beteiligt war der Grafiker Walter Funkat (1906–2006), der ihr Profil als Hochschule für industrielle Formgestaltung prägte. Funkat hatte seine Ausbildung am Bauhaus Dessau bei den Meistern Josef Albers, Marcel Breuer, Wassily Kandinsky, Paul Klee, László Moholy-Nagy und Oskar Schlemmer absolviert. Seit 1946 lehrte er an Burg Giebichenstein und blieb dort in leitenden Funktionen bis zu seiner Emeritierung 1971 tätig. Seit 1947 lebte und arbeitete der Maler und Grafiker Willi Sitte (1921–2013) in Halle und wurde, nachdem er bereits einige Jahre dort gelehrt hatte, 1959 zum Professor der Hochschule für Industrielle Formgestaltung berufen. Als Gerhard und Christa Wolf ihn kennenlernten, befand er sich wegen seiner eigenwilligen, sich unabhängig und im Widerspruch zu kulturpolitischen Vorgaben entwickelnden künstlerischen Praxis im Dissens zur SED (deren Mitglied er war) und hatte zeitweise Lehrverbot. In den Sechzigerjahren entwickelte sich Sitte zu einem offiziell anerkannten Vertreter des sozialistischen Realismus und einem Kulturfunktionär, der 1969 zum ordentlichen Mitglied der Akademie der Künste gewählt wurde und von 1974 bis 1988 Präsident des Verbands der Bildenden Künstler (VBK) war.

Der Betrieb, in dem Wolfs gemeinsam einen Zirkel schreibender Arbeiter leiteten, war der aus der Waggonfabrik Gottfried Lindner AG hervorgegangene Waggonbau Ammendorf, eines der bekanntesten Unternehmen in Ammendorf, einer 1950 eingemeindeten Stadt. Dort hatte Mitte des neunzehnten Jahrhunderts der Braunkohleabbau begonnen und die weltweit erste Brikettfabrik war in Ammendorf errichtet worden. Später wurde die Stadt ein wichtiger Standort der chemischen Industrie und des Maschinenbaus.

In Halle richteten Wolfs erstmals ein Konto ein, legten beide die Fahrprüfung ab und kauften ihr erstes Auto, einen gelben Trabant. Eine passende Wohnung zu finden, war nicht einfach. Schließlich gelang es ihnen, mit einer Familie zu tauschen, die im ruhigen Amselweg wohnte. Der Mann, vermutlich bei der Staatssicherheit beschäftigt, wurde nach Berlin versetzt. Im Erdgeschoss des Hauses wohnte ein Volkspolizist mit seiner Familie. Gemeinsam nutzten sie den Garten, in dem einige Obstbäume standen, was Gerhard gefiel. Für die Kinder war der Umzug nach Halle eine große Umstellung. Annette hatte nun einen deutlich weiteren Schulweg, und Tinka ging in den Kindergarten. Beide Kinder waren häufig erkältet, was Wolfs auch auf die Industrieabgase zurückführten, und Gerhard erlebte in Halle seinen ersten schmerzhaften Hexenschuss. Um ihre berufliche Arbeit einschließlich der Reisen besser mit dem Familienleben verbinden zu können, leisteten sich Wolfs eine Haushälterin, Frau Förster.

## Arbeit an der *Moskauer Novelle*

Kaum waren Wolfs in Halle angekommen, ging es Christa so schlecht, dass sie für fünf Wochen in das Waldkrankenhaus Mahlow bei Berlin fuhr, um sich behandeln zu lassen und sich zu erholen. Über Weihnachten verbrachten Wolfs dann eine Woche mit Lotte Fürnberg und deren Kindern Mischa und Alena in Masserberg im südlichen Thüringer Wald. Die zurückliegenden Monate waren sehr kräftezehrend für Christa Wolf. Neben ihrem an sich schon beeindruckenden Pensum an Tätigkeiten und Reisen für den Schriftstellerverband und neben dem Schreiben von Kritiken und der Herausgabe von Anthologien zeitgenössischer Prosa hatte sie mit der Arbeit an einem Prosatext begonnen. Im Sommer 1959 entstand die erste Fassung der *Moskauer Novelle* und daraus entwickelten Christa und Gerhard Wolf gemeinsam ein Filmexposé.

Dass sie diese Geschichte zu schreiben begonnen hatte, verdankte sich einem Zusammentreffen von Motiven, die Christa Wolf seit Längerem beschäftigten. Da war die Hanna-Geschichte, also die biografische Umbruchsituation 1946/47; da war ihr erneuter Aufenthalt in Moskau, die Begegnung mit dieser fremden Welt, Gefühle von Dankbarkeit und Schuld; und schließlich eine Liebesgeschichte mit Entscheidungsdruck. Christa Wolf packte sehr viel Stoff in diese Geschichte, und dabei entfernte sie sich sehr weit von dem, was als eigenes Erleben, als Erfahrung zugrunde lag. Wie sie im Rückblick selbstkritisch bemerkte, hatte sie damals den Ehrgeiz, mit dieser ihrer ersten Prosaveröffentlichung eine *gültige literarische Aussage über ihr Grunderlebnis zu formulieren* (WA 4, S. 88), stellvertretend für ihre Generation. Die ungarische Romanze „nutzte“ sie, um *Moralnormen für unsere Zeit*, das *Werther-Problem in unserer Zeit* (WA 3, S. 557) zu gestalten – weit weg vom eigenen Erleben, dem Mitgerissenwerden durch eine Leidenschaft, der Irritation ihres bisherigen Lebensplans. Zu viel Didaktik, zu viel Anspruch, zu wenig Authentizität. Die Geschichte von Hanna (später heißt sie Vera) und Koschkin soll zweierlei „zeigen“: „Wir“ haben gelernt, nicht nur gesellschaftliche, sondern auch persönliche Probleme auf neue Art zu lösen. Aber diese „neue“ Moral ist in ihrem Kern uralt: Verzicht, Sublimation, Rationalisieren, Verleugnen und Unterdrücken von Gefühlen. Und: Die deutsch-sowjetische Freundschaft, 1945 noch unvorstellbar, ist 1959 wirklich existent. Die Geschichte „illustriert“ also Ideen. Durch die Arbeit am Stoff veränderte sich der Text. Gerhard war dabei Christas Gesprächspartner und Lektor, dem sie unbedingt vertraute. In einem Gespräch über den Stellenwert der Erfahrung beim Schreiben kritisierte er ihre bisherigen Entwürfe als zu reportagehaft, zu wenig „erzählend“, und sie überarbeitete erneut, was sie bereits geschrieben hatte. Gemeinsam arbeiteten sie parallel an dem Filmexposé, das sie im Dezember 1959 bei der DEFA vorlegten. Es entstanden weitere Fassungen des Exposés, in einer Fassung von Februar 1960 heißt die Protagonistin nun Vera, was Wahrheit bzw. Glaube bedeutet. Im April 1960 teilte Christa Wolf der Dramaturgin mit, dass sie an einer Novelle zum selben Stoff arbeite und erwarte, dass deren Fertigstellung auch das Exposé voranbringen werde. Nach einem Vorabdruck der Novelle im Frühjahr 1960 in der Zeitschrift *Junge Kunst* erschien 1961 die Buchausgabe und die Autorin Christa Wolf erhielt den Kunstpreis der Stadt Halle.

Ausgehend von der veröffentlichten Novelle arbeiteten Wolfs mit Konrad Wolf weiter am Filmszenarium und reichten im Spätsommer 1961 ihre Fassung ein. Das Projekt scheiterte allerdings, weil der sowjetischen Zensur die Figur des Pawel Koschkin zu „schwach“ war. Die Novelle hingegen fand eine bemerkenswerte Resonanz, die sich auch in den zahlreichen Nachdrucken spiegelte. Ihr selbstgesetztes Ziel hatte Christa Wolf erreicht: stellvertretend für ihre Generation zu sprechen. Wie Brigitte Reimann oder Erik Neutsch wurde sie nun als Autorin zu einem Sprachrohr dieser jungen Generation. Im Westen wurde der Text kaum rezipiert. In *Kindheitsmuster* beklagte Christa Wolf später *die verfluchte Verfälschung von Geschichte zum Traktat* (WA 5, S. 523), die auch in ihrer *Moskauer Novelle* wirksam gewesen sei. Und in *Stadt der Engel* reflektierte sie wieder Jahre später, wie naiv sie damals gewesen sei, als sie in ihrer ersten Prosaveröffentlichung Brüderlichkeit als eine der wichtigsten Eigenschaften der zukünftigen Menschen sah – dabei sei doch in Wirklichkeit der Dolmetscher, der sie bei ihrem ersten Moskau-Besuch, wo sie überall von Stalin-Bildern umgeben waren, begleitete, der erste gewesen, der ihr vermittelte, dass er an gar nichts glaubte.

## Alltage

*Der Tag wird wieder anders verlaufen als geplant* (Tag, S. 9), notierte Christa Wolf im September 1960 im Tagebuch und brachte damit zum Ausdruck, wie sich das Alltagsleben im Amselweg gestaltete, was sie selbst immer wieder an die Grenze ihrer Belastbarkeit brachte und zugleich Urgrund ihres Lebendigseins war: die gleichzeitigen Bedürfnisse, Ansprüche und Verpflichtungen, die aus Familienleben, Partnerschaft, Freundschaften, Berufsarbeit, gesellschaftlichem Engagement und persönlichen Interessen und Entwicklungen resultierten und denen sie gerecht werden wollte. Von ernsthaftem, eher introvertiertem Naturell, pflichtbewusst und geradlinig, sensibel und mit Mitgefühl begabt, aber auch mit einem trockenen Humor, gewöhnte sie sich früh das Tagebuchschreiben an. Dafür fand sie verschiedene Formen, verschiedene Rahmen. Neben den fortlaufenden, ausschließlich der persönlichen Reflexion dienenden Notizen und den jährlichen Aufzeichnungen zum „Tag des Jahres“, die inzwischen in zwei Bänden veröffentlicht vorliegen, führte sie verschiedene Kalender und Notizbücher, die sie mit unterschiedlich umfangreichen Notaten füllte und die, über Jahre und Jahrzehnte hinweg, eine Chronik des gemeinsamen Lebens bilden. Gerhard Wolf, der niemals Tagebuch geführt hat und der die Kultivierung der heiteren, leichten und genussvollen Seiten des Lebens in das Wolfsche Familiensystem einführte, sagt über seine Frau: *Sie hat immer geschrieben*. Das Schreiben war ihr Refugium und die ihr gemäße Art und Weise, Erfahrungen und Erinnerungen zu bewältigen, das heißt einerseits zu integrieren; dieser Vorgang war andererseits untrennbar damit verbunden, eigene Erfahrungen so authentisch wie möglich darzustellen, sodass diese auch für ihre Leserinnen und Leser modellhaft werden, sie auf deren jeweils individuellem Weg unterstützen konnten.

Gerhard Wolfs Begabungen sind breitgefächert. Ihm gemäß ist vor allem der Dialog, der offene Austausch mit den Menschen, mit denen er lebt, verbunden ist und arbeitet, mit Werken der Literatur und der bildenden Kunst. Er ist ein „Entwicklungshelfer", der seine intuitiven, kreativen und intellektuellen Gaben großzügig einsetzt für gemeinsame Projekte und Unternehmungen und nicht nach seinem Anteil fragt, sondern am Gelingen interessiert ist. Natürlich kennt und mag auch er den einsamen Prozess des Schreibens. Doch noch mehr in seinem Element bewegt er sich, wenn er durch Nachfragen, kritische Impulse, unmittelbare Zusammenarbeit und indem er das gemeinsame kreative Potenzial voll ausschöpft, mitgestaltet. Er arbeitet am Besserwerden, an der Vollendung eines Gedichts, eines Essays, eines Prosatextes, die ihm als Lektor anvertraut sind.

Von den ersten Erzählungen Christa Wolfs an war er ihr (Erst-)Leser, Gesprächspartner und Kritiker, der sie *durch seine Reaktionen immer mehr hineingetrieben [hat] in das, was [sie] will, weil er sehr gut weiß, was [sie] will* (WA 12, S. 600). Sie beschreibt diese gemeinsame Arbeit anschaulich: *Er kennt mich sehr gut, und wir diskutieren natürlich auch viel, vorher und während ich am Manuskript arbeite. Er liest es noch nicht, aber er weiß, in welche Richtung es geht. Und er fordert dann sozusagen, bis er selbst den Eindruck hat: Das ist das Äußerste, was sie leisten kann. Ich bin daran nun so sehr gewöhnt, daß ich es schon fast für selbstverständlich halte. Ich könnte mir gar nicht vorstellen, wie das mit meinem Schreiben gegangen wäre ohne diese Möglichkeit des dauernden Miteinanderredens und sich Auseinandersetzens.* (WA 12, S. 600) Diese Arbeitsweise gewöhnten sie sich in den Jahren in Halle an. Die Organisation des Alltags – Familienleben mit Kindern, beide Partner schreiben – war *ziemlich schwierig*, vor allem als die Kinder noch klein waren und besonders viel Aufmerksamkeit brauchten. *Da war eben auch immer die praktische Zusammenarbeit da,* beschreibt Christa viele Jahre später den Beitrag Gerhards zum Gelingen ihres besonderen Beziehungsmodells. *Ich hätte mir nicht vorstellen können, mit einem Mann zu leben, der selbst keinen einzigen Handschlag macht. Er hat im Gegenteil sehr viel übernommen. Oder wir konnten uns einfach aufteilen, in dem Moment, wo einer mehr belastet war.* (WA 12, S. 600f.)

## Schreiben als Prozess, die innere Autonomie voranzubringen

Die Arbeit an ihren ersten beiden Prosatexten, an der *Moskauer Novelle* und mehr noch an *Der geteilte Himmel*, erlebte Christa Wolf als eine Phase der Selbstbefreiung, die ihre innere Unabhängigkeit beförderte. Mit jedem weiteren Schreibprojekt intensivierte sich dieser Prozess, der sich übrigens als grundlegendes Motiv des Zu-sich-selber-Kommens durch alle ihre Texte zieht. Die überwältigende Resonanz ihres Erstlings motivierte sie, sich sogleich in ihr nächstes Projekt zu stürzen. Die innere Dramaturgie – mit einer mehrfach in sich gestuften Vergangenheit zu arbeiten und diese im Fokus einer Entscheidungssituation zu reflektieren – behielt sie auch im *Geteilten Himmel* bei. Statt der vorwiegend didaktisch-theoretischen Position in Kritiken, Rezensionen, Gutachten, Vorträgen und Reden wagte sie Schritt für Schritt eine Subjektivierung der Perspektive, das Schreiben im eigenen Namen. Von Anfang an wählte sie weibliche Protagonistinnen und ermöglichte sich damit selbst ein Überschreiten der Grenzen ihrer eigenen Existenz, sie „verdoppelte" sich. Reflektierend, erinnernd und erfindend deutete sie eigene Lebenserfahrungen und vergrößerte ihre Erfahrungsräume durch probeweises Eintauchen in andere biografische, später auch andere historische Konstellationen. Auf diesem Weg der Entwicklung ihrer Autorposition stärkte sie ihr Selbst und gewann eine wachsende Unabhängigkeit auch und gerade in politisch-ideologischen Kontexten. Während der Jahre in Halle siedelte sie rückblickend die Anfänge ihrer *zunehmende[n] Auflösung der Identifizierung* mit Leitbildern an, ihrer *wachsende[n] Kritikfähigkeit und Wahrnehmung der Widersprüche in [ihrer] Umgebung.* (Akteneinsicht, S. 165) Damals, um 1960, focht sie erste Auseinandersetzungen in Parteigremien aus und ihre politische Haltung wurde öffentlich getadelt. Sie stellte rückblickend fest, dass ihre *Bewegung zum Schreiben hin,* das fortan, wenn auch in anderer Weise als ihre Familie, zum Zentrum ihres Lebens wurde, *den Loslösungsprozeß von Ideologiedogmen und der mit ihnen verknüpften Praxis unumkehrbar gemacht* hat. (Akteneinsicht, S. 165) Schreibend gelang es ihr, ihre innere Autonomie zu entwickeln und zu behaupten. Diese Lösung aus dem „Herrschaftsdiskurs", „in dem sie sich wie selbstverständlich bewegt hatten"

(Abenteuer, S. 13), gelang in diesen Jahren auch Autorinnen und Autoren wie Brigitte Reimann, Irmtraud Morgner und Franz Fühmann. Während in der Sowjetunion die Politik der Entstalinisierung und die kritische Auseinandersetzung mit dem Personenkult fortgesetzt wurde, war die DDR-Führung an kritischer Aufarbeitung der Vergangenheit kaum interessiert, sondern praktizierte eher eine Restalinisierung, wie in den Schauprozessen und Repressionen gegen Reformsozialisten 1957 deutlich wurde. Diese Entwicklung kommentierte Christa Wolf kritisch zum Beispiel in Diskussionen im Schriftstellerverband. Mit ihrer wachsenden Unabhängigkeit, ihrem Mut zur Äußerung SED-kritischer Positionen und ihrer Bereitschaft, für ihre Auffassungen auch öffentlich zu streiten, wurde sie für die Staatssicherheit als Mitarbeiterin noch uninteressanter und unergiebiger. In Joachim Walthers Studie *Sicherungsbereich Literatur* über die Stasi und die Schriftsteller erscheint Christa Wolf unter der Rubrik „Perspektivlosigkeit, Ineffizienz". Walther sieht ihre Stasi-Mitarbeit als typisch an für diese frühe Phase sowohl der DDR als auch der eigenen Biografie (ähnlich war es auch bei Fühmann, Reimann, Kahlau oder Plenzdorf). Diese Beziehungen zur Stasi begannen jeweils mit Skrupeln und Bedenken gegen die Spitzeltätigkeit und wurden bald abgebrochen. Genauso typisch war, dass sich nach dem Abbruch ein „operativer Vorgang" entwickelte, also die Bespitzelung und Observierung des ehemaligen Geheimen Informanten. Christa und Gerhard Wolf wurden unter der Chiffre „Doppelzüngler" seit 1968/69 Gegenstand der Überwachung, und der IM-Akte mit hundertdreißig Seiten stehen zweiundvierzig Aktenordner mit Beobachtungsmaterial aus den Siebzigerjahren gegenüber (das Material aus den Achtzigerjahren wurde wahrscheinlich vernichtet). „Vollständig erhaltene IM-Akten können auch entlastend sein: wie im Falle Christa Wolfs, deren Zeit als IM ‚Margarete' dank der komplett überlieferten IM-Akte nachweislich dreißig Jahre zurückliegt, relativ kurz war und für das MfS wenig Ertrag brachte. Vergleicht man ihre dünne IM-Akte mit dem umfänglichen Operativen Vorgang (OV) ‚Doppelzüngler', der gegen sie und Gerhard Wolf über drei Jahrzehnte geführt wurde, wird allein aus den Proportionen eine differenziertere Bewertung möglich", so das Fazit Walthers (Sicherungsbereich, S. 691).

Mit den Arbeiten zu ihrem nächsten Buch *Der geteilte Himmel* kam Christa Wolf 1961 voran, trotz vieler anderer Anforderungen und einigen Reisen. Im Januar fuhr sie nach Berlin zu einer Diskussion über Seghers' Roman *Die Entscheidung* und schrieb darüber in der *NDL.* Im Februar verbrachten Wolfs mit Lotte Fürnberg und ihren Kindern zwei Wochen in Klingenthal. Kaum zurück, nahmen Christa und Gerhard Wolf an einer Arbeitskonferenz im Mitteldeutschen Verlag teil. Im März kam die Freundin Christa Gebauer zu Besuch nach Halle. In diesem Jahr, in dem Christa Wolf im Juni den Kunstpreis der Stadt Halle für ihren Erstling erhielt, absolvierte sie auch erste Lesungen, so zum Beispiel in einer Schuhfabrik in Weißenfels oder beim Forum der Arbeitsgemeinschaft junger Autoren. Im Mai fuhren Wolfs für zehn Tage nach Prag und trafen sich dort mit Franci Faktorová, Ivo Fleischmann, Eduard Goldstücker und anderen, die Gerhard bei seinem ersten Prag-Aufenthalt kennengelernt hatte. Im Sommer verbrachten Wolfs ihren Urlaub erneut in Klingenthal, daran schloss sich eine Thüringen-Rundfahrt an. Am Tag des Mauerbaus, dem 13. August 1961, feierten sie in Frankenhausen den Geburtstag von Gerhards Vater. Im September führten sie bei der DEFA in Berlin die ersten Gespräche mit Konrad Wolf über eine mögliche Verfilmung der *Moskauer Novelle.* Im November fuhren sie alle drei zu gemeinsamer Arbeit an diesem Projekt nach Hullerbusch, heute ein Naturschutzgebiet zwischen Feldberg und Carwitz in Mecklenburg, und im Dezember besuchte Konrad Wolf sie in Halle, um am Drehbuch weiterzuarbeiten. Ende September vermerkte Christa Wolf im Tagebuch, dass sie wieder krank war – das Übliche: Herzschmerzen, Schlaflosigkeit, Müdigkeit. Es kostete sie Mühe, sich selbst so wichtig zu nehmen, dass sie den „Tag des Jahres" beschrieb. Sie fragte sich, was Gerhard und ihr die bisher zwei Jahre in Halle gebracht hatten, und kam zu dem nüchternen Ergebnis: *Auf jeden Fall: Einblick in neue, uns vorher ganz unbekannte Verhältnisse. Eine Stadt, die von der Industrie um sie herum bestimmt ist – dadurch allerdings auch von Luftverschmutzung. Der Kontakt mit den Waggonbauern in Ammendorf ist der größte Gewinn. Aber auch: Immer häufiger Überforderungssymptome, Herzschmerzen, Schlaflosigkeit: Schon wieder zu zersplittert, aufgerieben, vom Eigentlichen weggetrieben. Zuviel Kleinkram: Artikelchen, Sitzungen, Verlagsarbeit, Zerstreuung, bin hin und her gerissen zwischen unterschiedlichen Verpflichtungen, von denen mich keine ganz erfüllt – außer, wenn ich schreiben kann.* (Tag, S. 29f.) Die neue Erzählung bereitete ihr Schwierigkeiten, obwohl sie auch jetzt, nach dem Mauerbau, weiterhin stimmig blieb. In das Gespräch mit Gerhard, warum Rita, die Protagonistin, aus Westberlin in die DDR zurückkehrt, geriet zu Christas Überraschung die Frage, *was uns eigentlich, ganz konkret, in der DDR hielt (und hält), da so viele weggingen.* Die schnellen Antworten – dass sie einfach nicht nach „drüben" gehörten und dass *hier bei uns die Bedingungen zum Menschwerden* wuchsen – hinterfragte sie, ihre Zweifel ließen sich nicht zurückdrängen: *Praktisch: Wachsen sie wirklich? Streuen wir uns nicht oft über die konkreten „inneren Verhältnisse" „unserer Menschen" Sand in die Augen? Zum Beispiel: Ihre Beziehung zur Vergangenheit. Eines Abends, als die Ammendorfer Brigade bei uns war, wurde es erst lebhaft beim Austausch von Kriegserinnerungen. Und so bei vielen Leuten. Es fällt ihnen unendlich schwer, sich selbst gegenüber kritisch zu sein.* (Tag, S. 34f.) Christas nüchterner Blick auf die Realität zeigte ihr eine rissige Fassade, und sie wollte begreifen, was dahinter war. Am Abend las sie in Louis Aragons Roman *Karwoche*, eine Lektüre, die sie anregte, sich von der Prosakonstruktion der Realisten des neunzehnten Jahrhunderts, die Lukács zu Vorbildern für den sozialistischen Realismus erhoben hatte, zu entfernen. Dies ermöglichte ihr schließlich einen freieren Umgang mit dem Stoff ihrer eigenen Geschichte. Im Tagebuch thematisierte Christa Wolf immer wieder die Konflikte ihres Alltags. Natürlich liebte sie ihre Kinder, die Familie war, auf andere Art als das Schreiben, das Wichtigste für sie – aber dennoch trug gerade auch das Dasein für die Kinder zur Zerrissenheit ihrer Tage bei und zehrte an ihren Kräften. Oft überkam sie eine rational nicht erklärbare Angst um ihre Familie, und am wohlsten fühlte sie sich, wenn alle zusammen zu Hause waren. Abends betrachtete Gerhard mit den Mädchen oft *Erwachsenenbilderbücher,* am liebsten mochten sie Kunstbände mit Bildern der naiven Maler. Ein Anruf ihres Bruders Horst, der den Stillstand und die wirtschaftlichen Fehlentscheidungen beklagte, die ihm in seinem beruflichen Umfeld als Ingenieur immer öfter begegneten, führte Christa wiederum vor Augen, wie sehr ihre und Gerhards Freiberuflichkeit sie zu Privilegierten machte, und wie gut es war, dass sie sich vom Beispiel ihres Mannes hatte mitziehen lassen.

## Lektorentätigkeit für den Mitteldeutschen Verlag

In den Sechzigerjahren entwickelte sich der Mitteldeutsche Verlag Halle zu einem der wichtigsten Verlage für Gegenwartsliteratur in der DDR. Dabei veröffentlichte man zunehmend junge Autorinnen und Autoren, die weder aus der Produktion kamen noch dort Schreiberfahrungen gesammelt hatten, sondern die zum Beispiel als Journalistin oder Lehrer gearbeitet hatten, ehe sie zu veröffentlichen begannen. Der Verlag arbeitete, was die Gewinnung neuer Autoren anging, eng zusammen mit dem Schriftstellerverband einerseits und mit dem Leipziger Literaturinstitut andererseits. Als Lehrer oder Schüler des Johannes-R.-Becher-Instituts kamen an die zwanzig Autoren (aber auch Lektoren und Herausgeber) zum Mitteldeutschen Verlag, wie Georg Maurer, Werner Bräunig, Heinz Czechowski, Adolf Endler, Sarah Kirsch, Karl Mickel, Walter Werner oder Eberhard Panitz. So konnte der MDV jährlich mehr literarische Werke mit Gegenwartsbezug veröffentlichen als die anderen DDR-Verlage zusammen, und er war auch der Spitzenreiter in der Publikation von literarischen Debüts in Prosa wie Lyrik. Gerade für die Lyrik hatte sich der Verlag „besondere Verdienste" (Abenteuer, S. 159f.) erworben, was vor allem auch der Qualität von Lektoren wie Gerhard Wolf oder Heinz Czechowski zu verdanken war. Von ihnen und den Lyrikern Adolf Endler und Karl Mickel als Herausgebern betreut, erschienen einige wichtige Lyrik-Anthologien und Einzelveröffentlichungen von Volker Braun, Karl-Heinz Jakobs, Rainer und Sarah Kirsch, Günter Kunert, Reiner Kunze und Georg Maurer. Während in den Fünfzigerjahren Lektoren vorrangig politische Zuverlässigkeit als Schlüsselkompetenz mitbringen mussten, wurden in den Sechzigerjahren bevorzugt studierte Germanistinnen und Germanisten eingestellt. Gerhard Wolf hatte als Spezialist für Lyrik bereits einen Namen, als er als freier Lektor für den Mitteldeutschen Verlag zu arbeiten begann. Sein kritischer Beitrag *Sieg der Dilettanten?*, in dem er, Bloch folgend, den Dilettantismus und das Kleinbürgerliche zusammendachte, und das Ergebnis für die lyrische Produktion verwarf, hatte ihn in den einschlägigen Kreisen und auch beim Schriftstellerkongress Anfang Januar 1956 bekannt gemacht. Da er im Sinne seiner Argumentation in diesem

Beitrag schwache Lyrik von Kunert und Kunze kritisiert hatte, hatte er nicht das beste Gewissen, als er dann auch diese beiden Lyriker beim MDV betreute – aber das trübte glücklicherweise keineswegs ihre Zusammenarbeit. Mit dem gleichaltrigen Günter Kunert, den er in seinem Wohnort Berlin-Treptow besuchte, entwickelte sich aufgrund der gegenseitigen Sympathie eine gute Arbeitsbeziehung; ihr erster gemeinsamer Band war *Tagwerke. Gedichte – Lieder – Balladen. Gedichte / Prosa* (1961). 1962 erhielt Kunert den Heinrich-Mann-Preis der Akademie der Künste. Neben Gerhard und Christa Wolf gewann der Mitteldeutsche Verlag auch andere Autoren wie Max Walter Schulz oder Paul Wiens als Außenlektoren. Eines der ersten Projekte, das Christa Wolf als Außenlektorin 1960/61 betreute, war das Manuskript von Otto Gotsches *Der kleine Trompeter*. Das war keine einfache Aufgabe angesichts des Selbstbewusstseins des Autors und seiner politischen Position. Christa Wolf monierte in ihrem Brief an Gotsche vom August 1960 *ein merkliches Nachlassen der Intensität in der Gestaltung etwa zwischen den Seiten 200 und 430*, manche Personen seien *etwas begrenzt weltanschaulich* gezeichnet und der Schluss sei *ins Melodramatische und Sentimentale abgeglitten*. (Abenteuer, S. 140f.) Ihre sachlich und freundlich vorgetragene Kritik brachte sowohl die Lektorin als auch den Verlag in eine unangenehme Lage, denn Gotsche drohte, empfindlich getroffen, den Verlag zu wechseln. Diesem anstrengenden Lektorat war jene Moskau-Reise mit einer Delegation des Schriftstellerverbands vorausgegangen, in der Christa Wolf den Funktionär Gotsche von einer unerwartet sentimentalen Seite kennengelernt hatte.

Zugunsten ihres eigenen Schreibens als Autorin reduzierte Christa Wolf die Tätigkeit als Außenlektorin, während Gerhard Wolf die seine ausdehnte und in seine Rolle als Lektor vor allem der jüngeren Lyriker immer mehr hineinwuchs. Auf diese Weise trug er vorrangig zum Familieneinkommen bei. Seine Tätigkeit als Außenlektor beim Mitteldeutschen Verlag erstreckte sich insgesamt über einen Zeitraum von nahezu dreißig Jahren, von 1959 bis 1988. Er arbeitete dort auf Honorarbasis, schrieb außerdem Kritiken und arbeitete an einer Darstellung der deutschsprachigen Lyrik seit 1945, die 1964 beim Berliner Verlag Volk und Wissen erschien. Auch für andere Verlage war er als

Herausgeber tätig, so für den Aufbau-Verlag (die zweibändige Prosa- und Lyrik-Anthologie *Wir unsere Zeit*, gemeinsam mit Christa Wolf), für den Armeeverlag (die Anthologie *Sputnik kontra Bombe* und die Broschüre *Echo von links* über Fürnbergs Spieltruppe) oder den Verlag Neues Leben (*Ein Lied, ein gutes Wort. Aus fünf Jahrzehnten sozialistischer Lyrik*, eine dreihundert Seiten umfassende Anthologie). Überwiegend arbeitete er von zu Hause aus, wo ihn seine Autoren auch besuchten und in das familiäre Leben einbezogen wurden. Ein, zwei Mal pro Woche fuhr er in den Verlag. Da einige „seiner" Autoren in anderen Städten lebten, war er auch öfters quer durch die Republik unterwegs, um vor Ort mit ihnen zu arbeiten. Neben der Autorenbetreuung machte er Programmvorschläge und baute eine Lyrik-Reihe auf, in der alle Autoren der später so genannten Sächsischen Dichterschule vertreten waren. Es sprach sich herum, wie gut er mit Lyrikern arbeitete und sie förderte. Etliche junge Autoren schickten ihm ihre Texte und suchten den Kontakt zu ihm. Werner Bräunig war einer der ersten Autoren, die Gerhard Wolf betreute. Er hatte als schreibender Arbeiter begonnen und studierte seit 1958 am Leipziger Literaturinstitut, wo er nach seinem Studium bis 1969 als Dozent im Ausbildungsgang Prosa lehrte. Er debütierte als Lyriker 1961 in der Anthologie *Bekanntschaft mit uns selbst.* In manchen seiner Gedichte fand Gerhard Wolf Wendungen, die auch von Fürnberg hätten stammen können, und das nahm ihn für den jungen Autor ein. 1953 hatte Bräunig als Fördermann in der Betriebsstätte der Sowjetisch-deutschen Aktiengesellschaft Wismut in Johanngeorgenstadt gearbeitet und begann 1960 einen Roman über diese frühe Phase der Uranförderung in der DDR. Die SDAG Wismut betrieb in Sachsen und Thüringen den Abbau von Uran als eines wichtigen Rohstoffs für die sowjetische Atomindustrie. Im Zuge der Uranförderung wurden Städte und Dörfer abgerissen, um Platz zu machen für den Bergbau. Schadstoffe wie Uran, Radium, Radon belasteten Luft und Grundwasser. Bräunig, Jahrgang 1934, zeigte in seinem Roman *ziemlich ungeschminkt die realen Konflikte im Hexenkessel der Wismut: sowjetische Leiter, Parteiaktivisten, alte Nazis, Glücksritter usw.* (Poesie, S. 98), eine ähnlich wilde Mischung wie in der Schwarzen Pumpe, dem Kohleabbau und der größten Baustelle der jungen DDR, worüber Inge und

Heiner Müller in *Die Korrektur* und später Brigitte Reimann in *Franziska Linkerhand* schrieben. Nach dem Vorabdruck eines Kapitels von *Rummelplatz* Ende 1965 in der *ndl* (wie sich die *NDL* nun schrieb) geriet Bräunig, der wie kaum ein anderer Autor den Bitterfelder Weg repräsentierte, ins Visier der Dogmatiker beim 11. Plenum. Dass Christa Wolf und auch Anna Seghers für ihn eintraten, konnte seinen Einbruch nicht verhindern. Er brach die Arbeit am Roman ab und starb, alkoholkrank, 1976 mit nur zweiundvierzig Jahren. Erst 2007 erschien sein Manuskript, herausgegeben von Angela Drescher, im Berliner Aufbau-Verlag. Der 1958 gedrehte Film *Sonnensucher* unter der Regie von Konrad Wolf über die Wismut wurde gleichfalls verboten und kam erst 1972 zur Aufführung. Diese Thematik war unerwünscht, Bitterfelder Weg hin oder her. Werner Bräunig gehörte auch zu den Autoren, deren Gedichte Gerhard Wolf in seine beiden wichtigen Anthologien *Bekanntschaft mit uns selbst* und *Sonnenpferde und Astronauten* aufnahm; daneben waren unter anderen Biermann, Braun, Czechowski, Greßmann, Jentzsch, Kirschs, Mickel, Laabs vertreten. Besonders schätzte Gerhard Wolf den studierten Ökonomen Karl Mickel (1935–2000), dem er voller Begeisterung im Mai 1960 schrieb: *Du […] wirst ein wirklicher Dichter. […] Ich habe Überraschungsschreie der Bewunderung ausgestoßen und glaube, daß Du unter Deinen Altersgenossen eine der eigenständigsten neuen Stimmen bist.* (Poesie, S. 36) Auch Mickel debütierte in der Anthologie *Bekanntschaft mit uns selbst*. Gerhard Wolf besuchte ihn in Berlin-Friedrichsfelde und betreute seine Lyrikbände *Lobverse und Beschimpfungen* (1963) und *Eisenzeit* (1975) beim MDV. Auch Rainer und Sarah Kirsch, die zu guten Freunden beider Wolfs wurden, debütierten in der Anthologie von 1961. Eine zweite wichtige Lyrikanthologie, die Gerhard Wolf beim Mitteldeutschen Verlag herausgab, war *Sonnenpferde und Astronauten*, die, da sie nach dem umstrittenen Lyrik-Abend in der Berliner Akademie der Künste veröffentlicht wurde, unter besonderer Beobachtung der Zensurstelle stand. Wegen dieser Anthologie gab es im Juni 1963 eine größere Diskussion im Verlag, bei der auch Vertreter des Ministeriums für Kultur und die Außengutachter Silvia und Dieter Schlenstedt anwesend waren. Um der Zensur möglichst keine Angriffsfläche zu bieten, besprach Gerhard Wolf mit Wolf Biermann die Veränderung von „Trümmerstadt" zu „Innenstadt" in dessen Gedicht *Rangsdorf im August*. Volker Braun hatte sein Gedicht *Jazz* schon selbst zurückgezogen, ihm wurde der Ausdruck eines „anarchistischen Lebensgefühls" vorgehalten. Manche Gedichte sollten ganz aus der Sammlung entfernt werden, an anderen sollte „nur" diese Zeile oder jenes Wort geändert werden. Zwar gelang es den Verlagsleuten in dieser mehrstündigen Diskussion, ihre Autoren zu verteidigen, aber es waren im Anschluss daran noch einige Besprechungen Gerhard Wolfs mit den Autoren nötig, um das Manuskript zensursicher abzuschließen. Faktisch hat Gerhard Wolf als Lektor beim MDV mit den Lyrikern weitergearbeitet, die bei dem von Stephan Hermlin organisierten Lyrik-Abend im Dezember 1962 aufgetreten waren. Mit Kunert, Kunze, Endler, Jentzsch, Greßmann, Werner und anderen arbeitete er an Einzelbänden, wobei er Texte von Hanns Cibulka, Heinz Czechowski und Walter Werner zum Beispiel bis in die Achtzigerjahre lektorierte. Solche langjährigen produktiven Arbeitsbeziehungen sind prägend für beide Seiten und oft entwickelten sich Freundschaften daraus wie etwa zu Walter Werner (1922–1995), den Gerhard Wolf seit 1959 betreute und zu dessen letztem Lyrikband *Tautreten unterm Regenbogen* (1992) er das Vorwort schrieb. Eine Freundschaft entwickelte sich auch mit Georg Maurer (1907–1971), mit dem Gerhard Wolf schon beim Leipziger Rundfunk zusammengearbeitet hatte. Im MDV war er seit 1961 dessen Lektor und gab alle Lyrik-Bände Maurers sowie die Bände *Dichtung ist deine Welt. Selbstaussagen und Versuche zum Werk Georg Maurers* (1973) und *Unterm Maulbeerbaum. Ausgewählte Gedichte* (1977) (bei Reclam) heraus. In seinem eigenen Verlag Janus press edierte er 1998 als Ausdruck seiner bleibenden Verbundenheit den Band *Bleib ich, was ich bin? Teufelswort, Gotteswort. Zum Werk des Dichters Georg Maurer.* Für Gerhard Wolfs spätere Arbeit als Verleger war es nicht unerheblich, dass er im Mitteldeutschen Verlag schon früh der Praxis begegnete, lyrische wie Prosatexte mit grafischen Gestaltungen zusammenzubringen, sodass das ganze Buch einen Eindruck von der geistigen und/oder künstlerischen Korrespondenz zwischen jungen Dichtern und bildenden Künstlern gab. Das produktive Miteinander von Wort und Bild war allerdings grundsätzlich ein wesentliches Gestaltungsmerkmal in der Buchproduktion der DDR-Verlage.

## Arbeit am *Geteilten Himmel*

Noch in Berlin hatte Christa Wolf für die *NDL* ein Gespräch mit Anna Seghers am Küchentisch in deren Adlershofer Wohnung geführt über ihre Arbeitsweise bei dem Roman *Die Entscheidung.* Zu dessen Handlungsorten gehört auch ein Stahlwerk in der DDR der frühen Fünfzigerjahre. Christa Wolf interessierte sich dafür, wie man etwas Neues so darstellen kann, dass es wie etwas Historisches wirkt, über das man bereits einen Überblick hat. Genau wie Seghers recherchierte Christa Wolf ihr Wirklichkeitsmaterial sehr genau, als sie – ausgehend von ihrer Mitarbeit im Waggonbau Ammendorf – dort für ihr nächstes Prosawerk Eindrücke, Erfahrungen und Materialien sammelte. Ab März 1960 ging sie regelmäßig ins Waggonwerk Ammendorf und betreute dort zusammen mit Gerhard den wöchentlich stattfindenden Zirkel schreibender Arbeiter. Außerdem schrieb sie Rezensionen, Gutachten, nahm an Konferenzen und Vorstandstagungen des Schriftstellerverbands in Berlin teil und erledigte Lektoratsarbeiten für den MDV. In ihre Materialsammlung bezog sie zum Beispiel ein Exemplar der Betriebszeitung *Bahn frei. Organ der Parteileitung der SED im Waggonbau Ammendorf* vom Sommer 1960 und Auszüge aus dem Tagebuch der Brigaden Krischok–Jungbluth vom Juni 1959 bis zum Januar 1960 ein; sie legte ein Heft an, in das sie handschriftliche Notizen über Einfälle, Begebenheiten im Betrieb, technische Erklärungen und anderes eintrug. Als sie im September nach mehrwöchiger Unterbrechung, unter anderem durch den Urlaub in Bulgarien, wieder ins Werk kam, erzählten ihr die Mitglieder „ihrer" Brigade von ihrem Ärger über das unrentable Wirtschaften. Durch eine einfache Vorrichtung zur Vorbereitung der Druckrahmen konnten sie die Hälfte der zuvor benötigten Zeit einsparen, aber die nun frei gewordene andere Hälfte mussten sie untätig herumsitzen, weil sie ohne zusätzliches Material nicht weiterarbeiten konnten. Obwohl das Geld stimmte, machte sich Unzufriedenheit unter den Leuten breit. Einblicke dieser Art waren es, die Wolfs ein besseres Verständnis von den aufgrund von Bürokratie und mangelnder Flexibilität oft ineffizienten wirtschaftlichen Verhältnissen in vielen Betrieben nahebrachten.

An der neuen Erzählung arbeitete Christa Wolf vom Sommer 1960 bis zum Sommer 1962, währenddessen veränderten sich Fabel, Figuren und Schreibweise. An der ersten durchgehenden längeren Fassung schrieb sie im Herbst 1960 – damals suchte sie nach der *Überidee* (Tag, S. 23), die den Stoff erzählbar machte. Ein Motiv ist, wie auch schon in *Moskauer Novelle*, die Konstellation einer Frau zwischen zwei Männern. Reflexionen im Tagebuch begleiteten die Entwicklung des Textes, den sie mit Gerhard diskutierte, der seinerseits Ideen beisteuerte. Gegenüber der mit didaktischer und illustrativer Intention konstruierten Handlung in *Moskauer Novelle* kommt im *Geteilten Himmel* das genau recherchierte Material aus dem Betrieb zur Geltung, die Figuren sind komplexer und in ihrem Verhalten und ihren Positionen, ihren Gefühlen und Gedanken realitätsnäher gestaltet als im vorangegangenen Debüt. Einen deutlichen Bezugspunkt für die Struktur des *Geteilten Himmel* bot jedoch Seghers' Exilroman *Das siebte Kreuz*. Beides sind Heimatromane im Sinne von Heimat als Ort der Zugehörigkeit zu Menschen und Landschaft.

Indem sie den Bitterfelder Weg ernst nahmen, erschlossen sich Christa und Gerhard Wolf neue Perspektiven für Wahrnehmung und Reflexion gesellschaftlicher Entwicklungen und deren Hemmnisse. Sie lernten Lebensverhältnisse, Denkweisen und Wunschträume kennen, die größtenteils anders waren als ihre eigenen, aber das war einem gegenseitigen Austausch nicht hinderlich. Durch ihre regelmäßige Mitarbeit in einer Brigade war Christa dem Betriebsalltag näher als Gerhard, der inzwischen ein weiteres Buch über Fürnberg abgeschlossen hatte, *Der Dichter Louis Fürnberg. Leben und Wirken. Ein Versuch*, das 1961 erschien.

## Lyrikförderung und die sogenannte Lyrik-Welle 1962/63

Auf dem V. Deutschen Schriftstellerkongress im Mai 1961 war eines der wichtigen Themen die Beobachtung, dass eine neue Autorengeneration ihre Stimme in die Literatur einbrachte. Im Vordergrund stand dabei die Prosa. Die Lyrik wurde als Trägerin des neuen Lebensgefühls der jüngeren Generation offiziell noch gar nicht richtig zur Kenntnis genommen, was sich aber zu ändern begann mit der Initiative Stephan Hermlins Ende 1962, die zu dem Lyrik-Abend in der Akademie der Künste führte, von dem noch die Rede sein wird. Für dieses durch die sogenannte Lyrik-Welle wachsende Interesse war Gerhard Wolf, dessen zentrales Aufgabengebiet beim Mitteldeutschen Verlag ja die Entdeckung, Förderung und Entwicklung junger Lyrikerinnen und Lyriker war, der ausgewiesene Fachmann. Im MDV waren bereits einige Lyrik-Anthologien erschienen, in denen ästhetische Aspekte gegenüber ideologischen bei der Auswahl stärker gewichtet wurden. In den Anthologien *Bekanntschaft mit uns selbst* (1961) und *Sonnenpferde und Astronauten* (1964) präsentierte Gerhard Wolf ausdrücklich Lyrik bis dahin eher unbekannter Autoren, die bisher lediglich gelesen, aber noch nicht publiziert hatten. Im Nachwort beschreibt er die lebendige Vielgestaltigkeit dieser neuen Lyrik, die auch Ausdruck des Temperaments und der Subjektivität der jungen Dichter ist. Unter den Autoren dieser beiden wegweisenden Anthologien waren zum Beispiel Volker Braun, Wolf Biermann (von ihm stammte das titelgebende Gedicht *Sonnenpferde*), Michael Franz, Uwe Greßmann, Sarah Kirsch, Klaus Möckel, Joachim Rähmer, Eicke Schmidt, Axel Schulze und Bernd Wolff. Gerhard Wolf bewertet rückblickend die *Sonnenpferde*-Anthologie als interessanter als die vorangegangene. Die Gedichte wurden nach dem Alphabet der Autoren gedruckt, aber damit nicht Biermann vorne stand, musste man auf Weisung von oben mit Braun beginnen. Die *schönste Änderung* aber fand nach Gerhard Wolfs Erinnerung in einem späteren Gedicht Volker Brauns statt, das dieser nach einem Empfang bei dem für die Kulturpolitik zuständigen Politbüro-Mitglied Kurt Hager schrieb; als das lyrische Ich danach wieder auf der Straße stand, „fühlte ich mich wie eine Laus“ – Autor und Lektor waren sich darin einig, dass man das nicht stehen lassen konnte, und so machten sie, um die Zensur nicht auf den Plan zu rufen, aus der Laus eine „Maus“. Die pragmatischen Änderungen, mit denen Lektor und Autor im Bunde die kleinlichen und aberwitzigen Vorhalte der Zensur ins Leere laufen ließen, waren zu verkraften. In diesen permanenten Grabenkämpfen um jedes Gedicht, jedes Buch brauchte es einen Lektor, dessen Loyalität klar dem Autor galt und der sich den von Amts wegen eingreifenden „Stellen“ in distanziert-selbstbewusster Haltung, aber dennoch kooperativ präsentierte. Mit dieser jahrelang trainierten Souveränität (die er auch als Autor brauchte) konnte Gerhard Wolf seine Frau, die solche Konflikte stets schwerer nahm als er, unterstützen und schützen.

Die sogenannte Lyrik-Welle Anfang der Sechzigerjahre in der DDR war Teil einer internationalen Kulturbewegung, die zum Beispiel in der Sowjetunion durch Dichter und Sänger wie Jewgeni Jewtuschenko, Andrej Wosnessenski, Bulat Okudschawa und Wladimir Wyssozki geprägt wurde. In der DDR gewann, ausgehend von dem Lyrik-Abend, den Stephan Hermlin verantwortete, eine Vielzahl bis dahin unbekannter Lyriker durch Lesungen und Veröffentlichungen ein breiteres Publikum und somit überhaupt eine Öffentlichkeit, in der über Lyrik diskutiert wurde. Stephan Hermlin, der 1961 zum Sekretär der Sektion Dichtkunst und Sprachpflege der Akademie der Künste berufen worden war, hatte die Anregung junger Leute im Anschluss an eine Lyrik-Lesung von Akademie-Mitgliedern aufgegriffen und entsprechende Aufrufe veröffentlicht. Daraufhin schickten 144 Lyrikerinnen und Lyriker insgesamt 1250 Gedichte ein, aus denen Hermlin hundert für den Vortrag auswählte und etwa die Hälfte am Abend des 12. Dezember 1962 vorstellte. Ihn beeindruckte die „Eleganz der Form“ und die „Schlichtheit des Ausdrucks“ (Kahlschlag, S. 214) vieler Gedichte. Die Haltung dieser „neuen Generation“, die sich an diesem Abend selbstbewusst, sensibel, nüchtern und kritisch zu Wort meldete und für ihr Lebensgefühl neue Formen und Bilder fand, lässt sich am direktesten mit Volker Brauns Gedicht *Kommt uns nicht mit Fertigem* fassen. Auf ausdrücklichen Wunsch des Publikums trugen im Anschluss an Hermlins Lesung die anwesenden Autoren weitere Gedichte vor, und die Diskussionen, die sich daraus entwickelten, waren leidenschaftlich und lebhaft, einschließlich einiger Spitzen gegen das *Neue Deutschland*. Dass „Ausfälle gegen das Zentralorgan der Partei“, von denen Kurt Hager in seiner Rede auf dem VI. Parteitag im Januar 1963 sprach, bei dieser Gelegenheit möglich wurden, und Gedichte, „die vom Geist des Pessimismus, der unwissenden Krittelei und der Feindschaft gegenüber der Partei durchdrungen waren“ (Kahlschlag, S. 219), wurde Hermlin angelastet. Aus der Kritik an Hermlin entwickelte sich eine Kampagne gegen ihn, der im März 1963 von seiner Funktion in der Akademie der Künste abberufen wurde.

Die Bedeutung dieses Lyrik-Abends erwies sich vor allem darin, dass er ein gesellschaftliches Problem offengelegt hatte, nämlich „die ungenügend vorhandene Öffentlichkeit, de[n] Mangel an offizieller Akzeptanz vorhandener Widersprüche und offenem konstruktivem Austausch darüber" (Kahlschlag, S. 217). Gerade junge Autorinnen und Autoren brauchten die öffentliche Präsentation und Diskussion, Spielräume, um neue Sichtweisen auszuprobieren und ihre Kreativität zu entfalten.

Im Zuge der Auseinandersetzungen um den Lyrik-Abend beschäftigte sich auch die Betriebsparteiorganisation der SED im Mitteldeutschen Verlag mehrfach mit Problemen der Lyrik und stellte Versäumnisse an „ideologischer Wachsamkeit" fest. „Erst durch die Hilfe zentraler Parteistellen wurden wir darauf aufmerksam, daß auch in unserem Verlag – nämlich beim Genossen Wolf – Gedichte vorlagen, die eindeutig und unmißverständlich revisionistisch waren, so zum Beispiel Gedichte von Bernd Jentzsch und Sarah Kirsch", heißt es um die Jahreswende 1962/63. (Abenteuer, S. 298f.) Die Schwierigkeiten aufgrund von Einwänden linientreuer Funktionäre, in die Gerhard Wolf im Sommer 1963 wegen der Anthologie *Sonnenpferde* geriet, kamen bereits zur Sprache. Hier ging es nun konkret um den Vorwurf, dass „falsche ideologische Einstellungen" bei jungen Lyrikern nicht rechtzeitig bemerkt und entsprechend korrigiert worden seien – aber auch von Lyrikern „muß eine eindeutige Stellungnahme verlangt werden, denn auch Lyrik muß mit zur sozialistischen Bewußtseinsbildung beitragen". (Abenteuer, S. 298f.) Solche „Argumente" sprechen für sich, und sie erfordern ein erhöhtes Maß an Kreativität und Fingerspitzengefühl beim Lektor. Vor diesem Hintergrund entstand im Verlag der Plan zu der Anthologie *In diesem besseren Lande*, eine repräsentative Lyrik-Auswahl seit 1945, herausgegeben von Adolf Endler und Karl Mickel, die sowohl durch lyrische als auch durch literaturkritische Arbeiten ausgewiesen und im Verlag gut bekannt waren. Nach einer komplizierten Druckgenehmigungsgeschichte erschien die Anthologie dann 1966, wenige

Wochen nach dem Kahlschlag-Plenum Ende 1965, und wurde zum Anlass für eine weitere interessante Lyrik-Diskussion.

Das gewachsene Interesse der Leserschaft an lyrischen Texten führte auch im MDV zur Entwicklung und Etablierung besonderer Publikationsformen wie *Auftakt 63*, ab 1964 dann *Auswahl. Neue Lyrik – Neue Namen*. Das Besondere dieser durch den Lyrik-Abend Hermlins initiierten Lyrik-Welle war jedoch, dass Gedichte ein größeres Publikum als bisher fanden. Das scheinbar privateste unter den klassischen literarischen Genres wurde nicht mehr nur privat rezipiert, in der Zwiesprache zwischen Leser und Gedicht, sondern erreichte von der Bühne aus den öffentlichen Raum und erwies sich der kollektiven Rezeption gewachsen, brachte die Zuhörenden miteinander und mit den Dichtern ins Gespräch und in Diskussionen – in Berlin, in Leipzig, in Halle oder in Dresden. Genauso bemerkenswert war aber auch, dass sich mit der Generation der 1935 bis 1940 Geborenen gleichzeitig solche starken Talente in so großer Zahl zu Wort meldeten und auch nach ihren Debüts ihre lyrische Stimme weiter entwickelten. Das ist zweifellos auch ein Ergebnis der systematischen Förderung junger Talente im Rahmen des Bitterfelder Weges.

Die Dichter der später so genannten Sächsischen Dichterschule aus dieser Generation hat Gerhard Wolf von Anfang an als Lektor betreut und einige als Freund begleitet. Die meisten von ihnen waren Schüler von Georg Maurer, hatten bei ihm am Literaturinstitut studiert oder waren ihm anderweitig verbunden. Viele Gedichte sind damals auch über Maurer geschrieben worden und – dies sieht Gerhard Wolf als eine reizvolle Besonderheit jener Gruppe von Lyrikern – diese jungen Dichter haben überhaupt füreinander und übereinander geschrieben und einander Gedichte gewidmet, anspielungsreich und tiefgründig.

## Freundschaft mit Stephan Hermlin

Schon während seiner Zeit beim Rundfunk hatte Gerhard Wolf Texte von Stephan Hermlin (1915–1997) gesendet. Ende 1961 veröffentlichte er in der *ndl* mit *Politische und ästhetische Maximen* einen auf genauer Lektüre beruhenden Beitrag zu Gedichten Hermlins. Hermlin reagierte darauf mit einem Brief, in dem er schrieb: „Ich bin Dir dankbar, daß Du den Ursprung meiner Gedichte, ihre Quellen klar machst; und daß Du die Verbindung von ‚Begegnungen' und Gedichten, Verbindungen thematischer und anderer Natur, begriffen hast und begreifbar machst. Ich glaube, ich habe in der DDR noch keinen so guten Kritiker gehabt." (Poesie, S. 14) Auf der Grundlage gegenseitigen Respekts und gegenseitiger Wertschätzung begann damals eine lebenslange Freundschaft, die auch Christa einschloss.

An dem legendären Abend in der Akademie war Gerhard Wolf selbst nicht dabei. Nach der Veranstaltung gab es nicht nur Kritik an einigen der vorgetragenen Texte, sondern auch an Hermlin selbst, die sich zu einer Kampagne gegen ihn ausweitete. Eine Zeitlang trat er nicht mehr öffentlich auf und veröffentlichte auch nicht mehr. Die offizielle Kritik führte dazu, dass sich Institutionen wie Verlage oder Zeitschriften von ihm zurückzogen – ein typisches Phänomen, das später auch Christa Wolf zu spüren bekam. 1963 gab Gerhard Wolf bei Reclam in Leipzig eine Ausgabe *Ausgewählte Gedichte* Hermlins heraus, die in dieser für den Dichter schwierigen Zeit als eine Solidaritätsbekundung wirkte, welche die Freundschaft festigte. In seinem Nachwort arbeitet Gerhard Wolf die einzigartige Verschränkung von Biografie, Zeitgeschichte und Werk dieses Dichters heraus, den er zu denen zählt, *die schon mit ihrem ersten Gedichtband da sind* (Dialog, S. 206). Durch Hermlins Gedichte ziehe *die Welt in einem unaufhörlichen Strom* (Dialog, S. 205), und sie vermögen die Atmosphäre von Einsamkeit, Verfolgung, Zerstörung, Resistance und Hoffnung der durchlebten Jahre genau zu erfassen. Welthaltig sind auch die zahlreichen Bezüge und literarischen Anspielungen – Georg Heym, Paul Eluard, Louis Aragon, Wladimir Majakowski –, die Wolfs kenntnisreiche Lektüre aufspürt und benennt. Die Besonderheit von Hermlins Gedicht in der deutschen Lyrik erkennt Gerhard Wolf in der Intensität seiner Schlichtheit. *Natur und Landschaft*, schreibt er, *gehen in einem Schwalbenschrei, einem Wolkenzug, einer Blume knapp ins Gedicht, ohne ausmalende Breite, die ihm überhaupt fremd ist. Tiefe kommt bei ihm aus einer bewußten Einschränkung auf die Möglichkeiten, über die man verfügt.*

(Dialog, S. 212) In diesem sehr persönlichen Essay versteckt der Autor sich nicht hinter den germanistischen Floskeln des Kritikers, sondern setzt sich persönlich in Beziehung zu den Gedichten, indem er durchgängig *ich* und *wir* sagt. Dies trifft insbesondere auf seine Bemerkungen über das Gedicht *Die Zeit der Wunder* zu, das seitdem nicht nur für Gerhard Wolf, sondern auch für Christa Wolf zu einer Chiffre für das Wahrnehmen einer beginnenden Ernüchterung geworden ist. Damit ist unwiderruflich etwas zu Ende. Das Gedicht entstand 1947. *Damals, zwei Jahre nach dem Zusammenbruch Hitlerdeutschlands, spricht man noch nicht von Revanchismus. Nur der Dichter sagt: Die Zeit des guten Glaubens ist dahin, diese Wirklichkeit ist rauher, böser, sachlicher, spürt ihr nichts?* (Dialog, S. 213) Es ist aber, so folgert der Interpret, nicht nur ein Gedicht der Warnung, sondern da ist *noch etwas anderes im Spiel, das jeder erleben kann: Der schockartige Moment, wenn man innehält und sein Leben rückblickend überschaut. Eine zweite Ebene des Gedichts, die sich entdeckt, macht es für spätere Generationen erregend wie zum Zeitpunkt seiner Niederschrift. Man kann es ein Gedicht der Generationen der Dreißigjährigen nennen. Jenes Alter, da man eine Stufe der Naivität überschreitet und dem braven Augenschein nicht mehr traut, um zu fragen: Was war da eigentlich, was habe ich in Wahrheit getan?* (Dialog, S. 213f.)

Anfang 1962, während Gerhard Wolf an diesem Essay schrieb und mit Hermlins Gedichten umging, sie seiner Frau vorlas und sie darüber sprachen, dachte Christa Wolf im Tagebuch über die Schwierigkeiten beim Schreiben ihrer Erzählung nach, die später nach einem Vorschlag ihres Mannes *Der geteilte Himmel* hieß. In diesen Tagebucheintrag fand auch Hermlins Gedicht Eingang. Christa Wolf notierte die beiden ersten Zeilen des Gedichts und fügte hinzu: *Damals war St. H. so alt, wie wir heute sind.* (WA 1, S. 297) Zu den Motti, die sie ihrer Erzählung voranzustellen erwog, gehörten auch die bei Majakowski entlehnten Zeilen aus Hermlins Gedicht „Ich weiß noch, / wie im Strom das Boot der Liebe sank ...“. In Passagen am Ende des fünfzehnten und am Beginn des sechzehnten Kapitels im *Geteilten Himmel* nimmt sie auf dieses Bild bezug. Fortan wird – bis in ihr letztes großes Werk, *Die Stadt der Engel* (2010) – die Zeile „Die Zeit der Wunder ist vorbei“ aus Hermlins Gedicht sie begleiten. In ihrem Nachruf auf den verlässlichen Freund und furchtlosen Kollegen spricht Christa

Wolf 1997 davon, dass *[s]eine Geschichten, seine Sicht auf Menschen, auf die Welt, auf die Geschichte […] ihren Anteil [haben] an meiner eigenen Weltsicht, vieles, was wir gemeinsam erlebt haben, ist mir unvergeßlich. Er gehörte zu der Generation von Sozialisten, die uns Jüngeren einen Blick zurück ermöglichten, den kein Geschichtsbuch geben kann.* (WA 12, S. 574) Immer wieder fand sie *Trost und Stärkung […] in einigen seiner Gedichte* (WA 12, S. 575), und auch hier zitierte sie wiederum *Die Zeit der Wunder ist vorbei.* Diese Zeile wird Christa und Gerhard Wolf lebenslang begleiten als Symbol für die eigene Ernüchterung, die wachsende Desillusionierung ihrer Hoffnung auf einen Sozialismus mit menschlichem Angesicht.

1963

# 1962–1976 | Kleinmachnow

## *Der geteilte Himmel* – ein „sozialistischer Bestseller"

Je länger Christa Wolf an ihrem zweiten Buch arbeitete, umso komplexer wurde ihr Anspruch. Sie wollte zeigen, dass die junge Generation zwar ganz in der sozialistischen Gesellschaft integriert lebte, aber zugleich auch unter der Spaltung des Landes litt. Die Handlungszeit verschob sich, und durch den Bau der Mauer, die das Land unwiderruflich teilte, hatte Christa Wolf endlich auch die *Überidee* (WA 1, S. 296) gefunden, nämlich das Motiv der Entscheidung für zwei verschiedene Lebensmöglichkeiten in den beiden deutschen Staaten. Noch immer fiel es ihr schwer, vom bloßen Berichten zum Erzählen zu gelangen. Im Spätsommer 1962 schließlich reichte sie das Manuskript beim Mitteldeutschen Verlag ein, im November erschien ein Vorabdruck in *forum,* in Verbindung mit einem Gespräch mit der Autorin, in dem sie unter anderem die Entstehungsgeschichte und die Konzeption der Hauptfigur Rita erläuterte. Die Erzählung erfuhr eine überwältigende Resonanz. Im Mai 1963 erschien die Buchausgabe im Mitteldeutschen Verlag, die Erstauflage von achttausend Exemplaren war sofort vergriffen, im Herbst ging bereits die dritte Auflage in Druck und 1964 brachte der Berliner Verlag Kultur und Fortschritt eine weitere Ausgabe mit einer Auflage von siebenundzwanzigtausend Exemplaren heraus. Christa Wolf erhielt auf Vorschlag der Sektion Literatur der Akademie der Künste im April 1963 den Heinrich-Mann-Preis, und im Herbst kam bereits die Verfilmung durch Konrad Wolf ins Kino. Die Erzählung, in zahlreiche Sprachen übersetzt und schon bald ein „sozialistischer Bestseller" (Angela Drescher), löste eine kulturpolitische Debatte aus. Das Buch wurde angegriffen wegen „ideologischer Fehler" – die Autorin habe die deutsche Teilung falsch dargestellt, nämlich zu stark als subjektiv tragisch und zu wenig als

Mit Konrad Wolf, 1963

politisch gerechtfertigt, die SED werde durch untypische Genossen repräsentiert, die Figuren mit kleinbürgerlichem Hintergrund wirkten positiver als die fortschrittlichen – und in einer Rezension in der Hallenser SED-Zeitung *Freiheit* vom 31. August 1963 hieß es kurz und bündig, die Erzählung zeige „eine typisch verquere, dekadente Lebensauffassung". Andere Leserinnen und Leser hingegen waren begeistert von der differenzierten Sicht auf die Menschen jenseits ideologisierten Schwarz-Weiß-Denkens, und die Mitglieder von Christa Wolfs Brigade im Waggonbau Ammendorf bestätigten die Darstellung der Geschehnisse im Betrieb als realitätsgerecht. In der aufgewühlten Stimmung dieser Debatte gab es auch durchaus persönliche Angriffe gegen Christa Wolf. Argumente für und gegen das Buch wurden öffentlich ausgetauscht und schließlich in einer Dokumentation zusammengefasst. Fortan wird sich bei jedem Buch Christa Wolfs diese kontroverse Diskussion und Rezeption wiederholen, und je deutlicher sie ihre Schreibweise der subjektiven Authentizität profilierte, umso grundsätzlicher fielen die Konflikte mit der Partei aus, den „alten Genossen", der Macht im Staate.

## Wieder ein Umzug

Dass Wolfs nach knapp drei Jahren in der Saale-Stadt erneut umzogen, und zwar nach Kleinmachnow, zwischen Berlin und Potsdam gelegen, hatte mehrere Gründe. Die Kinder waren oft krank, und die Großeltern, die das Schriftstellerheim in Petzow am Schwielowsee betrieben, zu weit weg, um sie regelmäßig betreuen zu können. Die Angriffe in der Hallenser Bezirkspresse, die sich nach der Veröffentlichung von *Der geteilte Himmel* gegen Christa Wolf richteten, machten ihr sehr zu schaffen. Obwohl ihre Brigade beim Waggonbau Ammendorf und die Zuschriften vieler Leserinnen und Leser ihr den Rücken stärkten, trafen die Vorwürfe, die politisch-ideologisch gemeint waren, sie persönlich. Diese Empfindsamkeit Christas gegenüber als persönlichem Angriff wahrgenommener Kritik führte auch in den folgenden Kontroversen immer wieder dazu, dass sie sich gekränkt und verletzt fühlte. Weil ihr die innere Distanzierung so schwer fiel, mündeten solche politischen Konflikte, sei es um ihre Bücher, sei es um ihre öffentlich vertretenen Positionen, oft in seelische und körperliche Erkrankungen. Als Autorin nutzte sie andererseits Krankheit als Metapher und machte so Körper und Psyche ihrer Protagonistinnen zum Austragungsort existenzieller Konflikte. Christa Wolfs persönlicher Umgang mit Konflikten fiel auch anderen auf, und ein paar Jahre später, mitten in den Auseinandersetzungen um *Nachdenken über Christa T.*, schrieb Anna Seghers an die jüngere Freundin: „Ich habe Dir x-Mal mündlich gesagt, was ich jetzt schriftlich wiederhole: Ich kann und kann nicht verstehen, warum Du, was man über Deine Arbeit sagt, immer so schrecklich wichtig nimmst. Das heißt, wichtig ist nicht das richtige Wort. Es ist schon gut, in der richtigen Art auf andere zu hören. Du aber, sei mir nicht bös, läßt es Dir ins Herz gehen. Meistens ist es aber für den Kopf gedacht, was man sagt." (BW Seghers, S. 26) Christa Wolf nahm solche freundschaftlichen Ratschläge, die, wie bei Seghers, auf eigenen Erfahrungen beruhten, auf und vergaß sie nicht, aber es fiel ihr schwer, diese Distanzierung aufzubringen. Mit den Jahren entwickelte sie aus dieser vermeintlichen Schwäche eine ihrer größten Stärken: sensibel, offen und empathisch setzte sie sich der Realität aus und gewann gerade daraus als Autorin die Authentizität und Autonomie, die ihre Leserinnen und Leser an ihr schätzten und liebten.

Ein weiterer Grund, Halle zu verlassen und in die Nähe der in Potsdam-Babelsberg ansässigen DEFA (Deutsche Film AG) zu ziehen, war die Aussicht, verstärkt für den Film arbeiten zu können. Zwar war der Versuch, gemeinsam mit Konrad Wolf die *Moskauer Novelle* zu verfilmen, gescheitert, aber die Arbeit an diesem Projekt und auch die Zusammenarbeit mit dem Regisseur war für Gerhard und Christa Wolf bereichernd und spannend gewesen – und sie wurde gut bezahlt. Die Grundfinanzierung der Familie Wolf in Halle bestand aus dem Fixum von 600 oder 800 Mark, das Gerhard als Außenlektor des Mitteldeutschen Verlags erhielt, hinzu kamen dann Honorare für weitere einzelne Projekte, Lektorate, Herausgaben, Kritiken und Bücher. Aufgrund seines Status als Fachmann für Lyrik, von seinen Autoren wie von Verlagsseite wertgeschätzt, konnte Gerhard Wolf auch von Kleinmachnow aus zu denselben Bedingungen weiterhin für den Mitteldeutschen Verlag arbeiten. Die Idee, gemeinsam an Filmprojekten zu arbeiten, zeigt, dass für Wolfs der Plan einer gemeinsamen Autorentätigkeit, wie ihn auch andere Paare der älteren (Kurt und Jeanne Stern) oder der jüngeren (Inge und Heiner Müller) Generation in den Sechzigerjahren pflegten, naheliegend war und ihrem Beziehungskonzept entsprach, in dem Leben und Arbeiten zusammengedacht waren.

Während der Jahre in Halle war die Mauer, die Ost- und Westdeutschland trennte, für Wolfs im Alltag kaum präsent, in Kleinmachnow hingegen waren die Grenzbefestigungen deutlich sichtbar. Die Kleinstadt war durch den Mauerbau komplett vom Berliner Westen abgeschnitten und vom Südosten aus von Teltow und Stahnsdorf nur über zwei Brücken über den Teltow-Kanal zu erreichen. Kleinmachnow lag also recht abgeschieden – allerdings hörte man die Flugzeuge auf ihrem Weg nach Westberlin, und es gab viel mehr Westsender als in Halle. Im September 1962, kurz nach dem Umzug, fühlte Christa Wolf sich noch fremd in der neuen Wohnung in der Förster-Funke-Allee, die sie gegen die Wohnung im Amselweg getauscht hatten, und überdachte im Tagebuch noch einmal die Entscheidung zum Umzug. Annette war jetzt zehn Jahre alt, Tinka sechs, und ihre Mutter fragte sich: *Ist es selbstsüchtig, daß wir beinahe fluchtartig aus Halle weggezogen sind, die Kinder aus ihren gewohnten Umgebungen herausgerissen haben?* (Tag, S. 42) Allerdings hatte der Hausarzt ihnen nahegelegt, aus dem Chemie- und Nebelgebiet wegzuziehen, damit die Bronchitis der Kinder nicht chronisch würde. Ihr selbst hatten die Angriffe in der Hallenser Parteizeitung *Freiheit* stark zugesetzt. Sie erfuhr von *negativen Charakteristiken*, die in Parteikreisen über sie im Umlauf waren, und *spürte körperlich, wie man unter gewissen Umständen gegen Verleumdungen wehrlos ist und wie einer, gerät er erstmal in diesen unterwürfigen, sich selbst genügenden Apparat, ganz leicht zermahlen werden kann. Und dann der Schlag, daß unser Film, „Moskauer Novelle", von sowjetischen Stellen abgelehnt wurde; daß Konrad Wolf auch nicht mehr auf eine Besserung der Lage warten konnte und sich einem neuen Stoff zuwandte, daß unsere ganze Arbeit also umsonst gewesen war. Das waren schlimme Tage, ich konnte nicht arbeiten, und wir fingen an, uns nach einem anderen Wohnsitz umzusehen …"* (Tag, S. 43) Auf der einen Seite haderte sie mit ihrer überstarken Sensibilität, auf der anderen Seite nahm sie die Beeinträchtigung ihrer Arbeit ernst und zog, unterstützt von ihrem Mann, die Konsequenzen daraus.

Während der Jahre in Kleinmachnow vergrößerte sich das Netz aus Freundschaften, in denen sich private und Arbeitsbeziehungen in besonderer Weise mischten. Oft waren es Beziehungen, die Christa und Gerhard Wolf als Paar oder als Familie zu anderen Paaren und Familien knüpften, eher selten auch persönliche Kontakte, die sie einzeln intensiver pflegten, die aber stets auch den oder die andere einschlossen. Ihren Freundeskreis erweiterten nun Walter Janka, der nach seiner Haft als Dramaturg bei der DEFA arbeitete und Wolfs bei Filmprojekten beriet; Eduard Claudius, der Schriftsteller und welterfahrene Diplomat, dessen tschechische Frau Slavka eine Studienkollegin von Gerhard Wolf war; Fred und Maxie Wander, die sie schon Mitte der Fünfzigerjahre im Schriftstellerheim in Petzow kennengelernt hatten, und die nun Nachbarn waren; Frieder und Änne Schlotterbeck, die eine wichtige Rolle für die politische Entwicklung der Wolfs spielten, ebenso wie Jeanne und Kurt Stern, enge Freunde auch von Anna Seghers seit der Emigration.

Seit Kriegsende war Christa Wolf neunmal umgezogen. Sie wünschte sich, dass sie mit ihrer Familie lange genug in Kleinmachnow, in Nachbarschaft mit den neugewonnenen Freunden leben könnte, damit wieder so etwas wie ein Heimatgefühl entstünde.

## Frieder und Änne Schlotterbeck

Familie Wolf bezog den ersten Stock des Hauses in der Förster-Funke-Allee. Im Erdgeschoss wohnte eine junge Ingenieurin, die abends auch mal nach den Mädchen schaute, wenn die Eltern unterwegs waren, wie zum Beispiel bei Versammlungen des Schriftstellerverbands, zu dessen Regionalgruppe Potsdam sie nun gehörten. Dort lernten sie Frieder und Änne Schlotterbeck kennen, die Wolfs gleich zu sich ins benachbarte Groß Glienicke einluden, um sie „einzuweihen". Das war der Beginn einer lebenslangen Freundschaft. Vor allem die rückhaltlosen Gespräche mit Schlotterbecks waren es, die Christa und Gerhard Wolfs kritische Haltung gegenüber der Partei und der Entwicklung in der DDR und somit ihre politische Desillusionierung beförderten. Die Offenheit dieser Gespräche, die zumeist bei einem guten Essen – bei Schlotterbecks und bei Wolfs waren hauptsächlich die Männer die Köche, und Frieders schwäbische Kartoffelsuppe gehörte bald auch zu Gerhards Repertoire – und in entspannter Atmosphäre stattfanden, war nichts Selbstverständliches für Wolfs. Louis und Lotte Fürnberg hatten ihnen von der Verfolgung durch die Nazis, den schwierigen Jahren des Exils und von den antisemitischen Repressionen und Schauprozessen im Kontext der Slánský-Prozesse erzählt. Und auch Kurt und Jeanne Stern waren gute Freunde, die den eine Generation Jüngeren vieles über die kommunistische Bewegung erzählten, was in keinem Geschichtsbuch stand. Aber die ernüchternden Erfahrungen von Frieder und Änne Schlotterbeck reichten bis in die jüngste DDR-Vergangenheit, und die stalinistischen Repressionen, deren Opfer sie geworden waren, hatten beide ebenso verletzt wie die Verfolgung durch die Nazis. Bei ihrem ersten Besuch in Groß Glienicke im September 1962 erfuhren Wolfs die Familiengeschichte der Schlotterbecks, sie lernten die Tochter Wilfriede und den Enkel Aram kennen. Sie hörten, dass Frieder und Änne in den frühen Fünfzigerjahren in

DDR-Gefängnissen inhaftiert waren wegen ihrer Kontakte zu Noel Field. Field hatte während des Krieges das amerikanische Flüchtlingshilfswerk USC in der Schweiz geleitet, das vielen Antifaschisten die Flucht nach Übersee ermöglichte und so ihr Leben rettete. In den Schauprozessen gegen Westemigranten in Prag, Budapest und Berlin spielte Field als angeblicher US-Agent eine Rolle und wurde in Ungarn zu Gefängnishaft verurteilt.

Nach ihrer Entlassung hatte man Schlotterbecks zwar rehabilitiert, aber in ihre neuen Parteibücher trug man das (falsche) neue Eintrittsdatum ein, und seitdem kämpfte Frieder Schlotterbeck darum, sein altes Parteibuch aus den Zwanzigerjahren wiederzubekommen. Frieder Schlotterbeck (1909–1979) stammte aus einer Reutlinger Kommunistenfamilie und war während der Nazi-Zeit zehn Jahre lang im Zuchthaus und in Konzentrationslagern interniert, ehe ihm 1944 die Flucht in die Schweiz gelang, wo er Änne wiedertraf. Anna Wiedmann (1902–1972), Frieders Jugendfreundin, war noch von Clara Zetkin in die sozialistische Jugendorganisation aufgenommen worden. Sie hatte in erster Ehe den KPD-Politiker Robert Leibbrand und später den Schweizer Arzt Hans von Fischer geheiratet. In Moskau hatte sie für die Komintern gearbeitet, in der Schweiz für die Flüchtlingshilfe des Roten Kreuzes, wo sie auf Noel Field traf, was ihr später in der DDR zum Verhängnis wurde. Nach dem Krieg erfuhr Frieder, dass seine gesamte Familie – Mutter, Vater, Bruder, Schwester und Braut – von den Nazis ermordet worden war. Wilfriede, die Tochter seiner Schwester, wuchs nun bei ihm und Änne auf. 1948 übersiedelten sie nach Ostdeutschland, wo sie 1951 heirateten und 1953 zu drei Jahren Haft verurteilt wurden.

Schlotterbecks waren ein schreibendes Paar. Sie verfassten unter anderem Hörspiele und Theaterstücke – ihr Schauspiel *S.M.S. Prinzregent Luitpold* wurde mit dem Fontane-Preis ausgezeichnet. Frieder Schlotterbeck veröffentlichte mit *Im Rosengarten von Sanssouci* (1968) eine kritische Darstellung der preußischen Geschichte beim Mitteldeutschen Verlag, und 1969 brachte Gerhard Wolf als Lektor Schlotterbecks Bericht *Je dunkler die Nacht, desto heller die Sterne. Erinnerungen eines deutschen Arbeiters 1933-1945*, der erstmals 1945 erschienen war, in einer Neuausgabe beim MDV heraus. Hingegen erschien Änne Schlotterbecks Bericht über ihre Haftzeit in der DDR, den sie 1968 niedergeschrieben hatte, erst 1990. Darin reflektiert sie ihre „ehemalige Gläubigkeit als eine persönliche Fehlleistung", weil in ihrem Schatten „die großen Verbrechen begangen" wurden und werden. (Hoffnung, S. 261) Christa und Gerhard Wolf wussten von diesem Bericht. Erstaunlicherweise steht aber in den Erinnerungen an Schlotterbecks zumeist Frieder im Vordergrund, nie Änne, die doch ein nicht weniger gefahrvolles Leben als ihr Mann mit demselben Mut bestanden hatte und über ihre Erfahrungen genauso offen sprach wie er. *Frieder hat sich nie zum Lehrer aufgeworfen. Aber bei ihm lernten wir, was wir auf keine andere Weise hätten lernen können: zuhörend, grinsend, zähneknirschend, kopfschüttelnd, nachfragend, diskutierend, protestierend, widersprechend, lachend* (Nacht, S. 408), erinnerte sich Christa Wolf. *Undogmatischer als er war keiner. Es müssen hunderte von Stunden gewesen sein, in denen wir mit den Schlotterbecks Gründe, Erscheinungsformen und Folgen sektiererischen Denkens durchgegangen sind. Gegen sechs Uhr abends gab es dann oft ein Glas Sekt, und inzwischen war auf dem Herd in der Küche ein Gericht von Frieder angesetzt worden und fertig geköchelt, das man später, während man ununterbrochen weiterredete, verspeiste.* (Nacht, S. 409) Wiederholt kam Christa Wolf auf Frieder Schlotterbeck zu sprechen, sie hielt ihm die Grabrede und erinnerte in ihrer Schiller-Preis-Rede an ihn, der wie Schiller aus dem Schwäbischen stammte.

## Bewegte Zeiten

Erfahrungen, die zu politischer Desillusionierung führten, blieben weiterhin präsent im Leben der Wolfs. Während Christa immer wieder die Bereitschaft und Hoffnung aufbrachte, durch das offene Äußern auch kritischer Positionen bei grundsätzlicher Loyalität im politischen Kontext, durch das Mitgestalten kulturpolitischer Entwicklungen und durch ihre öffentlichen und zunehmend auch brieflichen Kontakte mit ihren Leserinnen und Lesern eine aufgeschlossenere Diskussionskultur mitzuschaffen, stärkte Gerhard ihr zwar bedingungslos den Rücken, traf für sich aber die Entscheidung, sich nicht in gleicher Weise öffentlich zu positionieren. Je konflikthafter sie beide die gesellschaftliche Entwicklung erlebten, umso wichtiger wurde diese beziehungsinterne „Arbeitsteilung“ mit familiärem Rückzugsraum.

Während eines Aufenthalts von Gerhard und Christa Wolf im Januar 1963 in Prag – sie nahmen dort an einer Schriftstellertagung teil – erreichte Christa Wolf ein Anruf des Leiters der Kulturkommission beim Politbüro, Alfred Kurella. Er wollte sie dafür gewinnen, sich beim bevorstehenden Parteitag als Kandidatin des Zentralkomitees der SED aufstellen zu lassen. Christa Wolf besprach dieses Angebot mit ihrem Mann und mit Konrad Wolf, der sie darin bestärkte, es anzunehmen und den damit verbundenen Einfluss zu nutzen. Beim VI. Parteitag dann wurde Christa Wolf zur Kandidatin des ZK gewählt. Das bedeutete, ins Zentralkomitee der SED aufrücken zu können. Mit dem Kandidatenstatus verbunden war die Teilnahme an den Plenumssitzungen, vor denen Christa Wolf jeweils die dort zu diskutierenden Papiere erhielt und so in einer privilegierten Position war, was parteiinterne Informationen betraf. Die vorgesehene Entschädigung von einigen hundert Mark lehnte sie ebenso ab wie die obligatorische Pistole. Hingegen nutzte sie für sich und ihre Familie den Zugang zum Regierungskrankenhaus in Berlin und zu Ferienheimen des ZK. Während der Krise nach dem 11. Plenum Ende 1965 – aufgrund ihrer kritischen Rede dort endete ihre Kandidatenschaft – war ein Arzt im Regierungskrankenhaus ihr Psychiater.

Nach dem Parteitag im Februar 1963 verbrachte Christa Wolf eine Woche im Krankenhaus in Kleinmachnow und im Frühsommer einen Monat im Mahlower Krankenhaus. Im Februar war ihre Freundin Christa Tabbert-Gebauer, fünfunddreißig Jahre alt, an Krebs gestorben und hinterließ ihren Mann Gustav und drei kleine Töchter. Dieser zu frühe Tod einer sensiblen, begabten und sich an ihren eigenen Lebensansprüchen abarbeitenden jungen Frau hat Christa Wolf schwer getroffen und sie zum bilanzierenden Befragen ihres eigenen Lebens veranlasst – eine sehr persönliche Geschichte, die erzählerisch zu gestalten sie wenige Jahre später den Mut fand.

Im April 1963 erhielt Christa Wolf für ihren vieldiskutierten Roman, der inzwischen – nach den Vorabdrucken – auch als

Buch vorlag, den Heinrich-Mann-Preis der Akademie der Künste. Das Faktum, dass ihr Buch zugleich ausgezeichnet und angegriffen wurde, bezeichnete Hans Bunge in seiner Besprechung von Wolfs Roman, den er mit Uwe Johnsons *Mutmaßungen über Jakob* verglich, als „politischen Drehpunkt". Hans Bunge (1919-1990), von 1956 bis 1962 erster Leiter des Brecht-Archivs, war damals Mitarbeiter der Akademie der Künste. Christa Wolf hatte in diesem Jahr 1963 außerdem eine Reihe von Lesungen in verschiedenen Städten der DDR sowie im Rundfunk zu absolvieren, darunter auch im Waggonbau Ammendorf und in der Parteihochschule in Kleinmachnow. Im Juli machten Wolfs mit den Töchtern Urlaub in einem ZK-Heim in Oberhof in Thüringen, und im Oktober reisten Christa Wolf und die jüngere Kollegin Brigitte Reimann nach Moskau. Während dieser Reise begann Christas Freundschaft mit Brigitte Reimann, die bis zu deren Tod zehn Jahre später für beide Frauen eine wichtige Rolle spielte.

Dieses Nebeneinander von konflikthaften und erfreulichen Erlebnissen zu verarbeiten, die sich an den Roman *Der geteilte Himmel* knüpften, mit dessen Erscheinen Christa Wolf sich nun endgültig als freie Autorin etablierte, war anstrengend. Die gemeinsame Einschätzung von Christa und Gerhard Wolf ging inzwischen dahin, dass hier eine politische Entwicklung im Gange war, in die Christa mit ihrem Buch hineingeraten war. Die Angriffe gegen sie waren Bestandteil dieser Vorgänge. Es ging um die Ablösung der alten Kommunisten-Generation durch eine neue. Einige der alten Genossen, die auf wichtigen Positionen saßen, vermochten weder, ihre eigene ideologische Borniertheit zu erkennen, noch sich von ihren Posten zu lösen und abzutreten. Die Stagnation, die durch diese politische Blockade und die verhinderte Einbeziehung jüngerer Genossen aus der ersten in der DDR aufgewachsenen Generation verursacht wurde, sollte sich als unglaublich zäh erweisen. Während ihrer Zeit als ZK-Kandidatin nahm Christa Wolf an vielen Sitzungen teil. Sie erhielt dort, im Innern der „Zitadelle", Einblicke in das Zentrum der Macht, sie lernte zu verstehen, wie der Parteiapparat funktionierte, und ihr innerer Konflikt verschärfte sich. In ihren öffentlichen Reden aus der ersten Hälfte der Sechzigerjahre lassen sich die Spuren dieses Konfliktes und erste Ansätze ihrer Lösungsstrategie verfolgen. Hinzu kommt, dass das Interesse für und die Kenntnis von westdeutscher Literatur, die seit der Studienzeit und während der Rundfunkarbeit Gerhard Wolfs für beide eine Rolle spielten, ihren Blick erweiterte und sie befähigte, Vergleiche anzustellen zwischen den Spielräumen und den literaturfähigen Sujets west- und ostdeutscher Autoren, die übrigens zugunsten der DDR ausfielen. Im März 1964 reisten Wolfs nach Frankfurt am Main, wo sie den Auschwitz-Prozess besuchten, am Ostermarsch teilnahmen, sich im Kino Ingmar Bergmans *Schweigen* und im Theater Rolf Hochhuths *Stellvertreter* ansahen. Im Club Voltaire las Christa Wolf aus *Der geteilte Himmel* und diskutierte mit dem jungen Publikum, in dem einige ihrer Verwunderung Ausdruck gaben, dass ein in ihren Augen so DDR-kritischer Roman dort erscheinen konnte – was auch darauf schließen ließ, wie gering und vorurteilsbehaftet ihr Kenntnisstand über die DDR tatsächlich war. Die Eindrücke und vor allem die Gespräche mit jungen Leuten während dieses Aufenthalts beschäftigten Christa Wolf nachhaltig. Wiederholt kam sie auf einige ihrer Erlebnisse und Beobachtungen dort zurück. Die moralische Überlegenheit der DDR-Gesellschaft, die, so sah sie es, jedem Menschen ermöglichte, das Beste aus sich herauszuholen, stand für sie außer Frage. Aber die Kulturpolitik begrenzte die Freiräume der Künstler, indem sie sie auf das im ideologischen Sinne Typische festlegte, und sie so hinderte, der *Wahrheit der Kunst* (WA 4, S. 48) zu folgen. Denn darin sah Christa Wolf die (moralische) Verantwortung der Kulturschaffenden, eben nicht nur das Typische, sondern gerade auch das von der ideologisch abgeleiteten Norm Abweichende zu gestalten. Nur so könnten sie der Realität und damit der Wahrheit gerecht werden. Christa Wolf war nach eigenem Selbstverständnis eine Autorin, die ihre Vorstellung realitätsgerechter Darstellung mit einer loyalen Haltung zur Partei verbinden wollte. Das war nicht möglich. Für den daraus resultierenden Konflikt entwickelte sie eine Lösungsstrategie, die darin bestand, *die Wahrheit* als *zum humanistischen Wesen der Kunst* (WA 4, S. 48) gehörig zu erklären, somit zum integralen Bestandteil der sozialistischen Gesellschaft. Das in der moralischen Verantwortung des Individuums liegende künstlerische Credo, das Christa Wolf schon früh formulierte, bestimmte übrigens in gleicher Weise die schriftstellerische Arbeit ihres Mannes. Durch seine weiterreichenden literarischen Kenntnisse brachte Gerhard Wolf immer wieder Impulse, die diese Orientierung bestätigten und vertieften, ins gemeinsame Gespräch ein, wie den Hinweis auf Hermlins Gedicht *Die Zeit der Wunder* oder auf Bobrowskis *Boehlendorff*. Die darin formulierte Frage, wie die Welt für ein moralisches Wesen beschaffen sein müsse und was der Einzelne zu dieser Welt beitragen könne, gewann immer größere Bedeutung für beide Wolfs, je stärker sie die Konflikte empfanden, in die politische Engstirnigkeit sie brachte. Im Sommer 1964 verbrachten sie, aus Prag kommend, ihren Urlaub in Ungarn, wo sie sich mit dem Freund und Kollegen Franz Fühmann (1922-1984) trafen. Fühmann war wie Gerhard und Christa Wolf geprägt durch seine Kindheit und Jugend in Hitler-Deutschland. Nur wenige Jahre älter als sie, war er Wehrmachtssoldat geworden, geriet nach Kriegsende in sowjetische Kriegsgefangenschaft und in eine sogenannte Antifa-Schule. Als er die Sowjetunion 1949 verließ, war aus dem Nationalsozialisten ein gläubiger Sozialist geworden, den das Thema Wandlung – seine beiden anderen „Lebensworte" waren Wahrheit und Würde – in seinen literarischen Texten lebenslang beschäftigte. In der DDR – er lebte mit seiner Familie am Strausberger Platz in Berlin und verbrachte die Sommer in Märkisch Buchholz – war er lange Jahre Mitglied der NDPD, für die er kulturpolitisch tätig war, ehe er sich Ende der Fünfzigerjahre für eine Existenz als freier Autor entschied. Neben Lyrik, Nachdichtungen aus dem Tschechischen und Ungarischen und Literatur für Kinder und Jugendliche schrieb er erzählerische und essayistische Prosa, die Berührungspunkte mit Themen und Texten beider Wolfs aufwies, die (autobiografische) Auseinandersetzung mit der eigenen Erinnerung und Verstrickung in den Nationalsozialismus auf der einen Seite (*Das Judenauto*, *Zweiundzwanzig Tage oder die Hälfte des Lebens*), die subjektive essayistische Annäherung an Leben, Werk und Zeit ihm wichtiger Dichter wie Georg Trakl oder E.T.A. Hoffmann auf der anderen Seite. Fühmann war darüber hinaus ein Mentor junger Autoren, ermutigte und unterstützte sie, so zum Beispiel Wolfgang Hilbig, Gert Neumann oder Uwe Kolbe.

Die Zusammenarbeit zwischen Christa und Gerhard Wolf und dem Regisseur Konrad Wolf war so anregend, dass sie, nachdem die Verfilmung der *Moskauer Novelle* gescheitert war, das nächste gemeinsame Projekt angingen, die Verfilmung des *Geteilten Himmel.* Am Drehbuch waren außerdem der Dramaturg Willi Brückner und der Konrad-Wolf-Schüler Kurt Barthel beteiligt. Christa Wolf vermittelte den Kontakt zum Waggonwerk Ammendorf, wo gedreht wurde. Bei den Dreharbeiten in Halle waren Wolfs dabei, wenn es ihre Zeit erlaubte. Sie alle arbeiteten auf einer Wellenlänge, verfolgten dasselbe künstlerische Konzept, nämlich eine realitätsgerechte Sicht auf die Verhältnisse, und nutzten eine moderne Bildsprache, vielschichtig und mit Rückblenden. Die Hauptrollen spielten Eberhard Esche und Renate Blume. Während Christa Wolfs Buch von Anfang an kontrovers diskutiert wurde, stieß der Film auf eine ausschließlich positive Resonanz – wohl auch, weil Konrad Wolf der Regisseur war – und gehört heute zu den unumstrittenen DEFA-Klassikern. Im Juli 1964 fuhren alle an der Verfilmung Beteiligten im Rahmen der DDR-Delegation zu den Filmfestspielen nach Karlový Vary, um den Film zu zeigen und durchaus in der Hoffnung auf eine Auszeichnung – die aber ausblieb. Die Mehrschichtigkeit des filmischen Erzählens stieß auf Vorbehalte, wurde als zu komplex und verwirrend wahrgenommen. Die gesamte deutsche Delegation, Filmleute und Kulturpolitiker, saß an einem Abend in einem Waldgasthaus abseits von Karlovy Vary zusammen, und die Männer stellten fest, dass sie fast alle zum Jahrgang 1925 gehörten – sie waren Soldaten gewesen, Nazis, Mitläufer, während ihrer Kriegsgefangenschaft teilweise in Antifa-Schulen, und nun waren einige von ihnen aufgestiegen in wichtige SED-Positionen. Es wurde getrunken und gesungen, darunter „Schwarzbraun ist die Haselnuss" und andere Lieder, die auch in der Wehrmacht verbreitet waren. Konrad Wolf saß dabei und konnte sein wachsendes Entsetzen kaum verbergen. Er, der als Sohn jüdisch-kommunistischer Eltern in der sowjetischen Emigration aufgewachsen und als junger Rotarmist nach Berlin gekommen war, begegnete hier Deutschen seiner Generation und sah, dass sie ihre Nazi-Vergangenheit kaum verarbeitet hatten. Verstört und wütend brachen Konrad Wolf, Gerhard und Christa Wolf gemeinsam vorzeitig auf. Anfang September

1964 hatte die Verfilmung dann Premiere in Berlin und in Halle, und einige Wochen später reisten Wolfs gemeinsam mit Konrad Wolf in die Bundesrepublik, wo der Film ebenfalls gezeigt wurde. Sie diskutierten in München mit Alexander Kluge, Ulrich Schamoni, Enno Patalas und Peter Hamm und besuchten in Frankfurt am Main Lore Wolf, eine Freundin von Seghers seit den Dreißigerjahren.

Möglicherweise wäre der Weg der Autorin Christa Wolf anders verlaufen, wenn die weiteren mit Konrad Wolf entwickelten und mit Gerhard Wolf gemeinsam bearbeiteten Filmprojekte reüssiert hätten. Sie gingen mit klaren Vorstellungen für die spezifische Filmsprache an die Arbeit. Ihr Bild von modernem filmischem Erzählen orientierte sich an Filmen des italienischen Neorealismus wie an Federico Fellinis *8 1/2* und des zeitgenössischen französischen Autorenfilms. Regisseure wie Vittorio de Sica stellten in den Nachkriegsjahren das Kino in einen gesellschaftlichen Kontext. Sie boten mit ihrem moralisch-politischen Engagement für die sozial Benachteiligten, für die einfachen Leute, deren Alltagsleben sie wirklichkeitsgetreu zeigen wollten, einen Gegenentwurf zum ideologisierten Kino der faschistischen Ära. Mit dieser Haltung prägten die Filme des italienischen Neorealismus das europäische Autorenkino. De Sica, dessen Film *Das Wunder von Mailand* (1951) Christa und Gerhard Wolf sehr schätzten, arbeitete bei diesem und auch weiteren Filmen mit dem Autor Cesare Zavattini zusammen, dessen Prosa die Stoffgrundlage bot. Ebenfalls prägend für das Verständnis der Wolfs vom modernen Film, entwickelt in der Zusammenarbeit zwischen Regisseur und Autor, waren die Filme von Alain Resnais, *Hiroshima, mon amour* (1959, Drehbuch: Marguerite Duras) und *Letztes Jahr in Marienbad* (1961, Drehbuch: Alain Robbe-Grillet). Mit Konrad Wolf hatten sie den idealen Partner für diese Idee der gemeinsamen Filmarbeit gefunden.

Das nächste Projekt, das sie nach der Fertigstellung des *Geteilten Himmel* angingen, war *Ein Mann kehrt heim*. Im Mittelpunkt stand ein Spätheimkehrer aus der Sowjetunion, der mit fremdem Blick der DDR-Realität begegnet. Die Grundidee – das Prinzip der Verfremdung – nahmen Wolfs später wieder auf in ihrer Filmerzählung *Till Eulenspiegel*. Ausgangspunkt für die Figur des Sowjetremigranten war der Nachbar der Wolfs in Karlshorst. Er war ein

Deutscher, der mit seiner russischen Frau in die DDR gekommen war und dem es schwerfiel, heimisch zu werden. Auch Konrad Wolf und andere, die als Kinder deutscher Emigranten in der Sowjetunion aufgewachsen waren, teilten diese Erfahrung. Wolfs ging es darum, diese Figur immer wieder an Grenzen stoßen zu lassen, auch an die Landesgrenzen, und aus diesen Irritationen eine Frage- und Reflexionshaltung, eine kritische Verwunderung zu entwickeln, die aufdeckte, was ihrem eigenen Verständnis von einer sozialistischen Gesellschaft zuwiderlief. Sie hatten bereits mögliche Drehorte erkundet und Rechercheriesen unternommen, denn der Film sollte seiner Figur an verschiedene Orte in der DDR folgen. Ohne den XX. Parteitag wäre eine solche filmische Konzeption undenkbar gewesen, und nun scheiterte das Projekt im Umfeld des 11. Plenums Ende 1965 – vermutlich reichte bereits die Beschreibung des Sujets für die Ablehnung. Massiver Einspruch kam vor allem von Hans Rodenberg, ebenfalls Sowjetremigrant, in den Fünfzigerjahren Direktor des DEFA-Studios für Dokumentarfilme, Professor an der Potsdamer Filmhochschule und ZK-Mitglied. Auch ein weiteres Filmprojekt für die DEFA, das Wolfs diesmal mit dem Konrad-Wolf-Schüler Kurt Barthel und dem Dramaturgen Klaus Wischnewski entwickelten, geriet in die Mühlen des 11. Plenums. Der Film *Fräulein Schmetterling* erzählt die Geschichte der siebzehnjährigen elternlosen Helene, die Arbeit sucht, um für sich und die jüngere Schwester sorgen zu können. Die von der staatlichen Fürsorge zugewiesenen Arbeitsstellen gibt sie jedoch schnell wieder auf. Erzählt wird auf drei Ebenen: Einmal handelt es sich um die Alltagsrealität der beiden Mädchen, sodann um eine fiktive Wunsch- und Märchenwelt und außerdem um eine mit Dokumentaraufnahmen durchsetzte Berliner Szenerie. Der Wolfsche Film ist als Komödie angelegt, es wird heiter-ironisch erzählt. Helene hat schauspielerisches Talent und eine künstlerische Begabung, ist insofern eine „außergewöhnliche" Person inmitten von Durchschnittsmenschen, die eher misstrauisch auf sie reagieren. Dokumentaraufnahmen vom Wiederaufbau des Berliner Stadtzentrums sind einmontiert, und die Konfrontation von Ruinen und Aufbau ist eine durchgängige Metapher im Film. *Fräulein Schmetterling* stellt die Frage nach dem Umgang der Gesellschaft mit Nichtangepassten – in gewisser Weise wird hier das Christa-T.-Motiv vorweggenommen. Der Film kam bis zum Rohschnitt. Der Filmwissenschaftler Ralf Schenk hat ihn inzwischen im Auftrag der DEFA-Stiftung anhand des überlieferten Materials rekonstruiert. Der geforderte Abbruch der Arbeit kam jedenfalls einem Verbot gleich. Die im Film geäußerte Gesellschaftskritik wirkt heute unverbindlich.

Das berüchtigte 11. Plenum des ZK der SED im Dezember 1965 mit seinen verheerenden Folgen für viele Kunstschaffende zeitigte eine Flut von Repressionen und Verboten. Aber die Erfahrung dieses „Kahlschlags“ trug auch dazu bei, dass Christa Wolf sich als Prosaautorin zu neuen Ufern aufmachte und sich von den engen Vorgaben des sozialistischen Realismus immer weiter entfernte. Den Wendepunkt zum modernen Erzählen schuf sie mit *Juninachmittag*, und mit *Nachdenken über Christa T.* und dem Essay *Lesen und Schreiben* schrieb sie sich frei. Das Scheitern der gemeinsamen Filmprojekte aufgrund des politischen Klimas führte zunächst dazu, dass Christa und Gerhard Wolf sich wieder stärker auf jeweils eigene (Schreib-)Projekte konzentrierten, jeweils mit dem oder der anderen als wichtigstem Gesprächspartner. Aber das Medium Film ließ sie nicht los. Gerhard Wolf war als Dramaturg beteiligt an Konrad Wolfs Filmen *Ich war neunzehn* und *Der nackte Mann auf dem Sportplatz*. Als 1968 die DEFA Anna Seghers' großen Epochenroman *Die Toten bleiben jung* verfilmte, war Christa Wolf, der Seghers vertraute, neben erfahrenen Filmleuten wie dem Regisseur Hans-Joachim Kunert und dem Dramaturgen Walter Janka, am Drehbuch beteiligt. Nach SED-Einschätzung berücksichtigten allerdings sowohl Buch als Film zu wenig die führende Rolle von Kommunisten im Widerstand gegen die Nazis. Allerdings war dieser Stoff wegen der Vielzahl von Figuren und Milieus in der Epoche von 1918 bis 1945 auch schwierig zu verfilmen.

## Das Jahr 1965

1965 traf sich Christa Wolf mehrmals mit Anna Seghers zu Gesprächen – darunter auch ein Interview für den Deutschlandsender –, und der Plan einer Seghers-Biografie, den sie ursprünglich verfolgte, verwandelte sich unter der Hand in ein anderes Projekt, in die Herausgabe einer Sammlung von Seghers-Essays. Im Mai nahm Christa Wolf am Internationalen Schriftstellertreffen in Weimar und Berlin teil und wurde in den P.E.N. der DDR aufgenommen. Als Mitglied der DDR-Delegation, darunter Stephan Hermlin und Jeanne und Kurt Stern, fuhr Christa Wolf zum P.E.N.-Kongress nach Bled in Jugoslawien. Den Familienurlaub im Sommer verbrachten Wolfs gemeinsam mit Franci Faktorová und deren Sohn Jan auf Hiddensee.

Im Frühjahr 1963 hatte auf Schloss Liblice in der Nähe von Prag aus Anlass des achtzigsten Geburtstags von Franz Kafka, dessen Werk in den sozialistischen Ländern nicht überall gedruckt vorlag, jene legendäre Konferenz stattgefunden, die sich, ausgehend von Kafka, mit dem Phänomen der Entfremdung beschäftigte und wichtige Impulse für den Prager Frühling 1968 setzte. Aus der DDR waren unter anderen Anna Seghers, Werner Mittenzwei und Klaus Hermsdorf gekommen. Die Konferenz hatte Eduard Goldstücker (1913–2000) organisiert, den Gerhard Wolf bei seinem ersten Prag-Aufenthalt kennengelernt hatte. 1965 organisierte Goldstücker, jetzt Professor für deutsche Literatur an der Prager Universität, nun eine weitere Tagung auf Schloss Liblice, die der deutschsprachigen Prager Literatur des zwanzigsten Jahrhunderts gewidmet war. Auf Einladung Goldstückers sprach Gerhard Wolf dort über Louis Fürnberg. Fürnberg sah er – neben Egon Erwin Kisch, F. C. Weiskopf, Ernst Weiss und Rudolf Fuchs – als einen Autor der Generation nach Kafka, Rilke, Werfel und Brod, dessen Werk gerade auch in der Auseinandersetzung mit Rilke interessante Facetten aufweist.

Die Kontinuität ihrer Prager Verbindungen, vor allem durch die Freundin Franci Faktorová, aber auch durch Eduard Goldstücker, brachte Wolfs die politischen Entwicklungen dort näher. Sie teilten die Hoffnungen auf einen demokratischen Sozialismus, und sie waren demoralisiert durch die militärische Niederschlagung des Prager Frühlings. Franci Faktorová ging danach für einige Monate nach England und hatte nach ihrer Rückkehr unter verschiedenen auch beruflichen Einschränkungen zu leiden. Goldstücker emigrierte erneut nach Großbritannien und kehrte erst 1991 nach Prag zurück.

## Ein ausgezeichneter Lektor

Gerhard Wolf hat seine Arbeit als Lektor und Herausgeber für den Mitteldeutschen Verlag in Halle von Kleinmachnow aus fortgesetzt, und deren Schwerpunkt lag weiterhin auf der Betreuung und Förderung von Lyrik, wenngleich er auch immer wieder mit Prosaautoren arbeitete. Während dieser Zeit war sein Einkommen neben Christas Buchhonoraren ein solider Grundstock der familiären Finanzen. Er arbeitete außerdem in Weimar mit Lotte Fürnberg mehrere Jahre lang an der Fürnberg-Werkausgabe, die im Aufbau-Verlag erschien. Für die Reihe „Schriftsteller der Gegenwart" des Verlags Volk und Wissen, in der er ein paar Jahre später dann auch sein erstes Buch über Bobrowski veröffentlichte, schrieb Gerhard Wolf die erste monografische Darstellung ost- und westdeutscher Nachkriegslyrik *Deutsche Lyrik nach 1945* (1964). Diese noch deutlich germanistisch geprägte Darstellung basierte in gewisser Weise auch auf der Rundfunkarbeit Gerhard Wolfs, die es ihm ermöglicht hatte, vor allem auch westdeutsche Dichter und Lyrik kennenzulernen. Er zitierte hier sehr viele Gedichte und schuf auf diese Weise überhaupt erst Präsenz für einzelne Gedichte mancher, gerade auch westdeutscher Lyriker, die in der DDR kaum bekannt waren. Enzensbergers zweiten Lyrikband *Landessprache* (1960) beispielsweise stellte er ausführlich vor. Gerhard Wolf erwies sich mit dieser Monografie als gründlicher Kenner der deutschsprachigen Gegenwartslyrik, erläuterte ihre Strömungen und Gestaltungsmittel und gab dem Werk von dreißig Dichterinnen und Dichtern jeweils größeren Raum. Zwar periodisierte er zeittypisch nach den gesellschaftlichen Phasen, wobei er die in Nazi-Deutschland und in der Emigration entstandene antifaschistische Lyrik als Ausgangspunkt nahm, von wo aus er dann zwischen Kriegsende und Gründung der beiden deutschen Staaten eine gesamtdeutsche Phase beschrieb, ehe er dem lyrischen Schaffen, das sich in BRD und DDR unter unterschiedlichen Bedingungen entwickelte, breiteren Raum widmete. Auch standen manche Bewertungen vor allem von Lyrik westdeutscher Provenienz durchaus im Einklang mit damaligen kulturpolitischen Positionen, wie man sie auch in den offiziellen literaturgeschichtlichen Werken findet. Dies war durchaus ein Zuge-

In Kleinmachnow, Mai 1963

ständnis an das Profil der Reihe, die für den Einsatz in Schule und Universität gedacht war. Die Besonderheit dieses Bandes liegt jedoch darin, dass Gerhard Wolf ausgesprochen viele Gedichte komplett oder in langen Auszügen aufnahm, was nicht nur zur Anschaulichkeit seiner Argumentation beitrug, sondern den Leserinnen und Lesern wie in einer Anthologie einen beeindruckenden Lyrikfundus zur Verfügung stellte. Außerdem ging es Wolf ausdrücklich nicht darum, die „großen Dichter" wie Becher, Brecht, Fürnberg oder Weinert erneut zu würdigen, sondern eine Bestandsaufnahme der aktuellen Situation in der DDR vorzunehmen und die in seinen Augen künftigen Protagonisten der Lyrik-Entwicklung wie Mickel, Braun und deren Generationsgenossen in ihren Anfängen kenntlich zu machen. Der hintere Klappentext übrigens verweist in einer Ost-West-Reihe unter anderem auf das Werk folgender Dichter: Georg Maurer, Günter Eich, Peter Huchel, Wilhelm Lehmann, Erich Arendt, Marie Luise Kaschnitz, Stephan Hermlin, Karl Krolow, KuBa, Wolfgang Weyrauch, Johannes Bobrowski, Paul Celan, Hanns Cibulka, Helmut Heißenbüttel, Franz Fühmann, Ingeborg Bachmann, Paul Wiens, Heinz Piontek, Walter Werner, Peter Rühmkorf, Günter Kunert, Hans Magnus Enzensberger, Helmut Preißler, Christoph Meckel. In dieser Reihe sind auch jene Lyriker versammelt, deren weitere literarische Entwicklung Gerhard Wolf in den folgenden Jahren in zahlreichen Essays verfolgte und kommentierte. Die Lyriker, die in dieser Reihe fehlen (in der Monografie aber erwähnt und mit Gedichten vorgestellt sind), sind Karl Mickel, Volker Braun, Rainer und Sarah Kirsch, Bernd Jentzsch und Heinz Czechowski. Das vertiefte Verständnis Gerhard Wolfs für den jeweils individuellen lyrischen Ausdruck und Ton „seiner“ Autoren, die er allesamt persönlich kannte, mit denen er, oft am selben Tisch, gearbeitet, gelacht, gegessen und erzählt hatte, brachte jene von persönlicher Nähe grundierten Essays hervor, die den Leser, die Leserin einladen, auf seiner Gedankenspur sich die Gedichte in ihrer Zeit zu erschließen. Die Zeugnisse der Würdigung seiner Arbeit durch seine Autoren blieben zumeist privat, aber der Prosaautor Werner Bräunig veröffentlichte den Dank an seinen Lektor im Almanach des Mitteldeutschen Verlags für das Jahr 1966. Bräunigs Text entstand vor dem 11. Plenum, das seiner schriftstellerischen Existenz jäh ein Ende setzte. Nach einer launigen Einleitung über die verschiedenen Aspekte der Tätigkeiten eines Lektors, die sowohl darin bestehen können, das Entstehen von Büchern zu fördern, als auch darin, das Erscheinen von Büchern zu verhindern, setzt Bräunig zu einem Lob der Lektoren des Mitteldeutschen Verlags im Allgemeinen und Gerhard Wolfs im Besonderen an. Wolf war sein erster Lektor. Bräunig lernte ihn im Schriftstellerheim am Schwielowsee kennen, gemeinsam mit Christa Wolf, „die nicht etwa mit Konrad Wolf verheiratet ist, wie man manchmal hört, und auch die Tochter von Friedrich Wolf ist sie nicht. Aber sie bäckt ausgezeichnete Käsestangen und Steinbuttfilets, und nebenher machen die

Wolfs Bücher und Filme und Theorie und Kritik und erziehen ihre Kinder und steuern ihr Auto mit wechselndem Erfolg rückwärts in die Garage, und am Rande haben sie noch einer beträchtlichen Anzahl jüngerer Autoren auf die Beine geholfen, Sie ist immer sehr nachdenklich und besorgt um die Leute, er ist mehr ein lustiger Mensch. Da saßen wir also immer so herum und tranken Kaffee. Und dann unterhielten wir uns über die Anna Seghers und über Erzbergbau, über Picasso und Kulturpolitik, über den Dessau und die May, über Kafka und böhmische Küche und Kurella und über Louis Fürnberg und andere, die wir lieben, ferner über Marxismus und Ästhetik und mäßige Gedichte, über Schriftstellerverbands-Vorstandssitzungen und über sozialistische Demokratie, über die Republik Kuba und das Rostocker Theater; daneben schrieben wir uns lange Briefe. Und auf einmal war ein Buch fertig." (Situation, S. 137f.) Diese kleine Skizze gibt einen lebensnahen Einblick in das Leben und Arbeiten im Hause Wolf. Für seine Lektoratstätigkeit für den Mitteldeutschen Verlag wurde Gerhard Wolf 1974 als Aktivist ausgezeichnet.

## Das 11. Plenum und die Folgen

Das 11. Plenum des ZK der SED im Dezember 1965 ging in die DDR-Geschichte ein als „Kahlschlag", als brutales Exempel, das Parteifunktionäre gegenüber Kulturschaffenden aus Film, Musik, Literatur und bildender Kunst statuierten. Das ursprünglich geplante Wirtschaftsplenum wurde zu einer Abrechnung mit Kulturschaffenden und Intellektuellen umfunktioniert, darunter Robert Havemann, Stefan Heym, Wolf Biermann und Werner Bräunig. Spätere Auseinandersetzungen zwischen einzelnen oder Gruppen von Kulturschaffenden mit der Partei, also mit der Macht im Staate, gingen auch auf die damaligen Eingriffe in zahlreiche künstlerische Arbeiten und die daraus resultierenden Repressionen zurück. Die Fronten verhärteten sich immer mehr, der Wind wehte kälter.

Für Christa Wolf wurde dieses 11. Plenum zu einer einschneidenden Erfahrung in mehrfacher Hinsicht. Sie war empört angesichts dogmatisch-bornierter Angriffe gegen beargwöhnte „abweichlerische" und „feindliche" Tendenzen in bestimmten literarischen oder filmkünstlerischen Werken. Und sie war alarmiert, als ein SED-Funktionär den Schriftstellerverband mit dem Petöfi-Club in Ungarn – einer nach parteioffiziellem Verständnis „konterrevolutionären" Gruppe – verglich. In einer mutigen Wortmeldung wies sie diesen Vergleich zurück und argumentierte dafür, in den Kulturschaffenden doch keineswegs Staatsfeinde zu sehen. Sie verteidigte – wie nach ihr auch Anna Seghers – den Kollegen Werner Bräunig gegen die unsinnigen Angriffe, die sich stellvertretend gegen ihn richteten. Konrad Wolf wie auch Jeanne und Kurt Stern, bei denen Christa Wolf in Berlin übernachtete, bestärkten sie darin, zu sagen, was sie zu sagen hatte. Ihr selbst war dabei klar, dass sie sich dezidiert von der offiziellen Linie entfernte und ihrem eigenen Gewissen folgte. So widersprach sie dem Vorwurf, in dem Romanauszug von Werner Bräunig zeige sich eine antisozialistische Haltung. *In diesem Punkt kann ich mich nicht einverstanden erklären. Das kann ich mit meinem Gewissen nicht vereinbaren. Ich glaube es nicht. – Ich weiß, daß es nicht so ist, darum unter anderem spreche ich, weil es unehrlich wäre, wenn ich das verschweigen würde.* (Kahlschlag, S. 341) Sie fuhr fort, dass ihrer Auffassung nach *Kunst nicht möglich ist ohne Wagnis, das heißt, daß die Kunst auch Fragen aufwirft und aufwerfen muß, die neu sind, die der Künstler zu sehen glaubt, auch solche, für die er noch nicht die Lösung sieht [...] daß die Kunst sowieso von Sonderfällen ausgeht und daß Kunst nach wie vor nicht darauf verzichten kann, subjektiv zu sein.* (Kahlschlag, S. 341)

Wie auch später im Konflikt um die Folgen der Ausbürgerung Biermanns zeigte sich hier die Problematik von Christa Wolfs spezifischer Position, als Kandidatin der SED und loyale Genossin einerseits und als Schriftstellerin andererseits, die, wie auch andere kritische Kollegen, immer wieder in Konflikte geriet zwischen engen ideologischen Vorgaben an realistisches Schreiben und dem Vertrauen in die eigene Erfahrung und Wahrnehmung von Innenwelt und Außenwelt. Die fast familiäre Verbundenheit mit manchen führenden alten Genossen ließ sie glauben, mit sachlichen Argumenten, die sie aufrichtig und glaubwürdig vorbrachte, könnte sie tatsächlich etwas bewegen. Dabei unterschätzte sie, dass sie es nicht nur mit Dogmatikern zu tun hatte, sondern auch mit traumatisierten Überlebenden von Verfolgung und Vertreibung, die ihr Misstrauen und ihre Ängste mit rigider Kontrolle und Unterdrückung vermeintlich feindlicher Kräfte im Zaum zu halten versuchten. Am Beispiel der gescheiterten Filmprojekte und des Angriffs der SED-Presse gegen ihr Buch *Der geteilte Himmel* hatte Christa Wolf die Grenzen künstlerischer Freiheit deutlich zu spüren bekommen. Aber dasselbe Buch war auch ausgezeichnet und sie zur Kandidatin des ZK gewählt worden. Jetzt, angesichts ihrer mutigen Rede, die bei den Funktionären auf taube Ohren stieß, überwogen die Eindrücke von Vergeblichkeit. Der Konflikt, den sie riskiert und in dem sie verloren hatte, verursachte eine Herzattacke und löste Depressionen aus. Erst Jahre später verstand Christa Wolf, dass ihre Rede auch ein Befreiungsschlag war. Von der Kandidatenliste des ZK wurde Christa Wolf nach dem 11. Plenum gestrichen. Sie zog sich zurück und reduzierte deutlich ihre Mitarbeit in Gremien und Verbänden.

Wie gravierend dieser Einschnitt in Christa Wolfs damaligem Erleben war, zeigt ein Tagebucheintrag vom Dezember 1965. *Vielleicht ist das Tagebuch in nächster Zeit […] die einzige Kunstform, in der man noch ehrlich bleiben, in der man die sonst überall nötig oder unvermeidlich werdenden Kompromisse vermeiden kann. Das Plenum hat entschieden: Die Realität wird abgeschafft.* (Tag, S. 73) Während sich bei ihr Bitterkeit und Fassungslosigkeit breit machten angesichts der in der Zeitung verfälscht abgedruckten Plenums-Reden, einschließlich ihrer eigenen, kommentierte Gerhard dies lakonisch-nüchtern, er hatte nichts anderes erwartet.

Christa verfiel in eine *sehr lange, tiefe Depression, in einem klinischen Sinne* (WA 12, S. 462). Ihre Erkrankung war auch für die Kinder verstörend, sie erlebten den zeitweiligen Rückzug ihrer Mutter und deren innere Abwesenheit als höchst irritierend und konnten nur schwer damit umgehen, auch wenn der Vater umso präsenter war. Im folgenden Jahr war Christa Wolf mehrere Wochen in einer psychiatrischen Klinik, erholte sich in Thüringen und im Mahlower Waldkrankenhaus und nahm eine ambulante Gesprächstherapie im Regierungskrankenhaus in Berlin auf. Im Dezember 1965 hielt sie im Tagebuch fest: *Die Wände um uns rücken enger zusammen. Doch in der Tiefe, zeigt sich, ist viel Raum.* (Tag, S. 81) Die Tiefe, das ist der Weg nach innen.

Christa Wolfs Emanzipation von der ideologisierten Sicht auf die Welt geschah über das Vertrauen in ihre eigene Wahrnehmung dessen, was Realität ist, und ihre daraus entwickelte subjektive Schreibweise. Ein wichtiger Impuls in diese Richtung war von Johannes Bobrowskis Art, eine Erzählung zu beginnen, und den Gesprächen mit Gerhard darüber ausgegangen. Gerhard Wolfs Kontakte zu Bobrowski, der im September 1965 gestorben war, hatten sich durch die Gutachten, die er zu dessen Prosaveröffentlichungen schrieb, intensiviert. So hatte Christa Gefallen gefunden an Bobrowskis „Mittenhineinspringen" in eine Geschichte und im Sommer 1965 in wenigen Wochen *Juninachmittag* geschrieben. In diesem kleinen Prosatext mischte sie Beobachtungen und Reflexionen und integrierte sie im subjektiven Bewusstseinsstrom, sie brach mit der traditionellen Fabel und gestaltete die Vision eines Gartens als Ort natürlichen Wachstums unter latenter Bedrohung. Den Garten gab es wirklich, er lag ihrem Haus gegenüber auf der anderen Seite der Förster-Funke-Allee. Erst zwei Jahre später, nachdem eine Nachauflage von *Nachdenken über Christa T.* von ihrem bisherigen Verlag, dem Mitteldeutschen Verlag, abgelehnt worden und sie mit dem Aufbau-Verlag im Gespräch war, erschien dort *Juninachmittag* in *Neue Texte. Almanach für deutsche Literatur.*

## *Nachdenken über Christa T.*

Sich anzupassen, sich den Einengungen der künstlerischen Gestaltung zu fügen, die beim 11. Plenum verordnet wurden, kam weder für Christa noch für Gerhard Wolf in Frage. Sie begannen gemeinsam darüber nachzudenken, welche Spielräume und welche Einwirkungsmöglichkeiten sie in ihrer literarischen Arbeit noch besaßen und wie sie diese nutzen könnten. Das Faszinierende an den künstlerischen Lösungen, die sie aus derartigen Konfliktkonstellationen zu entwickeln vermochten, ist die Synchronität einerseits und die klar individuelle Prägung der Stoffe und Schreibweisen andererseits. So fanden sie, ihrem Naturell entsprechend, mehr und mehr zu ihrer jeweils subjektiven Art zu schreiben, indem sie die Selbstbehauptung gegen ideologisch-normative Vorgaben inhaltlich und stilistisch ins Zentrum stellten. Der Widerstand gegen den Zwang zur Anpassung, der Mut, „ich“ zu sagen, der dialogische Austausch und die Sehnsucht nach Selbstverwirklichung prägen in diesem Sinne Christa Wolfs *Nachdenken über Christa T.* ebenso wie Gerhard Wolfs *Beschreibung eines Zimmers*. Beides sind Texte, die sich eindeutigen Genrezuordnungen verweigern, sind subjektive Mischformen, die eben gerade dadurch dem Sujet wie der Persönlichkeit der Schreibenden gerecht zu werden vermögen.

Nach dem Tod ihrer Freundin Christa Tabbert-Gebauer (1927–1963) erhielt Christa Wolf von deren Mann Gustav die nachgelassenen Tagebücher, Briefe und Manuskripte. In Auseinandersetzung mit diesem Material in einer Zeit der Depression und des Rückzugs gelang es Christa Wolf, schreibend ihren eigenen Lebensweg zu bilanzieren und aus der inneren Nähe zum unbedingten Wunsch der Christa T. nach Selbstverwirklichung nicht nur einen Weg aus der aktuellen Krise zu finden, sondern mit gestärktem Selbstvertrauen, als Mensch wie als Autorin, daraus hervorzugehen. Wie nötig sie diese Stärkung brauchte, zeigte die Publikationsgeschichte dieses Buches mit ihren Widrigkeiten und Restriktionen, die sich über Jahre hinzog.

In der ersten Hälfte des Jahres 1966 war Christa Wolf damit beschäftigt, wieder gesund zu werden. Aber schon im Januar begann sie an dem Stoff zu arbeiten, aus dem dann *Nachdenken über Christa T.* werden sollte. Die erste längere Fassung begann sie im April, kam aber nur stockend und langsam voran, oft blockiert durch Selbstzweifel. Im Sommer fuhr die ganze Familie nach Prag und von dort nach Borova in den Beskiden, wo sie sich mit Franci Faktorová und deren Sohn Jan trafen und gemeinsam wanderten. Diszipliniert und gegen ihre Unsicherheiten angehend arbeitete Christa Wolf weiter. Im Oktober war das Manuskript dann doch schon so weit fortgeschritten, dass sie das Ende sah. Wenig später brachen sie und Gerhard zu einer vierwöchigen Reise auf, die sie nach Moskau führte und einen Ausflug in die georgische Stadt Gagra am Schwarzen Meer einschloss. Gagra blieb ihnen ein für allemal als eine südliche Stadt im Gedächtnis, deren weiße Häuser in der Sonne leuchteten. So wie die Verbindungen nach Prag durch persönliche Freundschaften gefestigt wurden, so entwickelten sich auch manche Beziehungen der Wolfs nach Moskau und Leningrad im Laufe der Jahre zu Freundschaften, insbesondere zu Lew Kopelew, Efim Etkind und anderen Schriftstellerkollegen, Germanisten und zu den Übersetzerinnen der Werke Christa Wolfs, wie Shenja Kazewa. In Moskau hatten Wolfs auch immer Kontakt zu Wladimir Steshenski, beim Schriftstellerverband für die Betreuung von Ausländern in der Sowjetunion zuständig und mit Anna Seghers befreundet.

Während Christa Wolf an *Nachdenken über Christa T.* schrieb, überfielen sie immer wieder Zweifel, ob ihr Talent ausreichte, Zweifel, ob sie dem Leben gewachsen sei; sie fühlte sich erschöpft und fremdbestimmt. Aber sie schaffte es, das Manuskript im Januar 1967 abzuschließen. Im Februar reichte sie es beim Mitteldeutschen Verlag ein, und im März hielt sie im Tagebuch ihre Befürchtung fest, dass dieses Buch, so wie sie es geschrieben hatte, nicht veröffentlicht würde. Sie wusste, was sie den Literaturverwaltern und Zensoren da zumutete. Sie wusste, dass sie sich mit diesem Buch freigeschrieben, zu ihrer individuellen Schreibweise gefunden hatte. Sie erzählt die Geschichte der Christa T., deren menschliche Stärke darin liegt, dass sie sich gegen alle Widerstände auf den schwierigen, nie enden wollenden Weg zu sich selbst macht. Eigenschaften wie Phantasie, Sensibilität und Empathie, Mut und Tapferkeit, Widerspruchsgeist und Verweigerung von Anpassung, Zweifel und Unsicherheiten zeichnen sie aus. Den Weg der Christa T. zu sich selbst vollzieht die Erzählerin für sich selbst nach. Nachdenkend stellt die Erzählerin Gewissheiten, auch über sich selbst, in Frage; sie fragt sich, wie sie selbst leben möchte, wie die Gesellschaft beschaffen sein sollte, die dieses Zu-sich-selbst-Kommen fördern und nicht verhindern würde.

Im Juni 1967 lagen die beiden Gutachten vor, die sich wie erwartet gegen die Druckgenehmigung aussprachen. Durch das Buch ziehe sich eine resignative Stimmung und die Hauptfigur sei lebensuntüchtig, hielt Christa Wolf im Tagebuch die Einwände der Gutachter fest. Gemeinsam mit Gerhard überlegte sie, was zu tun sei. Er unterstützte sie darin, nichts zurückzunehmen und keine Zugeständnisse zu machen; er schlug vor, das Manuskript um ein zusätzliches Kapitel zu erweitern. Christa entschied sich dafür, das Schreiben in der dritten Person zu thematisieren – denn *die Übertragung der eigenen Probleme auf eine dritte Person* (WA 2, S. 229), wie sie im Tagebuch schreibt, sei sowohl die Schreibhaltung der Christa T. wie auch ihre eigene. Im Januar 1968 reichte Christa Wolf das um das neunzehnte Kapitel erweiterte Manuskript erneut ein. Nach einigem Hin und Her wurde die Druckgenehmigung schließlich erteilt und die Auslieferung der ersten Auflage für März 1969 vorgesehen. Ende 1968 wurde der Herstellungsprozess allerdings aufgrund von Polemiken einiger Funktionäre gegen das (ungedruckte) Buch unterbrochen, und im Frühjahr 1969 wurde der Verlagsleiter, Heinz Sachs, zu einer öffentlichen Distanzierung von Wolfs Buch genötigt. Im Frühsommer erschien *Nachdenken über Christa T.* dann vertragsmäß im westdeutschen Luchterhand-Verlag, und anlässlich des VI. Schriftstellerkongresses im Mai 1969 musste Christa Wolf heftige Kritik für ihr Buch einstecken, das offiziell noch gar nicht existierte. Den Kongress nutzten Funktionäre, um zu einem Rundumschlag gegen ästhetische („Dekadenz", „Modernismus") und ideologische („Innerlichkeit", Subjektivismus") Abweichungen vom sozialistischen Realismus auszuholen, der neben Wolf auch Reiner Kunze und Sarah Kirsch traf. Auf dem Kongress waren bereits erste Exemplare im Umlauf, danach wurde das Buch offiziell ausgeliefert. Erst die zweite Auflage 1972 (zurückdatiert auf 1968) bei Aufbau von *Nachdenken über Christa T.* leitete dann die Rezeption dieses Buches in der DDR ein, das den Weltruhm der Autorin begründete.

## Über Bobrowski

Gerhard Wolf begegnete Johannes Bobrowski zum ersten Mal persönlich am Abend einer Lyriklesung in der Volksbühne, das war 1957. Erich Arendt, Stephan Hermlin und Peter Huchel trugen dort Gedichte vor. Auch Bobrowski war gekommen, und danach hatten sie ein Stück gemeinsamen Heimweg, Gerhard Wolf nach Karlshorst, Johannes Bobrowski nach Friedrichshagen. Huchel hatte 1955 in *Sinn und Form* die ersten Gedichte Bobrowskis nach dem Krieg aufgenommen (darunter die *Pruzzische Elegie*), erst 1961 erschien mit *Sarmatische Zeit* der erste Lyrikband, dem 1962 *Schattenland Ströme* folgte. Im Herbst 1962 waren Wolfs von Halle an der Saale nach Kleinmachnow umgezogen. Ganz in ihrer Nähe wohnte Hubert Faensen, der Leiter des Union Verlags, wo Bobrowski als Lektor arbeitete und auch seine eigenen Bücher veröffentlichte. So ergab es sich, dass Gerhard Wolf 1963 ein Gutachten zu Bobrowskis erstem Roman *Levins Mühle* schrieb. Ende 1964 bat Bobrowski ihn erneut um ein „nützliches Gutachten" (Wahrheit, S. 225), nun für seinen Erzählungsband *Boehlendorff und Mäusefest*, das er auch erhielt. Johannes Bobrowski selbst, dessen Werk Gerhard Wolf in seiner Monografie 1967 sehr positiv besprach, gehörte zu den ersten Dichtern aus der DDR, die in Ost und West gleichermaßen Anerkennung fanden. Er fuhr zu Treffen der Gruppe 47, besuchte den literarischen Kreis, den der Literatur- und Theaterkritiker Klaus Völker damals im Westberliner Bezirk Kreuzberg führte, und war mit Manfred Bieler „Gründungspräsident" des Neuen Friedrichshagener Dichterkreises. Durch den Mauerbau wurden Bobrowskis Verbindungen zu seinen Westberliner Freunden und Kollegen abgebrochen. Erst an seinem Grab kamen sie alle wieder zusammen.

Zu Lebzeiten Bobrowskis – er starb am 2. September 1965 mit achtundvierzig Jahren – gab es zwei oder drei längere Begegnungen, die Gerhard Wolf in Erinnerung blieben. Aber das Gespräch riss nicht ab. Im August 1975 schrieb er: *Das ist nun zehn Jahre her, daß wir uns zuletzt gesehen und gesprochen haben. Und unser Gespräch hatte doch gerade erst begonnen, als es durch deinen Tod abgebrochen wurde. Und ich konnte mich nur noch in das von dir verlassene Zimmer setzen, um es zu beschreiben.* (Ahornallee, S. 86) Und weiter: *Denn die Frage nach der Beschaffenheit dieser Welt und nach ihrem moralischen Wesen besteht fort, nicht weniger dringlich, und darüber würde man gern mit dir sprechen. Daß du aufgehört hättest, mit uns zu reden, davon kann keine Rede sein.* (Ahornallee, S. 89) Wie mit Louis Fürnberg, Georg Maurer, Erich Arendt, Stephan Hermlin oder Carlfriedrich Claus blieb Gerhard Wolf auch mit Johannes Bobrowski im fortgesetzten Gespräch – seine Dialoge mit den Dichtern führte er mit ihrer Dichtung fort. Die Auseinandersetzung mit Bobrowski entwickelte sich darüber hinaus für Gerhard Wolf zu einem Katalysator hin zu der ihm gemäßen Schreibart. Aber nicht nur für ihn – denn die Impulse, Erfahrungen und Anregungen, die er durch die intensive Beschäftigung mit Bobrowski aufnahm, brachte er in die Gespräche mit seiner Frau ein und entwickelte sie, auch gemeinsam mit ihr, weiter. So wie aus seiner damaligen Arbeit als Lektor an einem Lyrikband von Hermlin dessen Gedichtzeile *Die Zeit der Wunder ist vorbei* zuerst in Christas Erzählung *Der geteilte Himmel* geriet und sie seitdem begleitete, so ähnlich war es auch mit Bobrowski – allerdings mit deutlich weiterreichender Wirkung und über einige Umwege. Denn zuerst schrieb Gerhard eine Monografie über ihn, wieder für die Reihe „Schriftsteller der Gegenwart", und die Reihenbindung brachte es mit sich, dass gerade der akademisch-germanistische Stil, den er als zu eng und zu formelhaft empfand, gefordert war. *Bobrowski. Sein Leben und Werk* erschien 1967, ging 1982 in die vierte Auflage und erschien zeitgleich im Westberliner Verlag das europäische buch. Aber dieses Buch, so empfand es Gerhard Wolf, wurde weder Bobrowski noch ihm selbst gerecht, und so setzte er erneut an und schrieb *Beschreibung eines Zimmers. 15 Kapitel über Johannes Bobrowski*, das nach einigen Schwierigkeiten mit der Zensur schließlich 1971 erscheinen konnte. Dazwischen aber lag der Einmarsch der Warschauer-Pakt-Staaten in Prag im August 1968. *In '68 waren wir mehr verwickelt, als man das weiß und glauben will*, erklärte Gerhard Wolf 1993. *Wir waren mit der Prager Bewegung liiert, wir haben geschrieben für „Literarni noviny", waren befreundet mit Franci Faktorová, mit Goldstücker. Wir haben damals zum ersten Mal unsere ganzen Tagebücher und Manuskripte ausgelagert, wir haben wirklich damit gerechnet, daß was passiert.* (Kunst, S. 258f.) Was „passierte", war schmerzhaft genug. An der militärischen Intervention gegen den Prager Reformsozialismus zeigte sich erneut, dass der restaurative Stalinismus die Oberhand behielt. Unter dem Eindruck dieser brutalen Ernüchterung schrieb Gerhard Wolf *Der arme Hölderlin*, eine Collage aus authentischen Textvorlagen in der Tradition von Büchners *Lenz* und Bobrowskis *Boehlendorff*. Wolf stellte den jungen Hölderlin in eine Gruppe Gleichgesinnter, zu Sinclair, Boehlendorff, Emerich, die in die süddeutschen Erhebungen gegen die französischen Besatzer verstrickt waren. Mit der Französischen Revolution kamen die Ideen von Freiheit, Gleichheit, Brüderlichkeit in die Welt, und wenige Jahre später ließ Napoleon die von eben diesen Freiheitsideen inspirierten Aufstände in den besetzten Gebieten im Verbund mit reaktionären deutschen Kräften vor Ort niederschlagen. Hölderlin und einige seiner Freunde zerbrachen an dieser Misere, ihn trieb sie in den Wahnsinn – tiefste Desillusionierung im historischen Modell.

„Aus deinem Hölderlin-Bild geht mir vieles auf", schrieb Wulf Kirsten im Februar 1973 an Gerhard Wolf. „Es hat meines Wissens bisher noch keiner gezeigt, wie eine ganze Generation zerrieben wurde. Über dem ganzen Hölderlin-Kreis liegt die Geschichte wie ein Mühlrad. Ein Glanzstück auch der Besuch bei Schiller. Ich habe mich gefreut und werde das Leseerlebnis nun mit mir herumtragen. Sei bedankt!" (Poesie, S. 71) Gerhard Wolf nahm hier Perspektiven vorweg, die etwa ein Jahrzehnt später Christa Wolf in *Kein Ort. Nirgends* und in ihrem wunderbaren Essay *Der Schatten eines Traumes* wieder aufgriff, und die literarische Strömung, die man später mit dem ungenauen Begriff „Wiederentdeckung des Romantischen" bezeichnete, zeigte sich ebenfalls schon in *Der arme Hölderlin*.

Beim Aufbau-Verlag stieß der Hölderlin-Text *auf harte, nicht künstlerische Argumente* (Poesie, S. 26), weshalb Gerhard Wolf schließlich zum Union Verlag wechselte, wo der Band dann allerdings erst 1972 veröffentlicht wurde. 1971 war im Union Verlag *Beschreibung eines Zimmers,* sein zweites Buch über Bobrowski, an dem ihm so viel lag, erschienen – und so wurde dadurch auch der Weg für das Hölderlin-Buch bereitet.

Gerhard Wolfs intensive Beschäftigung mit Lyrik und Prosa Bobrowskis und mit deren Grundthema, *uns Landschaft und Menschen Osteuropas nahezubringen, die geschichtliche Schuld gegenüber diesen Völkern zu benennen* (Bobrowski, S. 7), zog sich durch die Sechzigerjahre. Christa Wolf fand den Zugang zu Bobrowski eher über seine Prosa, und während Gerhards Arbeit an den Gutachten zu *Levins Mühle* und *Boehlendorff und Mäusefest* und dann an seinem ersten Buch über Bobrowski, war für Christa vor allem das besondere Realismusverständnis des Kollegen inspirierend, das er in ein Erzählverfahren umsetzte, dessen Modernität in seinem Bekenntnis zum Subjektiven bestand. Am Beispiel einer Passage aus dem Roman *Litauische Claviere* beschrieb Gerhard Wolf dieses Neuartige. Realistische Prosa begnüge sich nicht mit objektiven Fakten wie Landschaften oder Geschichte.

Dichtung entstehe erst, wenn der Autor hinzutrete, *seine subjektive Phantasie das tote Material [belebt], es aus seiner Zeit, aus seinem Raum heraus auf uns zu [bewegt], daß es unmittelbar zu uns spricht,* und wenn an die Stelle von Fabel und Konflikt die *intensive innere Auseinandersetzung* tritt. (Bobrowski, S. 125) Ganz ähnliche Überlegungen wird man auch in *Lesen und Schreiben* finden, dem Essay, in dem Christa Wolf ihre neue Art zu schreiben reflektierte. Er entstand nach den Schreiberfahrungen mit *Juninachmittag* und *Nachdenken über Christa T. Juninachmittag*, im Sommer 1965 in wenigen Wochen geschrieben, setzt gewissermaßen wie mit einem Sprung ein, und man ist mitten in der „Geschichte", die sich einer solchen verweigert. *Eine Geschichte? Etwas Festes, Greifbares, wie ein Topf mit zwei Henkeln, zum Anfassen und zum Daraus-Trinken? – Eine Vision vielleicht, falls Sie verstehen, was ich meine. Obwohl der Garten nie wirklicher war als dieses Jahr.* (WA 3, S. 87) Mit solchen „Sprüngen" eröffnete auch Bobrowski seine Prosatexte.

Die synchrone Entwicklung als ein Resultat des fortwährenden Dialogs dieses Autorenpaares zeigt sich exemplarisch an der Entstehung von *Nachdenken über Christa T.* und *Beschreibung eines Zimmers*, es zeigt sich an der Schreibhaltung – die insistierende Suche nach dem, was bleibt, und der Widerstand gegen das Vergessen – wie an der Schreibweise: Im Zentrum steht jeweils die Beziehung zwischen dem nachdenkenden, nachfolgenden, nachfragenden und nachtrauernden schreibenden Ich und dem Du, der Freundin, dem Dichter, die der Tod zwar aus der Welt der Lebenden reißen konnte, aber nicht aus ihrer Erinnerung.

Nahezu synchron verliefen übrigens auch die schwierigen Publikationsgeschichten beider Bücher: Christa wie Gerhard Wolf mussten sich mit ähnlichen Widerständen auseinandersetzen und ließen sich aus ähnlichen Motiven heraus auf Kompromisse ein, um ihr Buch als Ganzes zu retten. Beide schrieben jeweils ein neues Kapitel, um die Vorbehalte der Gutachter zu entschärfen, was in beiden Fällen schließlich gelang. Allerdings war die Art und Weise, auch die Intensität, mit der Gerhard und Christa solche Konflikte austrugen, unterschiedlich. Während Christa Wolf sich das alles sehr nahe gehen ließ und mit Erkrankungen und Depressionen reagierte, verhielt Gerhard sich sachlicher, bisweilen sogar mit einer Art Galgenhumor dazu.

*Wenn Du willst, daß der Band kommt, wirst Du ohne gewisse – natürlich vertretbare – Detailkompromisse nicht auskommen*, riet er dem Lyriker Heinz Czechowski in einem ähnlichen Konfliktfall und führte die eigene Erfahrung an. *Man muß sich da entscheiden: Will man die Grundsubstanz retten und hat das Sinn oder nicht. Das Bobrowski-Buch war zweimal im Amt abgelehnt. Zuerst mußten alle westdt. Autorennamen raus (Grass, P. Weiss etc.!), dann fehlte generell B.s politisch direkte Äußerung, die eigentlich in das Buch nicht gehörte, ich schrieb ein schwaches Kapitel dazu – übrigens nach langem Zögern (De homine …) eben weil ich das Ganze in seiner Grundtendenz für so wichtig hielt, daß man doch noch genug sagt, was man sagen will … Es war in diesem Falle richtig.* (Poesie, S. 26)

In *Beschreibung eines Zimmers* gestaltet Gerhard Wolf in fünfzehn Kapiteln die Annäherung an den Menschen, den Dichter Johannes Bobrowski über sein nachgelassenes Zimmer, seinen Lebensort – inmitten von Büchern, Bildern und Musik. Die Rahmenkapitel lauten *Eintreten* und *Fortgehn*, die Aktivität bleibt beim Beschreibenden. Die Schwarzweiß-Fotografien von Roger Melis zeigen im Text erwähnte Gegenstände. Der Text ist essayistisch organisiert um das empathische, reflektierende Ich des Betrachters, der, indem er das Zimmer betritt, sogleich in einen Dialog tritt mit dem Menschen, der das Zimmer bewohnt und verlassen hat. Der Raum, in den der Betrachter eintritt, weist neben den drei Dimensionen als vierte Dimensionen die Zeit auf. Bobrowski lebte seit vielen Jahren in diesem Haus in der Ahornallee 26 in Berlin-Friedrichshagen, sein Zimmer wirkt auf den Betrachter als „ein stiller Ort wie lauter Grün". (Zimmer, S. 9) Es fällt ihm schwer, *beim Beschreiben seiner Sachen nicht in seine Diktion zu fallen. Weil man diese Dinge nun mit seinem Blick sieht.* (Zimmer, S. 6) Die östlichen Orte, die mit Bobrowskis Herkunft, Kindheit und Jugend verbunden sind, stehen direkt mit seiner Prosa und seinen Gedichten in Verbindung, und sie sind durch Fotos im Zimmer präsent. Sein Kindheitsfluss ist die Memel, seine Landschaft Ostpreußen, seine Geburtsstadt das litauische Tilsit. Sein Zimmer war der Ort, an den sich Bobrowski seine Welt hereinholte und neu zum Leben erweckte in seinen Texten.

*Welchen Gesetzen folgt die Phantasie?* (Zimmer, S. 29) fragt der nachdenkende Erzähler und stellt sich vor, er könnte Bobrowski fragen, wie er darauf kam, die Geschichte „Ich will fortgehn“ zu schreiben. Er findet Antworten, indem er das Zimmer gewissermaßen liest, die Bücher und Bilder. Sie erzählen von der Faszination Bobrowskis durch den Philosophen Johann Georg Hamann, einen Mann des achtzehnten Jahrhunderts, über den er gerne schreiben wollte – dazu kam es nicht mehr. Fasziniert war er auch von Christian Donelaitis, einem Pfarrer, Komponisten und Dichter ebenfalls aus dem achtzehnten Jahrhundert, von dem in *Litauische Claviere* erzählt wird. Die verschiedenen biografischen und Werkspuren, denen der Erzähler in Bobrowskis Zimmer folgt, lassen ein subjektives Bild des Dichters entstehen.

Der Erzähler spricht von einer *Erinnerungsmanie* (Zimmer, S. 70) bei Bobrowski angesichts seines Themas, der Gewalttätigkeit der Deutschen gegenüber den östlichen Völkern. Sein erstes großes Gedicht *Pruzzische Elegie* beendete er 1952, darin hob er auch einige Vokabeln der Sprache dieses ausgerotteten Volkes auf. Bobrowskis Welt ist christlich fundiert ohne jeglichen Dogmatismus. Das erste Buch, das er als Lektor im Union Verlag betreute, war die Studie *Ikonen. Faszination und Wirklichkeit* des Kirchenhistorikers Konrad Onasch. Der Erzähler nutzt diese Studie, um einige der Ikonen in Bobrowskis Zimmer zu deuten. Das Clavichord hat Bobrowski gerne und oft gespielt, er liebte vor allem die Musik des Barock, liebte Bach und Buxtehude. Seine literarischen Texte sind musikalisch gefügt. In einer Ecke des Zimmers hängen Bilder des Hallenser Malers Albert Ebert, über den Gerhard Wolf sein nächstes Buch schreiben wird – die Inspiration fand er hier. Eberts kleinformatige naive Bilder in kräftigen Farben, eine *Miniatur-Welt* (Zimmer, S. 125), erzählen vom Alltag kleiner Leute und von ihrer Lebensfreude. Die teilte Bobrowski: Er war ein Mensch, der gerne in Gesellschaft war, lachte und trank, mit Familie und Freunden zusammensaß und ein offenes Haus führte. Er liebte das direkte Gespräch, brauchte den Kontakt zu Literatur und zu Dichtern, betreute als Lektor seine Autoren, besuchte Tagungen, hielt Lesungen in Ost und West.

Mit dem abgewandelten Hamann-Zitat „Rede, daß wir dich sehen“ wünscht sich der Erzähler, die Stimme des Dichters zu hören, ein Gespräch mit ihm zu führen, einen lebendigen Gedankenaustausch. Er hört ihm zu, wie er seine Gedichte liest auf einer Plattenaufnahme. Eines seiner letzten Gedichte, das Bobrowski auf ein loses Blatt schrieb – *Das Wort Mensch* –, bringt für den Erzähler *auf ein Wort [...], was man als Mitte seiner Poesie und seines Lebens nennen kann.* (Zimmer, S. 151) Die letzten beiden Zeilen des Gedichts lauten: „Wo Liebe nicht ist,/ sprich das Wort nicht aus." (Zimmer, S. 132) Im letzten Kapitel legt der Erzähler sich Rechenschaft darüber ab, was er zutage gefördert hat in seiner nachdenkenden Beschreibung von Bobrowskis Zimmer. *Sprechen wir von einer Fähigkeit, die überhaupt erst den Künstler macht. Nennen wir sie Leidenschaft: Es einfach nicht lassen können, sich selbst und damit die menschliche Existenz zu befragen. Sie nicht einfach hinnehmen.* (Zimmer, S. 163) Schreiben, um zu sich selbst zu kommen. Dies hat auch der nachdenkende, nachfolgende Erzähler unternommen. Das Zimmer gibt es längst nicht mehr, das Haus ist geräumt, Bobrowskis Bibliothek steht, wie die von Franz Fühmann, heute als Gesamtheit in der Berliner Zentral- und Landesbibliothek.

Gerhard Wolf schrieb auch nach diesem Buch weiterhin über Bobrowski, dessen Imperativ in Prosa und Lyrik folgend, nicht vergesslich zu sein. Bobrowskis *experimentierende, visionäre Prosa* (Dichtergarten, S. 49) wurde zwar inzwischen in viele Sprachen übersetzt, gewürdigt und literaturwissenschaftlich erschlossen, aber er blieb bis heute ein *weithin unentdeckter Dichter* (Dichtergarten, S. 57). Seine *ungewohnten, aus fast vergessenen Traditionen, von Herder und Klopstock her kommenden, keiner Zeitströmung verhafteten freien Verse beflügelten eine nachfolgende Generation von Lyrikern in der DDR, ihre eigene Sprache zu finden; seine bei aller Kunstfertigkeit unmittelbare, mündliche Rede und Geste in ihr episches Recht einsetzende Erzählweise inspirierte andere Autoren; „Bobrowski wirkte in diesem Sinne als Befreier" (Stephan Hermlin).* (Dichtergarten, S. 52)

Unter den begeisterten Briefen, die Gerhard Wolf zu *Beschreibung eines Zimmers* von Freunden erhielt, war auch einer von Lew Kopelew. Er sieht in diesem Buch „ein vortreffliches Beispiel vom Eindringen ‚in Dichters Lande' [...], das zugleich selbst zur Dichtung wird" – „[p]oetisch über Poesie!" (Poesie, S. 66)

## Paargeschichten

Wegen ihrer schweren Depression nach dem 11. Plenum war Christa Wolf bei einem Psychiater im Regierungskrankenhaus in Behandlung, die sich über viele Monate erstreckte. Von Kleinmachnow nach Berlin-Mitte war das jedes Mal eine kleine Reise mit Auto, S-Bahn und Bus, denn man konnte ja nicht einfach durch Westberlin durchfahren. Zu Hause, in der Familie, war Christa zwar anwesend, sprach mit den Kindern, erledigte Dinge und reagierte mechanisch auf äußere Ereignisse. In ihrem Innern hingegen rollte *ein ganz anderes, tief verzweifeltes Leben* (Tag, S. 83) ab, lief immer im Kreis und war nicht zu stoppen. Die Gesprächstherapie verhalf ihr dazu, Wahrnehmungen, Empfindungen und Handeln wieder besser miteinander in Übereinstimmung zu bringen, und sie lernte, ihren Anspruch an sich selbst etwas zurückzunehmen, sich selbst weniger unter Erfolgsdruck zu stellen. In ihre Gespräche mit dem Psychiater brachte sie auch Grundsatzfragen ein, die sie beim Schreiben an *Nachdenken über Christa T.* beschäftigten. Das Verhältnis Individuum – Gesellschaft, das sie darin thematisierte, sei – wie sie ihrem Gesprächspartner erklärte – eines der wichtigsten Themen der Kunst, sie könne doch nicht einfach nur schreiben, ohne daran zu denken, ob das Manuskript gedruckt würde – denn sie schriebe doch nicht für sich allein. Der Arzt wies sie auf das Gespräch zwischen dem Teufel und dem Großinquisitor in Dostojewskis *Die Brüder Karamasow* hin; er fand es interessant, dass Dostojewski nicht über die Feststellung hinauskäme, dass jede Bürokratie die ehemals reine Idee verfälschte. Was das für ihr Schreiben bedeute, fragte sie. Das sei ihr Problem, gab er zurück. Wieder zu Hause, las Christa Wolf die Passage in Dostojewskis Roman, Iwans Poem, auf die der Therapeut sie hingewiesen hatte, und danach, was Seghers in ihrem Dostojewski-Essay *Woher sie kommen, wohin sie gehen* über die Figur des Großinquisitors bei Schiller und bei Dostojewski geschrieben hatte. Seghers thematisiert in diesem Essay ein eigenes Problem am Umgang der Autoren Schiller und Dostojewski mit der Figur des Großinquisitors; sie hätten, schrieb sie, den rebellischen Träumen ihrer Jugend abgeschworen, um zu überleben, und gelernt, der Zensur mit einer subtilen Selbstzensur zuvorzukommen. *Mir wurde klar,* hielt Christa Wolf im Tagebuch fest, *daß dies die Höhe ist, auf der Literatur sich zu bewegen hat, und daß sie für mich unerreichbar bleibt.* (Tag, S. 97) Sie erwägt den Plan, in einem Roman *den Unterschied zwischen unserer und der älteren Generation darzustellen,* und darin auch die *Tragödie derer, die als Kommunisten angefangen haben und im Lauf ihres Lebens verlernt haben oder verlernen mußten, an diese Idee, das heißt, an die Menschen zu glauben.* (Tag, S. 97) Ihr Psychiater erwies sich im Verlauf vieler Sitzungen als kluger, sensibler und kritischer Gesprächspartner. Wenn Christa nach der Stunde ging, fühlte sie sich jedesmal *sehr erleichtert. Die Erleichterung hält heute den ganzen Tag an. Es ist wie ein Zu-sich-selbst-Finden auf höherer Stufe, manches ist klar, was man nur fühlte und nicht formulieren konnte, in manchem ist man zum Widerspruch angereizt, auf alle Fälle also von Resignation weggeführt, hin zu Aktivität, und das will er erreichen: aktiv bleiben, sich immer neu mit Problemen auseinandersetzen …* (Tag, S. 95) Sie realisierte darüber hinaus, dass ihr *Verhältnis zu ihm mit einem bestimmten Affekt belastet ist, eine Art Übertragung, wie sie Freud beobachtet hat, aber auch das war [ihr] recht, sogar wichtig. Er durchbrach die Angst vor der kommenden inneren Öde, die [sie] manchmal fast als unvermeidliches Attribut des Älterwerdens ansehen wollte.* (Tag, S. 96) In der Erzählung *Unter den Linden* hat Christa Wolf einige Aspekte dieser Übertragungsbeziehung erzählend gestaltet. Eine starke intellektuelle Faszination ging von dem Psychiater auf sie aus. Sie war in einer krisenhaften inneren Situation gefangen, in der sie lernen musste, sich ihre Sensibilität, Empfindsamkeit und Empathie zu erhalten, ohne aus Angst vor Verletzungen in einen wohltemperierten, gleichmäßigen Gefühlshaushalt oder gar eine Art Gefühlstaubheit zu verfallen. Dass der Arzt über viele Monate zu einem Vertrauten wurde, der sie während ihrer regelmäßigen Gespräche faszinierte und herausforderte, gestand Christa nicht nur sich selbst, sondern auch Gerhard ein. Diese Aufrichtigkeit gehörte unabdingbar zu ihrem beiderseitigen Verständnis von Liebe, Ehe und Partnerschaft. Ihre Zusammengehörigkeit und ihre weitere gemeinsame Perspektive standen dabei nicht in Frage. In ihrem liebevollen Porträt der Beziehung zwischen Gerhard und ihr, das sie viele Jahre später schrieb, räumte Christa Wolf ein, dass ihre Treue im Laufe der Jahre Anfechtungen ausgesetzt gewesen sei, seine hingegen nicht. Was die Lebensgemeinschaften von Freunden und Kollegen betraf, bewerteten Gerhard und Christa Wolf die Untreue eines Partners, so sie davon erfuhren, unterschiedlich. Dass befreundete Autoren ihre Frauen betrogen, war in Gerhard Wolfs Augen eine Charakterschwäche, die auch die Wertschätzung der Freunde trübte. Besonders stark war dies der Fall bei Erich Arendt, der seine Frau Katja Hajek, die Gefährtin der Exiljahre und enge Mitarbeiterin, wegen einer jüngeren Frau verließ. Gerhard Wolf sah die Problematik dieser Trennung auch aus der Perspektive der Verlassenen, während Christa zur bevorzugten Gesprächspartnerin wurde, wenn Arendt Rat suchte bei Problemen mit seinen jüngeren Freundinnen. Die Lebens- und Liebesbeziehungen ihrer engeren Freunde verfolgten beide mit Anteilnahme und Respekt. Fred und Maxie Wander, die in Kleinmachnow in ihrer Nachbarschaft lebten, waren gute Freunde. Während Fred viel auf Reisen war, blieb Maxie mit den Kindern allein zu Hause, fühlte sich oft einsam und freute sich über freundschaftliche Unterstützung von Christa und Gerhard. Sarah Kirsch und Brigitte Reimann, ebenfalls enge Freundinnen Christas, aber auch mit Gerhard befreundet, hatten zeitlebens Probleme, ihre künstlerische Arbeit mit einer dauerhaften Partnerschaft zu verbinden; unglückliche Lieben und Trennungsschmerz raubten ihnen Energie und Lebensfreude. In Briefen und bei Begegnungen war dies ein häufig angesprochenes Thema. Solche sehr persönlichen Schwierigkeiten, die mit Kränkung, Leid, Trauer und Verlusten, mit Autonomiestrebungen und Abhängigkeiten, mit Machtkämpfen und Einsamkeit einhergingen, wiesen oft, vor allem für die beteiligten Frauen, wenn sie einen künstlerischen Anspruch verfolgten, eine besondere Tragik auf. Christa Wolf ist diesen tragischen Konstellationen in ihren Essays über Karoline von Günderrode, Marieluise Fleißer oder Ingeborg Bachmann – um nur einige zu nennen – gefolgt und hat in den verinnerlichten patriarchalen Zuschreibungen, was einer Frau zustehe, einerseits, und in den Ausgrenzungen bis zur Auslöschung kulturschaffender Frauen durch den patriarchalen Kulturbetrieb andererseits Ursachen dafür benannt. Ihre Auseinandersetzung mit weiblichem Schreiben, etwa in den *Voraussetzungen einer Erzählung: Kassandra*, ist ein roter Faden, der sich in unterschiedlichen Ausprägungen durch ihr gesamtes Werk zieht. Es ist kein

Zufall, dass sie sich von Anfang an für das Schreiben aus weiblicher Perspektive entschied, dass sie weibliche Protagonistinnen wählte und sich an Kolleginnen wie Anna Seghers orientierte und nicht etwa an Autoren wie Brecht. 1983, im Todesjahr von Seghers, bekannte Christa Wolf: *In den Brecht-Sog bin ich nicht geraten, weil ich eine Frau bin (und natürlich auch, weil ich nichts mit Dramatik zu tun hatte). [...] Die Art von Selbstaufgabe, die Brecht Frauen abverlangte, hätte ich niemals leisten können und wollen. – Anna Seghers habe ich verehrt, ich war von ihr als Mensch und Autorin stark fasziniert, studierte ihre Art zu schreiben, fragte sie, soweit sie es zuließ, über ihr Leben aus.* (WA 12, S. 78) Mit Brecht und Seghers sind weitere Liebes-, Lebens- und Arbeitsbeziehungsmodelle aufgerufen, von denen sich das Wolfsche Beziehungsmodell deutlich unterscheidet. Brecht hat Zeit seines Lebens „Produktionsgemeinschaften" mit Frauen und Männern um sich herum organisiert, die ihm in Liebe oder Freundschaft verbunden waren und an dem unter seinem Autor-Namen veröffentlichten Werk mitgearbeitet haben. Darunter waren so begabte Autorinnen wie Elisabeth Hauptmann und Margarete Steffin, deren Anteil bzw. deren (Mit-)Autorschaft aber viele Jahre lang unsichtbar blieb. Noch das Modell, das Inge und Heiner Müller, die derselben Generation wie Christa und Gerhard Wolf angehörten, lebten, folgte dieser Produktionslogik, die mit der Auslöschung der weiblichen Autorschaft und ihrer Einverleibung in die männliche einhergeht.

Gerade am Beispiel Brecht zeigt sich übrigens auch Gerhard Wolfs Sensibilität für diese Art des Umgangs des männlichen Autors mit der weiblichen Dichterin. Über Käthe Reichel, eine Freundin der Wolfs, gelangte die mit Brechts handschriftlichen Anmerkungen versehene Erstausgabe von Ingeborg Bachmanns Lyrikband *Die gestundete Zeit* (1953) auf Gerhards Schreibtisch. Gerhard Wolfs luzider Text über diesen Vorgang verbindet die Betrachtung des radikalen Zusammenstreichens von Bachmanns Gedichten durch Brecht mit den Kommentaren Reichels, die darin den mangelnden Respekt vor der weiblichen Dichterin erkennt. An Christa Wolfs deutlicher Distanzierung von Brechts Umgang mit den Frauen, mit denen er lebte und arbeitete (was sie beide keineswegs abhielt, „Brechts" Gedichte und Stücke zu schätzen), und an Gerhard Wolfs nicht weniger deutlicher Distanzierung von Brechts Ein- und Übergriffen gegenüber Bachmanns Gedichten lässt sich unschwer dieselbe Haltung erkennen, die auf die so grundsätzlich andere Praxis des Paares zurückgeht. Ihnen beiden war es selbstverständlich, einander mit Wertschätzung und liebevollem Respekt auch da zu begegnen, wo sie unterschiedlicher Meinung waren. In ihrer Liebe zueinander war die Gemeinsamkeit weniger Gewohnheit als gesuchte Nähe und ihre Autonomie nicht Bedrohung, sondern Erweiterung und Bereicherung der Beziehung.

In Christas Bekanntschaft und spätere Freundschaft mit Anna Seghers war Gerhard kaum einbezogen. Beide mochten sie Seghers' Ehemann nicht, den Wirtschaftswissenschaftler Laszlo Radvanyi – was nicht nur ihnen so ging. Er galt als „im schlechten Sinne des Wortes [...] parteitreuer Mensch“ (Lukács, S. 151f.), so äußerte sich Seghers' langjähriger Freund Georg Lukács über den Landsmann, der seine Frau ideologisch beeinflusste und kontrollierte. Seghers betrachtete ihren Mann, den sie in jungen Jahren geheiratet hatte, immer auch als ihren Lehrer und räumte ihm zeitlebens einen großen Einfluss sowohl auf ihre politische wie auch auf ihre literarische Entwicklung ein. Die Anmerkungen Radvanyis zu den Texten seiner Frau gehen über Rat und Hilfe oft hinaus und belegen eine Art Vorzensur, die auch der Stasi bekannt war. Seghers kehrte 1947 aus der mexikanischen Emigration nach Berlin zurück, während ihr Mann ihr erst 1952 folgte und seine Mitarbeiterin und Geliebte mitbrachte, deretwegen er gerne in Mexiko geblieben wäre. Lena Jaeck kam mit ihm nach Berlin und blieb bis zu seinem Tod „die andere Frau“, aber es gab wohl keine nähere Beziehung zwischen den beiden Frauen. Diese zweite Lebensbeziehung ihres Mannes blieb zwar im Verborgenen, während das Paar Seghers-Radvanyi weiterhin zusammenlebte und Seghers den Rat ihres Mannes suchte, aber die tiefe Enttäuschung über den Vertrauensbruch ihres Lebensgefährten, die sich mit der Desillusionierung über den DDR-Sozialismus verband, zehrte an Seghers und prägte palimpsestartig auch manche ihrer Erzählungen, allen voran *Die Überfahrt*. Über ihr Innenleben hinter dieser Fassade ihrer Ehe sprach Seghers vielleicht mit ihren alten Freundinnen wie Steffie Spira oder Jeanne Stern, aber nicht mit Christa Wolf. So war das, was Christa Wolf an der verehrten Autorin faszinierte, das, was diese zeigte: ihr abenteuerliches Leben, ihre wunderbare Prosa und ihre distanziert-geheimnisvolle Aura – und erst nach Seghers' Tod erfuhr Christa Wolf mehr.

## Neue Schreibprojekte

Nach dem Rückzugsjahr 1966 nahm Christa Wolf wieder mehr am öffentlichen Leben teil, hielt Lesungen, besuchte Tagungen und Veranstaltungen des Schriftstellerverbands und des P.E.N., und in die Wolfsche Wohnung in der Förster-Funke-Allee kam viel Besuch. Sie begann, wieder neue Schreibpläne zu entwickeln. Im Herbst hatte sie allerdings die Geschichte, die später *Unter den Linden* hieß, nach einem ersten Anlauf wieder aufgegeben. Sie brauchte etwas mehr Abstand zu dem Erlebten, das dieser von der Romantik inspirierten Erzählung zugrunde liegt. Nach dem Bulgarienurlaub wollte sie endlich mit dem Projekt beginnen, das sie in ihren Aufzeichnungen ihr *Buch über 1945* nannte und zu dem sie bereits mehrere Entwürfe geschrieben hatte. Ausgangspunkt ist jene biografische Umbruchsituation, die zwischen der Flucht aus Landsberg und dem Ankommen in Bad Frankenhausen lag. Die später, während der intensiven Arbeitsphase an *Kindheitsmuster* entstandene Erzählung *Blickwechsel* trifft die innere Situation der damals etwa Sechzehnjährigen sehr genau. Was nun, Ende 1967, vor ihr lag, war jedoch zunächst das Schreiben eines weiteren Kapitels zum Manuskript von *Nachdenken über Christa T.*, damit dieses Buch, das ihr so wichtig war, endlich erscheinen konnte. In diesem Akt der Selbstbehauptung, die immer wieder von Selbstzweifeln untergraben wurde, war Gerhards Unterstützung und sein durch nichts zu erschütternder Glauben an ihr Talent eine wesentliche Motivation. Gerhard Wolf schrieb zu der Zeit an seinem Bobrowski-Buch. Bobrowski schätzte das Werk der frühromantischen Dichterin Karoline von Günderrode. Auch Seghers erwähnte Günderrode in verschiedenen Reden und Essays der Exiljahre. Zum ersten Mal formierte sich bei Christa Wolf die Idee, über diese nach ihrem frühen Tod in Vergessenheit geratene Dichterin zu schreiben.

Sarah Kirsch schickte Christa und Gerhard Wolf neue Gedichte. Gerhard fand, Sarah habe die Fähigkeit, ihren seelischen Zustand vollständig auszudrücken, auch oder gerade wenn es um Resignation und Depression gehe. Genauso, resigniert und deprimiert, fühlte sich auch Christa. Im Gespräch über die Gedichte der Freundin gerieten Christa und Gerhard auch ins Nachdenken über sich selbst, über ihr eigenes Schreiben, Wollen und Können. Christa konnte das *Verzweifeln an sich selbst* (Tag, S. 110), das sie auch in manchen von Sarah Kirschs Gedichten wahrnahm, gut nachvollziehen. Gerhard setzte dagegen, man müsse sehr ehrgeizig sein, sich sehr viel vorgenommen haben, um so verzweifelt zu sein. *Ihm gehe es mehr darum, seine Sache zu machen*, resümierte Christa Wolf dieses Gespräch in ihren Tagebuchnotizen. *Daß dabei keine Weltliteratur herauskomme, wisse er eben, wo entstünde heute überhaupt Weltliteratur, und wer entscheide darüber. Aber deshalb sei doch nicht alles andere unsinnig. Und nur dadurch, daß einer bekannt sei, ein bißchen auf dem Tapet stehe, entstünde schon in seinem eigenen Inneren eine Überdramatisierung seiner Konflikte.* (Tag, S. 110) Gerhards Haltung, sich selbst nicht so wichtig zu nehmen und sich nicht ständig mit anderen zu vergleichen, oder, positiv gesprochen, mehr bei sich zu bleiben, konnte Christa nicht teilen. Im Vergleich mit dem ausgeglichenen, souveränen Naturell ihres Mannes empfand sie die schnell wechselnden Höhen und Tiefen in ihrem Empfinden, die Zerrissenheit zwischen Anspruch und Überanstrengung beim Schreiben und den Wunsch nach Bestätigung als persönliche Defizite, die sie, wenn schon nicht überwinden, so doch begreifen können wollte. Von ihrem Psychiater fühlte sie sich in dieser schwierigen Lage verstanden. Sie las psychologische und psychiatrische Bücher, darunter eines über Schizophrenie, dessen Autor ihr Arzt Dagobert Müller war, sie wollte wissen, wie das Gehirn, wie die Seele funktionierte, und sie blieb durch diese Art Lektüre auf sublime Weise in Kontakt mit ihrem Therapeuten.

Eine neue Bekanntschaft entstand in diesen Jahren und entwickelte sich zu einer Freundschaft. 1965 hatte sich die junge Juristin Gerti Tetzner brieflich an die Schriftstellerin Christa Wolf gewandt, sie suchte Rat und Unterstützung in ihrem Wunsch zu schreiben. Christa Wolf antwortete ernsthaft und ausführlich und ermutigte die

Jüngere zum Weiterschreiben. Aber sie machte auch deutlich, dass sie die mitgeschickten Tagebuchauszüge Tetzners *echter und erregender* (Wahrheit, S. 15) fand als die beiliegenden Teile einer Erzählung. Sie ermutigte Tetzner, zu ihrer subjektiven Wahrnehmung und Empfindung zu stehen, darüber zu schreiben, auf den Schreibprozess zu vertrauen und nicht von dem auszugehen, was am Ende herauskommen sollte. Und sie schrieb in ihren Briefen auch von sich, zum Beispiel, dass sie das *Leben als dauernden Prozeß der Desillusionierung* (Wahrheit, S. 15) wahrnehme. Wolfs detaillierte und wohlbegründete Kritik hatte dazu geführt, dass Tetzner ihr Schreibprojekt von Neuem begann. Nun studierte sie am Literaturinstitut in Leipzig und plante, ihr Buch (das Manuskript schickte sie mit), dessen Titel *Karen W.* auf *Nachdenken über Christa T.* anspielt, im Mitteldeutschen Verlag zu veröffentlichen. Im Januar 1969 schrieb Christa Wolf der jüngeren Kollegin: *Ich glaube, daß Menschen nicht von ökonomischen Erträgen leben und daß Kunst nicht dazu da ist, die Ökonomie zu unterstützen. Es ist ein weites Feld, wie der alte Fontane sagt, und ich mache mir große Sorgen.* Und sie wiederholte, was ihr selbst wichtig war: *Bloß Mut haben zu seinen Erfahrungen – aber das leierte ich wohl schon im letzten Brief.* (Wahrheit, S. 33)

Gerti Tetzner, 1936 im thüringischen Wiegleben geboren, wurde zu einer Freundin der Wolfs. Sie hatte Rechtswissenschaften studiert und danach als Notarin gearbeitet, gab den Beruf aber auf, weil sie schreiben wollte. Mit verschiedenen Tätigkeiten verdiente sie ihren Lebensunterhalt und begann ein Studium am Literaturinstitut. Dort wurde sie 1968 exmatrikuliert und stand seitdem unter Überwachung durch das Ministerium für Staatssicherheit. Der Roman, an dem sie seit Mitte der Sechzigerjahre gearbeitet hatte, erschien 1974 unter dem Titel *Karen W.* – zeitgleich mit Brigitte Reimanns *Franziska Linkerhand* und Irmtraud Morgners *Trobadora Beatriz*. Mit Christa Wolfs *Nachdenken über Christa T.* verband diese drei Romane die explizite Thematisierung des weiblichen Anspruchs auf Selbstverwirklichung in einer sich als sozialistisch verstehenden Gesellschaft. Leidenschaftlich, nachdenklich, phantasievoll, humorvoll, kämpferisch, klug und voller Esprit zeigte jede dieser vier Autorinnen auf ihre Art, welches Potenzial in ihren weiblichen Protagonistinnen ebenso wie im Schreiben aus weiblicher Perspektive steckt.

## Die Niederschlagung des Prager Frühlings und die Folgen

In den frühen Sechzigerjahren reagierte eine wachsende kritische Öffentlichkeit auf wirtschaftliche Schwierigkeiten in der ČSSR mit dem Bestreben nach Liberalisierungen innerhalb des Systems. Die Kafka-Konferenz in Liblice im Mai 1963 gab auf ihre Weise Impulse in ähnlicher Richtung. Im Rahmen einer literaturwissenschaftlichen Diskussion über das Werk Franz Kafkas wurde dort auch eine politische Debatte um das Phänomen der Entfremdung geführt. Die tschechischen Delegierten vertraten gemeinsam mit dem Österreicher Ernst Fischer die Position, dass es Entfremdung auch in einem sozialistischen Land geben könne, während die DDR-Delegation darauf nicht einging. Die Diskussion um Entfremdung wurde in der Literaturzeitschrift *Literární noviny* fortgeführt. Das ZK der KPČ reagierte mit Sanktionen gegenüber der Redaktion, zu der damals auch Franci Faktorová, die familiäre Freundin der Wolfs, gehörte. Einige Redakteure wurden aufgrund ihres Protests gegen diese Maßnahme aus der Partei ausgeschlossen. Die Repressionen führten zu einem anwachsenden Protest von Kulturschaffenden, der schließlich im März 1968 in eine Abschaffung der Pressezensur mündete. Mit dem Führungswechsel von Antonín Novotný zu Alexander Dubček als Erstem Sekretär der KPČ im Januar 1968 begann Dubček, unterstützt von Wirtschaftsminister Ota Sik, mit dem Reformkurs, der in der Öffentlichkeit auf positive Resonanz stieß. Das planwirtschaftliche System wurde durch marktwirtschaftliche Freiräume und die Zulassung autonomer Gewerkschaften verändert, nahezu alle Lebensbereiche wurden liberalisiert. Der Sozialismus stand nicht in Frage, aber er sollte ein menschliches Gesicht bekommen und an die besonderen Voraussetzungen im Land angepasst werden. Große Teile der tschechoslowakischen Bevölkerung standen hinter diesem Reformprojekt, und es fand auch kritische Sympathisanten jenseits der Grenzen. In der Sowjetunion und in der DDR-Führung allerdings sah man diese Entwicklung, wie 1956 den Reformkurs in Ungarn, als „Konterrevolution". 1968 versammelten sich mehrfach die Parteichefs der ČSSR, der Sowjetunion, der Volksrepubliken Polen, Ungarn, Bulgarien und der DDR zu den Treffen der sogenannten Warschauer Fünf. Der Druck auf Dubček wuchs, seinen Kurs zurückzunehmen. Das letzte dieser Treffen Anfang August in Bratislava wurde jedenfalls von tschechischer Seite als Signal der Entspannung gedeutet. Während der sowjetische Parteichef Leonid Breschnew eine politische Lösung favorisierte, forderten Walter Ulbricht und der Bulgare Todor Schiwkow eine militärische Lösung. In der Nacht zum 21. August 1968 marschierte eine halbe Million Soldaten der Warschauer-Pakt-Staaten in die ČSSR ein, während die Nationale Volksarmee ihre Divisionen an der Grenze postierte. Denn dass wie unter den Nazis deutsche Truppen in die ČSSR einmarschierten, sollte sich nicht wiederholen. Die tschechische Bevölkerung ließ sich auf Auseinandersetzungen mit den Besatzern ein, die KPČ rief zum Verzicht auf militärischen Widerstand auf. Die Mitglieder der Reformregierung wurden inhaftiert und nach Moskau verschleppt, wo sie kapitulierten. In der Folge verließen an die zehntausend Tschechen ihr Land, vorübergehend oder für viele Jahre. Die meisten emigrierten nach Österreich, andere nach Großbritannien, wie Eduard Goldstücker. Anhänger des Reformkurses wurden aus der Partei ausgeschlossen und hatten Repressionen, darunter Berufsverbot, zu gewärtigen.

Das Prager Experiment, einen demokratischen Sozialismus zu schaffen, fand auch unter Intellektuellen und Kulturschaffenden in der DDR Interesse und Sympathie. Die militärische Niederschlagung dieser Reformbewegung und die in der Folgezeit sich breit machende Resignation und Desillusionierung unter den tschechischen Anhängern der Demokratisierungsbewegung entmutigte auch Sympathisanten in der DDR. Die Achtundsechziger-Generation der DDR, die durch den Prager Frühling und die seiner Niederschlagung folgenden Repressionen in ihrer politischen Haltung geprägt und aktiviert wurde, hat, obwohl sie in der DDR ohne Öffentlichkeit und mediale Präsenz blieb, die gedanklichen Voraussetzungen für die Bürgerbewegungen der späten Achtzigerjahre indirekt mitgeschaffen. Viele von denen, die ihre Sympathie mit dem Prager Frühling bekundet und gegen den Einmarsch protestiert hatten, wurden inhaftiert, waren Repressionen ausgesetzt, wurden in den Westen genötigt oder ausgebürgert wie Thomas Brasch, Frank und Florian Havemann, Jürgen Fuchs und Reiner Kunze.

Annette, die ältere der beiden Wolf-Töchter, beteiligte sich mit Mitschülern an ihrer Schule in Kleinmachnow an einer Wandzeitung gegen den Einmarsch. In Auseinandersetzung mit der Schulleitung setzten die Eltern durch, dass ihre Kinder nicht der Schule verwiesen wurden und ihr Abitur ablegen konnten. Jahre später schrieb Annette Simon, inzwischen Psychotherapeutin und Psychoanalytikerin: „Der politische Orientierungspunkt für uns im Osten war vor allem der Versuch, den Sozialismus in der ČSSR zu demokratisieren. Das Trauma der Achtundsechziger der DDR war die Okkupation dieses Landes im August 1968." (Land, S. 11) Ein Trauma, das seinen Reflex auch in der Literatur fand – von Thomas Braschs *Vor den Vätern sterben die Söhne* (1977) bis zu Uwe Johnsons *Jahrestage*-Bänden (1970-1983).

Für Christa und Gerhard Wolf war das Jahr 1968 mit einem Ausdruck von Seghers „dicht besetzt". Im Januar zogen sie aus der Förster-Funke-Allee in die Fontane-Straße und erhielten in den folgenden Monaten viel Besuch, so von Christas Bruder Horst und seiner Familie, von Schlotterbecks, Jankas, Wanders, Gustav Gebauer, Eduard Claudius, Hermlin, Fühmann, Günter de Bruyn, Wolfgang Ruge und seiner russischen Frau Taja. Sie besuchten die Premiere von Konrad Wolfs Film *Ich war neunzehn*, an dem Gerhard Wolf als Dramaturg mitgearbeitet hatte, nahmen an mehreren DEFA-Vorführungen von *Die Toten bleiben jung* teil, der Verfilmung des Seghers-Romans, an der Christa Wolf beteiligt war, die schließlich im November 1968 Premiere hatte. Die Konflikte um das Erscheinen von *Nachdenken über Christa T.* belasteten Christa Wolf weiterhin sehr. Bei einigen Lesungen aus dem Manuskript war die Resonanz ihrer Zuhörerinnen und Zuhörer positiv, was sie wiederum ermutigte. In Gatersleben führte sie mehrere Gespräche mit dem Agrarwissenschaftler und Genetiker Hans Stubbe, die in den Essay *Ein Besuch* eingingen. Christa und Gerhard Wolf schätzten die Diskussionen dort im Institut für Kulturpflanzenforschung und sie interessierten sich für die wissenschaftlichen Ansätze der Forscher. Im August 1968 schloss Christa Wolf das Manuskript des Bandes *Lesen und Schreiben* sowie ihren grundlegenden Seghers-Essay *Glau-*

Auf dem Wolgaschiff *Gogol*, Internationales Schriftstellertreffen, Juni 1968

*ben an Irdisches* ab. Gerhard Wolf recherchierte für sein Buch über den Hallenser Maler Albert Ebert. Im Juni fuhren sie für zwei Wochen in die Sowjetunion. Sie besuchten Moskau und Leningrad, nahmen an einer Tagung über Maxim Gorki teil und fuhren die Wolga hinunter nach Gorki. Sie trafen sowjetische Autoren, aber auch Günter Weisenborn und zum ersten Mal Max Frisch (1911-1991). Die Schönheit Leningrads, das im Krieg belagert, aber kaum zerstört wurde, berührte sie stark. In Leningrad war ein Enkel von Dostojewski ihr Stadtführer auf den Spuren von *Schuld und Sühne*.

Grete Weiskopf (1905–1966), die sich als Kinderbuchautorin Alex Wedding nannte, hatte ihre Datsche in Prieros bei Königswusterhausen, auf einem Wassergrundstück an der Dahme, überraschenderweise Christa Wolf vermacht. In der Nähe war ein Truppenübungsplatz, deshalb war es manchmal etwas laut. Seitdem verbrachten Wolfs dort vor allem im Sommer die Wochenenden und Urlaube, so auch in diesem Jahr. Dorthin kamen im Mai auch Lotte Fürnberg aus Weimar und im Juni Franci Faktorová aus Prag zu Besuch.

September und Oktober verbrachte Christa Wolf fünf Wochen im Mahlower Waldkrankenhaus. Während dieser Zeit starb ihre Mutter Herta im Potsdamer Krankenhaus und wurde in Kleinmachnow beigesetzt. In *Kindheitsmuster* ist einer ihrer letzten Sätze überliefert, *ehe sich ihr Bewußtsein trübte und nachdem sie die in ihrem Todesjahr – 1968 – sehr aufgeregten Radionachrichten endgültig abgeschaltet hatte: Es gibt Wichtigeres.* (WA 5, S. 294) Anfang Dezember nahmen Wolfs an der Beerdigung des Schriftstellers und Fürnberg-Freundes Arnold Zweig auf dem Dorotheenstädtischen Friedhof teil.

Während ihrer Aufenthalte im Waldkrankenhaus – so auch dieses Mal – gelang Christa Wolf merkwürdigerweise das Tagebuchschreiben nicht, obwohl sie dort reichlich Zeit hatte. Sie hatte dort meist das Gefühl, dass sich nicht nur ihr Körper, sondern auch ihre Seele im Schongang befand. Das war notwendig, um neue Kräfte zu sammeln, um von ihrer Erschöpfung zu genesen. Dieses Mal hatte sie ein schmales Zimmer ganz oben. Sie räumte es um, sodass der runde Tisch vor dem Fenster stand – vielleicht käme sie doch zum Schreiben, dachte sie, aber daraus wurde nichts. Aber sie kam zum Lesen: Döblin, Fontane, Zuckmayer, Frisch, Musil, Régis Debray. Und sie dachte über das Projekt eines Eulenspiegel-Films nach, das sie und Gerhard zusammen angehen wollten. Sie empfand Sehnsucht nach Gerhard. *Uns könnte nichts mehr antasten, nicht einmal eine Leidenschaft, die mir passierte. Und passieren sollte, aber nicht wird.* (Tag, S. 112) Noch immer bedrängte und bedrückte sie die schier endlose Geschichte mit *Nachdenken über Christa T.* – gerade hatte sie Anna Seghers die Druckfahnen geschickt, als der stellvertretende Kulturminister Klaus Höpcke im Staatsrat das Buch angriff. Voller Sorge, Seghers nicht in diesen Konflikt hineinzuziehen, bat Christa Wolf sie, die Fahnen ungelesen zurückzuschicken. Aber Anna Seghers wollte nun erst recht wissen, worum es ging. Sie schrieb Christa zum wiederholten Male, *sie könne nie und nie verstehen, warum [ihr] etwas so ins Herz gehe, was man über [ihre] Sachen sagt. Es sei doch nur für den Kopf bestimmt.* (Tag, S. 112) Eben das so zu sehen, fiel Christa so schwer, und das machte sie krank.

Die ärztliche Anamnese im Waldkrankenhaus ergab nichts Neues: zu hohen Blutdruck, zu wenig Schlaf. Vom im Wald gelegenen Krankenhaus aus unternahm Christa Wolf Spaziergänge nach Mahlow, Blankenfelde, Dahlewitz. Obwohl sie nur wenige Kilometer von Kleinmachnow entfernt war, lebte sie doch ein wenig wie in einer anderen Welt, in der die Zeit langsamer verging, sie frei von Pflichten und Anforderungen war. Gleichzeitig mit ihr war diesmal der Philosoph Wolfgang Heise dort. Gemeinsam unternahmen sie *philosophisch-politische Abendspaziergänge* (Tag, S. 119). Sie sprachen über Prag und über vieles andere ganz offen, denn hier im Kiefernwald und auf den Rieselfeldern hörte niemand mit. Der Hochschullehrer Wolfgang Heise (1925–1987) war seit 1968 Professor für Geschichte der Ästhetik an der Berliner Humboldt-Universität. Jahre später erinnerte sich Christa Wolf an die besondere Dramaturgie ihrer Gespräche: *Zuerst trugen wir beide Material zusammen, Wolfgang Heise aus den Bereichen Ideologie und Universitäten, ich aus der Sphäre der Kultur. Wir erzählten uns Vorfälle, Geschichten, Anekdoten, die wir für bezeichnend hielten, über die wir manchmal grimmig lachen konnten, redeten über Leute, die wir unter ‚vernünftig' oder unter ‚verbohrt', ‚unvernünftig', ‚dogmatisch' einordneten. Die Phase, in der wir einzelne Leute für die Zustände verantwortlich machten, die uns auf Herz und Magen geschlagen waren, hatten wir allerdings hinter uns. Es ging um tiefere, grundsätzlichere Einsichten, die natürlich schmerzlicher waren.* (WA 12, S. 561) Heise, der Aufklärer, der Hölderlin liebte und die bildende Kunst und eine Leidenschaft für das Theater hatte, sagte, sie müssten sich klar darüber sein, *daß dieser Staat wie jeder Staat sei: ein Herrschaftsinstrument, und seine Ideologie wie alle Ideologie: falsches Bewußtsein. Wir blieben stehen, ich weiß, daß ich fragte: Was sollen wir tun? daß wir lange schwiegen und daß er schließlich sagte: anständig sein.* (Tag, S. 561f.) Ein paar Jahre später schrieb Wolfgang Heise das Nachwort zur Filmerzählung *Till Eulenspiegel* von Christa und Gerhard Wolf, worin die Figur des Till, versetzt in die Zeit nach den Bauernkriegen, das Prinzip der Ideologiekritik verkörpert. Auf einem der Spaziergänge in der Mahlower Gegend erzählte Heise Christa Wolf über die restaurativen Verhältnisse in Deutschland nach dem Wiener Kongress, nach den Karlsbader Beschlüssen, eine Zeit, in der die Kunst nicht umhin kam, Melancholie und Verzweiflung auszudrücken, und sei es über eine verlorene Liebe wie der Dichter Wilhelm Müller in seinem von Franz

Schubert vertonten Zyklus *Winterreise* – „Fremd bin ich eingezogen, fremd zieh ich wieder aus“. Später schenkte Heise Christa eine Aufnahme der *Winterreise,* die sie als eine Art Trost in einer restaurativen Zeit und als Hinweis auf die Möglichkeiten von Kunst verstand, ihr Potenzial dennoch zu bewahren. *Er hatte mir das Richtige geschenkt* (WA 12, S. 563), schrieb sie Jahre später. Auch wenn sie einander nicht oft persönlich trafen, blieb dennoch das Gefühl eines Einverständnisses, wie bestimmte politische Ereignisse zu bewerten seien, und deshalb gehörte auch Wolfgang Heise für sie und Gerhard *zu jenem Netzwerk von Freundschaften, das in keinem Geschichtsbuch erwähnt werden wird, das sich aber über das ganze Land erstreckte und uns leben half.* (WA 12, S. 565)

## Freundschaft mit Brigitte Reimann

Zu ihrem Netzwerk von Freundschaften gehörte für Christa Wolf auch Brigitte Reimann (1933–1973), die nur wenige Jahre jüngere Kollegin, die leidenschaftlich, intensiv und von Unruhe getrieben lebte und schrieb und mit neununddreißig Jahren an Krebs starb. Zehn Jahre nach dem Tod von Christa Tabbert-Gebauer verlor Christa Wolf auch diese Freundin, und wenige Jahre später auch Maxie Wander, die ebenfalls an Krebs starb. Sarah Kirsch, eine weitere enge Freundin, verließ die DDR nach der Biermann-Ausbürgerung, und die danach einsetzende Entfremdung zwischen Kirsch und den Wolfs zerstörte auch diese Freundschaft.

Brigitte Reimann war von ganz anderem Naturell als Christa Wolf. Begabt, ehrgeizig, temperamentvoll und wechselnden Stimmungen unterworfen, lebte sie ein in Höhen und Tiefen bewegtes Leben, das sich in ihren Tagebüchern wie auch auf andere Weise in ihrer Prosa spiegelt. Bereits mit zweiundzwanzig Jahren entschied sie sich für das Schreiben als Beruf und Existenzform. Im Frühjahr 1958 lernte sie im Schriftstellerheim in Petzow den Autor Siegfried Pitschmann kennen. Während ihrer Partnerschaft entstanden neben jeweils eigenen Prosatexten auch zwei gemeinsame Hörspiele (*Ein Mann steht vor der Tür, Sieben Scheffel Salz*), die ausgezeichnet wurden und breite

Resonanz erfuhren. Aber Reimann erlebte trotz ihrer Erfolge auch immer wieder Angriffe wegen ihrer Bücher, sie reagierte darauf mit Nervenzusammenbrüchen und Suizidversuchen. Ihre Tagebücher enthalten wiederholt kritische Reflektionen über die Reglementierungen von Autoren durch SED-Funktionäre und Kulturpolitiker, sie störte sich an deren Dogmatismus und Borniertheit. Es bedrückte sie, dass sie selbst immer wieder zu Konzessionen gegenüber der Zensur bereit war um der Veröffentlichung ihrer Arbeiten willen.

Anfang 1960 zogen Brigitte Reimann und ihr Mann (der als Maschinist bereits im Kombinat Schwarze Pumpe gearbeitet hatte) nach Hoyerswerda. Aufmerksam und engagiert nahm Reimann am Leben dort teil, aus dem sie den Stoff für die Erzählung *Ankunft im Alltag* (1961) und ihren großen Roman *Franziska Linkerhand* (1974) gewann. Die Metapher von der „Baustelle“ als Ort gesellschaftlicher Produktivität für die junge Generation zentrierte das Geschehen in der Erzählung um drei Abiturienten, die in einer Brigade in der Schwarzen Pumpe arbeiten. In Reimanns Tagebüchern finden sich in der Zeit um den Mauerbau – 1960 hatte ihr Bruder mit seiner Familie die DDR verlassen – und während der durch die atomare Hochrüstung angespannten Weltlage in ihrer verzweifelten Direktheit anrührende Einträge. Die Kehrseite ihrer Empathie und Sensibilität war eine große Verletzbarkeit. Dies wiederum verband sie mit Christa. Brigittes Privatleben gestaltete sich enorm kräftezehrend – komplizierte Liebesbeziehungen, schwierige Ehen, eine Frühgeburt und mehrere Schwangerschaftsabbrüche, Depressionen, Suizidversuche, Suchterkrankungen. Zwar war Reimann kein SED-Mitglied, aber seit ihrer erfolgreichen Erzählung *Ankunft im Alltag* von offizieller Seite einer Mischung aus Anerkennung und Funktionalisierung ausgesetzt. Mit ambivalenten Gefühlen ließ sie sich auf die Rolle als „Vorzeigeautorin“ (Dorothea von Törne) ein. Über die Machtbesessenheit und den „Kleinbürgergeschmack“ Ulbrichts in künstlerischer Hinsicht machte sie sich keine Illusionen. Zwar glaubte sie, wie auch Christa Wolf und andere Kulturschaffende, in Kenntnis der Macht für die Erweiterung künstlerischer Freiheit mehr zu erreichen als durch Konfrontation und Verweigerung, wurde aber wiederholt und immer schmerzhafter eines Besseren belehrt. Im März 1963 erschien

Reimanns Buch über die deutsche Teilung, *Die Geschwister*, das ähnlich wie *Der geteilte Himmel* den Nerv der Zeit traf. Gemeinsam mit Johannes Bobrowski erhielt sie dafür den Heinrich-Mann-Preis der Akademie der Künste.

Anlässlich einer gemeinsamen Moskaureise 1963 näherten sich Christa Wolf und Brigitte Reimann, diese beiden so unterschiedlichen Frauen, einander an. Ihre Beziehung gleicht ein wenig dem Verhältnis der fürsorglichen großen Schwester zur gefährdeten kleinen Schwester. Wenn Brigitte Reimann aus Hoyerswerda nach Berlin zu Vorstandssitzungen des Schriftstellerverbands kam, freute sie sich in erster Linie auf die Gespräche in den Pausen, vor allem mit Christa Wolf und mit Eva und Erwin Strittmatter. Wegen des Ingenieurs Hans Kerschek, in den sie sich verliebte und der zum Vorbild des Ben in ihrem Roman *Franziska Linkerhand* wurde, trennte Brigitte Reimann sich von Pitschmann und ging ihre dritte Ehe ein. Sie begann mit der Arbeit an ihrem Roman, in dem sie, wie Christa Wolf mit *Nachdenken über Christa T.,* auf ihre Art zu einer radikal subjektiven Schreibweise fand.

Der Einladung zur „persönlichen Aussprache“ zwischen Ulbricht, hohen Parteifunktionären und einigen Autoren, die Ende November 1965, also unmittelbar vor dem 11. Plenum, im Staatsrat stattfand, kam Reimann nicht nach, anders als Christa Wolf, damals Kandidatin des ZK. Was sie nachträglich von diesem „Gespräch“ erfuhr, machte Reimann Angst, wenn sie an die Perspektive ihres Romans dachte. Ihre Aufzeichnungen über die Frontalangriffe beim 11. Plenum zeigen, dass sie letzte Illusionen über die Möglichkeit konstruktiver Auseinandersetzungen mit der Macht verloren hatte und den Beginn einer kulturpolitischen Eiszeit wahrnahm. Das machte sich unmittelbar bemerkbar in ihrer Arbeit am Roman. Ein geplanter Vorabdruck in der *NDL* scheiterte wegen problematischer „Stellen“.

Reimann engagierte sich für ein menschenfreundliches soziales und kulturelles Leben in Hoyerswerda-Neustadt, ihrem Wohnort. Sie stritt, argumentierte und kämpfte, hielt Reden, schrieb Artikel und recherchierte, so über die sich häufenden Suizide gerade junger Menschen in der Betonstadt. Und sie entwarf mit der Architektin Franziska Linkerhand eine Figur, die voller Enthusiasmus und Engagement in die Stadt kommt und erfahren muss, dass für den großen utopischen Wurf, Schönheit und Nützlichkeit bei der Städteplanung zusammenzudenken, in der Realität kein Platz ist, denn da geht es nur um schnelles, billiges Bauen.

1968 hatte Brigitte Reimann bereits ihre erste Krebsoperation hinter sich. Im Zusammenhang mit einer Lesung, die er im Kulturzentrum in Hoyerswerda hielt, besuchte Gerhard Wolf auch Brigitte Reimann. Ihm imponierte sehr, wie *selbstbewusst und couragiert* sie mit ihrer Krankheit umging. Zu Hause erzählte er Christa ausführlich davon und brachte auf diese Weise einen in seiner Offenheit beeindruckenden Briefwechsel zwischen den beiden Frauen in Gang, der von da an nicht mehr abreißen sollte.

Wie für Wolfs war auch für Brigitte Reimann die Nachricht vom Einmarsch der Warschauer-Pakt-Staaten in Prag ein Schock. Wie Wolfs blieb auch Reimann der Tagung des Schriftstellerverbands fern, auf der sich dessen Mitglieder mit der Intervention einverstanden erklären und eine entsprechende Erklärung unterschreiben sollten. Diese verweigerte sie. Die Briefe, die Brigitte Reimann und Christa Wolf miteinander wechselten, sind in ihrer Sensibilität füreinander bemerkenswert. Sie schließen Persönliches, politische Kommentare und Diskussionen ihrer jeweiligen Arbeitsprojekte ein. Christa Wolf berichtete von der Arbeit mit Gerhard an der Filmkomödie *Fräulein Schmetterling* und dass sich das Vorhaben, eine Biografie über Anna Seghers zu schreiben, *als ziemlich schwierig herausgestellt* (BW Reimann, S. 5) habe. Christa Wolf schätzte die genauen, direkten und kritischen Kommentare der Freundin zu ihren Texten. An dem, was Brigitte Reimann über *Nachdenken über Christa T.* hörte und las (im November 1966 hörte sie im Rundfunk Christa *Selbstinterview* lesen), befremdete sie der Stil. „Nur Deine Stimme war noch bekannt", schrieb sie, „die Identität wäre ganz verloren gegangen, wenn Du nicht selbst gelesen hättest. Wenn es stimmt, daß sich Wesen und Haltung eines Menschen in seinem Stil widerspiegeln, dann muß sich ungeheuer viel in Deinem Wesen, Deiner Haltung geändert haben – das ist der Eindruck beim ersten Hinhören. Aber je länger man zuhört, desto mehr spürt man Gezwungenes, wenigstens Gesuchtes in dieser neuen Art zu schreiben, verstehst Du? Im ‚Geteilten Himmel' warst Du [...]

sprachlich der Anna Seghers verpflichtet, das ging bis in den Satzrhythmus, in die Bildwahl, war aber mehr als bloße Beeinflußung, eher ein Zeichen von Übereinstimmung." (BW Reimann, S. 8)

Ende 1968 zog Brigitte Reimann nach Neubrandenburg, wo Christa und Gerhard Wolf sie im April 1969 besuchten. Deren zuverlässige Freundschaft bedeutete ihr viel. Sie gab Christa einige Roman-Kapitel mit, und diese sagte ihr, sie solle sich ruhig Zeit lassen mit diesem Buch – je später es fertig würde, umso besser. Christa Wolf erzählte der Freundin von den sie schon so lange verfolgenden Schwierigkeiten mit *Nachdenken über Christa T.*, das sie bereits vor zwei Jahren abgeschlossen hatte. Begeistert war Brigitte Reimann vom Manuskript von *Lesen und Schreiben* und freute sich später sehr, als sie den gedruckten Band erhielt. Christa Wolf wiederum freute sich über Brigittes Briefe, in denen sie von sich erzählte und von ihrem Roman, an dem sie mit unverminderter Energie weiterschrieb. *Zu leben, und möglichst nicht gar zu sehr gegen den eigenen Strich, das heißt zu arbeiten und ein paar Leute daran teilhaben zu lassen, ist die einzige Art von Tapferkeit, die ich heute sehe. Mir gefällt sehr, wie Du sie aufbringst* (BW Reimann, S. 22), ermutigte Christa Wolf die kranke Freundin und beschrieb ihr das Alltagsleben in der Fontane-Straße: *Jeden Tag ist um mich ein großes Haus, ein großer Haushalt und viele Leute. Mein Vater wohnt jetzt auch noch bei uns, da meine Mutter vor vier Monaten starb. Jeden Mittag sechs Leute zu Tisch.* (BW Reimann, S. 22) Annette, jetzt siebzehn Jahre alt, wollte Psychologie studieren, Tinka wurde zwölf und ritt gerne, berichtete ihre Mutter. Gerhard und Christa Wolf dachten erneut über einen Umzug nach, wollten sich auch in der Neubrandenburger Gegend umsehen und Brigitte Reimann dort besuchen. Das schwierige Jahr 1968 hatte nachhaltige Spuren in Christa Wolfs Psyche hinterlassen. Auf ihre zaghafte Frage, auf wen sie sich denn noch verlassen könne, reagierte Brigitte Reimann umgehend und stärkte und ermutigte ihrerseits die Freundin: „Weißt Du denn nicht, wie sehr Du geliebt und verehrt wirst? Auch von Leuten, die aus diesem oder jenem Grund Deine Art zu schreiben nicht mögen, oder bedauern, daß Du – um es vereinfacht zu sagen – ‚resignierst'. Welche Haltung Du auch immer einnimmst, sie wird respektiert, weil man weiß und voraussetzt, daß Du nichts tust oder sagst, was Du nicht durchdacht hast."

(BW Reimann, S. 27) Christa Wolf wehrte ab – sie habe Ruhe gebraucht, und von außen betrachtet könne das wie Resignation aussehen. Während Gerhard Wolf an seinem Hölderlin-Buch arbeitete, las Christa Literatur aus dem Umkreis von Klassik und Romantik, beschäftigte sich mit Karoline von Günderrode und Bettina von Arnim und schwärmte Brigitte davon vor. Als dann endlich die ersten gedruckten Exemplare von *Nachdenken über Christa T.* in der Welt waren, schickte Christa Wolf – ihre Bedenken, die Geschichte könnte zu traurig sein für Brigitte, überwindend – auch eines nach Neubrandenburg und erhielt einen begeisterten Dankesbrief: „Das ist wunderbar und ganz unerwartet, und ich habe bald geheult vor Freude: weil das Buch da ist, leibhaftig und nicht mehr heimlich aus der Welt zu schnipsen, und weil ich es habe, von Dir. Ich lese und lese, schrecklich aufgeregt, was Du vielleicht verwunderlich oder übertrieben findest, weil es für Dich nicht mehr so unmittelbar Gegenwart und Neuigkeit ist." (BW Reimann, S. 38) Im Mai, während des Schriftstellerverbands-Kongresses in Berlin, besuchte Brigitte Reimann Wolfs in Kleinmachnow. Christa und Gerhard Wolf arbeiteten gerade an ihrem Till-Eulenspiegel-Filmprojekt. Reimann, deren Ehe mit Hans Kerschek kurz vor der Trennung stand, fühlte sich in der harmonischen Atmosphäre für kurze Zeit aufgehoben: „Ihr seid eine wunderbare Familie. Und daß Du es fertigbringst, trotz aller Widrigkeiten, die Dich bedrängen, anderen Leuten so ein Gefühl von Frieden zu geben ..." (BW Reimann, S. 48f.). Den Sommer 1969 verbrachten Wolfs zum Teil in ihrem *Prieros-Exil* und zum anderen gemeinsam mit der Familie von Christas Bruder am Balaton in Ungarn. Aus Prieros brachten sie den jungen Kater Max mit, der die Hauptfigur in Christa Wolfs Wissenschaftssatire *Neue Lebensansichten eines Katers* wurde. Brigitte Reimann betrachtete die wachsende Gelassenheit der Freundin fast ein wenig mit Neid auf deren „drei Stützen" – die Familie, das nach langwierigen Kämpfen gerade erschienene Buch und das Bewusstsein, schreiben zu können. Ihr selbst wurde schmerzlich klar, was sie selbst alles vermisste. Während eines Treffens in Berlin im September 1969 erzählte Brigitte Reimann der Freundin ihre ganze komplizierte Liebes- und Trennungsgeschichte. Christa war eine aufmerksame, empathische Zuhörerin, dabei wirkte sie in Brigittes Wahrnehmung so gelassen und scheinbar kühl. Christa Wolf sorgte sich um die Freundin wie um eine schutzbedürftige Schwester. Wenn sie anrief, um sich nach dem körperlichen und seelischen Zustand Brigittes zu erkundigen, erzählte sie von den Streichen des Familienkaters Max und von der Arbeit am Eulenspiegel-Film. Brigitte Reimann fühlte sich alleine schon von der ruhigen, dunklen Stimme Christas am Telefon getröstet. Im Sommer 1969 in Prieros begann Christa Wolf den autobiografischen Text *Blickwechsel.* Mit der Erzählung *Unter den Linden* hingegen kam sie nicht so recht voran, ja, sie glaubte sogar, diese Geschichte sei ihr *ganz und gar mißlungen* (BW Reimann, S. 56), und das wiederum wurde die Ursache für Herzrasen, Migräne, Schlaflosigkeit und Unruhe. Das Motto von Rahel Varnhagen, das Christa Wolf für *Unter den Linden* gewählt hat – „Ich bin überzeugt, daß es mit zum Erdenleben gehört, daß jeder in dem gekränkt werde, was ihm das Empfindlichste, das Unleidlichste ist: Wie er da herauskommt, ist das Wesentliche." – erklärte sie der Freundin: *Nun ist ja, wenn wir überraschend gekränkt, enttäuscht, betrogen werden, immer auch Realitätsverkennung von unserer Seite daran schuld: mag sie noch so sympathisch, verständlich, liebenswert, vielleicht sogar edel gewesen sein – jedenfalls geht jeder Täuschung (fast) eine Selbsttäuschung voraus. Und selbst täuschen wir uns ja mit Vorliebe in Dingen des Gefühls, die uns am nächsten gehen; wir täuschen uns da manchmal fast mit Absicht, nicht? Wie man da herauskommt, ist das Wesentliche: Ob verbittert, knitterig, todtraurig, mißtrauisch – oder ob einfach ein bißchen nüchterner und reifer. Was allerdings auch eine schwere innere Arbeit ist. Wenn Du's schaffst, wirst Du es auch bei Deiner Schreiberei merken.* (BW Reimann, S. 59) Christa Wolf wusste, wovon sie sprach, und es gelang ihr schließlich, dieses Konglomerat aus Selbsttäuschung und Täuschung, um das es in ihrer Erzählung ging, schreibend zu überwinden. Christa Wolf und Brigitte Reimann waren einander darin ähnlich, dass sie seelisches Leid und Konflikte über den Körper austrugen. Auf die sich anbahnende Trennung ihres Mannes von ihr reagierte Reimann mit Rückenschmerzen und zog sich zurück. Ende 1969 bekam Christa Wolf einen Hexenschuss, der sie zum Ruhigliegen zwang. Im Schriftstellerverband war sie mehrfach von für sie unbegreiflichen Gemeinheiten anderer ihr gegenüber getroffen worden. *Anstatt abgehärtet zu werden, wird man immer empfindlicher*, schrieb sie an Brigitte. *Muß also mich ein wenig zurückhalten. G. war in den letzten Wochen ganz ratlos mit mir. Ich versteh dich nicht, du weißt doch, was los ist, da muß man seine Reaktionen doch steuern können. Aber ich hab einfach nackte Angst, nicht mal, glaub ich oder red ich mir ein, bloß meinetwegen.* (BW Reimann, S. 64) Setzten ihr die zermürbenden Konflikte mit den Kulturfunktionären wegen ihrer Bücher so zu? War es die existenzielle Angst, den Anforderungen von allen Seiten nicht mehr gerecht werden zu können und vollständig zusammenzubrechen? Sie träumte nachts von Tod und Sterben, vom Verlust nahestehender Freunde, des väterlichen Freundes Frieder Schlotterbeck, der Freundin Christa Tabbert-Gebauer. Was ihr Freude machte, waren die Kapriolen des Katers Max, Lektüren von Büchern über das fünfzehnte und sechzehnte Jahrhundert, die Epoche, in der sie und Gerhard ihren Till Eulenspiegel angesiedelt hatten, oder von Natalja Ginzburg – sie las *Alle unsere Gestern* und *Kleines Familienlexikon* – und sie beobachtete Gerhard, der *am Hölderlin [...] knabbert* (BW Reimann, S. 66). Unterdessen gingen die Auseinandersetzungen um *Nachdenken über Christa T.* weiter, aber Christa Wolf kämpfte, etwa um die Auslandsrechte, mit Erfolg. Brigitte Reimann gegenüber legte sie eine fürsorgliche Zuneigung an den Tag, die dieser gut tat. Für Januar 1970 organisierte sie einen Kuraufenthalt für Brigitte im Mahlower Krankenhaus, wo sie die Freundin oft besuchen konnte. Im Februar machte Christa Wolf selbst eine Kneipp-Kur im thüringischen Stützerbach und arbeitete weiter am *Till Eulenspiegel*. Ende März wurde Brigitte Reimann, die weiterhin an ihrem Roman schrieb, ins Neubrandenburger Krankenhaus eingeliefert: eine erneute Krebserkrankung. Ehe Christa Wolf zu einem Besuch aufbrach, erkundigte sie sich, was sie der Freundin mitbringen könne. Diese freute sich über die gebratenen Hühnerbeine, den Kalten Hund und die mitgebrachte Lektüre. Im Mai schrieb Christa Wolf aus Winkel am Rhein, wo sie und Gerhard den Grabstein Günderrodes gesucht und gefunden hatten. Sie waren unterwegs nach Stuttgart, wo Gerhard für sein Hölderlin-Buch recherchieren wollte. Im Sommer war die ganze Familie Wolf in Komarowo, einem Schriftstellerheim bei Leningrad. Christa Wolf berichtete Brigitte Reimann vom Besuch des Grabes der Dichterin Anna Achmatowa und dem Gang durch die berühmte Kunstsammlung der Eremitage. Sie verglich ihrer beider unterschiedliche Arten zu leben. *Ein so lockeres Leben wie Du könnt ich mir nicht erlauben, es würde auch nicht zu mir passen, es kommt also gar nicht auf mich zu, das ist überhaupt nicht mein Verdienst. Ich verurteile es bei anderen nicht, ich gucke bloß zu. Mir ist eben das zugefallen, eine Familie, mit der sich ganz gut leben läßt, und alles, was damit zusammenhängt an Vergnügungen und Einschränkungen. Daß man mich für streng und über manches erhaben hält, weiß ich auch, es stimmt nicht ganz, ist manchmal lästig, manchmal nützlich. Von meinen Krisen laß ich möglichst wenig nach außen, nur, wenn's nicht mehr anders geht. Dafür schreibe ich eben.* (BW Reimann, S. 77) Brigitte Reimann hatte der Freundin von ihrer neuen Liebe erzählt, einem Arzt. Bei einem Besuch Anfang 1971 lernten Wolfs ihn kennen. Neben dem Eulenspiegel-Projekt begann Christa Wolf, an ihrem im Tagebuch oft so genannten *Buch über 45* zu arbeiten. Die Schwierigkeiten, die ihr dieser Stoff bereitete, verfolgten sie bis in den Schlaf. *Es ist ja neben allem anderen auch eine Art Psychoanalyse*, schrieb sie Brigitte Reimann, *da schwemmt eine Menge aus gutem Grund Verdrängtes wieder hoch, wie verhält man sich nun dazu, schreibt man es auf, nimmt man es nur zur Kenntnis, oder verdrängt man es wieder? Von jedem etwas, vermutlich, aber: Wann was?* (BW Reimann, S. 94) Wenn zu viel zu tun war, um Brigitte in Neubrandenburg zu besuchen, schrieb Christa Briefe, rief an, schickte Bücher. Ihre Briefe sind lebendig und humorvoll, sie ließ Brigitte an ihrem Alltags- und Berufsleben, an Begegnungen und Lektüren und sogar an Sitzungen teilhaben und gab ihr auf diese Weise etwas von der eigenen Lebendigkeit. Im Juni 1971 – Brigitte und Rudolf hatten inzwischen geheiratet – besuchten sie auf der Fahrt zu Brigittes Eltern in Burg bei Magdeburg einen Nachmittag lang Wolfs in Kleinmachnow. Im September schickten Wolfs eine Karte aus Paris, später schrieb Christa Wolf ausführlich. Mit Hermlins, die sich zeitgleich in Paris aufhielten, verbrachten sie viel Zeit zusammen. Sie besuchten eine Impressionisten-Ausstellung und sahen, *daß diese Maler alle Frechheit und Lust am Leben in ihre Weibsbilder hineingemalt haben. Mein Gott, hat mir die „Olympia" von Manet gefallen! Auf Abbildungen war mir nie aufgefallen, daß zu ihren Füßen eine schwarze Katze mit glühenden Augen sitzt.* (BW Reimann, S. 115) Am Ende dieses Briefes steht der wunderbare Satz *Sei gegrüßt und lebe.* Brigitte Reimann war voller Angst und Unruhe, was ihre erneute Krebserkrankung betraf. Sie bezweifelte, dass die Ärzte ihr sagten, wie es wirklich um sie stand. Aus einem Gespräch zwischen zwei Ärzten, das sie zufällig belauschte, erfuhr sie, dass sie inoperablen Krebs in Rückenwirbeln hatte. Brigitte Reimann war schockiert, auf diese Weise mit der Tatsache konfrontiert zu werden, dass sie bald sterben würde. Auch Christa Wolf wusste mehr über den kritischen Zustand der Freundin, als sie ihr gegenüber zeigte. Sie hatte geschwiegen, weil sie verhindern wollte, dass Brigitte ihre Hoffnung aufgab und damit ihre Selbstheilungskräfte gefährdete. Sie diskutierte diese Problematik sehr offen mit der Freundin. Wenig später schickte sie ihr Gerhards Bobrowski-Buch und ihren gerade erschienenen Essayband *Lesen und Schreiben*, der Brigitte so gut gefiel. Christa Wolf forderte Brigittes kritisches Mitdenken für ihre Geschichte *Selbstversuch* ein (*Du wirst gebraucht*), die sie ihr schickte. Brigitte Reimann, die unter den Folgen der Bestrahlungen litt, schickte ihren Kommentar und konstatierte grundsätzlich, „bei Dir tendiert ja alles zum Essay, und mir fällt kein Gattungsbegriff für diese Denkerzählungen ein" (BW Reimann, S. 149). Der Sommer 1972 – Wolfs verbrachten ihn unter anderem in Prieros – war verregnet und kühl. Christa Wolf schrieb: *Es ist ein merkwürdiger Sommer. Wenn ich Gedichte machen könnte, würde ich eines machen, das die Überschrift hätte: Stillhalteabkommen. Man hat uns ziemlich deutlich zu verstehen gegeben, daß es auf uns nicht so besonders ankommt, finde ich. So ein schwebendes Gefühl von Nicht-Verantwortlichsein stellt sich ein und fördert merkwürdigerweise neue Bezirke von Freiheiten zutage, die ein allzu Verantwortlicher sich einfach nicht nimmt. Wird, auf diesem Umweg, also doch wieder zu einer erweiterten Verantwortung.* (BW Reimann, S. 151) Sie hatte bereits mehrere Anfänge zu dem Buch geschrieben, das später *Kindheitsmuster* heißen wird, aber der richtige Erzählton stellte sich noch nicht ein. Sie las im gerade veröffentlichten Tagebuch von Max Frisch, wie er sich mit dem Altern auseinandersetzte, ein Thema, das sie gerade jetzt beschäftigte, wo sie demnächst Großmutter werden würde. Den Besuch von Sarah Kirsch mit ihrem dreijährigen Sohn Moritz in Prieros nutzte Christa zum *Üben*, wie sie Brigitte schrieb. Die Freundin war erneut in der Klinik in Berlin-Buch, wo sie ihren neununddreißigsten Geburtstag erlebte. Es ging ihr zunehmend schlechter, aber sie versuchte mit aller Kraft, mit ihrem Roman weiterzukommen. Christa ermutigte sie in jedem Brief, weiterzuschreiben. Im Oktober 1972 erschien im *Sonntag* ein Vorabdruck aus Reimanns Romanmanuskript. Briefe und Telefonate gingen hin und her, aber Christa Wolf hatte wenig Zeit für Besuche im Krankenhaus, und die letzten Wochen des Jahres verbrachte Brigitte Reimann in Neubrandenburg. Im Januar war sie dann erneut in der Klinik in Berlin-Buch, hoffte, dass es ihr gelänge, dort ihren Roman abzuschließen. Anfang Februar 1973 schrieb Christa an die Freundin, sie dachte über die besondere Form der Beziehung zwischen ihnen nach und sprach aus, wie sehr sie Brigittes Tapferkeit bewunderte. Wenige Tage vor deren Tod besuchte sie Brigitte Reimann zum letzten Mal.

## Weitere Auseinandersetzungen um *Nachdenken über Christa T.*

Das Jahr 1969 war angefüllt mit Reisen, Begegnungen mit Freunden und Kollegen, öffentlichen und offiziellen Terminen vor allem für Christa. Mit Schlotterbecks und Wanders trafen Wolfs sich oft, mal bei sich zu Hause, mal bei den Freunden. Günter de Bruyn gehörte zu den häufigeren Besuchern in diesem Jahr, ebenso Eduard Claudius, der gerne und gut vietnamesisch kochte. Im Februar fuhren Wolfs mit Tinka zum Skiurlaub nach Oberhof in Thüringen, besuchten Lotte Fürnberg in Weimar und fuhren über Mahlow, wo sie einen Abstecher bei Annette im Waldkrankenhaus machten, zurück nach Kleinmachnow. Im März hielt sich Christa Wolf eine Woche in Schweden auf, las in verschiedenen Städten und besuchte Peter Weiss und seine Frau Gunilla Palmström. Im April waren, gemeinsam mit Anna Seghers, die beiden russischen Übersetzerinnen Lydia Gerasimova und Shenja Kazewa bei Wolfs zu Gast, im November dann Wladimir Steshenski, der sich aus Anlass des Geburtstags von Seghers in Berlin aufhielt. In diesen Monaten arbeiteten Christa und Gerhard Wolf an der Filmerzählung *Till Eulenspiegel*. Bei der Besprechung der Konzeption in der DEFA waren neben Jeanne und Kurt Stern auch Sarah Kirsch und Karl Mickel dabei. Walter Janka war der Dramaturg, mit ihm arbeiteten Wolfs gerne zusammen. Später fuhren Wolfs mit DEFA-Leuten eine Woche durch die Republik und suchten nach geeigneten Drehorten in Quedlinburg, Jena, Erfurt, Mühlhausen und Weimar.

Gerhard Wolf war außerdem noch mit *Beschreibung eines Zimmers* beschäftigt. Darin gibt es auch ein Kapitel über die Bilder des Hallenser Malers Albert Ebert (1906–1976), die „Ecke Ebert" in Bobrowskis Arbeitszimmer. Ebert, dem Gerhard Wolf das Kapitel schickte, freute sich darüber und fand die Worte ganz passend zu seinen Bildern. Daraus entstand dann die Idee, ein ganzes Buch über Eberts Bilder zu schreiben. Außerdem war Gerhard Wolf weiterhin mit seinem Hölderlin-Buch beschäftigt, das dann endlich 1972 im Union Verlag erschien. Dieses 1968 begonnene Projekt war zu seiner Zeit eine ungewohnte Gestaltung eines Dichterschicksals, Gerhard Wolf entwickelte darin „eine ganz eigene Methode des objektivierten Erzählens" (Sehnsucht, S. 396): In das frei montierte authentische Material sind knappe, klare Erzählerkommentare integriert. Zu den prägenden politischen Ereignissen des Entstehungsjahres – vom Pariser Mai über die Proteste gegen den Vietnam-Krieg in den USA bis zum Einmarsch in Prag – gehörte für Gerhard Wolf auch die Akzentuierung Hölderlins als Jakobiner durch den französischen Germanisten und ehemaligen Résistance-Kämpfer Pierre Bertaux. Während die Perspektive auf Hölderlin zuvor ganz idealistisch war, bezog Bertaux die gesellschaftlichen Hintergründe ein. Bertaux' These vom Jakobiner Hölderlin (sein Buch *Hölderlin und die Französische Revolution* erschien in deutscher Sprache 1969 bei Suhrkamp) wurde auch im Umkreis von Wolfs diskutiert, und im März 1971 lernten sie Bertaux während einer P.E.N.-Tagung persönlich kennen. Wolfs hatten damals übrigens *Sprache und Schizophrenie* des österreichischen Psychiaters Leo Navratil gelesen, und diese Lektüre veränderte auch Gerhard Wolfs Blick auf die Berichte Waiblingers über den „wahnsinnigen" Hölderlin. Später beschrieb er diese Erfahrung: *Wahnsinn erscheint auch als Wahrsinn, Sattler hat es später in einer Debatte, die wir mit Bertaux hatten, so formuliert; und die Sätze, die Waiblinger überliefert davon, was ihm der verstörte Hölderlin sagt, wie er es ihm sagt und wozu er schweigt, woran er sich erinnert und an was und wen er sich bis zum Wutausbruch nicht erinnern kann oder will – sie trafen mich so direkt, daß ich versuchte, meine Empfindungen, so unmittelbar, wie es mir möglich erschien, über den Text selbst sprechen zu lassen, ohne Kommentar, ohne Erläuterung oder gar den Versuch einer nachträglichen Interpretation.* (Sehnsucht, S. 398f.) Ohne zu erfinden, gestaltete Gerhard Wolf, indem er Fakten auswählte und zueinander und einander gegenüberstellte. Dabei ließ er nicht nur Hölderlin selbst, sondern auch die Personen seiner näheren Umgebung den überlieferten Zeugnissen nach zu Wort kommen. Somit hat Gerhard Wolf mit einem Zitat-Montage-Prinzip gearbeitet, auf das Christa Wolf einige Jahre später für *Kein Ort. Nirgends* zurückgriff und das sie dort auf ihre Weise gestaltete. Diese Arbeitsweise entsprach Gerhard Wolfs Grundsatz, dichterische Äußerungen aus der inneren Biografie, die durchaus auch zu äußeren Begebenheiten in Widerspruch stehen kann, zu erklären. Bertaux' Deutung Hölderlins als Jakobiner jedenfalls inspirierte eine neue literarische Auseinandersetzung mit dem Dichter wie etwa in Stephan Hermlins Hörspiel *Scardanelli* (1970) oder in Peter Weiss' *Hölderlin*-Stück (Uraufführung Stuttgart 1971).

Christa Wolf hatte im Frühjahr 1969 die Arbeit an der Erzählung *Unter den Linden* wieder aufgenommen, und jetzt gelang ihr, was sie sich vorgenommen hatte. Wie später in *Kindheitsmuster* arbeitete sie auch hier nach dem Prinzip eines Erzählgewebes, in das verschiedene Fäden eingewirkt werden, wechselte zwischen Realitätswahrnehmung, Traum und verschiedenen Bewusstseinszuständen der Ich-Figur. Die Erzählung erschien dann zusammen mit *Neue Lebensansichten eines Katers,* einer Wissenschaftssatire, und der Geschlechtertauschgeschichte *Selbstversuch* 1974, und den Untertitel des Bandes *Unter den Linden, Unwahrscheinliche Geschichten*, fand Gerhard.

Die Auseinandersetzungen um *Nachdenken über Christa T.* zogen sich durch dieses und das folgende Jahr. Von der ersten Auflage wurden im Januar 1969 lediglich viertausend Exemplare ausgeliefert, einige hundert wurden beim VI. Schriftstellerkongress Ende Mai verkauft, während Max Walter Schulz, der Verbands-Vizepräsident, in seiner Eröffnungsrede sowohl Kunzes Gedichtband *Sensible Wege* als auch Wolfs Buch wegen „Subjektivismus" angriff. Dass sie zustimmende und ermutigende Rückmeldungen von Kollegen erhielt, bedeutete Christa Wolf in dieser unklaren Situation zwar viel, änderte aber nichts an der Tatsache, dass dem Buch der Weg zu seinen Leserinnen und Lesern in ihrem eigenen Land verstellt war. Erst 1972 wurde eine zweite Auflage genehmigt und auf 1968 zurückdatiert. Bis 1989 wurde in der DDR mehr als eine Viertelmillion Exemplare verkauft.

Im Vorstand des Schriftstellerverbands, dessen Mitglied Christa Wolf damals war, sah sie sich zunehmend Angriffen ausgesetzt – zunächst, weil sie die gewünschte Stellungnahme zum Einmarsch in Prag verweigert hatte, dann aber auch, weil man absurderweise von ihr eine öffentliche Distanzierung von den Interpretationen ihres Buches durch westdeutsche Kritiker forderte; sollte sie diese verweigern, drohte ihr der Ausschluss aus dem Vorstand. Sie wurde wiederholt zu Gesprächen mit Kulturfunktionären einbestellt, die sie sehr mitnahmen. Rückblickend verstand sie: *In diesen Auseinandersetzungen, in denen ich mich lange abmühte, meine Angreifer davon zu überzeugen, daß ich doch dasselbe wollte wie sie, wuchs mir eine hilfreiche Einsicht: Ich begriff auf einmal, daß ich* nicht *dasselbe wollte wie sie, daß sie sich durch mein Buch bedroht fühlten und darum so heftig reagierten.* (WA 12, S. 89) Für Christa Wolf kam es aber damals nicht in Frage, sich vollständig aus dem Vorstand zurückzuziehen. Damit hätte sie, wie sie glaubte, jeden Anspruch, ihre Bücher in der DDR zu veröffentlichen, aufgegeben. Aber es kam für sie auch nicht in Frage, ihre Position aufzugeben. Mit Gerhards praktischer und moralischer Unterstützung verfasste sie schließlich eine Selbstkritik. Allerdings wurde diese für nicht ausreichend erachtet, weshalb sie, nach einer Aussprache mit dem Vorstand des Schriftstellerverbands im Dezember 1969, eine neue liefern sollte. Das tat sie – mit dem Hinweis, dies sei die letzte. Sie setzte sich damit durch und blieb im Vorstand. Aber Angst und Ungewissheit machten ihr zu schaffen. *Ich sehe*, notierte sie im Tagebuch, *daß die nächsten Jahre schlimm werden, daß man sich nur einigermaßen bewahren kann, wenn man sich nicht den üblen Massenveranstaltungen aussetzt, daß aber dies wieder zu einer gewissen Isolierung und Lebensfremdheit führen muß ... Ich spüre es bei jeder Berührung mit der Öffentlichkeit. Die eigene Welt, die wir uns gezimmert haben, kann nicht ewig halten. Jedem Auto, das nachts bei uns vorbeifährt, lausche ich nach.* (Tag, S. 124) Auf Zeitungslektüre hatte sie keine Lust, es deprimierte sie die Selbstverständlichkeit, mit der in den Artikeln Geschichte verfälscht und so verhindert wurde, dass die Zeitgenossen daraus lernten. Dieses Motiv beschäftigte sie auch bei ihrer Arbeit an dem späteren *Kindheitsmuster*, denn es betraf auch ihre eigenen Kinder. Beim Mittagessen erzählte die siebzehnjährige Annette *von einem Fahnenappell, den sie heute hatten: Zur Eröffnung des Hans-Beimler-Wettbewerbs zur vormilitärischen Erziehung. Als die Fahne gehißt wurde, sei ein Fahnengedicht dazu gesprochen worden. Wir sagen: So ist es in unserer ganzen Jugend gewesen, warum soll es euch besser gehen als uns … Mir ist elend dabei.* (Tag, S. 126) Annette bewarb sich um die Zulassung zum Psychologiestudium, und im Herbst 1970 studierte und lebte sie bereits in Berlin. Zu dieser Zeit verbrachten Christa und Gerhard Wolf mit der vierzehnjährigen Tinka ihren Urlaub im bulgarischen Warna, gemeinsam mit Schlotterbecks und deren Enkelsohn Aram. Änne Schlotterbeck hatte gerade eine Operation wegen Schilddrüsenkrebs hinter sich, aber geheilt war sie nicht, knapp zwei Jahre später starb sie.

## Die frühen Siebzigerjahre

Inzwischen waren Wolfs um die vierzig, die ältere Tochter Annette war bereits Studentin und ausgezogen, die jüngere, Tinka, lebte noch bei den Eltern, das familiäre Gefüge begann sich umzugestalten. In *Juninachmittag* war der familiäre Alltag erstmals in einen veröffentlichten Text Christa Wolfs eingegangen. In *Kindheitsmuster* beschrieb sie die Reise, die sie an einem heißen Wochenende im Juli 1971 mit Mann, Bruder und jüngerer Tochter nach Gorzów Wielkopolski, ihrer Geburtstadt Landsberg, unternahm. Auch in späteren Prosatexten wie *Störfall*, *Sommerstück*, *Was bleibt* und natürlich *Ein Tag im Jahr* ist das Gewicht des Alltags und die Nähe zum Autobiografischen bestimmend. Im Winter 1970/71 besuchte der Kollege und Freund Günter de Bruyn Wolfs in Kleinmachnow. Er hatte den Auftrag, ein Porträt über Christa Wolf zu schreiben. Unter der Hand wurde daraus ein Blick in das Innenleben einer Familie, in der jedes Mitglied ganz selbstverständlich es selbst war. „Es gibt Familien", sinnierte der Gast, „die durch Überzahl und Geschlossenheit Besucher einschüchtern, andere, die durch den Aufwand, den sie ihretwegen treiben, schlechtes Gewissen bei ihnen erzeugen. Hier, wo man Formationsbildung nicht nötig hat, weil jede Individualität die andere gelten läßt, braucht man die eigene nicht zu unterdrücken. Da nicht viel Wesens von einem gemacht wird, empfindet man sich nicht als störend. So märchenhaft intakte Familien gibt es also, kann er gerade noch denken, da gehört er schon fast dazu." (Erklärungen, S. 410f.) Weil alle halfen, half auch de Bruyn bei den Essensvorbereitungen in der Küche und merkte, dass man vom Kochen und Essen etwas verstand in dieser Familie. Währenddessen wurde er nach diesem und jenem Arbeitsprojekt befragt, das er mal erwähnt hatte, nach Freunden, Reisen und Krankheiten, nach seiner Meinung über dies und das. Ermutigt durch das echte Interesse, das er spürte, wurden seine Antworten genauer, ausführlicher, persönlicher. „Sich verstehen, sich lieben, zusammengehören", beobachtete er, „heißt hier nicht unbedingt: einer Meinung sein." Er fühlte sich wohl in dieser offenen Atmosphäre und verlor seinen Auftrag, ein Porträt der Schriftstellerin Christa Wolf zu schreiben, nur vermeintlich aus den Augen.

Im Januar 1971 lieferten Wolfs das Drehbuch für den Eulenspiegel-Film bei Walter Janka, dem Dramaturgen, ab. Gerhard Wolfs jüngerer Bruder Dieter, der nach dem Studium in Jena als Dramaturg zur DEFA gegangen war, avancierte dort ab 1964 (und bis 1990) zum Leiter der Gruppe Babelsberg. Der Till-Eulenspiegel-Film fiel in sein Ressort. Die Brüder, die nie einen engen Kontakt hatten, waren bei diesem Projekt oft auch unterschiedlicher Meinung. Im Ergebnis wurde jedenfalls nicht das Wolfsche Szenarium die Grundlage der Verfilmung, sondern ein Drehbuch, das der Regisseur Rainer Simon nach Motiven des deutschen Volksbuchs und der Filmerzählung von Christa und Gerhard Wolf neu schrieb. Sein Film kam 1975 ins Kino. Wolfs richteten ihre Filmerzählung für den Druck ein, behielten aber die szenische Form im Wesentlichen bei. Sie erschien 1973 mit einem Nachwort von Wolfgang Heise.

Abendliche Treffen mit Freunden in deren Wohnungen oder bei Wolfs – Schlotterbecks, Sterns, Wanders, Claudius, de Bruyns, Brauns –, Besuche von Lesungen, Film- und Theateraufführungen, Veranstaltungen im P.E.N.-Club und im Schriftstellerverband gehörten zu den häufigsten Unternehmungen. Im Juli 1971 verbrachten Wolfs mit Franci Faktorová einige Urlaubstage in Prieros, von Ende August an erkundeten sie zwei Wochen lang Paris. Sie trafen den Schriftsteller und Volker-Braun-Übersetzer Alain Lance, der seitdem - und später auch gemeinsam mit seiner Frau Renate Lance-Otterbein - Christas Bücher ins Französische übersetzte.

Die Fahrt in das ehemalige Landsberg brachte, anders als Christa Wolf es erhofft hatte, ihre Arbeit an dem späteren *Kindheitsmuster* nicht wesentlich voran. Sie spürte Müdigkeit, Unlust, schob die Schreibblockade auf das Älterwerden. Stagnation machte sich breit. Während Christa an keine tiefgreifenden Veränderungsmöglichkeiten im Kleinen wie im Großen mehr glaubte und sich dadurch wie gelähmt fühlte, war Gerhard optimistischer. Er sah die viele Arbeit, die vor ihm lag, freute sich darauf, dass sein Hölderlin-Buch endlich gedruckt würde und war trotz seiner Rückenschmerzen guter Dinge. Sie begannen sich mit dem Gedanken anzufreunden, in ein paar Jahren, wenn Tinka die Schule abgeschlossen hätte, aus dem engen, abgeschiedenen Kleinmachnow wegzuziehen, nach Berlin zum Beispiel. Inzwischen wollten sie ein altes Bauernhaus in Mecklenburg ausbauen, das sie gekauft hatten. So könnten sie die Sommer auf dem weiten Land verbringen. Annette, die öfters zu Besuch kam, lebte mit dem Regisseur Rainer Simon zusammen und wünschte sich ein Kind. Im Jahr darauf wurde Jana, die erste Enkelin, geboren.

Im Mai 1971 löste Erich Honecker den bisherigen Generalsekretär der SED Walter Ulbricht ab. Christa Wolf, die Honecker noch gut als Scharfmacher vom 11. Plenum her in Erinnerung hatte, knüpfte deshalb keine besondere Hoffnung an diesen Wechsel. Der VIII. Parteitag der SED im Juni setzte jedoch Signale für einen kulturellen Wandel, und auf der Tagung des Zentralkomitees im September fiel Honeckers vielzitierter Satz: „Wenn man von der festen Position des Sozialismus ausgeht, kann es meines Erachtens auf dem Gebiet von Kunst und Literatur keine Tabus geben." Und tatsächlich: Christa Wolfs Essayband *Lesen und Schreiben* erhielt die Druckgenehmigung, *Nachdenken über Christa T.* ging in die zweite Auflage. Den Braunschweiger Wilhelm-Raabe-Preis musste Christa Wolf ablehnen, weil sie diese Auszeichnung gemeinsam mit Walter Kempowski erhalten sollte, der den Parteifunktionären als Antikommunist galt. Sie fügte sich und erhielt Ende 1972 den Fontane-Preis. Solche Kompromisse gehörten zum üblichen Umgang zwischen der Macht im Staate und den Kulturschaffenden.

1972 kam die Arbeit an *Kindheitsmuster* allmählich voran. In Christa Wolfs Kalender findet sich Eintrag nach Eintrag – Filme, Theaterabende, vor allem aber Begegnungen mit Freunden sowie ein Besuch von Heinrich und Annemarie Böll bei Wolfs. In der lockeren, vertrauten Atmosphäre mit Jeanne und Kurt Stern in Berlin fragten sie sich, ob sie mit einer freiheitlichen Brise überhaupt etwas anfangen könnten, wenn sie denn käme. Christa Wolf machte sich im Gespräch mit dem Germanisten Hans Kaufmann Gedanken über Zensur und Selbstzensur und formulierte zunehmend selbstbewusster ihre Vorstellungen vom Schreiben. Wie auch Brigitte Reimann erachtete sie das Phänomen der Selbstzensur für gefährlicher als die Zensur selbst, denn es stellte die Autorin, den Autor vor einander ausschließende Optionen. Wie sollte man realistisch schreiben und gleichzeitig auf Konflikte verzichten, oder wie wahrheitsgetreu schreiben und sich selbst nicht glauben, was man mit eigenen Augen sah, weil eben das nicht „typisch" war? Sie plädierte nachdrücklich dafür, *das Schreiben nicht von seinen Endprodukten her zu sehen, sondern als einen Vorgang, der das Leben unaufhörlich begleitet, es mitbestimmt, es zu deuten sucht; als Möglichkeit, intensiver in der Welt zu sein, als Steigerung und Konzentration von Denken, Sprechen, Handeln.* (WA 4, S. 408f.) Dieser Haltung wohnte eine Produktivität inne, die *neue Strukturen menschlicher Beziehungen in unserer Zeit* hervorbrächte. In diesem Gespräch formulierte Christa Wolf erstmals jenen Begriff, der ihre Schreibhaltung am besten beschreibt: subjektive Authentizität.

## Freundschaft mit Carlfriedrich Claus

Christa und Gerhard Wolf begegneten Carlfriedrich Claus erstmals 1972 bei Lothar Lang in Freienbrink, einem kleinen Ort bei Grünheide östlich von Berlin. Claus, der Ausnahmekünstler und Eremit aus Annaberg, vollzog damals gerade den Schritt vom Unikat – Zeichnung wie Schrift – zu druckgrafischen Techniken. Lothar Lang (1928–2013) war nicht nur Kunstkritiker der *Weltbühne*

1973

(1957–1991), Redakteur der *Marginalien* (1964–1998), der von der Pirckheimer-Gesellschaft herausgegebenen Zeitschrift für Buchkunst und Bibliophilie, und Autor von Standardwerken etwa über das Bauhaus oder Paul Klee, er war auch ein Sammler vor allem von Grafikblättern und befreundet mit Künstlern wie Gerhard Altenbourg, Wieland Förster, Ronald Paris, Harald Metzkes, Horst Hussel und Werner Stötzer. Er organisierte damals im Pädagogen-Club in Köpenick eine Ausstellung mit sehr unterschiedlichen Arbeiten kaum bekannter Künstler, galt als Entdecker von Talenten und erinnerte in seinen Porträts in der *Weltbühne* oft an unbekannte oder vergessene Künstler.

Der Maler, Grafiker, Schriftsteller, Philosoph und Erfinder der Sprachblätter Carlfriedrich Claus (1930–1998) war völliger Autodidakt. Er war in einem antinazistischen Elternhaus aufgewachsen, seine Eltern führten einen Kunsthandel und vermittelten ihm vielerlei Anregungen. So war Claus während der Nazi-Zeit mit der Moderne, mit Klee und Picasso, groß geworden, stand mit dem Dadaisten Raoul Hausmann im Briefwechsel, kannte sich sehr genau mit den Schriften von Ernst Bloch, mit asiatischer Philosophie und der Kabbala aus und verstand sich als Kommunist. Früh faszinierten ihn Wörter und Sprache. In seiner kleinen Wohnung im erzgebirgischen Annaberg, in der er nach dem Tod der Eltern allein lebte, türmten sich Bücher und Schriften. Er verdiente sich etwas Geld mit dem Kopieren von Barocknoten und lebte spartanisch. Mit der Welt draußen stand er in Verbindung durch das Radio, durch Lektüren, Briefwechsel und Besuche. Er war ein kommunikativer Mensch, ein anregender, interessierter Gesprächspartner. Seine ureigene Erfindung waren die Sprachblätter, sowohl Schrift als auch Grafik, später ausschließlich auf Transparentpapier, das er beidseitig gestaltete. Claus experimentierte mit verschiedenen Techniken, brachte verschiedene Gestaltungsweisen auf einem Blatt zusammen. Die Fremdheit und Sprachlosigkeit, die Betrachter bei der ersten Begegnung mit seinen Werken oft überfällt, erlebten anfangs auch Wolfs. *Doch gerade weil sich Claus als Schriftsteller versteht, ist er zugleich ein großartiger Interpret seiner Arbeiten, der einem den philosophischen und psychologischen Hintergrund, vor dem seine Blätter entstehen, erklären kann. Und da waren sofort Berührungspunkte zu Problemen gegeben, die man selbst als Schriftsteller hat, trotz sehr unterschiedlicher Ausgangspunkte. So entstand eine für beide Seiten anregende Freundschaft. Er ist ein sehr aufgeschlossener Mensch, der auch unsere Arbeiten las, es entstand ein Briefwechsel und ein sehr intensiver Dialog* (Malerfreunde, S. 38), erinnert sich Gerhard Wolf. Zwischen ihm und Claus entwickelte sich eine produktive Freundschaft, an der auch Christa Anteil hatte. Gerhard Wolf faszinierten nicht nur der Ideenreichtum und das fundierte Wissen Claus' auf den unterschiedlichsten Gebieten, sondern auch seine Offenheit, Neugier und sein Interesse an dem, was seine Gesprächspartner beschäftigte. Es dauerte, bis Gerhard Wolf sich an den ersten Essay über Carlfriedrich Claus wagte, *Visitenkarte für eine Ausstellung* (1975), in dem er Claus selbst sprechen und seine Zeichnungen auf Transparentpapier mit dem Titel *Nächtlicher Vorgang mit Positionsangabe* beschreiben ließ. Mit den Jahren folgten weitere Essays und Interviews. Carlfriedrich Claus und Gerhard Wolf traten öfter zusammen auf – während der eine seine Blätter als Dias an die Wand projizierte, las der andere seinen Essay. Während einer Performance in Wien 1986 waren auch Friederike Mayröcker und Ernst Jandl dabei. Claus war ein Künstler, der sich auf das konzentrierte, was er schaffen wollte – ohne an öffentlicher Wirkung oder Anerkennung interessiert zu sein. Die erste größere Ausstellung seiner Arbeiten fand in Polen statt, erst danach stellte er auch gelegentlich in der DDR aus, in Privatwohnungen und halboffiziellen Clubräumen. Erst Ende der Siebzigerjahre, nach seiner Aufnahme in den Verband bildender Künstler (VBK), gelangten seine Arbeiten in Galerien und in Museen, was auch Einkünfte durch Verkauf bedeutete. Unter der Ägide von Willi Sitte als Präsident des VBK schließlich konnte Claus dort Mitglied werden, denn Sitte ließ Toleranz walten gegenüber sehr verschiedenen künstlerischen Richtungen. Von Wolfs und von anderen, die Claus' künstlerische Arbeit unterstützten, erhielt er unregelmäßige Zuwendungen und verschenkte die eine oder andere Grafik. Seine Anregungen und Ideen wurden in Karl-Marx-Stadt von einer Gruppe junger Künstler aufgenommen, die sich „Clara Mosch" nannte und zu der unter anderen Michael Morgner und Dagmar Ranft-Schinke gehörten. Deren damals noch ganz realistische Malweise entwickelte sich in verschiedene Richtungen, die in der offiziellen Kunstlandschaft fremdartig und provozierend wirkten. Für Claus ergab sich die Zusammenarbeit mit dem Kupferdrucker Thomas Ranft. Gerhard Wolf lernte durch Claus die Künstler dieser Gruppe kennen, die in Karl-Marx-Stadt in ihrer Galerie Oben ihre aus dem Rahmen fallenden Arbeiten zeigten, oft zusammen mit solchen von Claus. Mit ihren Performances und Aktionen hatte die Gruppe „Clara Mosch" eine Wirkung, die über Karl-Marx-Stadt hinausging.

Den Essays, die Gerhard Wolf über Arbeiten von Carlfriedrich Claus schrieb, merkt man an, wie genau, detailversessen und sprachbewusst er sich in die Blätter vertiefte und einen Zugang zu ihnen schuf, der einerseits voller Empathie für die Gestaltungsnotwendigkeiten aus der Perspektive des Künstlers und andererseits offen subjektiv aus der Perspektive des Beschreibenden ist. Auf diese sehr persönliche Weise gelang es Gerhard Wolf, das radikal individuelle Moment der Claus'schen Schöpfungen – *In gelernter Schriftsprache kaum zu beschreiben. In herkömmlichen Bildern nur schwer zu entwerfen.*

(Dialog, S. 225) – adäquat zu erfassen. Im schreibenden Nachdenken über Bedeutungen und Strukturen in Claus' Sprachblättern erschloss der Essayist eigene Schreibvoraussetzungen und -wege: *Wann beginnt einer zu schreiben? In Gedanken zuerst. Man hat das Bedürfnis, sie vor sich zu sehen in ihrer aus der Vorstellung herbeigerufenen, nun in Zeichen materialisierten Gewalt. Die Buchstaben sind vorgegeben, aber wie ich sie einsetze und kombiniere, liegt bei mir. Mein Einfall sucht sein Wort.* Und im Ergebnis eine Ermutigung: *Man fängt an, in eigener Sache zu schreiben.* (Dialog, S. 225)

Jahre, Jahrzehnte später ist Carlfriedrich Claus' *Aurora-Experimentalraum* (1977/1993) schließlich im Reichstag zu sehen. Einzelne Blätter des kleinformatigen Aurora-Zyklus sind als Fotofilm auf riesige Klarsichtacrylplatten aufgebracht, die versetzt hängen. Vielschichtig zeigt sich das Aurora-Motiv, von der Morgenröte über das Signal, das die Oktoberrevolution einläutete, bis zum „Grünen der Erde". *Für Claus*, schrieb Gerhard Wolf, *ist „Aurora" nicht nur eine historische Wendemarke, menschliche Produktivkraft fruchtbar zu realisieren. „Aurora" ist ihm Inbegriff der Menschwerdung schlechthin. Inbegriff „des Reichtums der inneren Natur des Menschen, neuer Kommunikationsorgane wie der Erprobung im Selbstexperiment"*. (Dialog, S. 251)

## Arbeit an *Kindheitsmuster*

Seit Mitte der Fünfzigerjahre, seit Christa Wolf sich überhaupt mit dem Gedanken trug, zu schreiben, ging es ihr um jene Umbruchszeit zwischen der Flucht aus Landsberg und dem Kriegsende, von der sie in *Blickwechsel* (1970) so lebendig erzählt hat. So umfangreiches und über einen so großen Zeitraum hindurch gesammeltes und bearbeitetes Material wie zu *Kindheitsmuster* ist zu keinem anderen ihrer Werke überliefert. Neben historischen Recherchen legte sie zum Beispiel Sammlungen zu Gedichten, Liedern und Sprichwörtern an, sie exzerpierte zeitgeschichtliche und sozialpsychologische Literatur und machte sich Notizen zu Erinnerungen, die sich auf bestimmte Erfahrungsbereiche, Begriffe und Daten bezogen. Die immense Materialfülle zeigt den Stellenwert dieses Stoffes: Dies war ihr Lebensthema. In Essays und immer wieder im Tagebuch beschäftigte sie sich mit dem Material und mit Fragen seiner Gestaltung. In *Lesen und Schreiben* beispielsweise fixierte sie in dem Abschnitt *Ende der Kindheit* jenen Umbruch des Jahres 1945, es entstanden *Blickwechsel* und *Zu einem Datum*. In *Gedächtnis und Gedenken*, Christa Wolfs Auseinandersetzung mit dem Erinnerungsbuch *Der siebente Brunnen* des Freundes Fred Wander über das Lager Buchenwald, verfolgte sie die auch von Wander intensiv reflektierte Problematik, eine Schreibweise zu finden, die so exakt wie möglich den Prozess des Erinnerns – und nicht nur dessen Ergebnisse – gestaltete. Darum ging es ihr, das war ihre Vorstellung von subjektiver Authentizität, der sie gerecht werden wollte.

Erst ein Jahr nach dem Tod der Mutter, im September 1969, waren die ersten Schreibanfänge zum späteren *Kindheitsmuster* zustande gekommen. Die Suche nach dem richtigen Erzählton setzte sich in immer wieder neuen Anfängen fort, bis nach der kurzen Reise im Sommer 1972 in die frühere Heimatstadt schließlich doch Schwung in die Sache kam. Eine Ebene des Buches thematisiert den Schreibprozess in den Jahren 1972 bis 1975, in den Privates und Politisches aus dem Gegenwartserleben Christa Wolfs eingingen. Wie sie arbeitete, hielt sie im Tagebuch fest: *Um ¾ 10 setze ich mich hin und beginne mit den Notizen zum 8. Kapitel: „Krieg". Die üblichen vier Blätter werden angelegt, auf denen ich die üblichen „4 Ebenen" notiere: Reiseebene, Vergangenheitsebene, Manuskriptebene, Gegenwartsebene. Ich nähere mich nun bedenklich dem Kernpunkt der Selbstanalyse (Eintritt in JM und was ihm folgte). Diese Notierungen machen mir immer Spaß. Später sollen sie nicht mehr getrennt sein, sondern ineinander übergehen. Manchmal erlebt man dieses Moment des Ineinanderverschmelzens (in einem künstlerischen Fall) bewußt; an diesem Vormittag kam ich nur so weit, daß mir klar wurde, ich muß dieses Kapitel mit einer Beschreibung der Vorbereitung zur Arbeit beginnen.* (WA 5, S. 649) Das spezifische Schreibproblem, vor das die Arbeit an diesem Manuskript Christa Wolf stellte, war die möglichst genaue Übertragung der Erinnerungs- und Gedächtnisarbeit in die Struktur der Sprache. Der an eine archäologische Spurensuche erinnernde Begriff des „Ausgrabens", der bereits in *Nachdenken über Christa T.* in Verbindung mit deren Suche nach Selbstverwirklichung eine Rolle gespielt hatte, beschreibt hier den Arbeitsprozess mit seinen unerwarteten, erschreckenden oder irritierenden Funden. In die Schreibzeit von *Kindheitsmuster* fielen auch die Besuche bei Brigitte Reimann in der Klinik in Berlin-Buch und der Tod der Freundin. Brigitte kommentierte Christas Beschäftigung mit der Nazi-Zeit mit dem Satz, diese Epoche sei für sie „Tertiär“: *Der Mensch ist noch abwesend* (WA 5, S. 182). Zu den weltpolitischen Ereignissen, die in die Schreibzeit Eingang fanden, gehörte vor allem der faschistische Putsch in Chile gegen die demokratisch gewählte Regierung. Die Militärjunta stürzte im September 1973 den sozialistischen Präsidenten Salvador Allende, der daraufhin Suizid beging. Viele seiner Anhänger wurden erschossen und lagen im Leichenschauhaus von Santiago aufgebahrt. Weil nicht wenige Chilenen bewaffneten Widerstand leisteten, übertraf die Zahl der Toten in den ersten Wochen der Junta-Herrschaft die der deutschen Opfer in den ersten Jahren in Hitler-Deutschland. 1973 starb unter ungeklärten Umständen auch der chilenische Dichter und Literaturnobelpreisträger, Diplomat und kommunistische Politiker Pablo Neruda, bei dessen Beerdigung tausende Chilenen auf die Straße gingen und die Internationale sangen.

In die Schreibzeit von *Kindheitsmuster* fiel auch die endgültige Fertigstellung der Filmerzählung *Till Eulenspiegel* und von Christa Wolfs Erzählungsband *Unter den Linden. Unwahrscheinliche Geschichten*, während Gerhard Wolf neben seiner Lektoratsarbeit mit dem Buch über den Hallenser Maler Albert Ebert beschäftigt war. Wolfs sahen Ingmar Bergmans *Berührung* und den Film *Solaris* des sowjetischen Regisseurs Andrej Tarkowski nach dem gleichnamigen Science-fiction-Roman des polnischen Autors Stanisław Lem. Christa Wolf las bei der P.E.N.-Tagung in Stockholm aus *Blickwechsel* und *Selbstversuch*. Gemeinsam fuhren sie und Gerhard nach Moskau zu einer Ausstellung über Wladimir Majakowski. Zu verschiedenen Anlässen trafen sie sich mit westdeutschen Schriftstellern und mit Max und Marianne Frisch. Neben Böll, mit dem Wolfs eine von gegenseitigem Respekt getragene Beziehung verband, ist Frisch derjenige westliche Autor, der Christa Wolf in Fragen des Schreibens auf der Suche nach dem Eigenen am nächsten stand, woraus produktive Diskussionen entstanden. Christa und Gerhard Wolf erwarben ein altes Bauernhaus in Neu-Meteln bei Schwerin, das sie nach und nach ausbauten und wo sie in den folgenden Jahren viel Zeit verbrachten. Ende März 1974 brachen sie zu ihrer ersten USA-Reise auf, die sie über New York und Philadelphia nach Cleveland/Ohio und dort an das Oberlin College führte, wo Christa als Writer in Residence Lesungen hielt und über die Arbeit an *Kindheitsmuster* sprach und Gerhard Vorlesungen über Lyrik von Johannes Bobrowski, Uwe Greßmann, Reiner Kunze und Sarah Kirsch hielt. Allerdings war er durch starke Rücken- und Magenschmerzen, die mehrere Arztbesuche notwendig machten, beeinträchtigt. Kaum zurück, stand ein längerer Aufenthalt im Mahlower Krankenhaus an. Noch in Oberlin erfuhren sie Anfang Mai vom Rücktritt Willy Brandts, ausgelöst durch die Spionage-Affäre um Günter Guillaume. Im Oktober fuhren Wolfs zur Buchmesse nach Frankfurt am Main, wo Christa aus den *Unwahrscheinlichen Geschichten* las. Sie trafen sich mit Lore Wolf, der langjährigen Freundin von Anna Seghers, und mit Hans Altenhein, dem Luchterhand-Verleger, besuchten Hilde Domin in Heidelberg und Gabriele Wohmann in Darmstadt. Da Christa Wolf in diesem Jahr in die Akademie der Künste der DDR aufgenommen worden war, reiste sie als offizielle Delegierte zur Frankfurter Buchmesse. In den Siebzigerjahren wurde Kurt Hager zunehmend Christa Wolfs „Ansprechpartner" im Politbüro, so auch für Reisen ins westliche Ausland, wofür eigentlich der Schriftstellerverband zuständig war. Hager ermöglichte die Mitreise Gerhard Wolfs, ein Privileg, das bei Kollegen durchaus auch Neid weckte, denn mitreisende Ehepartner waren keineswegs selbstverständlich.

## Was Bilder erzählen

Während Christa Wolf an *Kindheitsmuster* schrieb, schloss Gerhard Wolf die sechsbändige Fürnberg-Werkausgabe ab, an der er gemeinsam mit Lotte Fürnberg gearbeitet hatte. Seit dem Einmarsch in Prag und ihrer gegensätzlichen Haltung dazu war das Verhältnis zwischen Wolfs und der Witwe Fürnbergs deutlich distanzierter geworden, weshalb Gerhard Wolf nicht mehr so oft nach Weimar reiste.

Er schrieb ein Libretto zu einer Opernbearbeitung von Bobrowskis Roman *Litauische Claviere* durch den Komponisten Rainer Kunad (die Uraufführung fand 1976 in Dresden statt), edierte zwei Bände mit Selbstaussagen und mit Essays von Georg Maurer, den Lyrikband *Ortszeichen* von Friedemann Berger sowie Gedichtbände von Erich Arendt. Daneben fuhr er häufig nach Neu-Meteln, um den Ausbau des Sommerhauses voranzubringen.

Gerhard Wolfs Interesse für Grafik, Malerei und Plastik und seine Kenntnisse in diesem Bereich wuchsen und vertieften sich durch Begegnungen und Freundschaften mit bildenden Künstlern. Den Anfang machte Willi Sitte in Halle. Wolfs entschieden sich damals, Zeichnungen von ihm in die erste Auflage von *Der geteilte Himmel* aufzunehmen, weil sie von der geistigen Haltung her zur Tendenz des Buches passten. Dieser Gedanke war für Gerhard Wolf grundlegend: Ihm ging es nie um ein hierarchisches Verhältnis zwischen Wort und Bild, sondern stets um einen gleichgewichteten Austausch, um eine gleichwertige Ergänzung von unterschiedlichen künstlerischen Wahrnehmungs- und Gestaltungsweisen. *Wir wollten damals diesen platten, illustrativen Realismus aufreißen*, erinnert er sich, *und Sitte war für uns jemand, der sich auch in diesem Prozeß befand.* (Malerfreunde, S. 9) Diese Haltung interessierte beide Wolfs ja auch beim eigenen Schreiben und in der Arbeit mit dem Medium Film. Und noch etwas: *Bei mir*, sagt Gerhard Wolf, *geht das Interesse für ein Werk oft überein mit dem Interesse für den, der es macht, wie er es macht, warum er es macht. Das hat mich als Autor beschäftigt.* (Malerfreunde, S. 14) Das Dialogisch-Empathische, das die Annäherung an ein Werk in der Wort- oder Bild-Sprache bei Christa wie bei Gerhard Wolf ausmachte, schuf auch immer eine Beziehung zu dem Menschen, der das Werk geschaffen hat.

Der Begegnung mit Bobrowski verdankte Gerhard Wolf auch Begegnungen mit den Bildern von zeitgenössischen Malern, die er zuvor nicht wahrgenommen hatte, wie Horst Sagert, Winfried Dierske, Horst Hussel und Albert Ebert. Kandinsky hatte die Malerei seiner Zeit zwei entgegengesetzten Polen zugeordnet, dem Realismus in der Art von Henri Rousseau und der modernen Abstraktion. Genau wie Rousseau, der, von Beruf Zöllner, als Autodidakt zur Malerei gekommen war, war dies auch der Fall bei dem Hallenser Maler und Grafiker Albert Ebert (1906–1976). Er war Maurer wie sein Zwillingsbruder und begann nach seiner Rückkehr aus dem Krieg zu malen. In der Mitte seiner Jahre fing er also ein neues Leben an, las Bücher, lernte künstlerische Techniken, vor allem solche der alten Meister, entwickelte eine eigene handwerkliche Praxis und, ausgehend von seinem naiven Ausgangspunkt, einen eigenen Zugang, der Farben und Formen zwar nicht abstrahierte, aber doch verfremdete. Er bevorzugte sehr kleine Formate und „erzählte" in seinen Bildern auf originelle, humorvolle Weise. Seine christliche Orientierung verband ihn mit Johannes Bobrowski. Von Kleinmachnow aus fuhren Wolfs nach Halle, lernten Ebert und dessen Familie kennen und besuchten gerne seine großen Geburtstagsgesellschaften, auf denen es hoch herging. Albert Ebert fand sein Publikum unter Intellektuellen, Regisseuren, Schauspielern, anderen Künstlern und Ärzten. Kunstsammler unterstützten ihn. Bildhauer wie Fritz Cremer, Wieland Förster oder Werner Stötzer schätzten ihn, waren fasziniert von der naiven Verfremdung seiner Bilder, unterstützten ihn durch Ankäufe und schenkten ihm kleine Plastiken. So schenkte Cremer Ebert die Plastik einer Schlafenden, und Ebert malte für Cremer ein Bild mit dem Titel *Uffgewacht.*

Albert Ebert hatte in dem großen Kontorhaus einer ehemaligen Papierfabrik seine Wohnung und sein Atelier. Eine Zeitlang lebte Gerhard Wolf in der Familie mit, schlief auf dem Wohnzimmersofa, ließ sich von Ebert die Umgebung zeigen, in der er seine Motive fand, und sammelte Eindrücke und Erzählungen. Sein Buch über Ebert entstand, indem er ihn fragte, ihn erzählen ließ und ihm zuhörte. Wie in *Beschreibung eines Zimmers* lebt der Text von der Aktivität des Besuchers, der neugierig und interessiert aufnimmt, was er sieht und hört, und seine Leserinnen und Leser auf diese Weise in die faszinierende Welt des Malers einführt. *Albert Ebert. Wie ein Leben gemalt wird* erschien 1974. Für Gerhard wie für Christa Wolf erweiterte und differenzierte die Begegnung mit Albert Eberts erzählten Bildern ihre Wahrnehmung. *Plötzlich veränderte sich das, fremde Leute sind, durch eine Geste nur, nicht mehr anonym, sind uns bekannt, treten zueinander in Beziehung. Eine Landschaft schließt sich zum Bild. Die Zeit bleibt einen Moment*

In Kleinmachnow, vor Bildern von Elena Liessner-Blomberg und Albert Ebert, 1973

*stehen, und man selbst nimmt sich diesen Moment Zeit, denn man weiß, das behält man nun. So möchte man es haben. So sollte es sein, einfach und deutlich, eigenartig, daß man es nicht vergißt. Und eigentlich ist gar nichts geschehen, hat sich nichts wunderlich abgespielt. – Manchmal, wenn wir unterwegs sind und solches beglückt wahrnehmen, stoßen wir uns an, und einer sagt lächelnd zum andern: Wie von Ebert gemalt.* (Poesie, S. 74)

Im Oktober 1973 fand in Halle eine der gar nicht so seltenen Wolfschen Doppellesungen statt: Gerhard las aus den Fahnen des Ebert-Buches, Christa aus dem Manuskript von *Kindheitsmuster.*

Ein paar Wochen zuvor stellte in der Berliner Galerie Arcade Elena Liessner-Blomberg (1897–1978) aus und Gerhard Wolf las seinen Essay zu ihren Bildern. Die in Moskau geborene Malerin, in den frühen Zwanzigerjahren nach Berlin gekommen, lebte mit ihrem Mann in der Künstlerkolonie am Laubenheimer Platz, dem „Roten Block“, und übersiedelte in den Fünfzigerjahren nach Kleinmachnow, wo sie zurückgezogen in der Nachbarschaft der Wolfs lebte. Ihre Briefe enthielten oft kleine Zeichnungen, die „miterzählten“.

Gerhard Wolfs Porträts dieser ungewöhnlichen Frau sind von liebevollem Respekt und Humor gezeichnet.

Die Kontakte von Gerhard und Christa Wolf zu bildenden Künstlern hatten sich seit den späten Sechzigerjahren intensiviert. Bei dem Hallenser Maler Fritz Müller gaben sie damals eine Stadtansicht von Halle in Auftrag, der Christa den Titel *Die blaue Stadt* gab. Sie lernten den Maler und Schriftsteller Karl Hermann Roehricht kennen und befreundeten sich mit ihm, und sie wurden mit dem aus der Leipziger Schule kommenden Grafiker Andreas Wachter bekannt, mit dem vor allem Gerhard intensive Diskussionen über Kunst führte. Vermittelt durch Franz Fühmann und Erich Arendt war eine herzliche Beziehung zu dem vielseitigen bildenden Künstler Wieland Förster entstanden, der auch Schriftsteller war. Mit ihm blieben Wolfs über Jahre in einem produktiven Austausch über Kunst und Literatur. So entstand aus Anlass von Försters Buch *Begegnungen. Tagebuch, Gouachen und Zeichnungen einer Reise in Tunesien* Gerhard Wolfs Essay *Wieland Förster – Ein Bildhauer schreibt* (1974). Jahre später hob Förster die Bedeutung der Vermittlungsarbeit Gerhard Wolfs hervor – „denn was nicht ans Licht kommt, das existiert nicht" (Poesie, S. 76).

Seit Gerhard Wolf als Lektor des Mitteldeutschen Verlags begonnen hatte, literarische Texte und Grafiken oder Zeichnungen für Buchveröffentlichungen zusammenzustellen, faszinierte ihn diese Konstellation, diese *Begegnungen der Künste* (Malerfreunde, S. 37). Dieser rote Faden zieht sich durch seine Tätigkeiten als Lektor, Herausgeber und später als Verleger: Ihn interessierte der *fruchtbare Austausch*, dieses *Miteinander von Farbe, Form und Sprache* (Malerfreunde, S. 37), das ehemals den frühen Expressionismus prägte. Zu seinem Verständnis der bildenden Kunst trugen auch Gespräche mit dem Lyriker Georg Maurer bei, der ihm die Augen öffnete für den Expressionismus und die Moderne. Auch Erich Arendt, der nach dem Weggang Peter Huchels, des Lyrikers und ehemaligen Chefredakteurs der Zeitschrift *Sinn und Form*, 1971 aus der DDR dessen Haus in Wilhelmshorst bewohnte, war ein begeisterter Vermittler der Kunst der Moderne. Christa Wolf fehlte oft die Zeit, sich so ausführlich, wie sie es gerne gewollt hätte, mit bildender Kunst zu beschäftigen. Aber sie ließ sich von der Begeisterung Gerhards anstecken und war in die oft familiär ausgeweiteten Freundschaften mit bildenden Künstlern eingebunden.

## Die letzten Jahre in Kleinmachnow

1974 erhielt Gerhard Wolf den Heinrich-Mann-Preis der Akademie der Künste für seine Arbeiten über Dichter von Louis Fürnberg über Stephan Hermlin, Erich Arendt und Georg Maurer bis zu Johannes Bobrowski und Friedrich Hölderlin. Die Prosaautorin Helga Schütz hob als Laudatorin seinen subjektiv-persönlichen Zugang hervor – er „weiht in seine Gedankengänge ein“, er „schreibt nur über Dinge, die ihn schon lange, wenn nicht zeit seines Lebens, bewegt haben“ (Poesie, S. 75). Im folgenden Jahr hielt Gerhard Wolf seinerseits die Laudatio auf die Preisträgerin Irmtraud Morgner. Zwischen Wolfs und Morgner bestand über die Jahre ein loser Kontakt, der von gegenseitiger Wertschätzung getragen war, ohne dass daraus eine Freundschaft erwuchs. Als Irmtraud Morgner, bereits schwer krebskrank, im Umbruchsjahr 1989 eines Abends bei Wolfs anrief und ihr Anliegen vortrug, war Gerhard klar, dass er sich dem nicht entziehen konnte. Er sollte ihr die Totenrede halten. Wie schwer ihm das fiel, beschrieb er in seiner Rede für die kluge, an Esprit und Phantasie reiche *Scheherezade aus Sachsen*.

Den Sommer des Jahres 1975 verbrachten Wolfs bereits in ihrem Haus im mecklenburgischen Neu-Meteln. Im Juli feierten sie dort ein Fest mit Familie und Freunden. Zu dieser Zeit begannen sie auch nach einer geeigneten Wohnung in Berlin zu suchen. Tinka nahm ihr Regie-Studium auf und zog aus der elterlichen Wohnung aus, als Wolfs bereits in der Friedrichstraße wohnten. Dass Wolfs aus Kleinmachnow wegziehen wollten, stand schon länger fest, obwohl viele ihrer Freunde im Ort selbst und seiner unmittelbaren Umgebung lebten. Sie wollten nach Berlin, in die Nähe der Theater, erwogen, eine Art Salon zu führen, um für den Austausch über Literatur und bildende Kunst, Kultur und Politik, der ihnen so wichtig war, einen Ort zu haben. Das Sommerhaus bot ihnen den Rückzugsort und naturnahen Freiraum, den sie als Gegengewicht zu den Anforderungen, Verpflichtungen und der Betriebsamkeit in der Stadt immer stärker brauchten, um in Ruhe arbeiten und leben zu können. Auch besaßen einige ihrer Freunde in der Nähe Sommerhäuser, es hatten sich einige Maler in der Gegend angesiedelt, und so entstand dort auf dem mecklenburgischen Land eine Art Künstlerkolonie, die zahlreiche Anlässe für Begegnungen, Diskussionen, Ausstellungen und Lesungen bot.

Christa Wolfs Hauptprojekt in der ersten Hälfte der Siebzigerjahre war die Arbeit an *Kindheitsmuster.* Sie hatte die seelische Anstrengung und ihre Ängste unterschätzt, sich der Erinnerung auszusetzen, das Vergangene erneut nachzuerleben. Endlich, im Frühjahr 1975, hatte sie es geschafft, schloss ihr Manuskript ab, nahm ihre Erschöpfung wahr und spürte ihre Zweifel. *Das Kind, das in mir verkrochen war – ist es hervorgekommen? Oder hat es sich, aufgescheucht, ein tieferes,*

In Neu-Meteln, 1975

*unzugänglicheres Versteck gesucht? Hat das Gedächtnis seine Schuldigkeit getan? Oder hat es sich hergegeben, durch Irreführung zu beweisen, daß es unmöglich ist, der Todsünde dieser Zeit zu entgehen, die da heißt: sich nicht kennenlernen wollen? – Und die Vergangenheit, die nicht Sprachregelungen verfügen, die erste Person in eine zweite und dritte spalten konnte – ist ihre Vormacht gebrochen? Werden die Stimmen sich beruhigen? – Ich weiß es nicht. – Nachts werde ich – ob im Wachen, ob im Traum – den Umriß eines Menschen sehen, der sich in fließenden Übergängen unaufhörlich verwandelt, durch den andere Menschen, Erwachsene, Kinder, ungezwungen hindurchgehen. Ich werde mich kaum wundern, daß dieser Umriß auch ein Tier sein mag, ein Baum, ein Haus sogar, in dem jeder, der will, ungehindert ein und aus geht. Halbbewußt werde ich erleben, wie das schöne Wachgebilde immer tiefer in den Traum abtreibt in immer neuen, nicht mehr in Worte faßbare Gestalten, die ich zu erkennen glaube. Sicher, beim Erwachen die Welt der festen Körper wieder vorzufinden, werde ich mich der Traumerfahrung überlassen, mich nicht auflehnen gegen die Grenzen des Sagbaren.* (WA 5, S. 593) Mit diesen Sätzen endet das Buch.

Die Jahre in Kleinmachnow waren für Christa wie für Gerhard Wolf eine außerordentlich fruchtbare Zeit. Sie ermöglichten beiden, sowohl gemeinsame Projekte zu verfolgen als auch ihre jeweils eigene Schreibweise weiterzuentwickeln. Christa Wolf verfolgte in *Kindheitsmuster* für die eigene Person und stellvertretend für ihre Generation die Frage, *wie sind wir so geworden, wie wir sind*? Gerhard Wolf kehrte zu seiner frühen Faszination für bildende Kunst zurück, entdeckte als unsystematischer Sammler und im beschreibenden Essay Werke zeitgenössischer Künstler und blieb mit ihnen im freundschaftlichen Dialog. In Kleinmachnow entstanden neue und vertieften sich bereits bestehende Freundschaften, aber beide verloren auch nahestehende Menschen. Wie Schlotterbecks, Claudius und Janka gehörten auch Wanders zu den Freunden aus der Kleinmachnower Zeit. Seit 1956 waren Fred und Maxie Wander bereits regelmäßig besuchsweise in der DDR. Sie wohnten dann im Schriftstellerheim in Petzow am Schwielowsee, das Christa Wolfs Eltern bewirtschafteten. Wolfs machten dort häufig Urlaub, so lernten sie sich kennen. 1959 zogen Wanders nach Kleinmachnow, und als Wolfs dann 1962 ebenfalls nach Kleinmachnow kamen, intensivierten sich die Beziehungen.

Der Unfalltod der kleinen Tochter Kitty im Mai 1968 traf Wanders furchtbar. Die Freundschaft bewährte sich in dieser schweren Zeit, auch in ganz praktischer Unterstützung. Als Maxie Wander 1972 an Krebs erkrankte, war Brigitte Reimann bereits todkrank und Änne Schlotterbeck dem Krebs bereits erlegen. Wanders hatten immer wieder mit dem Gedanken gespielt, nach Wien zurückzukehren. Dass sie aufgrund ihrer österreichischen Pässe reisen konnten, erleichterte ihnen einerseits das Leben in der DDR, aber gerade deshalb fühlten sie sich wegen dieses Privilegs auch zunehmend unwohl. Gleichzeitig hatten sie in der DDR so enge und lebendige Freundschaften wie niemals zuvor. Mit Wolfs und Schlotterbecks trafen sie sich oft und diskutierten auch ihre politischen Erwartungen, Frustrationen und Hoffnungen. Maxie Wander begann Kurzgeschichten zu schreiben und arbeitete an ihrem Protokollbuch *Guten Morgen, du Schöne*. Wie Brigitte Reimanns *Franziska Linkerhand* wurde auch Maxie Wanders Projekt ein Wettlauf mit dem Tod. Als sie im Herbst 1976 in der Klinik lag, besuchte Christa Wolf sie, brachte ihr Blumen, schickte ihr Briefe und ermunterte sie immer wieder, produktiv zu bleiben und nicht aufzugeben. Für Maxie war Fred, wie Gerhard für Christa, der Mensch, mit dem sie über alles sprechen konnte. *Guten Morgen, du Schöne* – erste Vorabdrucke erregten bereits Aufsehen – erschien wenige Wochen vor Maxie Wanders Tod im November 1977. Zu ihrer Beerdigung auf dem Kleinmachnower Waldfriedhof kamen an die zweihundert Menschen. Christa Wolf hielt die Trauerrede, in der sie hervorhob, *daß es [Maxies] Talent war, rückhaltlos freundschaftliche Beziehungen zwischen Menschen herzustellen; ihre Begabung, andere erleben zu lassen, daß sie nicht dazu verurteilt sind, lebenslänglich stumm zu bleiben.* (WA 8, S. 116) Unter dem Titel *Berührung* schrieb Christa Wolf 1977 einen ihrer wesentlichsten Essays über Maxie Wanders Buch *Guten Morgen, du Schöne*, dem man bereits ihre eigene Arbeit am *Gesprächsraum Romantik* anmerkt, der aber auch anschauliche Bilder findet für eine menschenfreundliche Gesellschaft, die geprägt ist durch Empathie, Aufrichtigkeit, Respekt und Solidarität.

Eine andere Freundschaft, die in der Kleinmachnower Zeit entstand, begleitete Christa und Gerhard Wolf jahrzehntelang. Ende 1965 erlebten Wolfs eine lebhafte Diskussion über den Film *Der geteilte Himmel* mit Schülern aus Kleinmachnow. Sie luden diejenigen, die Lust hatten, über literarische Themen und Lektüren zu diskutieren, zu sich nach Hause ein. Daraus entwickelte sich über zwei Jahre lang eine regelmäßige Gesprächsrunde bei Tee und Keksen. Zu denen, die oft kamen, gehörte auch Daniela Gerstner, die Tochter von Bekannten, wenig älter als Wolfs Tochter Annette und Schülerin derselben Schule. Daniela Gerstner wurde Fernsehjournalistin und arbeitet seit den frühen Achtzigerjahren unter ihrem Ehenamen Daniela Dahn als freie Sachbuchautorin. Joochen Laabs, ihr Mann, ist einer der Autoren, die Gerhard Wolf als Lektor betreute. Nach und nach erweiterte sich die Freundschaft mit den Wolfs zu einer Art Familienfreundschaft. Dazu trug auch bei, dass das Sommerhaus von Dahn und Laabs in Mecklenburg in der Nähe des Wolf'schen lag. Seit Herbst 1985 gehörte Daniela Dahn außerdem zur „Weiberrunde", einer Gruppe befreundeter Autorinnen, die sich regelmäßig trafen, um im geschützten Raum aus ihren Manuskripten zu lesen und zu diskutieren – fünfundzwanzig Jahre lang.

## 1976–1988 | Berlin, Friedrichstraße

### Stadt und Land

Ein erneuter Ortswechsel stand also an. Aber anders als bei den häufigen Umzügen der vorangegangenen Jahre lebten Wolfs nun länger an einem Ort. Zudem hatten sie sich mit dem Neu-Metelner Haus einen Rückzugsort geschaffen, der ihnen jederzeit offen stand und einen geschützten, gleichwohl weiten Raum bot zum Arbeiten, für Begegnungen mit Freunden und Familientreffen, für das Leben in und mit der Natur, den Jahreszeiten. *So unwichtig sind die Orte nicht, an denen wir leben … sie mischen sich ein, sie verändern die Szene*, schrieb Christa Wolf in *Nachdenken über Christa T.* Seit sie ihre Kindheitsheimat verlassen musste, lebte sie in verschiedenen Gegenden und Städten im Osten Deutschlands. Das hat sie sensibilisiert für die Stimmungen, die von der unmittelbaren Umgebung auf Menschen ausgehen können. Deshalb spielen auch in ihren Büchern Landschaften und Orte eine wichtige Rolle, verbunden mit Gefühlen wie Zugehörigkeit oder Fremdheit, Aufgehobensein oder Irritation. Auf dem Land in Mecklenburg fand Christa Wolf die ihr von Kindheit an vertraute Gegend wieder, ausgedehnte Felder, den weiten Horizont, Kiefernwald und Seen. Diese Landschaft mochte auch Gerhard Wolf, obwohl sie sich von den bewaldeten sanften thüringischen Hügeln und den traditionsreichen Städten seiner Heimat unterschied. Dass Künstler und Schriftsteller sich aufs Land zurückzogen, hat eine lange Tradition, wobei die persönlichen Motive ganz unterschiedlich sein können. Für Christa Wolf war der Aufenthalt auf dem Land *ein Fluchtweg, weil die Stadt, Sitz der Institutionen, der Zwänge zu zermürbenden Ritualen, Knotenpunkt von zerreibenden Konflikten, immer unerträglicher wurde*, bestimmt durch *eine Sehnsucht nach Ruhe […], einen Wunsch, sich nach Phasen der Erschöpfung in der Natur zu regenerieren.* (Grün, S. 154f.) Aber Wolfs kamen in Mecklenburg in keine Idylle, sondern trafen *auf industrielle Viehpro-*

*duktion, auf riesige Genossenschaftsställe, saisonweise auf den Lärm monströser Erntemaschinen, auf Dünger und Herbizide streuende gelbe Landwirtschaftsflieger*, und die Konflikte, mit denen sie sich in Berlin herumschlugen, holten sie auch hier ein, *sie waren das Thema in den Freundeskreisen, die sich auf dem Lande zusammenfanden. Das dringlich gewordene Gespräch über Bäume kam in Gang, noch schämte man sich nicht, sich an Entwürfe für veränderte Verhältnisse zu wagen, die auch einen anderen Umgang mit der Natur bewirken sollten, die ja vor unseren Augen zerstört wurde.* (Grün, S. 155) Die bewusste Beschreibung menschlichen Lebens in der Natur begann für Christa Wolf mit ihrer kleinen Erzählung *Juninachmittag*, die im Sommer 1965 entstand. Seitdem verbanden sich immer stärker ihre Darstellungen von Natur und des immer wichtiger werdenden Alltags. Das Leben in der Natur, die Aufmerksamkeit für Jahreszeiten, Wetter, Wachstum und Verfall „erdet", so empfand sie es, schützt vor dem Verlust des Bodens unter den Füßen, steigert das Lebensgefühl, lässt Sinnlichkeit sich entfalten in der Wahrnehmung, in gärtnerischer Tätigkeit und im Genuss von Essen, Trinken, Zusammensein mit Gleichgestimmten – im Freien schien auch der Umgang miteinander freier, das ganze Leben *einfacher und zugleich realitätsgesättigter, menschlichem Maß, menschlicher Geschwindigkeit angepaßter.* (Grün, S. 157) Aber das war nichts, was blieb, das waren Momente, die sich zu höchster Intensität steigern konnten und wieder verlöschten. Ein solches Sehnsuchtsbild fixierte Christa Wolf, indem sie das Bild eines Augenblicks, das sich ihr aus dem Fenster ihres Arbeitszimmers unterm Dach des Neu-Metelner Hauses bot, aufschrieb: *Der Himmel, der die Landschaft beherrscht, blau grundiert. Kumuluswolken. Wolkenstreifen darüber, in einer anderen Höhenschicht. Der tiefe Horizont, unterbrochen von Baumwipfeln, die nicht mehr grafisch wirken durch kahles Geäst, sondern „malerisch": rund, hellgrün. Die unendlich vielen Nuancen von Grün, die, unter dem Himmelsblau, das Bild ausmachen: vom fetten Grün unserer Wiese – die sich seit einigen Tagen mit gelbem Löwenzahn bestückt – über das Mittelgrün der nahen Büsche bis hin zum hauchzarten Grün jener Bäume im Hintergrund. Beherrschend ist aber der Kirschbaum mitten auf der Wiese, ich kenne keinen wie ihn. Er blüht über und über, trotz der bitteren Kälte der letzten Wochen. Links im Blickfeld, unter der Birke, P.s rotes Bilderbuch-Haus. Unbeschreiblich das sanfte, heitere Licht.* (WA 7, S. 141f.)

In der Wohnung Friedrichstraße, Berlin, 1976

Demgegenüber das Leben in der Stadt – aus dem eher beschaulichen Kleinmachnow mit seinen ruhigen Straßen zogen sie nun um mitten ins Herz der Hauptstadt, in die Friedrichstraße, aus dem Haus mit Garten in eine große Altbauwohnung, in der noch einiges umzubauen und zu renovieren war. Die Schauspieler Johanna und Ekkehard Schall wurden ihre direkten Nachbarn. Die Kalender des Jahres 1976 verzeichnen Begegnungen mit Freunden, Theaterabende, Lesungs- und andere Arbeitstermine, Reisen, Aufenthalte in Neu-Meteln und vieles mehr. Von der Friedrichstraße aus sind die Theater einfacher und schneller zu erreichen, was besonders Gerhard Wolf bei jedem Theaterbesuch aufs Neue erfreute, wenn er die kurzen Wege zu Fuß zum Deutschen Theater, zu den Kammerspielen oder dem Berliner Ensemble mit den früheren Autofahrten von und nach Kleinmachnow verglich. Die Schauspielerin Käthe Reichel wurde zu einer Freundin der Wolfs. Christa Wolf hielt in Berlin, Hoyerswerda, Leipzig und Göttingen mehrere Lesungen aus dem abgeschlossenen Manuskript von *Kindheitsmuster* und begann im Sommer in Neu-Meteln mit ersten Notizen zu dem späteren *Sommerstück*. Sie besuchte nun häufiger den monatlichen „Club am Donnerstag" im Aufbau-Verlag, eine Institution seit den späten Fünfzigerjahren. Eingeladen waren Autoren und Lektoren sowie Wissenschaftler, man traf sich in der Verlagskantine oder im Kulturbundhaus in der Nuschkestraße, es gab heiße Diskussionen, Tabuthemen gab es dabei nicht.

Im September 1976 notierte Christa Wolf im Tagebuch auch Beobachtungen, die Veränderungen des Alltags seit dem Umzug nach Berlin betreffend. Zum Beispiel kam die Zeitung hier früher als in Kleinmachnow, sodass die Zeitungslektüre das Frühstück begleitete und erst danach der (Arbeits-)Tag begann. Sie schrieb ein paar Seiten an dem späteren *Sommerstück*. Und was und wie sie schrieb, empfand sie als so nahe am Leben und an den faktischen Personen, dass es ihr unmöglich schien, diesen Text eines Tages zu veröffentlichen – sie wollte niemanden verletzen. Allerdings hatte sie nicht den Eindruck, indem sie gemeinsame Erlebnisse beschrieb, jemandem Unrecht zu tun, der dabei war. Sie hatte sich, anders als in den ersten Entwürfen, dafür entschieden, in der Ich-Form zu erzählen, und war sich dabei bewusst, *daß ich in dieser Geschichte wohl wieder die gleiche Rolle spiele wie im Leben: durchschauend, leicht über den Verhältnissen schwebend, beurteilend, möglichst ohne beurteilt zu werden.* (Tag, S. 206) Während sie schrieb, dachte sie darüber nach, wie ihre Beziehungen untereinander sich im Laufe dieses einen Jahres gewandelt, zuvor enge Freundschaften sich gelockert hatten; dass Maxie Wander nun nach ihrer Krebsoperation in der Klinik lag und sich verlassen fühlte; dass Sarah Kirsch seit Monaten aus Liebeskummer nicht gearbeitet hatte und wie gelähmt auf eine Entscheidung ihres Geliebten wartete. Obwohl Christa Wolf innerlich nicht zur Ruhe kam und ihre Tage oft als zerstückelt empfand, tröstete es sie doch, dass sie, trotz der Krebserkrankungen ihrer Mutter und der Freundinnen Brigitte, Änne und Maxie selbst nie Angst davor hatte, an Krebs zu erkranken. Sie empfand Dankbarkeit darüber, dass sie aus Lebenskrisen und Krankheiten immer wieder heil herausgekommen war.

Sie und Gerhard wechselten nun zwischen dem Leben in der Stadt und den Aufenthalten auf dem Land, etablierten so verschiedene Alltagsrituale wie die abendlichen Essen in geselliger Runde und führten hier wie dort ein offenes Haus für Familie, Freunde und Kollegen.

## Die Ausbürgerung Biermanns und die Folgen

Die Ausbürgerung des Liedermachers und Sängers Wolf Biermann durch das SED-Politbüro erwies sich, von heute aus betrachtet, als Anfang vom Ende der DDR; sie war ein Einschnitt in die Kulturpolitik des Landes und sie veränderte die Biografien vieler, auch gerade junger Leute, die gegen diese Maßnahme protestierten. Es lag auf der Hand, dass die SED-Führung sich auf diese Weise eines unbequemen Kritikers von links entledigen wollte. Warum diese Entscheidung so weitreichende Folgen nach sich zog, hatte mehrere Ursachen. Eine lag in der intellektuellen Leidenschaft und der charismatischen Ausstrahlung Biermanns, die seine Gedichte, Lieder und Auftritte prägte. Biermann polarisierte und provozierte, und das nicht nur politisch, als gelernter Dialektiker und Verteidiger des Sozialismus gegen die Altherrenriege der SED, sondern auch persönlich durch seine Art der Selbstdarstellung. Eine andere Ursache lag in der besonderen Verquickung der Biografie und Familiengeschichte Biermanns mit der Maßnahme der Ausbürgerung bzw. Aberkennung der Staatsbürgerschaft (die seit Bestehen der DDR immer wieder angewandt worden war, auch gegenüber regimekritischen Autorinnen und Autoren wie 1966 Helga M. Novak). Wolf Biermann, 1936 in Hamburg geboren, kam aus einer kommunistischen Arbeiterfamilie, sein jüdischer Vater wurde in Auschwitz ermordet. Biermann siedelte 1953 in die DDR über, arbeitete als Regieassistent am Berliner Ensemble, wo er Hanns Eisler kennenlernte, unter dessen Förderung er um 1960 Gedichte zu schreiben, Lieder zu komponieren und Gitarre zu spielen begann. Einzelne Gedichte erschienen in Anthologien, so auch in der von Gerhard Wolf herausgegebenen *Sonnenpferde und Astronauten*. Bei seinen öffentlichen Auftritten begleitete Biermann sich auf der Gitarre; seine Art zu spielen war geschult an hervorragenden Gitarristen wie dem spanischen Flamenco-Virtuosen Pedro Soler. Robert Havemann wurde einer seiner besten Freunde, und auch mit Wolfgang Heise, bei dem er Philosophie studierte, verband ihn eine Freundschaft. 1965 veröffentlichte Biermann seinen ersten Gedichtband sowie seine erste Langspielplatte in Westdeutschland, weshalb er im Gefolge des 11. Plenums Auftritts- und Publikationsverbot in der DDR erhielt. Dieses Verbot erwies sich für Biermanns künstlerische Arbeit insofern als produktiv, als er frei von taktischen Rücksichten und Kompromissen schreiben konnte und das auch tat. Seine Position war und blieb die eines kritischen Sozialisten, der Missstände in der DDR konkret und direkt benannte. Als er am 13. November 1976 seine (genehmigte) Tournee durch die BRD mit einem Konzert für die IG-Metall in Köln begann, reagierte das Politbüro mit dem Beschluss seiner Ausbürgerung, weil er sich in seinen Liedern und Äußerungen gegen den Sozialismus und gegen die DDR wende. Damit gebrauchte die DDR-Regierung gegenüber einem unbequemen Kritiker von links, dessen Vater in Auschwitz ums Leben gekommen war, dasselbe Instrument wie die Nationalsozialisten, um sich politischer Gegner zu entledigen. Nach Bekanntgabe dieser Entscheidung, die sie schockierte, trafen sich auf Initiative Stephan Hermlins elf Schriftstellerinnen und Schriftsteller in dessen Wohnung und verfassten eine Protestresolution, in der sie darum baten, diese Maßnahme zu überdenken. Am Abend des 17. November gaben sie ihre Resolution an die Nachrichtenagentur der DDR, ADN, und an die französische Agence France-Presse und setzten ein Zeitlimit für die Veröffentlichung. Dies verstrich ohne eine Reaktion des Politbüros auf die Resolution – und so erschien diese in westlichen Medien. In den folgenden Tagen unterzeichneten weitere Kulturschaffende und viele weitere DDR-Bürgerinnen und -Bürger die Resolution. Unmittelbar danach setzten Repressionen gegen die Unterzeichnenden ein. Am 20. November fand ein vermittelndes Gespräch zwischen den Autorinnen und Autoren der Resolution mit dem Politbüro-Mitglied Werner Lamberz in der Wohnung des Schauspielers Manfred Krug statt (das dieser heimlich aufzeichnete). Von den Anwesenden, allesamt SED-Mitglieder, war niemand bereit, die Unterschrift zurückzuziehen. Sie erhielten unterschiedliche Parteistrafen, die vom Ausschluss aus der SED – so bei Gerhard Wolf, Günter Kunert, Sarah Kirsch – bis zu strengen Rügen – so bei Christa Wolf, Volker Braun und Stephan Hermlin – reichten. Die Protestbewegung nahm unerwartete Ausmaße an. Die Repressionen gegen diejenigen, die sich den Protesten gegen die Ausbürgerung Biermanns anschlossen, waren hart und trafen auch viele junge Leute; sie wurden verhört, verhaftet, abgeschoben. Diejenigen, die in der DDR bleiben konnten oder wollten, wurden schikaniert, ihnen wurde die Lebensgrundlage entzogen. Lebensbrüche, Verluste sozialer Kontexte waren die Folgen.

Unter denen, die in den folgenden Monaten und Jahren die DDR verließen, waren auch zahlreiche Kulturschaffende. Die Repressions- und Vertreibungskampagne der Staatsmacht veränderte das Land nachhaltig, oppositionell orientierte Gruppen bildeten sich, häufig in kirchlichem Umfeld, denn dies bot nahezu den einzigen Freiraum. Biermanns Lieder und Gedichte wurden durch Abschriften und Tonkopien unter der Hand verbreitet. Die Ausbürgerung machte ihn zur legendären Figur. Auch im Westen, nicht nur unter undogmatischen Linken, stieß die Ausbürgerung Biermanns auf Proteste.

Die Auseinandersetzungen mit der Staatsmacht und ihren Repräsentanten erreichten für Christa und Gerhard Wolf angesichts der Ausbürgerung Biermanns und des „abgestuften" Umgangs mit den Protestierenden einen Grad an schmerzhafter Ernüchterung, der existenzielle Fragen nach sich zog. Gerhard Wolf hatte sich, illusionsloser als seine Frau, schon Jahre vorher von der Perspektive, die Demokratisierung des DDR-Sozialismus zu erleben, verabschiedet und sich auf seinen unmittelbaren Wirkungskreis als Lektor und Autor konzentriert. In familiären und freundschaftlichen Beziehungen gestaltete er sein Umfeld, verfolgte die Arbeitsprojekte, die ihm am Herzen lagen, und war hier auch zu pragmatischen Kompromissen bereit. Ein Parteiamt auszuüben, hatte er für sich ausgeschlossen, politische Diskussionen führte er lieber im Freundeskreis, ihn zog der überschaubare und nach seinen Vorstellungen gestaltbare engere Radius mit begrenzter Wirkung an. Hinzu kam, dass er mit politischen Konflikten eher distanziert umging, seine innere Autonomie über den Wunsch nach harmonischen Verhältnissen zu stellen bereit war und sich dadurch – bei allen Privilegien – eine gewisse Unabhängigkeit bewahren konnte. Anders Christa Wolf. Ihre Stellung als repräsentative Autorin veranlasste die Parteiführung, zu anderen Mitteln zu greifen als Gerhard Wolf gegenüber. Ihre Loyalität zur DDR beruhte auch auf dem Respekt für die Generation der alten

Antifaschisten, die in Partei- und Regierungsämtern noch immer das System prägten. Gerade sie, die unter den Nationalsozialisten verfolgt, interniert und ins Exil getrieben worden waren, wandten nun eine von den Nazis gegenüber deren politischen Gegnern praktizierte Maßnahme an, nämlich die Ausbürgerung. Damit war für Christa Wolf die grundlegende Prämisse ihrer Identifikation mit dem sozialistischen System zerstört, denn diese bestand ja in dem Versprechen, nach dem Nationalsozialismus eine von Grund auf andere Gesellschaft aufzubauen, die auf Werten wie Menschenwürde, Solidarität, Gleichheit und Freiheit basierte. Ihre Konflikte mit SED-Funktionären in den vorangegangenen Jahren hatten ihr zwar immer wieder schmerzhaft vor Augen geführt, wie breit der Graben war, der ihre Position, für die sie aufrichtig und mutig stritt, von den Positionen der selbsternannten Sachwalter des Sozialismus trennte. Sie hatte Zugeständnisse gemacht und sich um eine angemessene Diskussionskultur bemüht, sie hatte gekämpft, Illusionen und nach und nach auch die Hoffnung verloren, die gesellschaftlichen Veränderungen, die sie und andere als notwendig für einen Sozialismus nach ihrem Verständnis sahen, auf den Weg zu bringen. Die immer unabweisbarere Ernüchterung machte sie krank; sie musste lernen, mit dem *Schmerz als Zeitgenosse[n]* (WA 4, S. 238) zu leben. Auch jetzt, in dieser sich schnell zuspitzenden Situation im Winter 1976, nahm sie sich buchstäblich den eskalierenden Konflikt zu Herzen, sie erlitt einen Herzanfall und war längere Zeit krank. Gerhard schirmte sie ab, so gut es ging, sie fuhren nach Neu-Meteln. Dort verbrachten sie auch Silvester gemeinsam mit Maxie und Fred Wander, den Freunden aus Kleinmachnow, und mit dem Autorenpaar Thomas und Carola Nicolaou, der Psychologin und Autorin Helga Schubert und ihrem Mann, dem Psychologieprofessor und Maler Johannes Helm, aus dem benachbarten Ort Drispeth.

## Gesprächsraum Romantik

Im Dezember 1976 erschien *Kindheitsmuster* im Aufbau-Verlag, die Erstauflage von sechzigtausend Exemplaren war bereits im Februar

1977 vergriffen. Mit Freunden diskutierten Wolfs die Lage. Zu zweit führten sie lange Gespräche darüber, ob Christa aus Loyalität mit ihrem aus der Partei ausgeschlossenen Mann ebenfalls austreten sollte. Für Gerhard Wolf war dies jedoch keineswegs ein Loyalitätsproblem. Wäre Christa ausgetreten, hätte das sehr wahrscheinlich bedeutet, die DDR zu verlassen. Sie entschied sich dafür, sich vollständig aus jeglicher Parteiarbeit zurückzuziehen, wechselte aus der Parteisektion des Schriftstellerverbands in die der Akademie der Künste und bezahlte weiterhin ihren Beitrag bis zu ihrem Austritt aus der SED im Juni 1989. In den Gesprächen mit Gerhard fand sie für sich den Maßstab, der ihr gerecht wurde. Wenn es ihr gelänge, sich von jeglichen Abhängigkeiten zu befreien und kompromisslos zu schreiben, dann würde sie in der DDR bleiben können; wenn nicht, dann hätte sie, wie viele andere auch, das Land verlassen müssen. Sie schaffte es, auch diese Krise schreibend zu überwinden, produktiv zu bleiben. Inzwischen waren Christa und Gerhard Wolf mehr als fünfundzwanzig Jahre lang verbunden, in guten und in schwierigen Zeiten, in einer Lebens- und Arbeitsgemeinschaft, in der es immer wieder gemeinsame Orientierungen gab. Auch jetzt gelang es ihnen, eine synchrone Bewältigungsstrategie zu entwickeln, in der sie ihre jeweils genuinen Arbeitsfelder bestellten. Die Produktivität ihrer Zusammenarbeit erwies sich ein weiteres Mal in der gleichgerichteten Denkbewegung hin in einen historischen Raum, in dem aktuelle Konflikte zwischen Geist und Macht darstellbar und analysierbar wurden. Sie wandten sich dem *Gesprächsraum Romantik* zu, den Lebensläufen und Lebensbrüchen der Generation der nichtklassischen Dichter und Dichterinnen der Goethe-Zeit, vereinfachend Romantiker genannt, und ihren Werken, die Phantasie und Subjektivität, Traum und Reflexion, Sehnsucht und Utopie Raum geben. Mit seinem Buch *Der arme Hölderlin* hatte Gerhard Wolf bereits den *Zusammenhang von gesellschaftlicher Verzweiflung und Scheitern in der Literatur* (WA 6, S. 239), wie Christa Wolf es ausdrückte, gestaltet. Hier konnten sie anknüpfen.

Während die Protestbewegung nach der Ausbürgerung Biermanns immer weiter anwuchs, ging es in den Gesprächen auch im Freundeskreis der Wolfs immer wieder um Fragen der intellektuellen Emanzipation, um den Umgang mit zu erwartenden Publikationsschwierigkeiten oder -verboten und um Möglichkeiten, weiter publizistisch und vermittelnd tätig zu sein. Mit Günter de Bruyn, einem Kenner der Geschichte und Literatur der Mark Brandenburg, entwickelte Gerhard Wolf die reizvolle Idee, sich literarisch mit vergessenen märkischen Dichtern zu beschäftigen. Damit war die Idee zu der Buchreihe gefunden, für die Gerhard Wolf den Reihentitel *Märkischer Dichtergarten* erfand und die ihn und de Bruyn als Herausgeber etwa ein Jahrzehnt beschäftigen sollte. Für Gerhard Wolf war damals wichtig, *diese ganz andere Traditionslinie* (Kunst, S. 256), die sich vom klassischen Realismus Goethescher Prägung absetzte, an den die offizielle DDR-Kulturpolitik anknüpfte, wieder ins Bewusstsein zu holen. Im Buchverlag Der Morgen erschien 1980 der erste Band. Gerhard Wolf hat zwischen 1980 und 1988 acht Bände herausgegeben und kommentiert, über Heinrich Heine und Anna Louisa Karsch, Ewald Christian von Kleist, Lessing, Fanny Lewald, Achim und Bettina von Arnim und über das Berliner Biedermeier. Daneben betreute er als Lektor weiter „seine Autoren". Unter den „Romantikern" fühlte er sich Achim von Armin am nächsten. *Das war ja so eine Phase nach der Biermann-Ausbürgerung, wo wir, Christa und ich, aufs Land gegangen sind. Da waren mir Dinge sehr nah an dieser Figur, dieser Rückzug aus den Institutionen. […] Das hat uns damals an der Romantik sehr angezogen, wie Schicksale, Probleme, Motivationen vorgezeichnet waren. Das hat in der DDR-Literatur eine große Rolle gespielt.* (Kunst, S. 256)

Christa Wolf arbeitete, wie so oft, an verschiedenen Texten parallel. Das bereits begonnene *Sommerstück* legte sie zunächst zurück, denn die Konfliktlage, die schreibend zu bewältigen sie sich vorgenommen hatte, ließ sich noch nicht an einem zeitgenössischen Stoff bearbeiten. Aber es gab, unmittelbar nach dem Abschluss von *Kindheitsmuster*, bei ihr ein Bedürfnis, die dort begonnene Auseinandersetzung mit der Vergangenheit, die sie bis in die DDR-Gegenwart geführt hatte, fortzusetzen. Das historische Modell bot sich jedoch an, um die aktuellen Konflikte zu bearbeiten. Während Gerhard Wolf damals, nach 1968, an seinem Hölderlin-Buch schrieb, hatte Christa Wolf sich mit Karoline von Günderrode beschäftigt, auf deren Spur sie in der Rede *Vaterlandsliebe* von Anna Seghers gestoßen war. Seghers stellte wiederholt neben den „Klassiker" Goethe die in der marxistischen Literaturtheorie abgewerteten, „gescheiterten“ nichtklassischen Autoren des späten achtzehnten und frühen neunzehnten Jahrhunderts wie Lenz, Bürger, Günderrode, Hölderlin, Büchner und Kleist; sie hob hervor, dass die Krisen und Umbrüche im Gefolge der Französischen Revolution, denen diese Generation ausgesetzt war, sie in Krankheit, Tod und Exil getrieben und ihre Werke gezeichnet hatten. Das Lukács'sche Verdikt, wonach Goethe und die Klassik das „Gesunde“, die ungenau als Romantiker bezeichneten nichtklassischen Dichter hingegen das „Kranke“ repräsentierten, übernahm Seghers ausdrücklich nicht, und auch Christa und Gerhard Wolf, die als Studierende begeisterte Lukácsianer waren, teilten diese Bewertung schon lange nicht mehr. Indem sie sich nun den „Romantikern“ zuwandten, suchten sie in deren Lebensläufen und Werken nach alternativen Gesellschafts- und Realismusvorstellungen zu den herrschenden „Normen“. Denn sie selbst waren jetzt in einer vergleichbaren Lage: Mit dem Rücken an der Wand, wie Christa Wolf es beschrieb, suchten sie nach neuen Perspektiven für ihr Leben und Schreiben.

Lektüren, Recherchen, Zitatsammlungen, erste Notizen und immer wieder Gespräche mit Gerhard gingen, wie immer bei Christa Wolf, den konkreten Schreibanfängen voraus. Ausgehend von einer möglichen Begegnung zwischen Heinrich von Kleist und Karoline von Günderrode im Mai 1804 in Winkel am Rhein, entwickelte sie jenen zitat- und anspielungsreichen Gesprächsraum, in dem sich Vergangenheit und Gegenwart begegnen – *Kein Ort. Nirgends*. An diesem Stoff gestaltete Christa Wolf einerseits den Zusammenhang von „Scheitern“ im Leben und im Schreiben und andererseits die für eine Gesellschaft problematischen Folgen, die sich aus der Ausgrenzung von Frauen wie von Intellektuellen aus der Sphäre politischer Macht ergaben. Die Lebensmuster dieser Generation um 1800, die einem Grundwiderspruch deutscher Geschichte ausgesetzt war – die Deutschen waren zwar mehrfach restaurativen Phasen ausgesetzt, hatten aber keine Revolution zustande gebracht –, machten sie zu Vorläufern, zu einem Modell für Spätere: nicht nur, was ihre Außenseiterexistenz betraf, sondern auch ihre utopischen Entwürfe. Inspiriert von den Ideen der Französischen Revolution hatte diese junge Generation versucht, *die Vereinzelung zu durchbrechen und sich in neuen,*

Christa und Gerhard Wolf signieren in der Redaktion der *Wochenpost* ihren gemeinsamen Band *Ins Ungebundene gehet eine Sehnsucht*, 1985

*produktiveren Lebensformen zu bewegen, aus dem Geist einer Gruppe heraus* (WA 6, S. 111), aber sie blieben eine *Avantgarde ohne Hinterland* (WA 6, S. 112), der Einsamkeit in der Geschichte ausgesetzt. Was in *Kein Ort. Nirgends* im Verfahren der literarischen Rückerinnerung (also das Zitieren, das Zitat) poetisch präsent ist, dafür lieferten Christa Wolfs Essays über Karoline von Günderrode und Bettina von Arnim den literarhistorischen und biografischen Kontext. *Kein Ort. Nirgends*, im Frühjahr 1978 abgeschlossen, erschien 1979 zeitgleich im ostdeutschen Aufbau- und im westdeutschen Luchterhand-Verlag.

Ihre gleichgerichteten Erkundungen in Prosa und Essay im *Gesprächsraum Romantik* veröffentlichten Christa und Gerhard Wolf 1985 in dem Band *Ins Ungebundene gehet eine Sehnsucht*. Die Texte dieses Bandes spannten einen weiten Bogen von der Auseinandersetzung dieser „romantischen" Dichtern mit der Französischen Revolution und der „deutschen Misere" bis hin zur Literatur im Vorfeld der gescheiterten deutschen Revolution von 1848. Die Sammlung ist beispielhaft für die Wiederentdeckung des Romantischen durch

Autorinnen und Autoren in der DDR seit den späten Sechziger- und frühen Siebzigerjahren. Der identifikatorische Rückgriff zielt auf die Gegenwart. Dieser Traditionsbezug quer zur offiziellen Kulturpolitik auf nichtklassische Dichter der Goethe-Zeit, deren Konflikte mit der restaurativen Gesellschaft ihrer Zeit und deren Abweichung von der normativen klassischen Poetik zu existenziellen Brüchen in ihrem Leben und Werk geführt hat, ist modellhaft: Autorinnen und Autoren wie Johannes Bobrowski (*Boehlendorff*), Anna Seghers (*Das wirkliche Blau, Die Reisebegegnung*), Franz Fühmann (Essays über E.T.A. Hoffmann, *Spiegelgeschichte*), Stephan Hermlin (*Scardanelli*), Günter Kunert (*Ein anderer K.*), Günter de Bruyn (*Das Leben des Jean Paul Friedrich Richter*), Sigrid Damm (*Vögel, die verkünden Land*) und andere gestalteten und diskutierten hier eigene Konflikte, übten Gesellschafts- und Realismuskritik, setzten sich mit eigenen Hoffnungen und Enttäuschungen auseinander.

## Gehen oder bleiben?

Schwierige, unruhige Zeiten begannen, viel Besuch, aufgeregte Gespräche und endlose Diskussionen, Abschiede und Verluste. Ende 1976 war der Potsdamer Freund und Kollege Eduard Claudius gestorben, ein Jahr später starb Maxie Wander. Sarah Kirsch fasste den Entschluss, die DDR zu verlassen. Christa Wolf unternahm eine Lesereise nach Wien und Graz und erhielt den Bremer Literaturpreis. Im Frühjahr 1977 heirateten in Prag Annette und Jan Faktor. Die ohnehin familiäre Freundschaft mit Franci Faktorová festigte sich weiter. Noch im September 1977 ging es für Christa Wolf, wie sie im Tagebuch notierte, *um die Bewältigung des Schocks dieses Jahres – Biermann-Ausbürgerung und die Folgen. Immer noch bin ich verstrickt in einen inneren Monolog über dieses Thema, bemüht um Rechtfertigung und Selbstrechtfertigung.* (Tag, S. 218f.) Christa und Gerhard Wolf waren ein eingespieltes Team, was die Bewältigung des Alltags wie die Bewältigung von Krisen betraf. In diesem Jahr hatten sie über den dramatischen Geschehnissen beide ihren Hochzeitstag vergessen. *Ich fragte mich*, notierte Christa Wolf, *ob ich mich insgesamt […] nach einer*

*Überwältigung durch eine Leidenschaft sehne anstatt nach dieser gleichmäßigen, unbezweifelbaren und zuverlässigen Wärme, dieser Nähe, dieser Fürsorge.* (Tag, S. 220) Dieses Kapitel, glaubte sie, sei in ihrem Leben abgeschlossen, und sie hielt es für eine Selbsttäuschung, in ihrem Alter (sie war jetzt achtundvierzig Jahre alt) noch das Wichtigste von der Zukunft zu erwarten. *Ich räume ein bißchen auf, setze mich an die Maschine, um dies zu schreiben. Mir ist bewußt, daß dies meine liebste Art zu arbeiten ist, wenn die Arbeit sich in die Tage einmischt und sie auffrißt, eins vom andern nicht zu trennen ist. Gerd sagt, daß wieder hunderte von Staren an unseren Äpfeln sind. Eine enorme Apfelernte in diesem Jahr. Seit meiner Kindheit habe ich mir nicht mehr ruhig und aus der Nähe angesehen, wie ein Apfel am Ast sitzt, habe diese tiefen Septemberhimmel nicht mehr so intensiv wahrgenommen wie dieses Jahr. Wie kommt es, daß ich hier viel stärker das Gefühl habe zu „leben", als in dem seichten Trubel von Berlin? Und warum habe ich mich so lange in diesen seichten Trubel eingemischt? Zu viel Zeit damit verloren? Dies wäre wohl ein Grund zur Trauer, mehr als alles andere, auch zur Reue. Aber mein Vorrat an Trauer und Reue scheint erstmal aufgebraucht, es gibt doch so etwas wie eine Ökonomie der Seele, die bei Überbeanspruchung eines Tages, eigentlich überraschend, ihr „Genug" sagt.* (Tag, S. 220f.) Die Grenzen ihrer Belastbarkeit waren in dieser Zeit schnell überschritten, wenn sie zum Beispiel eine Kritik zu einem ihrer Bücher las, die sie als infam und böswillig empfand – sofort stellten sich Herzschmerzen ein, und, noch schlimmer, der Wunsch nach Selbstvernichtung. Viele ihrer Mutproben waren wahrscheinlich ihrem Vorsatz zu verdanken, sich von Mutlosigkeit und Angst nicht einschränken zu lassen, sie im Gegenteil mit Herzklopfen zu überwinden. Gerhards Unterstützung half ihr gerade in solchen Situationen, indem er ihr distanzierte Gelassenheit vorlebte: So sei jetzt eben diese Zeit, und so ist sie, Christa, in dieser Zeit, und das müsse sie nicht „aushalten", sondern annehmen und durchleben, sagte er ihr dann. Christa hatte sowieso den Eindruck, dass sie inzwischen *sehr lange am Rande [ihrer] Kraft leben kann* (Tag, S. 224), ohne zusammenzubrechen – aber manchmal wünschte sie sich einen Zusammenbruch, der ihr eine Auszeit von ein paar Wochen verschaffen könnte. Stattdessen schrieb sie – und das Schreiben bot ihr einen geschützten Reflexionsraum.

In der Zeit der Auseinandersetzungen um die Biermann-Intervention nahm die Überwachung der Wolfs durch Mitarbeiter der Staatssicherheit groteske Formen an. Die Wohnung in der Friedrichstraße, Post und Telefon wurden in so offensichtlicher Weise überwacht, dass vor allem Christa Wolf mit dem Gefühl lebte, keine Luft mehr zum Atmen zu haben. In einem Stasi-Bericht vom September 1978 hieß es lapidar: „Aufgrund ihrer verfestigten negativen Haltung zur praktischen Verwirklichung des Sozialismus in der DDR hat sich andererseits bei Christa und Gerhard Wolf eine politische Haltung herausgebildet, die eindeutig auf eine Konfrontation mit der Politik der Partei in entscheidenden Fragen des gesellschaftlichen Lebens hinausläuft.“ (Bildbiographie, S. 108) Diese Konfrontation wurde allerdings in der Folgezeit von beiden Seiten unterhalb jenes Punktes gehalten, an dem die DDR zu verlassen die einzig noch mögliche Antwort gewesen wäre.

Freunde und Kollegen verließen die DDR. Für manche bewahrten Wolfs Material auf, bis es sicher in den Westen transportiert werden konnte, und um das zu gewährleisten, wurden konspirative Maßnahmen ergriffen. Diese Verluste schmerzten, auch wenn Christa und Gerhard Wolf davon ausgehen konnten, dass aufgrund ihrer Reiseprivilegien die Kontakte nicht abbrechen würden – aber die Freundschaften veränderten sich in den folgenden Jahren, man teilte nicht mehr dasselbe Lebensumfeld, es setzte Entfremdung ein. Thomas Brasch eröffnete Wolfs noch im Dezember 1976, dass er in den Westen gehen würde. Sie konnten ihm damals nicht mehr widersprechen. *Plötzlich gab es eine neue Frage*, erinnert sich Christa Wolf, *die hieß: Warum bleiben?, und die mußte nicht mehr nur verbal, sie mußte hauptsächlich arbeitend beantwortet werden, denn nur die Produktion kann jene innere Freiheit hervorbringen, die den Zweifel über die Wahl des Lebens- und Arbeitsortes aufhebt.* (WA 12, S. 39f.) Ähnlich kompromisslos wie Thomas Brasch war Sarah Kirsch. Sie zog Konsequenzen aus den Schikanen und Bespitzelungen und verließ die DDR – für Christa Wolf ein *Vorgang von großer menschlicher, literarischer und politischer Tragweite* (Bildbiographie, S. 108). Die Frage „gehen oder bleiben?“ durchzog die Gespräche zwischen Gerhard und Christa, in ihrer Familie, unter Freunden. Erich Honecker beorderte Christa

Wolf zu einem Gespräch und fragte sie, ob sie das Land verlassen würde. Sie teilte ihm mit, dass sie künftig in keinem Parteigremium mehr aktiv mitarbeiten würde, aber im Lande bleiben wollte. Sie erreichte bei Honecker die Freilassung junger Autoren, die wegen Solidaritätsaktionen mit Biermann inhaftiert worden waren. Wie Hager, der sein Entgegenkommen in Gestalt von Reiseprivilegien für beide Wolfs zeigte, war auch Honecker daran gelegen, Christa Wolf in der DDR zu halten. In den folgenden Jahren gab es wenig Besprechungen ihrer Bücher und sie erhielt offiziell keine Lesungsangebote innerhalb der DDR, aber sie hatte zahlreiche Lesungen in Clubs oder kirchlichen Kreisen, wo man keine Angst vor Disziplinarmaßnahmen hatte. Für Christa Wolf waren diese Auftritte anstrengend. Aber ihr war klar, dass sie das ihren Leserinnen und Lesern schuldig war, die solche Anlässe – auch unter Anwesenheit von Staatssicherheitsleuten – als Ersatz für die nicht vorhandene demokratische Öffentlichkeit nutzten, als Gesprächsraum für Unausgesprochenes, auch wenn sie sich damit in Gefahr brachten. Allerdings konnte Christa Wolf weiterhin reisen, auch zusammen mit ihrem Mann, und sie war durch die Umsätze ihrer Bücher im Westen wirtschaftlich unabhängig. Im Januar 1978 nahm sie den Bremer Literaturpreis entgegen, im Frühjahr hielt sie Lesungen in verschiedenen britischen Städten und an der University of Edinburgh, wo Gerhard Wolf über DDR-Lyrik sprach, und im Sommer reisten beide zum P.E.N.-Kongress nach Stockholm. Im Wintersemester 1978/79 hielt Gerhard Wolf auf Einladung von Wolfgang Emmerich, Professor an der Universität Bremen, dort Vorlesungen zur DDR-Lyrik. Unter dem Titel *Das Gedicht unterwegs nach Utopia. Lyrik aus der DDR* gab er einen Überblick über die Entwicklung der Lyrik und stellte am Beispiel von Volker Braun, Sarah Kirsch, Günter Kunert und Karl Mickel zeitgenössische Lyrik vor. Radio Bremen produzierte, vermittelt durch Ulla Hahn, eine enge Freundin von Stephan Hermlin, diese Reihe als mehrstündiges Feature in Fortsetzungen. Ende 1978 erhielt Christa Wolf die Einladung zur Poetik-Dozentur an der Universität in Frankfurt am Main, die sie mit einiger Verspätung dann 1982 wahrnahm. Gerhard Wolf stand diesen Einladungen aus dem Westen offener gegenüber als Christa.

Für ihn wäre es durchaus vorstellbar gewesen, eine Zeitlang zum Beispiel in Bremen zu leben, hätten sich dort für ihn Arbeitsmöglichkeiten schaffen lassen. *Wenn man nicht mehr schreiben kann, muß man gehen*, war Christa Wolfs Position, die auch Franz Fühmann teilte. *Natürlich war ich in einer tiefen Krise, aber in einer, aus der heraus sich wieder Schreibimpulse ergaben. Mir war bewußt, daß die Konflikte, die ich in der DDR erlebte, mich zum Schreiben trieben. Außerdem gab es einfach sehr viele Leute, die sich darauf verließen, daß noch ein paar da waren, an die sie sich wenden konnten. Das haben sie uns auf verschiedene Weise wissen lassen. Die Verantwortung und die Last dessen, was einem da aufgeladen war, nahm zu.* (WA 12, S. 717)

In den Siebzigerjahren war die Ständige Vertretung der BRD in Berlin, die vom Beginn ihrer Existenz 1973 bis 1981 von Günter Gaus geführt wurde, ein wichtiger Ort für Kulturschaffende der DDR. Es gab dort – wie übrigens auch bei der ZEIT-Korrespondentin Marlies Menge – regelmäßige Gesprächsabende im kleinen Kreis, die auch Gerhard und Christa Wolf oft und gerne besuchten. Mit den Jahren entwickelte sich eine freundschaftliche Beziehung zu dem Journalisten, Publizisten und Diplomaten Gaus (1929–2004). Er wurde auch zu einem wichtigen Gesprächspartner und Ratgeber in der Frage „bleiben oder gehen". Eine Übersiedlung für eine Großfamilie wie Wolfs, einschließlich der Familien der Töchter, zu organisieren, hielt er für logistisch unmöglich.

„Bleiben oder gehen wir" war in den folgenden Jahren immer wieder Thema ihrer Gespräche wie jenes bei einem ihrer Frühstücke zu zweit – sie liebte morgens einen starken Kaffee, er trank lieber Tee –, das Christa Wolf im Tagebuch protokollierte: *Und was willst du machen? – Ich glaube, sage ich vage, wir müßten doch weggehn. – Und wie willst du das machen? Mit diesem ganzen Troß? Drüben würden die Kinder doch an dir hängen, und du wärst auch materiell für sie verantwortlich … Hier, sagte ich, muß ich auch jede nicht ganz normale Sache für sie regeln. – Ja. Aber sie stehen materiell auf eigenen Füßen. – Und dort würden sie wenigstens ein Jahr Arbeitslosenunterstützung bekommen, könnten reisen … – Und die politische Lage? Die Kohl-Regierung? – Ja. Aber seit Sonntag ist die SPD wieder im Aufwärtstrend. – Aber das ändert doch die Wirtschaftskrise nicht. – So reden wir nun seit Jahren, manchmal lange nicht, dann wieder jeden*

*Tag.* (Tag, S. 329) Gespräche über das Gehen oder Bleiben führten sie immer wieder. Diese Grundsatzfrage betraf natürlich auch ihre Beziehung. So machte Christa Wolf sich Gedanken, *[w]ie wäre eigentlich unsere Ehe geworden, wenn wir in der Bundesrepublik leben würden? Wäre sie dann überhaupt ‚geworden'? Hätte sie so gehalten wie hier, wo der äußere Druck den Wunsch nach einer Sicherheit, einer Festigkeit so stark werden läßt, nach einem Menschen, auf den man sich blindlings und absolut und unter allen Umständen verlassen kann.* (Tag, S. 440)

Das Sommerhaus auf dem mecklenburgischen Land war für Wolfs gerade in diesen Jahren zu einem – so glaubten sie damals – geschützten Ort geworden. Dass ihr Freund und Nachbar Thomas Nicolaou sie im Auftrag der Staatssicherheit ausspionierte, erfuhren sie erst viel später. So oft es ihnen möglich war, fuhren sie nach Neu-Meteln. *Als wir in Lübsdorf abbiegen, sagt Gerd: Hier ist es einem direkt schon heimatlich, findest du nicht. – Ich denke, wie kostbar ein Heimatgefühl ist und wie schwer man es aufgeben würde*, notierte Christa im Herbst 1977. *Diesen doppelten Boden haben seit ein paar Monaten alle meine Gedanken. Ich denke, nie mehr würde ich mich woanders heimisch fühlen können, wenn ich hier wegginge. Und ich frage mich, wie hoch der Preis unter Umständen wäre, den ich für dieses Heimatgefühl zu zahlen bereit wäre. Ich frage mich, welchen Preis ich täglich unbewußt zahle, einen Preis in der Münze: Wegsehen, weghören, oder zumindest: schweigen. Ich denke oft, ob die Rechnung dafür uns noch zu unseren Lebzeiten präsentiert wird. Wenn nicht, muß ich sie mir selber präsentieren. Ich weiß nicht, ob ich noch einmal die Kraft aufbringe zu der Schonungslosigkeit, die da gebraucht würde. Das ist, vielleicht, die Kernfrage für die Weiterarbeit, die ich manchmal einfach aufgeben möchte.* (Tag, S. 224f.) Hätte es diesen Ort für sie nicht gegeben, mit dem vor allem Christa Heimatgefühle verband, dann wäre wegzugehen vielleicht doch eine realistische Option gewesen.

## Mit Verlusten leben und weiterarbeiten

Die Jahre nach der Biermann-Affäre veränderten das Leben von Christa und Gerhard Wolf, ihre Beziehung und ihre Perspektiven. Die Verluste, mit denen sie weiterleben mussten, mehrten sich: Enge

Freunde starben, andere verließen die DDR, sie selbst zogen sich zunehmend häufiger aufs Land zurück, in ihren familiär-freundschaftlichen Beziehungskosmos. Beide Töchter hatten ihre eigenen Lebenskreise, Berufe, Familien, Freundschaften. Christa und Gerhard Wolf gewöhnten sich an die Großelternrolle und nahmen intensiv Anteil am Aufwachsen der Enkelkinder Jana, Helene, Benjamin und Anton. Sie gingen nun auf die fünfzig zu. Ihre Beziehung war zunehmend stärker auf ihre Zweisamkeit hin ausgerichtet, weiterhin eine exklusive Verbindung, in der Liebe, Vertrautheit und Verlässlichkeit eine so untrennbare Vermischung eingegangen waren, dass einer der anderen Sätze zu Ende führen, eine des anderen Gedanken erkennen und Reaktionen vorhersehen konnte. Vor allem, wenn sie sich in Neu-Meteln aufhielten, rückten sie gleichsam näher zusammen. Während Christa Wolfs Prosaarbeiten – zumeist mehrere nebeneinander – sich oft über längere Zeiträume erstreckten, konnte Gerhard Wolf seine verschiedenen Projekte meist in kürzerer Zeit abschließen, was ihm gut gefiel – dann hatte er den Kopf frei für Neues. Er gab in den folgenden Jahren mehrere Bücher heraus, angereichert durch Essays. Dies waren vor allem seine Herausgaben in der Reihe *Märkischer Dichtergarten*, für die er gemeinsam mit Günter de Bruyn verantwortlich zeichnete, aber auch ein Auswahlband mit Gedichten von Georg Maurer (*Unterm Maulbeerbaum*) und *Georg Maurers immerwährender Dreistrophenkalender*. Für den Band *Schriftsteller über Heinrich von Kleist* schrieb er die Textcollage *Obduktion*, für einen Band über Wieland Förster den Beitrag *Ein Bildhauer schreibt*, es entstanden seine *Skizze für ein Porträt Erich Arendts* und sein Essay *In eigener Sprache schreiben* über die Sprachblätter von Carlfriedrich Claus für *Mir scheint der Kerl lasiert. Dichter über Maler*, Texte über Bobrowski (*Das fortgesetzte Gespräch*) und über Günter Kunert (*Der lebende Vers*). Nach dem Tod der Malerin Elena Liessner-Blomberg, der Gerhard Wolf im Januar 1978 die Totenrede hielt, gab er im Buchverlag Der Morgen unter dem Titel *Elena Liessner-Blomberg oder Die Geschichte vom Blauen Vogel* ihre Lebensbeschreibung heraus. Ihre Arbeiten – *kühne Collagen, schlichte Aquarelle, verspielte Applikationen von ungemein farbigem Reiz* (Poesie, S. 80) – hatte sie, die in den Zwanzigerjahren als junge Künstlerin aus Moskau nach Berlin gekommen war und sich und ihre Familie durchbringen musste, nie aus den Augen verloren und immer wieder dort fortgesetzt, wo sie unterbrochen wurde. Eine Art von Tapferkeit, gepaart mit gelegentlich sarkastischem Humor, mit Frische und einem jung gebliebenen Blick auf das Leben – das mochte Gerhard Wolf an ihr.

Die Vermittlung zwischen Dichtung und bildender Kunst und die subjektiv-essayistische Annäherung an lyrische Texte waren nach wie vor die Arbeitsbereiche, die Gerhard Wolf faszinierten und anregten. Seine Projekte liefen, wie die Christas, oft parallel, waren, anders als ihre, zumeist in überschaubaren Zeiträumen abgeschlossen und ließen sich gut in das Alltagsleben integrieren. Da es sich – mit Ausnahme der Herausgaben zum *Märkischen Dichtergarten* – um zeitgenössische Dichter und bildende Künstler handelte, gehörten stets auch der Dialog, der lebendige Austausch, die leibhaftige Begegnung zu seiner Arbeit. Eine scharfe Trennung zwischen dem, wie er lebte, womit er sich beschäftigte, was ihn im Innersten berührte und worüber er schreibend nachdachte, gab es bei Gerhard so wenig wie bei Christa. Und auch in Christa Wolfs Essays ist der Dialog mit historischen und mit zeitgenössischen Autorinnen und Autoren, mit Freunden und Kollegen eingebettet in Verbundenheit, Empathie und lebhaftes Interesse. Aber Christa Wolf ging es in ihrem Schreiben immer deutlicher um Reflexion und Bewältigung eigener Konflikte im gesellschaftlichen Kontext, das ist die *subjektive Authentizität*, die ihre Bücher für Leserinnen und Leser im Osten wie im Westen Deutschlands und – seit der Biermann-Affäre verstärkt – auch im Ausland wesentlich machte.

Das im Westen bestehende Interesse an DDR-Literatur und ihren Autorinnen und Autoren galt in links-alternativen und feministischen Kreisen zumeist nur einem ganz bestimmten Ausschnitt aus der in der DDR verlegten Literatur (während der Großteil der in der DDR verlegten Bücher gar nicht zur Kenntnis genommen wurde), nämlich den kritisch-sozialistischen Autorinnen und Autoren, die am utopischen Projekt eines demokratischen Sozialismus orientiert waren. Manche von ihnen verließen 1976 und in den folgenden Jahren die DDR, weil sie den Schikanen entkommen wollten und weil ihre Hoffnung auf Veränderung bis auf den Grund aufgebraucht war. Andere blieben in der DDR, zogen sich zurück, gaben ihre Ansprüche auf gesellschaftliche Veränderungen auf oder versuchten, sie wenigstens im Kreis von Familie, Freunden, Nachbarn und Gleichgesinnten nicht preiszugeben. Diese Haltung individueller Tapferkeit beschrieb Christa Wolf in ihrer Totenrede für die Freundin und Kollegin Maxie Wander, und dasselbe hätte sie auch über Brigitte Reimann, über Christa Gebauer oder über sich selbst sagen können: *Sie hat sich mit den Gegebenheiten nicht abgefunden, hat sich der Spannung ausgesetzt zwischen dem, was wir heute sein können, und dem, was wir morgen sein wollen, um zu überleben. Sie war unzufrieden. [...] Wir haben gesehen, wie sie es mit den Widerständen aufnahm, die ihrer Sehnsucht, sich zu verwirklichen, entgegenstanden.* (WA 8, S. 111) Wie nah sich Christa und Maxie waren, schwesterlich verbunden, zeigt auch das letzte Kapitel in *Sommerstück*, eine Art innerer Dialog.

Im überwiegenden Teil der westdeutschen Öffentlichkeit waren diejenigen Autorinnen und Autoren, die ihr Land verließen, und diejenigen, die zwar, politisch desillusioniert, blieben, aber den Rückzug wählten, ausschließlich unter dem Aspekt von Interesse, wie sie zum SED-Regime standen. Ihre Bücher wurden kaum unter literarischen, sondern vielmehr unter politischen Gesichtspunkten betrachtet und vermarktet: je regimekritischer, desto verkäuflicher. In den Jahren nach der Biermann-Affäre veränderte sich daher auch der Stellenwert der Autorin Christa Wolf in Westdeutschland und im westlichen Ausland. Ihr Rückzug im eigenen Land wurde einerseits mit verstärkter Aufmerksamkeit und Anerkennung vom Westen beantwortet, und sie wurde – vor allem in der Bundesrepublik – andererseits reduziert auf ihre Rolle als „Dissidentin“, was keineswegs ihrem eigenen Selbstverständnis entsprach – *das muss man differenzierter sehen*, war einer ihrer Lieblingssätze. Auf den Bremer Literaturpreis 1977 (der erste westdeutsche Preis, den sie annahm) folgte eine beeindruckende Reihe literarischer Auszeichnungen: die Aufnahme in die Darmstädter Akademie für Sprache und Dichtung 1979 und der Büchner-Preis 1980, die Aufnahme in die Akademie der Künste in Westberlin 1981, die Poetik-Dozentur an der Universität Frankfurt am Main 1982, eine Gastprofessur an der University of Ohio und der Schiller-Gedächtnispreis des Landes Baden-Württemberg 1983, der Franz-Nabl-Preis der Stadt Graz und die Aufnahme in die Europäische Akademie der Künste und Wissenschaften Paris 1984, der Österreichische Staatspreis für Europäische Literatur 1985, die Aufnahme in die Freie Akademie der Künste Hamburg 1986, der Geschwister-Scholl-Preis der Stadt München und eine Gastprofessur an der ETH Zürich 1987. Mit *Sommerstück*, dem Erinnerungsbuch, das 1989, im Jahr ihres sechzigsten Geburtstags, erschien, rückte Christa Wolf in die Reihe der Nobelpreiskandidaten auf. Lesereisen führten sie seit 1979 vermehrt in westdeutsche Städte, aber auch nach Frankreich, Österreich, Spanien, Italien, in die Schweiz und die USA. Zwar setzte die Wirkung der Bücher Christa Wolfs jenseits des deutschsprachigen Raums bereits Mitte der Sechzigerjahre mit der Erzählung *Der geteilte Himmel* ein, die in mehr als zwanzig Sprachen übersetzt wurde. Seit den späten Siebzigerjahren aber vergrößerte sich die Resonanz ihrer Prosa und Essayistik enorm durch zahlreiche Übersetzungen, später außerdem durch Bearbeitungen für Bühne und Hörfunk vor allem von *Kassandra* und *Medea*, in den europäischen Ländern und den USA, und sie zog mehr und mehr Leserinnen und Leser in ihren Bann.

Dem Freund und Kollegen Franz Fühmann, der *Kein Ort. Nirgends* begeistert aufnahm – „etwas ganz Außerordentliches", „eine Dichtung aus einem Guß" (BW Fühmann, S. 73), schrieb er Christa im Mai 1979 – berichtete Christa Wolf von den Lesungen aus diesem Buch in Westdeutschland: *[...] ich hatte Lesungen, zu meinem eigenen Entsetzen in Riesensälen, bis zu tausend Leute.* (BW Fühmann, S. 79) Ihre Poetik-Vorlesungen an der Universität in Frankfurt am Main, die im Hessischen Fernsehen zu sehen waren, wurden zu einem Massenereignis. Die Auftritte vor einem beständig wachsenden Publikum lösten bisweilen eine Art Fluchtreflex bei Christa Wolf aus, sie fühlte sich überfordert von den Erwartungen der Menschen an sie selbst wie an ihre Literatur. Wann immer es möglich war, begleitete Gerhard sie auf den Lesereisen ins westliche Ausland. Und auch zu Hause stützte und schützte er sie, schirmte sie ab. Durch die Reisen in westliche Länder vergrößerte sich auch der Freundeskreis der Wolfs, zu dem vor allem Kollegen, Übersetzer und Verlagsleute gehörten.

## Geteilte Erinnerung, gemeinsame Erinnerung

Die Rückzugsmöglichkeiten aufs mecklenburgische Land boten für Christa, mehr noch als für Gerhard Wolf, den geschützten Raum, den sie zum Schreiben brauchte, vor allem aber zum Innehalten und Zur-Ruhe-Kommen – für sie die Voraussetzung, um schreiben zu können. Nach 1976 gelang es ihr erneut, in den unterschiedlichen literarischen Projekten der Folgezeit, in Essays und Erzählungen, in historischen Modellen und am zeitgenössischen Stoff, sich „freizuschreiben", dem Gefühl, mit dem Rücken an der Wand zu stehen, zu entkommen, ihren Spielraum zu erweitern. *Eine volle Umdrehung des „Rades der Geschichte"*, schreibt sie in *Der Schatten eines Traumes*, ihrem Günderrode-Essay, *und wir, mit Leib und Seele mitgerissen, grad erst zu Atem gekommen, zu Besinnung, zu Um-Sicht – wir blicken uns um, getrieben von dem nicht mehr abweisbaren Bedürfnis, uns selbst zu verstehen: unsre Rolle in der Zeitgeschichte, unsre Hoffnungen und deren Grenzen, unsre Leistungen und unser Versagen, unsre Möglichkeiten und deren Bedingtheit.* (WA 6, S. 111) Dem Bedürfnis, die eigenen Beweggründe und persönlichen Verstrickungen zu verstehen, konnte sie schreibend auf andere Art nachgehen als in den Gesprächen mit Gerhard oder mit Freunden. Was sie als Abhängigkeit und damit als alternativlos in Gefühl und Verhalten erkannte, gelang ihr, in Bindung, in Zugehörigkeit zu verwandeln, einschließlich der damit verbundenen Ambivalenzen. Die gegen besseres Wissen viel zu lange bewahrte Hoffnung, die verkrusteten, erstarrten Verhältnisse in der DDR könnten sich in Bewegung versetzen auf einen demokratischen Sozialismus hin, konnte Christa Wolf, anders als Gerhard, nur sehr schwer loslassen. Allzu lange blieb sie trotz aller Zumutungen und Enttäuschungen doch immer wieder bereit, Anlässe für Hoffnungen aufzunehmen. Aber gerade in den Jahren nach der Biermann-Ausbürgerung erlebte sie deutlich, dass ihre Handlungs- und Gestaltungsmöglichkeiten sich auf innere Dimensionen wie das Schreiben beschränkten. Zugleich ermöglichte ihr diese Einsicht, sich weitgehend frei zu machen von gesellschaftlichen Verpflichtungen und Verantwortungen. Die Lösung aus viele Jahre zuvor freiwillig und in gutem Glauben eingegangenen Abhängigkeiten vom politischen System ließ sie ihre persönlichen Bindungen in neuem Licht wahrnehmen, die private Seite ihrer Existenz, Ehe, Familie, Freundschaften und Heimatverbundenheit, bezogen auf das mecklenburgische Land. Auf dem Land lebten Christa und Gerhard Wolf auf, obwohl sie ihr dortiges Umfeld keineswegs als Idylle empfanden. *Manchmal aber*, notierte Christa Wolf im Tagebuch, *habe ich doch das Gefühl: Es ist zu schön. So darf man eigentlich heutzutage nicht leben. So leben wir allerdings auch nur, weil wir jede Hoffnung auf Veränderung in diesem Land aufgegeben haben und glauben, berechtigt zu sein, uns jenen Platz einzurichten, an dem wir arbeiten können. [...] Die Zwiespältigkeit dieser Lebensweise bleibt mir bewusst.* (Tag, S. 298f.) Das Leben auf dem Land bot wohltuende neue Erfahrungen, zu erleben, wie die Jahreszeiten wechselten, die körperliche Arbeit im Garten, bei der Apfelernte, die Alltage mit ihrem Wechsel von Tätigkeiten und Lebensgenüssen, die Zeit zu gestalten oder sie einfach vergehen zu lassen, Begegnungen und Treffen mit Familie, Freunden und Nachbarn. Aber Schreibblockaden oder jedenfalls die Unmöglichkeit, sich ganz in den Stoff zu versenken, an dem man gerade arbeitete, stellten sich auch auf dem Lande ein. Während Gerhard sich davor hütete, sich solche *Lähmungszustände* als Depression bewusst zu machen, und stattdessen sich einfach in den Lauf des Tages ergab, vor sich hin lebte und sich mit Gartenarbeit, Kochen oder Nichtstun beschäftigte, hatte Christa gerade davor Angst: vor dem unstrukturierten Tag, der sie wer weiß wohin trieb. Ihre Angst davor war größer als die vor der mühsamen Arbeit an ihrem jeweils aktuellen Projekt, zu der sie sich zwang, auch wenn sie wusste, dass das Ergebnis sie nicht überzeugen würde. Mit den Jahren, beobachtete sie, hatte sich ein Grundmuster der Dialoge zwischen ihr und Gerhard eingeschlichen: *Ich muß eine Sorge, eine Angst verharmlosen und verstecken, die er, eben weil auch er sich sorgt, an mir nicht sehen will. Untergründig läuft der wirkliche Dialog, in dem einer vom anderen weiß, wie es um ihn bestellt ist, es auch immer noch wissen* will – *obwohl nach 28 Jahren eine Ermattung des Interesses wohl begreiflich wäre.* (Tag, S. 283) Ihre Verbindung, vertraut und zuverlässig, wurde nun noch stärker als in früheren Jahren zum existenziellen Bezugspunkt für beide, jetzt, wo ihre Töchter längst ihre Berufe und ihre Familien hatten und die Weggefährten immer weniger wurden. Gerade auf dem Land waren Gerhard und Christa Wolf oft zu zweit. Das gemeinsame Leben produzierte nach so vielen gemeinsamen Jahren auch eine gemeinsame Erinnerung. *Er führt nicht Tagebuch wie ich*, bemerkte Christa Wolf dazu, *es genügt ihm, daß ich es tue. Solche Erscheinungsformen des seelischen Exhibitionismus hat er allmählich ganz auf mich übertragen. Ich brauche sie, er braucht ihre Brechung in mir und durch mich.* (Poesie, S. 158)

Bereits in *Juninachmittag,* in *Kindheitsmuster* oder in *Störfall* waren die einzelnen Familienmitglieder hinter den Figuren der Geschichte kenntlich. In *Sommerstück* setzte sich die poetische Verwandlung realer in fiktive Personen fort. Getreu dem bereits 1968 in *Lesen und Schreiben* formulierten erzählerischen Credo Christa Wolfs, zu erzählen bedeute, wahrheitsgetreu zu erfinden aufgrund eigener Erfahrung, gestaltete sie gerade hier nicht nur Facetten gemeinsamer Erinnerung, sondern auch Facetten ihrer Lebensbeziehung zu ihrem Mann, die sie gleich zu Anfang der Erzählung in das Bild der beiden miteinander verwachsenen Bäume fasst. *[…] die beiden Eichen, die ihr Astwerk ineinandergeschlungen haben und deren eine, rechte, für sie weibliche, auch dieses Jahr um ein, zwei Wochen später grün wurde als die andere, männliche, ein Vorgang, den Ellen als Sinnbild nahm.* (WA 10, S. 12) In den *Metamorphosen* erzählt Ovid die Geschichte des altgewordenen Paares Philemon und Baucis, das dem Gott Zeus und seinem Sohn Hermes, die auf ihrer Wanderung durch die Menschenwelt nirgends Aufnahme fanden, ein Obdach, zu essen und zu trinken gab. Die Götter belohnten die beiden Alten, indem sie deren Hütte in einen Tempel verwandelten. Vor allem aber gewährten sie dem in tiefer Liebe verbundenen Paar, gleichzeitig zu sterben, damit sie sich nie mehr trennen müssen. Am Ende ihres Lebens verwandelten die Götter Philemon und Baucis in zwei Bäume, eine Eiche und eine Linde. In *Sommerstück* sind es zwei Eichen, Bäume vom selben Holz. Der Figur des Jan gibt Christa Wolf Eigenschaften, Haltungen und Kindheitserinnerungen ihres Mannes. *Ist dir was? fragte Jan sie leise, eine in Jahrzehnten Hunderte von Malen wiederholte Frage, und sie erwiderte, Hunderte von Malen: Was soll sein? Nichts. Und Jan verzog, wie immer, das Gesicht, er litt nicht, daß sie auf Abstand ging, und sei es für Stunden. Jan fühlte sich wohl, das war zu wenig gesagt, aber warum die eigenen Gefühle hochtreiben, warum sich so wichtig nehmen. […] Jan konnte sich selbst vergessen.* (WA 10, S. 66) Als Jan einen angeschossenen Bock liegen sieht, steht sofort ein Erlebnis seiner Kindheit vor seinem inneren Auge, ein anderer angeschossener Rehbock, *die klaffende Fleischwunde in der rechten Hinterkeule. Die Blutlache. Seinen Blick, den vor allem. Seine ganze Kindheit war in seinem Bild zusammengeströmt. Der Wald. Seine einsamen Pirschgänge. Das Wild, das er beobachtete, dessen Gewohnheiten er genau kannte, mit dem er vertraut war. Die Jagden, an denen er als Treiberjunge teilnehmen durfte. Der Blutgeruch an den aufgebrochenen Tieren. Der Geschmack frisch gebratener Wildleber. Er sah sich, den Jungen. Spürte ihn in sich. Seine Einsamkeit. Sein Glück. Seine Sehnsüchte.* (WA 10, S. 90f.) Christas Alter Ego Ellen beobachtet Jan: *Sie sah durch das Küchenfenster Jan herumstreichen. Selbstverloren. Nicht an sich, an seine Tätigkeit verloren, und wenn die auch nur im Aufsammeln der trockenen Äste unter dem Apfelbaum bestand. Jan ist, dachte Ellen, der bessere Mensch von uns beiden.* Und ein anderer Gedanke schloss sich daran an: *Wer auf die Dauer mit Menschen, mit einem Menschen zusammenleben will, dachte Ellen, der muß das Geheimnis des anderen respektieren.* (WA 10, S. 128)

In Christa Wolfs folgenden Büchern, vor allem in *Leibhaftig* und in *Stadt der Engel*, ist Gerhard Wolf ähnlich unverstellt präsent wie in *Sommerstück*. Auch in *Ein Tag im Jahr*, den Tagebuchaufzeichnungen jeweils des 27. Septembers seit 1960 und bis 2011, ist er anwesend. Im September 1988 entstand als Geschenk zu Gerhards sechzigstem Geburtstag ein Porträt ihrer Beziehung unter dem Titel *Er und ich*, eine Liebeserklärung an ihn und zugleich ein Blick auf gemeinsame Erlebnisse und Erinnerungen, auf ihrer beider unterschiedliche persönliche Eigenschaften und Verhaltensweisen. Im Laufe ihrer Beziehung hat er ihr eine Entwicklung ermöglicht, die sie in ihrer Persönlichkeit gestärkt und autonomer hat werden lassen. Sie ist sicher, in sachlichen (über Literatur und Kunst) wie in emotionalen Dingen (mit Verletzungen umzugehen, weniger gefallen wollen) stärker von ihm gelernt zu haben als er von ihr. Sie kann sich in jeder Situation blind auf ihn verlassen. Sie schützt ihrerseits seine verborgene Verletzbarkeit, sie mag seine Scheu, sein Zögern und sein Schweigen. Eine seiner Lieblingstätigkeiten ist das Kochen. *Herr Wolf erwartet Gäste und bereitet für sie ein Essen vor* ist ein Porträt ihres Mannes in einem wunderbaren, als Dialog mit seiner Frau getarnten Monolog, der nicht nur die genießerische Vorfreude bei der Menüplanung offenbart, sondern auch eine heitere Beziehungsgeschichte als Sammlung von Koch- und Esserlebnissen erzählt.

## Ferne und Nähe

Christa Wolf blieb in der DDR und ließ sie zugleich hinter sich zurück beim Aufbruch in den Gesprächsraum Romantik und in die Mythen der Griechen. Die Themen, Stoffe und Konflikte, die sie in den Achtzigerjahren beschäftigten und ihrem Schreiben neue Impulse gaben, lassen sich mit einem Satz aus der Büchner-Preis-Rede zusammenfassen: *Literatur heute muß Friedensforschung sein.* (WA 8, S. 199) Jahre und Jahrzehnte hat Christa und Gerhard Wolf die Frage beschäftigt, was kann, was soll aus dem Sozialismus in der DDR werden – dazu war inzwischen alles gesagt. Die Supermächte Sowjetunion und USA hatten die beiden deutschen Staaten, die DDR und die BRD, zu Standorten ihrer atomaren Hochrüstung gemacht und damit eine Protestbewegung in Gang gesetzt, die sich schließlich weltweit ausbreitete. Christa Wolf engagierte sich, gemeinsam mit anderen west- und ostdeutschen Autoren, bei der von Stephan Hermlin ins Leben gerufenen Berliner Begegnung zur Friedensförderung im Dezember 1981, die im Mai 1982 durch das Haager Treffen für den Frieden eine Fortsetzung fand. Literatur als Friedensforschung sollte sich nach Christa Wolfs Verständnis einerseits mit den Ängsten und den Autonomiebestrebungen des Individuums beschäftigen, sie sollte andererseits aber auch historisch vorgehen, an die Erkenntnisse aus dem Gesprächsraum Romantik anknüpfend, den Umschlag aufklärerischen Denkens in Irrationalismus, die Ausgrenzung von Frauen aus den gesellschaftlichen Machtbereichen und die Ursachen von Gewalt, Zerstörung und Selbstzerstörung in der abendländischen Zivilisation erforschen – ein gewaltiges Programm, das Christa Wolf in Prosa und Essayistik verfolgte, dabei ihrer Vorstellung von Literatur als einem Gewebe aus miteinander verflochtenen Fäden Rechnung tragend. *Wir, ernüchtert*

In Griechenland, Frühjahr 1980

*bis auf die Knochen, stehn entgeistert vor den vergegenständlichten Träumen jenes instrumentalen Denkens, das sich noch immer Vernunft nennt, aber dem aufklärerischen Ansatz auf Emanzipation, auf Mündigkeit hin, längst entglitt und als blanker Nützlichkeitswahn in das Industriezeitalter eingetreten ist*, sagte sie in der Büchner-Preis-Rede 1980. *Wir sind die ersten nicht. An den Bruchstellen zwischen den Zeiten wird gebrochen: der Mut, das Rückgrat, die Hoffnung, die Unmittelbarkeit: vieles, was zum Sprechenkönnen nötig ist. In die Hohlräume springt die Angst. Vorläufer in der Dichtung sind fast immer auch Vorempfinder einer Angst, die später über viele kommt.* (WA 8, S. 187f.) Während der Griechenlandreise, die Wolfs im Frühjahr 1980 unternahmen, wurde die trojanische Seherin Kassandra für Christa Wolf zu einer Figur, die als Erste erfuhr, was nach ihr die Frauen in männlich dominierten Gesellschaften erfahren müssen: den Schmerz, zum Objekt gemacht zu werden, und ebenso den *Schmerz der Subjektwerdung*, gegen Ängste und Abhängigkeiten anzukämpfen und ein autonomer Mensch zu werden.

Die *Voraussetzungen einer Erzählung* und die Erzählung *Kassandra*, Christa Wolfs Projekt für die Poetik-Dozentur an der Universität Frankfurt am Main, verbinden ähnlich wie *Kindheitsmuster* verschiedene Schreibebenen: Hier sind es Reise- und Arbeitstagebuch, Brief und Erzählung. Für diese Art zu schreiben gibt es keine Tradition. Die Art von Literatur, die Christa Wolf hier vorschwebte, sollte nicht der Linearität des Zeitablaufs folgen, sondern die authentische Gleichzeitigkeit von Erfahrung in Gestalt eines Gewebes oder Geflechts hervorbringen. Mit Gerhard diskutierte sie die Schwierigkeiten dieses Projekts, und seine Intervention brachte sie, wie so oft, dazu, sich klarer zu werden, worauf es ihr ankam. Es entsprach ihrer Auffassung von Aufrichtigkeit und Authentizität, nicht einfach ein literarisches Werk vorzulegen, sondern auch die Erlebnisse, Gedanken, Irritationen während des Schreibprozesses. Im Frühsommer 1982 reisten Wolfs für einige Wochen nach Frankfurt am Main. Die Vorlesungen an der Universität wurden zu einem spektakulären Ereignis, und die 1983 erfolgte Publikation des Kassandra-Projekts – zuerst nur in der BRD – fand enthusiastische Aufnahme, nicht nur in der Frauen- und Friedensbewegung. Christa Wolf traf mit *Kassandra* den Nerv der Zeit, denn die Menschen hatten in diesen Jahren des Wettrüstens Angst vor einem Atomkrieg. Die DDR-Ausgabe verzögerte sich, weil die Autorin nicht bereit war, die Eingriffe der Zensur zu akzeptieren – zumal die genehmigte (unzensierte) westdeutsche Ausgabe bereits auf dem Markt war. Schließlich erschien die einbändige DDR-Ausgabe im Januar 1984 und enthielt im Text der Vorlesungen Auslassungszeichen, um die Streichungen zu kennzeichnen – ein einmaliger Vorgang in der Zensurgeschichte der DDR.

Mit dem Kassandra-Projekt wurde Christa Wolf zu einer Autorin von Weltruhm. Im Frühsommer 1983 hielten sich beide Wolfs im Rahmen einer Gastdozentur in Columbus, Ohio, auf. Die Besonderheit ihrer Lebens- und Arbeitsbeziehung, die jedoch Christa wie Gerhard als völlig normal, für sie selbstverständlich, empfanden, zeigte sich auch in einem Gespräch mit den Gastgebern – es ist, wie die Germanistin Helen Fehervary bemerkte, „ein dritter Weg" neben dem Arbeiten entweder allein oder im Team. *Na ja, es ist ein glücklicher Zufall*, sagte Christa, und *Das ist normal,* ergänzte Gerhard. *Aber ich könnte mir eine Arbeit ohne sein Dabeisein sehr schwer vorstellen*, fuhr Christa fort, *weil ich mich dann viel unsicherer fühlen würde. Wenn ich ein Manuskript fertig habe, dann gibt mir sein Urteil darüber eine Sicherheit. Es geht nicht hinaus, bevor er sagt, „ja, das kann ein anderer sehen“.* (WA 8, S. 308) Christa ging immer davon aus, dass Gerhards Einfluss auf ihre Arbeit größer war als umgekehrt. Schon während sie eine Schreibidee mit sich herumtrug und dann während der ersten Schreibversuche redeten sie beide darüber, und im Gespräch mit ihrem Mann wurde ihr oft viel klarer, worum es ihr eigentlich ging, als wenn sie allein darüber nachdachte. Sie meinte, weil er ihr mehr zu ihren Ideen und Texten sagte als sie ihm zu seinen, habe sie mehr von ihrer Zusammenarbeit profitiert. Gerhard habe ihr überhaupt vieles ermöglicht, was sie zum Schreiben brauchte, *indem er sehr viel gemacht hat, was sonst traditionell eine Frau in einer Ehe mit zwei Kindern machen müßte*. Gerhard sah sein wichtigstes Talent als Lektor darin, sich *sehr in andere Texte hinein[zu]versetzen*, und der ihm gemäße subjektive Zugang zu einem Werk, den er jenseits konventioneller Kritiken für sich erst finden musste, ist der über Persönlichkeit und Geschichte des Autors. Diese Sensibilität und Empathie praktizierte er eben auch im Austausch mit seiner Frau. (WA 8, S. 307)

Im heißen Sommer 1983 brannte das Haus in Neu-Meteln ab. Während der acht Jahre, in denen Wolfs so viel Zeit wie möglich dort verbrachten, hatten sie fast fortwährend an dem Haus gebaut. Es war ursprünglich ein altes Bauernhaus, alles unter einem Dach, Wohnhaus und Kuhstall. Fast die ganze Familie war damals in Neu-Meteln, an diesem heißen Tag. Sie feuerten, um den Zug des neu gesetzten Kachelofens zu prüfen, als Funken auf das Reetdach flogen – blitzschnell breitete sich das Feuer aus. Gerhard rannte beherzt hinein und rettete Christas Tagebücher aus ihrem Arbeitszimmer unterm Dach. Dort waren die *Voraussetzungen einer Erzählung: Kassandra* entstanden und Christa Wolf hatte darin den Blick aus dem Fenster ein für allemal festgehalten. Was nicht verbrannt war, nahm Schaden durch das Löschwasser. Innerhalb von kaum mehr als einer halben Stunde war das Haus abgebrannt. Der Verlust dieses sicher geglaubten Ortes brachte die ganzen Verhältnisse wieder in Bewegung. *Ich will überhaupt nicht hierbleiben* (Tag, S. 332), notierte Christa Wolf im Herbst 1983, bezogen auf die DDR, aber dann ging es doch eher darum, eine neue Wohnung zu suchen, aus der Friedrichstraße wegzuziehen in eine ruhigere Gegend. Christa Wolf schrieb an *Sommerstück* und verlieh darin auch dem Neu-Metelner Sommerhaus Dauer als Ort eines fragilen, vergänglichen Glücks, das erst im Moment des Verlusts so ganz bewusst wurde.

„Vor diesem unvergeßlichen Haus", schrieb die Freundin und Kollegin Sarah Kirsch in ihrer Chronik *Allerlei-Rauh* (1988), „konnten wir stundenlang, mitunter auch tagelang, auf den Stühlen verschiedener Epochen um einen freigebigen Tisch großer Ausdehnung sitzen, auf welchem jetzt unser Apfelkuchen den Ehrenplatz einnahm, unter Freunden, deren Freunden, sehr vielen Kindern, die alle in der Halbwelt Berlin ansässig waren wie damals ich selbst mit meinem lieben Sohn. Wenn schließlich der Mond, das Uhu-Ei, deutlich am Himmel erschien, kam immer mehr Leben und Witz unter uns. Wir sprachen viel von den künftigen Zeiten, ihren schwerlichen Reisen oder den Vorteilen Preußischer Zensurgesetzgebung, weil sie, da festgeschrieben, zu umgehen doch waren, und danach sangen wir mehrfache zweistimmige Lieder, und Christa und Gerhard wußten stets alle Strophen." (Allerlei-Rauh, S. 50f.)

Im Sommer 1984 starb der langjährige Freund, Kollege und Mitstreiter Franz Fühmann an Krebs, zunehmend resigniert, wenn nicht verzweifelt über den Zustand der DDR. Seit den Fünfzigerjahren waren Fühmann, Jahrgang 1922, und Wolfs miteinander bekannt, seitdem waren sie im Gespräch geblieben und Freunde geworden, hatten gemeinsame Urlaube in Ungarn auf den Spuren von Attila József (dessen Lyrik Fühmann nachdichtete) und an der Ostsee bei Ahrenshoop verbracht. Sie hatten einander Zuspruch und Unterstützung gewährt und ihre Arbeiten wechselseitig kommentiert. Fühmann lebte und arbeitete während des Sommers völlig zurückgezogen bei Märkisch Buchholz. Sein Umgang mit sich selbst hatte in Christa Wolfs Erinnerung etwas Unerbittliches, Strenges. In ihrer Trauerrede sammelte sie diejenigen Worte, die sie für seine zentralen hielt: *Wandlung. Wahrheit. Wahrhaftigkeit. Ernst. Würde. Sie alle stehen, wie selbstverständlich, in einem Werk, das von einem zentralen Widerspruch her geschaffen ist, zueinander in Beziehung; ihre Antriebskraft, ihre Richtung und ihren Inhalt aber bekommen sie von dem Wort Wandlung, das Thema, in das Fühmann sich „eingeschmolzen" weiß: seinem unausgesetzten, inständigen Versuch, sich wandelnd und den Prozeß dieser Wandlung beschreibend, sich dem Verhängnis zu stellen, ein Generationsgenosse und, bis zu einem gewissen Grad (so schränke ich ein, nicht er!), Teilhaber jenes mörderischen Wahndenkens gewesen zu sein, das Auschwitz hervorbrachte. „Vor Feuerschlünden": Dahin hat er immer wieder zurückkehren müssen. „Von Auschwitz komme ich nicht mehr los." „Meine Generation ist über Auschwitz zum Sozialismus gekommen."* (WA 8, S. 399f.) Wie Bobrowski war auch Fühmann Wehrmachtssoldat und als Kriegsgefangener in einer Antifa-Schule gewesen. Bereits in den frühen Sechzigerjahren schrieb er über seine Kriegserfahrungen und über seine Erinnerungen an die Verfolgung von Juden in dem Band *Das Judenauto* (1962); in seiner Erzählung *Barlach in Güstrow* (1963) fragte er nach den individuellen Maßstäben für künstlerisches Schaffen in politisch schwierigen Zeiten, im Ungarntagebuch *Zweiundzwanzig Tage oder Die Hälfte des Lebens* (1973) ging er der eigenen Wandlung auf den Grund, und in seinem Trakl-Essay *Vor Feuerschlünden. Erfahrung mit Georg Trakls Gedicht* (1982) verband er die Interpretation von Trakls Werk mit seiner eigenen Biografie. In ähnlicher Weise wie Stephan Hermlin und wie Gerhard Wolf war auch Franz Fühmann ein Mentor für junge Autoren, insbesondere für Lyriker.

## Politische Veränderungen kündigen sich an

Auch in der zweiten Hälfte der Achtzigerjahre verbrachten Christa und Gerhard Wolf so viel Zeit wie möglich auf dem Lande. In Woserin, östlich von Schwerin und südlich von Güstrow gelegen, kauften sie ein ehemaliges Pfarrhaus, vor dem zwei Linden stehen, und bauten es aus. Außerdem waren sie häufig im Ausland auf (Lese-)Reisen, wo sie alte Freunde trafen und neue Freundschaften schlossen. Ihr Leben in der DDR hinterließ wenig öffentliche Spuren. Beide gingen auf ihr sechzigstes Jahr zu. Dem Familienleben gaben sie, auch wegen der inzwischen vier Enkelkinder, Vorrang. Gesundheitliche Einschränkungen machten sich vor allem bei Christa Wolf bemerkbar, ihre Hüfte schmerzte, was sie in ihrer Beweglichkeit einschränkte.

Spaziergang an der Spree, 1987

Gerhard Wolf organisierte und koordinierte den Ausbau des neuen Sommerhauses in Woserin, während seine Frau in Berlin blieb und an *Sommerstück* arbeitete. Seit Mitte der Achtzigerjahre hatte sich der „Weibertreff" institutionalisiert, regelmäßige Treffen befreundeter Autorinnen reihum bei einer von ihnen zu Hause, wo sie jeweils aus ihren entstehenden Arbeiten lasen und diskutierten – Sigrid Damm, Daniela Dahn, Renate Drescher, Helga Königsdorf, Helga Schütz, Brigitte Struzyk, Gerti Tetzner, Rosemarie Zeplin und Christa Wolf.

Zu den wichtigen Freundschaften Christa Wolfs seit den frühen Achtzigerjahren gehörte die mit der Grafikerin und Malerin Núria Quevedo. Als Kind republikanischer Spanier 1938 in Barcelona geboren, hatte es sie in das DDR-Exil verschlagen, wo sie eine Ausbildung als Grafikerin an der Hochschule für Bildende und Angewandte Kunst in Berlin-Weißensee absolvierte und freiberuflich als Buchillustratorin tätig war. Während ihrer Zeit als Meisterschülerin bei Werner Klemke an der Akademie der Künste zu Berlin begann sie mit Malerei, hatte zahlreiche Ausstellungen und erhielt mehrere Preise. Sie ist mit dem DEFA-Dokumentarfilmer Karlheinz Mund verheiratet, der 1990/91 den Film *Zeitschleifen – Dialog mit Christa Wolf* (an dem auch Daniela Dahn beteiligt war) drehte. Núria und Christa haben am selben Tag Geburtstag, am 18. März. Wegen dieses Zufalls arrangierten Jeanne und Kurt Stern, die mit beiden Frauen befreundet waren, eine Begegnung der bildenden Künstlerin und der Schriftstellerin bei einem gemeinsamen Essen. Christa Wolf besuchte Núria Quevedo öfter in ihrem Atelier. Núrias *Strenge und Unbedingtheit*, die sich in ihren Arbeiten zeigte, empfand Christa als *Haltungen, die [sie] fesseln; die Haltung, nicht anders zu können.* (Malerfreunde, S. 46) *Kassandra* inspirierte Núria Quevedo zu ausdrucksstarken, in ihrer Wirkung monumentalen grafischen Blättern. Sie visualisieren existenzielle Momente und Gefühle, die dem Mythos an Intensität entsprechen. Für die Ausgabe im Leipziger Reclam-Verlag (1984) schuf Núria Quevedo die begleitenden grafischen Blätter.

Wenige Jahre später, 1987, kam auf Initiative des Museums Moritzburg in Halle eine Ausstellung zum Stoffkomplex „Kassandra“ zustande, die den Bogen von der Plastik Max Klingers bis zu den Arbeiten Núria Quevedos spannte. Viele jüngere Malerinnen aus der DDR beteiligten sich an der Ausstellung, und daraus ergaben sich für Christa und Gerhard Wolf wiederum neue Freundschaften wie zum Beispiel zu der eine Generation jüngeren Malerin und Grafikerin Angela Hampel (*1956), die an der Hochschule für Bildende Künste Dresden studiert hat. Ihre Kassandra-Arbeiten sind kühne und ganz zeitgenössische Interpretationen: Kassandra als junge Punkerin.

Im April 1986 ereignete sich der Reaktorunfall im ukrainischen Tschernobyl. Als sie die Nachricht hörte, war Christa Wolf allein in Woserin, während sich Gerhard Wolf gemeinsam mit Carlfriedrich Claus in Wien aufhielt. In wenigen Monaten schrieb sie *Störfall. Nachrichten eines Tages*. Der Ablauf eines Tages bildet den Erzählrahmen, in dem sie das Janusgesicht von Wissenschaft und Technik angesichts der lebensrettenden Gehirnoperation des Bruders einerseits und der unbeherrschbar zerstörerischen Atomkraft andererseits thematisierte. Gegengewichte gegen die Zerstörung sah sie in den Gesprächen und der Verbundenheit mit nahestehenden Menschen, in einem aufrichtigen, freundlichen Umgang miteinander. Die mit *Juninachmittag* 1965 entwickelte Schreibstruktur, Ereignisse, Wahrnehmungen und Reflexionen in einer „Poetik des Alltags" (Katharina von Ankum) zu verdichten, wird in *Störfall* um das Nebeneinander der Denk- und Arbeitsweisen von Naturwissenschaftlern und Schriftstellern erweitert, von *phantastischer Genauigkeit* und *subjektiver Authentizität. Wieder einmal, so ist es mir vorgekommen*, schrieb Christa Wolf in *Störfall, hatte das Zeitalter sich ein Vorher und Nachher geschaffen. Ich könnte mein Leben beschreiben, ist mir eingefallen, als eine Folge solcher Einschnitte, als eine Folge von Eintrübungen durch immer dichtere Schatten. Oder, im Gegenteil, als fortlaufende Gewöhnung an immer härtere Bedingungen, schärfere Einsichten, größere Nüchternheit.* (WA 9, S. 44) Als das Buch im Frühjahr 1987 erschien, war es in der DDR wie in der Bundesrepublik innerhalb weniger Wochen vergriffen, im Sommer las Christa Wolf in Moskau daraus, im November erhielt sie dafür den Geschwister-Scholl-Preis der Stadt München und des Verbands Bayerische Verlage und Buchhandlungen. Wolfs lernten bei dieser Gelegenheit Inge Aicher-Scholl und ihren Mann, den Gestalter Otl Aicher, kennen, woraus sich eine Freundschaft entwickelte. Mit *Störfall* öffnete die Autorin einen Gesprächsraum für den streitbaren Dialog zwischen Wissenschaftlern und Künstlern in der von der Akademie der Wissenschaften der DDR herausgegebenen Zeitschrift *spectrum* sowie im Rahmen zweier Gesprächsrunden in der Akademie der Künste um den Jahreswechsel 1989/1990. Aus dieser Initiative entwickelte sich der Gesprächskreis, den Christa Wolf bis 2005 führte. Zuerst in der Akademie der Künste, danach in der Literaturwerkstatt im Majakowskiring und später im Saal des Seniorenzentrums der Cajewitz-Stiftung in Pankow wurde er zu einem Diskussionsforum, in dem auf Einladung von Christa Wolf und von ihr moderiert Wissenschaftler, Journalisten, Politiker und Künstler zu einem Thema mit aktuellem Bezug sprachen und mit dem Publikum ins Gespräch kamen. Journalistische Berichterstattung und mediale Präsenz war nicht erwünscht, man erfuhr durch persönliche Einladungen oder durch Freunde und Bekannte von den Terminen, zu denen Menschen aus Ost- und Westberlin und von weiter her kamen.

In der Sowjetunion war inzwischen Michail Gorbatschow Generalsekretär der KPdSU geworden und hatte mit Glasnost und Perestrojka Akzente gesetzt, die sich zwar für die Nachrichtenpolitik und die politische Aufarbeitung des Reaktorunfalls in Tschernobyl noch nicht als wirkungsvoll erwiesen, aber in den folgenden Jahren vom Osten aus auch Bewegung in die DDR brachten. Die von der sowjetischen Nachrichtenagentur Nowosti herausgegebene Zeitschrift *Sputnik*, eine Sammlung von Beiträgen aus verschiedenen sowjetischen Presseorganen, enthielt immer öfter systemkritische Artikel. Als die SED Ende 1988 eine Ausgabe, in der über den (bis dahin verschwiegenen) Hitler-Stalin-Pakt berichtet wurde, kurzerhand verbot, löste sie damit eine Reihe von Protesten aus. Bereits im Januar 1988 war bei der traditionellen Liebknecht-Luxemburg-Demonstration das Luxemburg-Zitat „Freiheit ist immer die Freiheit des Andersdenkenden" als plakativer Protest gegen die SED-Regierung aufgetaucht, Bürgerrechtsbewegungen formierten sich und die Staats- und Parteiführung reagierte mit Repressionen.

## Protestkunst

Dass er als Lektor und Weggefährte Lyriker wie Volker Braun, Karl Mickel, Rainer und Sarah Kirsch und andere in ihrer Entwicklung fördern und über Jahre hinweg begleiten konnte, war für Gerhard Wolf eine nachhaltige und beglückende Erfahrung. Unter völlig anderen Umständen ergab sich in den späten Siebziger- und frühen Achtzigerjahren eine vergleichbare und doch ganz andere Konstellation. Im Gefolge der Ausbürgerung Biermanns waren auch einige junge Autorinnen und Autoren aufgrund ihrer Protestaktionen ins Visier der Staatssicherheit geraten, einige wurden inhaftiert, manche in den Westen abgeschoben, und die, die in der DDR blieben, entwickelten eine Art Untergrundkultur, zum Teil gemeinsam mit jungen bildenden Künstlern, und verbreiteten ihre in grafischen Techniken gedruckten Blätter mit Wort und Bild unter der Hand. Wolfs unterstützten einige von ihnen auch materiell. Ende 1980 setzte Christa Wolf sich bei Honecker für die drei inhaftierten jungen Autoren Thomas Erwin, Lutz Rathenow und Frank-Wolf Matthies ein und erreichte deren Freilassung.

Die 1953 im thüringischen Emleben geborene Gabriele Stötzer-Kachold war wegen ihrer Unterstützung der Biermann-Petition ein Jahr im Zuchthaus Hoheneck inhaftiert, wo sie zu schreiben begann. Für sie wurden Wolfs zu Vertrauenspersonen, denen sie eigene Texte zu lesen gab und die sie zugleich auf die Gefahr, in die sie sich mit solcherart radikalen Texten brachte, hinwiesen und sie darin bestärkten, an ihrem kompromisslosen Schreiben festzuhalten. In der Berliner Untergrundszene war Gabriele Stötzer-Kachold eine der wenigen Frauen.

Gerhard Wolf lernte *diese an der Sprache arbeitenden Autoren Mitte der 70er Jahre kennen und fand, daß da etwas Neues beginnt. Sie waren [ihm] die interessantesten und wichtigsten Autoren in ihrer Generation.* (Poesie, S. 108) Zu ihnen gehörte auch Jan Faktor (*1951), der aus Prag gebürtige Schwiegersohn der Wolfs. Gerhard Wolf begann die Künstlerbücher, Lyrik-Grafik-Editionen und im Eigenverlag publizierten Zeitschriften wie *schaden*, *undsoweiter* oder *Ariadnefabrik*, die in den Achtzigerjahren im Untergrund entstanden, zu sammeln. In Berlin, Dresden und anderen Orten entstand damals eine vielgestaltige subkulturelle Literatur- und Kunstszene, in der sich junge Autoren und bildende Künstler, die meisten in den Fünfzigerjahren geboren, zu gemeinsamen Produktionen zusammenfanden. Es ging ihnen darum, verkrustete Strukturen und ideologisierte gesellschaftliche Normen aufzubrechen, der Ideologisierung des Sprachgebrauchs entgegenzuwirken. Die Provokation, die von ihren Arbeiten ausging, rief die Staatssicherheit auf den Plan, der Sascha Anderson Informationen zutrug. Indem sie ihre Arbeiten selbst produzierten – Bücher, Mappenwerke, Zeitschriften, Fotos, Grafiken –, konnten diese unzensiert veröffentlicht werden, zumeist in Kleinstauflagen, die unter der Hand weitergegeben wurden. Das Zusammenspiel von Wort und Bild war von jeher ein Lieblingsthema Gerhard Wolfs, und nun konzentrierte er sich auf die Arbeiten dieser jungen, mit Sprache experimentierenden Autoren wie Stefan Döring, Durs Grünbein, Gino Hahnemann, Johannes Jansen, Jan Faktor, Uwe Kolbe, Andreas Koziol, Frank Lanzendörfer, Gert Neumann, Bert Papenfuß, Gabriele Kachold, um nur einige zu nennen. Versuche, ihren Texten eine größere Öffentlichkeit zu schaffen, gab es. Franz

Fühmann war um 1980 daran gescheitert, eine von Uwe Kolbe und Sascha Anderson zusammengestellte Anthologie mit Arbeiten junger Lyriker wenigstens als Arbeitsheft der Akademie der Künste zu veröffentlichen, was durch einen Politbürobeschluss vereitelt wurde. Ein weiterer Versuch auf dieser Materialgrundlage, die Anthologie *Berührung ist nur eine Randerscheinung*, herausgegeben von Elke Erb, sollte zeitgleich bei Aufbau im Osten und bei Kiepenheuer & Witsch im Westen erscheinen. Aber unterdessen war die Hälfte der Autoren bereits im Westen, so kam lediglich die West-Veröffentlichung 1985 zustande, bei Aufbau durfte der Band dann nicht mehr erscheinen. 1987 lud der damalige Leiter des Aufbau-Verlags, Elmar Faber, die betroffenen Autoren zu einer Diskussion über ein erneutes Anthologie-Projekt ein. Die Autoren sprachen sich allerdings gegen eine Anthologie und für eigene Bücher aus. Dafür brauchte man bei Aufbau einen kundigen Lektor und fand ihn in Gerhard Wolf. 1988 erschienen dann die ersten Bände in der Reihe *Außer der Reihe*, sie erhielten eine expressive Umschlaggestaltung, in der Wort und Bild gleichwertig waren. *[…] das Lektorat hatte keinen Draht zu dieser Literatur*, erinnert sich Gerhard Wolf. *Man holte mich als Herausgeber, als „Mittelsmann" zwischen den Autoren, Verlag und Zensur. Nun war '88 die Zensur schon nicht mehr das, was sie mal war – die großen Reden von Hein, de Bruyn, Christas Brief auf dem Schriftstellerkongreß hatten sie vollends ad absurdum geführt. Mit wie wenig Herz das bei Faber gemacht war, zeigt, daß die Reihe bei der Währungsunion sofort fallengelassen wurde.* (Kunst, S. 267) Insgesamt erschienen bis 1991 elf Bände von Bert Papenfuß, Jan Faktor, Gabriele Kachold, Reinhard Jirgl, Andreas Koziol, Dieter Kraft, Rainer Schedlinski, Stefan Döring, Ulrich Preuß, Ines Eck und Peter Brasch, begleitet von den mit *Vor-Sätze* überschriebenen einleitenden Texten Gerhard Wolfs. Dass die Reihe vom Aufbau-Verlag aus marktwirtschaftlichen Gründen eingestellt wurde und die Autoren erneut ohne Verlag dastanden, war ein wichtiges Motiv für Gerhard Wolf, seinen Verlag Janus press zu gründen.

1988 erschien im Leipziger Reclam-Verlag der Essayband *Wortlaut Wortbruch Wortlust. Dialog mit Dichtung* mit Gerhard Wolfs Aufsätzen und Vorträgen aus den Siebziger- und frühen Achtzigerjahren, dem 1992 der Band *Sprachblätter Wortwechsel. Im Dialog mit Dichtern* folgte.

# Seit 1988 | Berlin, Amalienpark

## Im wechselnden Licht

In ihrem Prosabuch *Sommerstück*, das im Frühjahr 1989 erschien und von einem Sommer auf dem Lande in einer Zeit der gesellschaftlichen Stagnation erzählt, von Freundschaft und Verbundenheit, von Verlusten und Abschieden, erinnerte Christa Wolf in vielen Anspielungen und Zitaten nicht nur an Maxie Wander, die 1977 gestorben war, sondern auch an Sarah Kirsch, die 1977 die DDR verlassen hatte. Eine Zeile aus Kirschs Gedicht *Tilia cordata* aus dem Band *Rückenwind* (1977) – „... Geh ich vom Sein des Hundes in das Sein der Katze ...“ – wird darin von den um den Tisch sitzenden Freunden mit Leidenschaft, kontrovers und ins Grundsätzliche zugespitzt diskutiert. Fast zwanzig Jahre später erinnerte sich Gerhard Wolf daran, *wie in einem mecklenburgischen Bauernhaus erbittert darüber gestritten wurde, was sie denn zum Teufel nun damit meine und ihren Lesern zumute. Ich hatte da keine Schwierigkeiten und habe ihre Vorliebe für diese Tiere und ihr herrenverachtendes Wesen immer verstanden.* (Sprachblätter, S. 97)

Die Freundschaft mit Sarah Kirsch (1935–2013), Biologin und nach dem Studium am Leipziger Literaturinstitut als freie Schriftstellerin tätig, begann in den Sechzigerjahren. Sie war damals mit dem Autor Rainer Kirsch verheiratet und hatte 1965 mit ihm gemeinsam den Lyrikband *Gespräch mit dem Saurier* veröffentlicht. Zwei Jahre später folgte mit *Landaufenthalt* ihr erster eigener Band, in dem ihre besondere lyrische Sprechweise bereits ausgebildet war. In ihren rhythmisch gegliederten freien Versen spiegelte sie sehr genaue Natur- und Alltagsbeobachtungen in der Gefühlswelt des lyrischen Ich und verband sie mit politischen Reflexionen von Entfremdungserscheinungen bis hin zu den Folgen von Umweltzerstörung. 1968 zog Sarah Kirsch nach Berlin, wo sie eine kurze Beziehung mit dem Lyriker Karl Mickel führte, dem Vater ihres Sohnes Moritz. 1976 gehörte sie zu den Erstunterzeichnenden der Biermann-Petition, wurde im Anschluss daran aus der SED und aus dem Schriftstellerverband ausgeschlossen und verließ schließlich 1977 die DDR. Einige Jahre lebte sie in Westberlin, seit 1982 in dem schleswig-holsteinischen Ort Tielenhemme, zurückgezogen, aber weiterhin produktiv, sie schrieb und zeichnete. Sarah Kirsch, mit zahlreichen Preisen ausgezeichnet, war eine der bedeutendsten zeitgenössischen Lyrikerinnen mit unverkennbar eigener Stimme.

Gerhard Wolf war in den Sechzigerjahren auch der Lektor der Kirschs, die damals in Halle lebten. Sarah und Rainer Kirsch gehörten wie Volker Braun und Karl Mickel zu jener Dichtergeneration, an deren Entwicklung Wolf Anteil hat und deren Debüts er in der Anthologie *Sonnensucher und Astronauten* 1964 ermöglichte. *Ich hab Funken gefangen*, beschrieb Gerhard Wolf seine Arbeit als Lektor, *wenn ich sah, da war eine Begabung am Werke, die mich interessiert hat, wo's gekribbelt hat und ich versucht habe, den Autor auf das hin zu lenken, was ich für das Eigentliche dieser Begabung hielt.* (Kunst, S. 262) Sarah Kirschs Gedichte seit *Landaufenthalt* hielten *traumsicher die Balance zwischen persönlichem Erleben und objektiven Erfahrungen wie zwischen Leben und Kunst.* (Sprachblätter, S. 88) Ihre Sprechweise unterschied sich von der der männlichen Lyriker ihrer Generation im Bestehen auf der genauen Beobachtung auch der Details, in der Verweigerung von Pathos und klassischen Gedichtformen, sie fühlte sich Annette Droste-Hülshoff, Erich Arendt und Johannes Bobrowski verwandt. Für Gerhard und Christa war Sarah Kirsch die Freundin, deren lyrische Entwicklung sie aus so großer Nähe verfolgen konnten, dass es manchmal schwierig wurde, ihre Gedichte so sachlich-distanziert zu betrachten, wie es für eine Kritik notwendig gewesen wäre. In seinem Essay *Ausschweifungen und Verwünschungen* (1989) erklärte Gerhard Wolf sich als *befangen* und äußerte daher nur *Vorläufige Bemerkungen zu Motiven bei Sarah Kirsch*. Sarah Kirschs Besuche mit ihrem kleinen Sohn in Kleinmachnow und im Wolfschen Sommerhaus in Neu-Meteln oder Treffen in Berlin waren damals getragen von gemeinsamen Erfahrungen und Einschätzungen von (kultur-)politischer Engstirnigkeit und Entwicklungslosigkeit. Ähnlich wie in der Freundschaft mit Brigitte Reimann war Christa auch für Sarah Kirsch eine Gesprächspartnerin, die für unglückliche Liebesgeschichten, Trennungsschmerz und Schreibblockaden Verständnis aufbrachte und tröstende wie ermutigende Worte fand. Kirschs Weggang aus der DDR war, bei aller Nachvollziehbarkeit, ein herber Verlust für Wolfs, auch wenn sie seitdem durch Briefe und Besuche und durch gegenseitige Lektüre ihrer Arbeiten weiterhin im Gespräch blieben. So schrieb Kirsch aus der Deutschen Akademie in der Villa Massimo in Rom, wo sie sich 1978 mit einem Stipendium aufhielt: „Liebe Wölfe, ich bin jeden Tag stundenlang glücklich, alles ist richtig." (BW Fühmann, S. 65) Ihrem Arbeitstagebuch in den *Voraussetzungen einer Erzählung: Kassandra* stellte Christa Wolf Sarah Kirschs Gedicht *Ende des Jahres* (1982) voraus, in dem die Präsenz der atomaren Bedrohung mitten im Alltag lakonisch vermerkt wird. Über Pfingsten 1982 besuchten Wolfs die Freundin in Tielenhemme, auf dem Bauernhof inmitten des flachen Landes, durchsetzt mit Moor und Heide. *Wir waren ihr, glaube ich, willkommen,* schrieb Christa an Franz Fühmann, *wenn auch natürlich fünf Jahre ins Land gegangen sind, und unsere Erfahrungen sich gegabelt haben, und sie gegen manche und manches voller Ressentiments steckt, die sich zu meinem Erstaunen nicht vom Fleck bewegt haben, und sie nun ein ganz und gar zurückgezogenes, von allem Politischen und Öffentlichen vollkommen entferntes und abgewandtes Leben führt und braucht.* (BW Fühmann, S. 129f.) Bei allem Verständnis für die Freundin und das fast idyllische Leben, in dem sie sich eingerichtet hatte, spürte Christa Wolf sehr deutlich, dass ein solches Leben, in dem Reibungspunkte und Konflikte nahezu völlig fehlten, ihr selbst nicht möglich wäre.

1989 erschien im Aufbau-Verlag eine von Gerhard Wolf ausgewählte Sammlung aus den im Westen erschienenen Gedichtbänden Sarah Kirschs von *Erdreich* (1982) bis *Schneewärme* (1989). Das Zustandekommen dieses Bandes benötigte einigen zeitlichen Vorlauf. Gerhard Wolf war daran gelegen, ihre Gedichte auch den Leserinnen und Lesern in der DDR zugänglich zu machen, denn sowohl er als auch Christa fanden Sarah Kirschs Gedichte weiterhin *wirklich gut.*

In ihrem Prosastück *Allerlei-Rauh*, das sie 1988 veröffentlichte, trug Sarah Kirsch eine Kontroverse über die Legitimation poetischer Verwandlungen in Erinnerungsprosa mit Christa Wolf aus. Kirsch gab darin auch Szenen aus jenem Sommer Mitte der Siebzigerjahre in

Sechzigster Geburtstag von Gerhard Wolf, 1988

chronikalischem Bericht wieder, in dem sie die Freunde mit Klarnamen nennt – „[d]enn mit Mystifizierungen falscher Namen ist nichts gewonnen, wir müssen für uns selbst gerade stehen, aus Christa kann ebensowenig Kitty werden wie aus Carola eine Cordula oder aus mir Bernhardine“ (Allerlei-Rauh, S. 61). Es ging Sarah Kirsch wohl weniger um eine poetische, denn um eine persönliche Kontroverse, wie auch der private Briefwechsel nahelegt.

In *Sommerstück* wählte Christa Wolf als Motto ein Gedichtzitat von Sarah Kirsch und verarbeitete verschiedene Anspielungen auf Gedichte Kirschs vor allem aus dem Band *Rückenwind*. Sie widmete ihr Buch *Allen Freunden jenes Sommers* und bestand in der Nachbemerkung darauf, dass *[a]lle Figuren in diesem Buch Erfindungen der Erzählerin [sind], keine ist identisch mit einer lebenden oder toten Person.* (WA 10, S. 219) Dieser Versicherung hätte es indes nicht bedurft, denn zum Ende der Erzählung formuliert die Ich-Erzählerin als ihr poetisches Credo: *Ich wußte, die Sünde, dich oder irgendeinen in eine Geschichte zu pressen, würde ich nicht begehen, ich kann nur noch unsere Alltage sehen, und es ist mir entfallen, wie aus den Tagen der Menschen Geschichten werden.* (WA 10, S. 215) *Sommerstück* ist auch eine ganz persönliche Erzählung von der Trauer über Verluste.

Die Entfremdung zwischen Sarah Kirsch einerseits und Wolfs andererseits war nicht mehr aufzuhalten. Nachdem die Mauer gefallen war und Sarah Kirsch durch die Lektüre ihrer Stasi-Akten unter anderem von der IM-Tätigkeit Thomas Nicolaous schon zur Zeit der Neu-Metelner Sommer erfahren hatte, brach sie den Kontakt zu Wolfs in Feindschaft ab. Das Ende dieser Freundschaft gehörte zu den großen Enttäuschungen der Wolfs im vereinten Deutschland.

An *Sommerstück* schrieb Christa Wolf länger als ein Jahrzehnt. Das hatte auch damit zu tun, dass es ihr schwer fiel, dieses Erinnerungsbuch freizugeben, *weil es [ihr] persönlichstes Buch ist.* (WA 10, S. 325) Die Angst, durch ihre Beschreibungen manche der Freundinnen und Freunde, die mit ihnen die Sommer in Mecklenburg verbracht haben, zu verletzen, hielt sie lange von der Veröffentlichung ab, obwohl sie *alle in dem Buch verändert und viel dazuerfunden* hat: *Es ist keine Person so, wie sie sich wahrscheinlich selber sieht oder wie andere sie sehen.* (WA 10, S. 326) Auch fragte sie sich, ob das Prosastück als

Idylle missverstanden werden könnte, *während das Leben hier keine Idylle war.* Im Sommer 1976, nachdem *Kindheitsmuster* abgeschlossen war, hatte sie bereits mit *Sommerstück* begonnen. In den folgenden Jahren war es für Christa Wolf wichtig, dass sie überhaupt schrieb – auch wenn es nur zwei, drei Seiten am Tag waren. Sie unterbrach die Arbeit an diesem Prosatext immer wieder, wenn sich ein anderer Stoff oder eine Auftragsarbeit dazwischenschob. In der Zwischenzeit entstanden, neben Essays und Reden, *Kein Ort. Nirgends*, *Was bleibt*, *Voraussetzungen einer Erzählung: Kassandra* und *Störfall.* In den Tagebuchaufzeichnungen etwa ab 1975 kann man immer wieder Impressionen, Reflexionen und Motive verfolgen, die dann in *Sommerstück* eingingen. Das Leben auf dem Land inmitten eines Kreises von Freunden war eine neue Erfahrung für Christa und Gerhard, die ihnen letztlich ermöglichte, in der DDR zu bleiben. Christa Wolf strukturierte den Stoff immer wieder neu, und schließlich wählte sie eine Erzählstruktur, die bereits wie eine Vorwegnahme der Mehrstimmigkeit in *Medea* wirkt. *Auf dieses Stilmittel, Menschen von innen her sprechen zu lassen, bin ich erst später verfallen, weil ich ihnen besser gerecht werden wollte*, begründete sie diese Entscheidung. *Ich wollte sie nicht von außen beurteilen, sondern ihnen die Möglichkeit geben, sich selbst zu erklären.* (WA 10, S. 326) Wichtige Merkmale des Prosastücks sind Intertextualität (von Wolfs eigenen Texten über Gorki und Tschechow bis zu Kirsch) und Intermedialität (literarische Erinnerungsprosa, Theaterstück, Landschaftsbild, Stillleben). Als das Buch dann erschienen war und eine außerordentliche, wenn auch, wie immer bei Christa Wolfs Texten, gemischte Resonanz erfuhr, konnte die Autorin den Briefen ihrer Leserinnen und Leser entnehmen, dass der Rückzug aus dem öffentlichen Leben in den vertrauten Kreis von Familie und Freunden ein Lebensmodell auch für andere in der DDR war. *In diesen Gruppen*, resümiert sie, *haben damals viele Menschen in der DDR ihre Integrität bewahrt und sich frei gedacht. Das Buch ist für viele ein Stück ihres eigenen Lebens, wie ich jetzt weiß. Ich glaube auch, daß es sogar eine Vorankündigung der späteren Ereignisse ist, denn es schildert, warum es so nicht weitergehen konnte.* (WA 12, S. 149) Liest man heute *Sommerstück* unter diesem Aspekt und im Ensemble der innerhalb desselben Zeitraums entstandenen Prosatexte, erweist es sich als souveräne Erinnerungsprosa, die gelassen die Notwendigkeit historisch-mythologischer Verfremdung hinter sich lässt und gewissermaßen eine perspektivisch mehrfach gebrochene Autobiografie aus dem Geist einer Gruppe heraus präsentiert.

## Zusammenbruch und friedliche Revolution

Im April 1988 zogen Wolfs aus der Friedrichstraße in Mitte an die Peripherie, nach Berlin-Pankow an den Amalienpark. Im Sommer erlitt Christa Wolf in Woserin einen Blinddarmdurchbruch mit anschließender Sepsis und Bauchfellentzündung. Mehrere Operationen waren notwendig, um die Lebensgefahr abzuwenden, denn ihr Immunsystem war vollständig zusammengebrochen. Ihre Rekonvaleszenz dauerte über ein Jahr, bis in den Sommer 1989 hinein. Schon im Januar, noch ehe *Sommerstück* erschienen war, schrieb sie an einer ersten Fassung des später unter dem Titel *Leibhaftig* veröffentlichten Prosatextes, der zunächst noch *Irrgang* hieß. Von ihrer ersten Veröffentlichung an war der Motivkomplex Krankheit, Schmerz und Tod strukturbildend für Christa Wolfs Prosa, Krankheit als Metapher ist in fast allen ihren Texten zu finden. Aus ihren Essays *Krankheit und Liebesentzug* (1984) und *Krebs und Gesellschaft* (1991) kann man außerdem einiges über ihr Verständnis von psychosomatischen Reaktionen auf krankmachende und kränkende Verhältnisse erfahren.

Anfang Juni 1989 ließ die chinesische Führung eine Demonstration auf dem Platz des Himmlischen Friedens vor allem junger Leute, die von den Reformbewegungen in der Sowjetunion inspiriert waren, während eines Besuchs von Gorbatschow durch das Militär niederschlagen, was zu weiteren Protesten in ganz China und zu mehreren tausend Toten führte. Die Regierung der DDR billigte dieses Vorgehen, und damit wurde die „chinesische Lösung“ zu einer realen Bedrohung auch für diejenigen, die in der DDR für demokratische Freiheiten demonstrierten. Ende Juni 1989 begann Ungarn mit dem Abbau der Grenzanlagen und ermöglichte damit eine Massenflucht aus der DDR in den Westen. Im August begannen in Leipzig die Montagsdemonstrationen, anfangs nur mit wenigen hundert

Menschen, die sich zu Friedensgebeten in der Nikolaikirche trafen und für Reisefreiheit und gegen Massenflucht auf die Straße gingen. Die Demonstranten wollten im Lande bleiben und sich einmischen. Stasi und Polizei standen gegen sie. In ihrer Rede am 31. August in der Westberliner Akademie der Künste zum fünfzigsten Jahrestag des Kriegsbeginns nahm Christa Wolf auf diese Situation bezug: *Ich glaube, es sollte jemand, der in der DDR lebt, öffentlich sagen, und ich will es tun, daß dieser Vorgang mich schmerzt, daß alle diese Menschen uns fehlen und daß ich es tief bedauere, daß die Verhältnisse in der DDR diesen jungen Leuten anscheinend keine wie immer streitbare, konfliktreiche Identifikation mit diesem Staat, und sei es im Widerspruch, ermöglicht haben.* (WA 12, S. 133f.) Gemeinsam mit befreundeten Autoren und Autorinnen trat Christa Wolf für einen demokratischen Dialog auf allen Ebenen ein. Einen schon lange vorher vereinbarten Besuch von Inge Aicher-Scholl und Otl Aicher aus dem Allgäu bei Wolfs in Woserin erlebten Christa und Gerhard nun inmitten der Auflösung ihres Landes, während gleichzeitig die Vierzigjahrfeier der DDR bevorstand. Die vier hatten einander viel zu erzählen, ihre Lebensumstände im Osten und im Westen konnten verschiedener nicht sein und wiesen doch Berührungspunkte auf in der Haltung, mit der sie den politischen Verhältnissen begegneten und sich einmischten, radikale Demokraten die einen, demokratische Sozialisten die anderen. Gerhard und Christa Wolf zeigten dem Besuch in Güstrow Barlachs Atelierhaus, die Gertrudenkapelle und den Dom, wo *Der Schwebende* hängt, für Christa „Die Schwebende", denn die Figur trägt die Gesichtszüge von Käthe Kollwitz. Wolfs erzählten den Freunden von Fühmanns Barlach-Erzählung und von dessen Drehbuch zum DEFA-Film *Der Engel* und mussten erklären, wer Franz Fühmann war. Später, wieder zurück in Woserin, gab es frischen Fisch und Krebse zum Abendessen. Sie diskutierten die politische Situation, und ihr Ost-West-Gespräch, ausgehend vom Programm der Bürgerbewegung „Demokratie jetzt", griff voraus in eine mögliche Zukunft. Dass das utopische Moment, das dem damaligen Aufbruch innewohnte, sich nicht durchsetzen würde, wussten sie alle vier. Und was wirklich aus dieser in Bewegung geratenen Situation entstehen würde, konnte sich ohnehin niemand von ihnen damals vorstellen.

Inge Aicher-Scholl (1917–1998), die älteste Schwester von Hans und Sophie Scholl, heiratete 1952 Otto Aicher (1922–1991), einen Freund ihrer Brüder, der als Soldat desertiert war und den die Familie Scholl bis Kriegsende versteckt hatte. Gemeinsam gründeten sie in Ulm die Volkshochschule, die Inge Aicher-Scholl lange Jahre leitete, und später die berühmte Hochschule für Gestaltung. Otl Aicher war einer der einflussreichsten Gestalter in der Bundesrepublik, viele Piktogramme aus dem Alltagsleben gehen auf seine Entwürfe zurück, und er schuf die Schriftfamilie Rotis, benannt nach ihrem Allgäuer Wohnort, die Gerhard Wolf später für die Typografie der Bücher seines Verlags Janus press übernahm. Beide Aichers engagierten sich bei den Ostermärschen und in der Friedensbewegung.

Unterdessen gingen die Ereignisse Schlag auf Schlag weiter. Züge mit Ausreisenden aus der DDR-Botschaft in Prag durchquerten die DDR auf dem Weg in den Westen, entlang der Strecke Demonstranten, auf dem Dresdner Hauptbahnhof versuchten Tausende, in den Zug zu gelangen und wurden von Polizisten zurückgetrieben. Am Abend dieses Tages erlebte Christa Wolf nach einer Lesung in Neubukow ein Gespräch mit den Anwesenden ohne Rücksicht und Vorsicht, aber auch die Angst, die eigene Meinung offen auszusprechen. „Das haben wir nicht gelernt", sagte eine junge Frau. Diese Worte beschäftigten Christa Wolf noch lange. Am vierzigsten Jahrestag der DDR, dem 7. Oktober, sprach Gorbatschow zu Honecker jenen Satz, der seitdem zum geflügelten Wort geworden ist: „Wer zu spät kommt, den bestraft das Leben." Unter den Demonstranten auf der Prenzlauer Allee waren auch Annette Simon und Jan Faktor. Sie gehörten zu denen, die festgenommen und eine Nacht lang in Gewahrsam gehalten wurden, ehe man sie anderntags freiließ. Die Eltern machten sich große Sorgen. Am Nachmittag des 8. Oktober fuhr Christa Wolf gemeinsam mit Tinka Wolf nach Westberlin, in die Wohnung des Journalisten Gerhard Rein, der damals als DDR-Berichterstatter für den Süddeutschen Rundfunk berichtete. Das Interview, das sie in der Friedenauer Küche Reins führten, wurde abends im Deutschlandfunk und anderntags in fast allen anderen Radioprogrammen im Westen gebracht. Christa Wolf appellierte an die Demonstranten, sich nicht provozieren zu lassen, und an die

Regierenden, die Gesprächsbereitschaft, die von den Bürgerrechtsgruppen ausging, anzunehmen.

Am 9. Oktober flog Christa Wolf nach Moskau, und als sie abends mit Gerhard telefonierte, hörte sie, dass in Leipzig an die hunderttausend Menschen demonstriert hatten, und es war ihnen nichts passiert. Während der Woche in Moskau, wo Christa Wolf sich unter anderen mit ihrer Übersetzerin Shenja Kazewa und dem Autor Tschingis Aitmatow traf, zog es sie in Gedanken immer wieder nach Hause. In der DDR-Botschaft informierte sie sich über die aktuellen Vorkommnisse. Vor dem Abflug wurde sie von einer jungen Frau, Mitglied eines Madrigalchors aus Halle, die wochenlang in der Sowjetunion unterwegs gewesen waren, angesprochen: ob sie etwas von den letzten Leipziger Montagsdemonstrationen wisse, ob es Zusammenstöße mit der Polizei gegeben habe. Christa Wolf konnte die junge Frau beruhigen, die sie vor Freude umarmte und die gute Nachricht an die anderen Chormitglieder weitergab. Und dann stellte sich der Chor auf und sang *O Täler weit, o Höhn – vielstimmig, sehr rein, sehr klar, sehr innig*, und ihr Gesang weckte in der Zuhörerin ein *wehes und bewegtes Gefühl*, das Christa Wolf später noch oft spürte, wenn sie gefragt wurde, *was es denn um Himmels willen gewesen sein sollte mit diesem maroden Land, daß man ihm auch nur eine Träne nachweinen konnte. Was es denn außer Schrott und Spitzel-Akten einzubringen habe in das große, reiche und freie Deutschland.* (Engel, S. 73)

Christa Wolfs Vater war schwer erkrankt. So oft es ihr möglich war, besuchte sie ihn im Pflegeheim, hielt Nachtwachen bei ihm. Er starb in der letzten Oktoberwoche.

Bei der Montagsdemonstration am 16. Oktober 1989 in Leipzig waren erneut mehr als hunderttausend Menschen auf der Straße, sie skandierten die Losung „Wir sind das Volk". Die Leute aus den Bürgerbewegungen suchten Christa Wolf als Gesprächspartnerin und als Vermittlerin. Bei der von Berliner Kulturschaffenden organisierten Veranstaltung „Wider den Schlaf der Vernunft" in der Erlöserkirche forderte Christa Wolf in ihrer Rede eine Untersuchungskommission über die Polizeigewalt am 7. und 8. Oktober. Viele Monate lang arbeitete sie dann in dieser Untersuchungskommission mit, auch als es die DDR nicht mehr gab, und begriff diese Mitarbeit als *Schule der Demokratie.* (Bildbiographie, S. 170) Am 4. November, auf einer von Theaterleuten organisierten Kundgebung auf dem Alexanderplatz, thematisierte Christa Wolf in ihrem Redebeitrag die Sprache der Wende. Viel später, in ihrem letzten Buch *Stadt der Engel*, hielt sie mit wenigen Sätzen ihr Erleben dieses historischen Moments fest: *Eine provisorische, aus einem Leiterwagen errichtete Tribüne, auf der die Redner sich abwechseln. Es war das Unvorstellbare, das sich in Wirklichkeit verwandeln wollte. Und das, ihr ahnt es, nur eine historische Sekunde andauern konnte. Aber es hat es gegeben.* (Engel, S. 411) Pastor Friedrich Schorlemmer, ein Freund der Wolfs, sprach von diesem Ereignis als „eine[r] Sternstunde der Demokratie" und fuhr fort: „Ein überlebensunwürdiges System abzuschütteln, erwies sich aber als unendlich viel leichter, als ein überlebensfähiges aufzubauen." (Poesie, S. 185) Jeden Tag verließen Tausende Bürgerinnen und Bürger die DDR in Richtung Westen. Gemeinsam mit Mitgliedern des Neuen Forums und anderer Bürgerbewegungen verfasste Christa Wolf einen Appell an ihre Landsleute zu bleiben, den sie im DDR-Fernsehen verlas. *Was können wir Ihnen versprechen? Kein leichtes, aber ein nützliches Leben. Keinen schnellen Wohlstand, aber Mitwirkung an großen Veränderungen. Wir wollen einstehen für Demokratisierung, freie Wahlen, Rechtssicherheit und Freizügigkeit*, hieß es darin. *Helfen Sie uns, eine wahrhaft demokratische Gesellschaft zu gestalten, die auch die Vision eines demokratischen Sozialismus bewahrt. Kein Traum, wenn Sie mit uns verhindern, daß er wieder im Keim erstickt wird. Wir brauchen Sie. Fassen Sie zu sich und zu uns, die wir hier bleiben wollen, Vertrauen.* („Bleiben Sie bei uns", in: *taz*, 10.11.1989) Es war eine Illusion, eine Mehrheit für ein demokratisches Engagement zu erwarten. Natürlich war Christa Wolf und ihren Mitstreitern, darunter Bärbel Bohley, klar, dass die alte DDR auseinanderbrechen würde – bereits in *Kassandra* hatte sie geschrieben, dass Troja untergehen müsse, weil es Menschenopfer fordere –, aber in diesen Tagen im November hätten sie, notierte Christa Wolf rückblickend im Tagebuch, *für einen sehr kurzen geschichtlichen Augenblick an ein ganz anderes Land gedacht, das keiner von uns je sehen werde. Und das eine Illusion ist, was ich damals schon wußte.* (Tag, S. 519) Als Christa Wolf Jahre später jene Texte erneut zur Hand nahm, die sie in den Monaten um den Jahreswechsel 1989/90 geschrieben hatte, begriff sie, dass das Wichtigste aus jener Zeit nichts war, was geschrieben stand oder gesendet wurde, sondern *der Zustand, in dem ihr euch befandet: Wir waren alle in einem seelischen Ausnahmezustand.* (Engel, S. 266f.) Dieser seelische Ausnahmezustand führte bei Christa Wolf dazu, dass sie sich wie schutzlos dem schnellen, sich überstürzenden Gang der Dinge überließ, sich auf die Rolle einließ, die ihr angetragen wurde aufgrund ihrer moralischen Integrität und des Vertrauens, das ihr sehr viele ihrer Landsleute entgegenbrachten. Und sie machte die Erfahrung, dass der Umschlag von der Hoffnung zur Illusion sich in allerkürzester Zeit ereignen konnte.

## Verlagsgründung: Janus press

Christa und Gerhard Wolf, die in den vorangegangenen Jahren oft Phasen zurückgezogener Privatheit genossen hatten, zumeist in Woserin, aber auch auf Reisen, sahen sich nun, in dieser unruhigen Umbruchszeit, mit ganz unterschiedlichen Perspektiven konfrontiert. Während Christa Wolf, solange sie die Notwendigkeit dazu empfand, sich der untergehenden DDR zuwandte, indem sie monatelang in der Untersuchungskommission der Polizeiübergriffe vom 7. und 8. Oktober 1989 mitarbeitete und in der vom Runden Tisch beauftragten Arbeitsgruppe an einer Verfassung für eine andere DDR beteiligt war, schaute Gerhard Wolf nach vorne und erfüllte sich, wenige Jahre vor der Rente, den Lebenstraum vom eigenen Verlag. Am Anfang war er voller Euphorie, dass er endlich die Autoren verlegen konnte, die er verlegen wollte, und Bücher im Zusammenspiel von Text und Grafik gestalten konnte in der Tradition der Künstler- und Malerbücher des frühen Expressionismus, die in den letzten Jahren der DDR wieder aufgelebt war. Mit der Leidenschaft fürs Büchermachen, ästhetischem Empfinden für die Buchgestaltung, besten Kontakten zu Autoren, Grafikern und Gestaltern und jahrzehntelanger Erfahrung im Kulturbetrieb der DDR ausgestattet, startete Gerhard Wolf mit dem Janus press Verlag, musste aber auch erfahren, dass sein Verlag(skonzept) für den kapitalistischen Büchermarkt nicht geschaffen war. Es zeigte sich schon bald, dass man mit diesem Programm und dieser Buchausstattung keine Gewinne machen konnte. Die Bücher waren zumeist so kalkuliert, dass sie zweitausend Exemplare hätten verkaufen müssen, damit die Auflage sich getragen hätte – aber manche Bücher waren einfach zu teuer für das Publikum, für das sie gedacht waren. Es brauchte Zeit, sich in die Regeln und Bedingungen des Marktes einzuarbeiten, und Gerhard Wolf stürzte sich enthusiastisch und findig in die Arbeit.

Am Anfang stand die Idee, das Engagement, einerseits jungen Autoren und Künstlern aus der experimentellen Untergrundkultur der letzten DDR-Jahre weiterhin Veröffentlichungs- und damit auch Arbeitsmöglichkeiten zu bieten, und andererseits an bestimmte vergessene Traditionen, wie etwa die Konkrete Poesie anzuknüpfen. Mit der Währungsunion stellte sich heraus, dass der Aufbau-Verlag die von Gerhard Wolf betreute Edition *Außer der Reihe* nicht

Bei einer Ausstellung von Werken Günther Ueckers in der Galerie Erker, St. Gallen, 1991

fortsetzen würde und die Autoren ohne Verlag dastünden. Aus der Bürgerbewegung heraus hatte sich damals der Verlag BasisDruck gegründet und begonnen, politische und Sachbücher zu verlegen. Von dort kam das Angebot an Gerhard Wolf, den belletristischen Bereich aufzubauen – aber da hatte er sich bereits zu einem eigenen Verlag entschlossen. Im März 1990 ließen Gerhard und Christa Wolf die Janus press GmbH notariell ins Handelsregister der DDR eintragen und nach der Währungsunion musste die ganze Prozedur wiederholt werden. Im April 1991 präsentierte sich Janus press erstmals auf der Leipziger Buchmesse mit eigenem Programm. „der kopf des janus / blickt zurück / auf eine frühere / voraus / auf eine kommende / literatur / mit seinem / gegenwärtigen / gesicht / blickt er uns an“, so wurde im ersten Verlagsprospekt der Name erläutert. Gerhard Wolf, Martin Hoffmann (von Anfang an als Gestalter beteiligt) und Otl Aicher hatten gemeinsam bei dem Buch *das wort auf der zunge* von Carlfriedrich Claus und Franz Mon das Layout-Konzept entwickelt, dessen wesentlicher Bestandteil die von Aicher entwickelte serifenlose Schrift „rotis semigrotesk“ war und blieb. Einige der in *Außer der Reihe* verlegten Autoren hatten den Galrev-Verlag gegründet, sodass manche, wie Bert Papenfuß, sowohl dort als auch bei Janus press veröffentlichten. Die anfangs lockere Zusammenarbeit mit BasisDruck – sie konnten zunächst deren technische Infrastruktur nutzen und hatten einen gemeinsamen Vertrieb – gaben sie bald auf. Obwohl Gerhard Wolf und Martin Hoffmann, verheiratet mit Tinka Wolf, von zu Hause aus arbeiteten und auf diese Weise fixe Kosten sparten, war die wirtschaftliche Situation angespannt. 1992 gründeten Wolfs „janus – Gesellschaft zur Förderung experimenteller Literatur und Kunst e.V.“, was ihnen die Einrichtung zweier ABM ermöglichte. Die in der Herstellung teuren, mit vielen meist mehrfarbigen Abbildungen gedruckten Künstlerbücher mit Arbeiten von Carlfriedrich Claus, Angela Hampel, Helge Leiberg, Hartwig Hamer oder Günther Uecker konnten sie oft nur im Zusammenhang mit Ausstellungsprojekten realisieren, deren Veranstalter einen Teil der Kosten übernahmen. Anlässlich des siebenjährigen Bestehens von Janus press meinte Gerhard Wolf: *Mein Hauptaugenmerk war und ist, daß die Autoren weiter arbeiten und publizieren können. Das haben wir auch eingehalten, Autoren wie Róža Domašcyna, Jan Faktor oder Bert Papenfuß haben Preise und Stipendien bekommen, sie haben sich inzwischen längst einen Namen gemacht.* (Poesie, S. 224) Um den Verlag ökonomisch zu stabilisieren, war Gerhard Wolf ständig auf der Suche nach Kooperationen, insbesondere für den Vertrieb – zuerst mit BasisDruck, dann mit Luchterhand, mit Steidl, mit Volk & Welt und Luchterhand zusammen. Diese häufigen Wechsel waren auch durch die Verlagssituation Christa Wolfs mitbedingt. 2013, im Jahr seines fünfundachzigsten Geburtstags, beendete Gerhard Wolf den Verlag schuldenfrei.

## *Was bleibt*

Christa Wolf arbeitete an der Publikation ihrer Texte aus den Monaten des Umbruchs, die noch immer bei Aufbau im Osten (*Reden im Herbst*) und bei Luchterhand im Westen (*Im Dialog*) jeweils unter verschiedenen Titeln erschienen, und sie veröffentlichte *Was bleibt*. Die Aufzeichnungen über einen Tag im Leben einer von Staatssicherheitsbeamten observierten Schriftstellerin thematisieren die bleierne Zeit unter dem Eindruck massiver Einschränkungen von Lebensqualität und produktiver Arbeit. Die den Text strukturierende Frage nach dem, was bleibt, ist zugleich eingeschränkter und zugespitzter als in *Sommerstück*, das zur selben Zeit entstand. Der Rückzug der Ich-Erzählerin in *Was bleibt* auf sich selbst und der Rückzug aufs Land der Gruppe von Freunden in *Sommerstück* ist kein bloßer Eskapismus, sondern verhilft den Figuren, von denen erzählt wird, dazu, neue Kräfte zu sammeln, sich zu regenerieren, ihre Lebenswege zu überdenken und ihre Spielräume und Perspektiven neu zu vermessen. Der Stillstand der Zeit wird auf diese Weise nutzbar gemacht für ein (selbst-)reflexives Innehalten. Die Ich-Erzählerin in *Was bleibt* und die Schriftstellerin Ellen in *Sommerstück* können so ihre Autonomie als Schreibende zurückgewinnen, souverän über ihren Stoff verfügen und ihn gestalten. *Was bleibt* schließt mit den Sätzen: *Daß es kein Unglück gibt außer dem, nicht zu leben. Und am Ende keine Verzweiflung außer der, nicht gelebt zu haben.* (WA 10, S. 289) Schreiben, Erzählen als Sinngebung, die Überwindung einer Lebens- und Schreibkrise im Durcharbeiten von Erfahrungen führen zu einem neuen Entwurf, für den die eigene Sprache endlich gefunden und erfunden worden ist. Die erste längere Fassung von *Was bleibt* entstand im Sommer 1979; zehn Jahre später, Ende 1989, griff Christa Wolf auf diese Fassung zurück, die sie mit nur wenigen stilistischen Korrekturen für den Druck vorbereitete. Als die Erzählung im Frühjahr 1990 erschien, wurde sie zum Anlass für den sogenannten deutschen Literaturstreit. Dieselbe westdeutsche Öffentlichkeit, die Christa Wolf zu DDR-Zeiten als vermeintliche „Dissidentin" vereinnahmt hatte, erklärte sie jetzt zur „Staatsdichterin". Die ein Jahr darauf folgende Stasi-Debatte reduzierte die Autorin, die zusammen mit ihrem Mann jahrelang wegen ihrer kritischen Haltung observiert worden war (das Material füllt zweiundvierzig Aktenordner), auf die drei Jahre von 1959 bis 1962, in denen sie als „Inoffizielle Mitarbeiterin" der Staatssicherheit geführt wurde, ohne Brauchbares zu liefern. Die mediale Gewalt dieser Kampagne traf Christa Wolf tief.

In der Trauerrede für seine Generationsgenossin zog Günter Grass noch zwanzig Jahre später mit Furor über das „Ausmaß heuchlerischer Entrüstung aus den Federn von Journalisten" zu Felde, „die keiner staatlichen Zensur ausgesetzt waren und die dennoch beflissen und opportunistisch den Zeitgeist bedienten" (Unterwegs, S. 77). Im europäischen und außereuropäischen Ausland provozierten die Angriffe auf Christa Wolf Unverständnis und solidarische Reaktionen in Gestalt von Preisen, Ehrungen und Einladungen wie die Ehrendoktorwürde der Vrije Universiteit Brussel, den Orden Officier des arts et des lettres in Paris, den Premio Mondello in Palermo und die Ehrenmitgliedschaft in der American Academy of Arts and Letters in New York.

In einer Zeit, in der die wohlvertraute Welt aus den Fugen zu geraten schien, kamen Christa Wolf auch die Rituale, mit denen sie ihre Tage strukturierte – und insbesondere auch der „Tag des Jahres", den sie 1990 zum dreißigsten Mal protokollierte – sinnlos und überflüssig vor. In dieser ungemein schnelllebigen Zeit ihren Ort neu zu vermessen und ihren Beruf neu zu definieren, fiel ihr schwer. Die Motive des Labyrinths, des Irrgangs tauchten in ihren

Notizen auf und begleiteten sie einige Jahre. Gerhard Wolf versuchte in bewährter Weise, seine Frau von elegisch-sentimentalen Gedanken abzubringen, indem er sie nüchtern an schöne Erlebnisse erinnerte, an die zahlreichen Auszeichnungen, die Reisen durch ganz Europa oder an die Urlaubsreise mit Alain Lance und Renate Lance-Otterbein, ihren Freunden und zugleich Übersetzern von Christas Büchern ins Französische, in die Normandie, wo sie auf den Spuren Prousts unterwegs waren. Während Christa mit den Worten *die Pflicht ruft* zum Schreibtisch ging, hielt Gerhard dagegen, es sei doch eine Gunst, dass sie nun schreiben könne, was sie wolle. *Variation eines Standard-Dialogs zwischen uns*, notierte Christa Wolf. (Tag, S. 464) Wo schwere Gedanken sie herunterzogen und lähmten, versuchte er, das Düstere zu erhellen, indem er ihren Blick auf das Leichte, Heitere, Schöne lenkte. Aber die Depression, in die Christa verfiel, konnte und wollte sie nicht verdrängen. Zum ersten Mal notierte sie in diesem Zusammenhang die Trost-Aria von Paul Flemming, deren erste Zeilen lauten: „Sei dennoch unverzagt / Gib dennoch unverloren / Tu, was getan sein muß / Steh höher als der Neid ...“. Überhaupt Gedichte – einmal, da war Christa mit dem Enkel Anton in Woserin, fielen ihr Zeilen aus einem Gedicht ein, aber nicht der Titel, unter dem sie es hätte finden können. Am Telefon nannte sie diese Zeilen Gerhard in Berlin – er erkannte Goethe, aber ohne den Anfang des Gedichts zu hören, konnte er ihr keinen Titel nennen. Im Verlauf des Tages arbeitete das Gedicht in Christa, und noch vor Mitternacht rief sie Gerhard an, nannte ihm die Anfangszeile und er antwortete mit dem Titel „Vermächtnis“: „Kein Wesen kann zu nichts zerfallen, / Das Ew’ge regt sich fort in allen, / Am Sein erhalte dich beglückt!“ Nun war sie getröstet, nahm ihre kleine, hellblau eingebundene Ausgabe von Goethe-Gedichten zum Lesen mit ins Bett, wollte den *heilsamen Effekt*, der von diesen Gedichten seit vielen Jahren ausging, so lange wie möglich auskosten.

Im Mai 1992 hatten Gerhard und Christa Wolf sich durch die zweiundvierzig Aktenordner gekämpft, die in den Jahren 1968 bis 1980 als Operativer Vorgang „Doppelzüngler“ von der Staatssicherheit über sie geführt worden waren. Dabei machten sie die bestürzende Entdeckung, dass auch ein enger Freund, Thomas Nicolaou, zu den Informellen Mitarbeitern gehörte. In den Akten fanden sie auch den Hinweis, dass Christa Wolf selbst 1959 bis 1962 als IM geführt worden war. Da die gesetzlichen Bestimmungen es nicht erlauben, dass Betroffene selbst Einsicht in ihre sogenannte Täter-Akte nehmen dürfen (im Unterschied beispielsweise zu Journalisten), waren sie auf das Entgegenkommen einer Mitarbeiterin der Behörde in der Normannenstraße angewiesen, die ihnen den Einblick ermöglichte. Christa Wolf hatte diese IM-Episode, die ihr damals schon unangenehm war, vergessen und erfolgreich verdrängt. Einige Monate nach der Einsichtnahme, vom kalifornischen Santa Monica aus, entschied sie sich für die vollständige Veröffentlichung ihrer Akte – mit diesem mutigen Schritt war und blieb sie übrigens die Einzige. 1993 erschien *Akteneinsicht Christa Wolf. Zerrspiegel und Dialog*, für die Dokumentation zeichnete der damalige Leiter von Radio Bremen, Hermann Vinke, verantwortlich.

## Freundschaft mit Max Frisch

Im Juni 1990 hatte Christa Wolf Max Frisch zum letzten Mal in seinem Haus in Zürich besucht, bereits ahnend, dass dies ihre letzte Begegnung sein würde. Die Erinnerung daran beschäftigte sie noch länger. Frisch sprach offen über seine Krebserkrankung und dass er sich keiner Chemotherapie unterziehen wollte. Stattdessen ordnete er seine Hinterlassenschaft und wartete auf den Tod. Ihm fehlte jegliche Motivation zum Schreiben. Rückblickend sah Frisch für sein Leben „vertrödelte Zeit“, was er wohl privat meinte, während Christa den Selbstvorwurf formulierte, sie habe zu lange an die falschen Götter geglaubt. Die Alternative für sie beide war jedenfalls *[d]ie Aufrichtigkeit beim Schreiben* (Tag, S. 463) – aber auch da sei Misstrauen angebracht, dachte sie. Geblieben sei ihm, meinte Frisch, das Interesse an Politik, an Freundschaften und Liebe. Das empfand auch Christa Wolf für sich als zutreffend. Die Utopie gesellschaftlicher Veränderungen reduzierte sich also, je älter und desillusionierter man wurde, auf die kleinste Einheit, das Individuum, oder, auf Christa und Gerhard bezogen, auf das Paar. Sie und Frisch sprachen an diesem Abend in Zürich auch über den Zusammenbruch der DDR, Christa Wolf spürte noch immer auf sich bezogen dieses *durchdringende Gefühl der Entwertung*. (Tag, S. 464)

Als Max Frisch im Frühjahr 1991 nach längerer Krankheit starb, verloren Christa und Gerhard Wolf einen Freund, dem sie seit vielen Jahren verbunden waren. Mit ihm konnten sie bestimmte Themen – vom Schreiben bis hin zu Politik – offen und streitbar erörtern. Sie hatten einander 1968 anlässlich einer Wolgafahrt nach Gorki kennengelernt. Das war in einer dieser hellen Nächte, in denen es nicht dunkel wurde. Wegen der vielen Schleusen hob und senkte sich das Schiff, während die drei in der Schiffskantine saßen und die ganze Nacht hindurch redeten, diskutierten und stritten. Von Anfang an war es möglich, dass sie einander widersprechende Positionen offen äußern und Widersprüche austragen konnten und dabei in der Sache weiter und einander näher kamen. Diese Besonderheit ihrer Gespräche behielten sie über die Jahre bei, was auch für Frisch eine positive Erfahrung war. Gerhard und Christa Wolf gefielen seine Offenheit und Neugier, seine Bereitschaft, nachzufragen und Neues zu erfahren und dabei auch eigene Vorurteile infrage zu stellen. In den Siebzigerjahren, als Frisch und seine damalige Frau Marianne in Westberlin lebten, sahen sie einander öfter, in Mitte oder in Friedenau, trafen sich auch mal gemeinsam mit Uwe Johnson. Für Christa Wolf waren Frischs Sensibilität, aber auch seine sich auf alle Lebensbereiche (einschließlich seines Selbstverständnisses als Mann) erstreckenden Unsicherheiten, die er in seinen Büchern reflektierte, sympathisch und nahmen sie für ihn ein. Wolfs schätzten Frisch als Autor sehr. Mit den Jahren hatte er in der DDR auch andere Freunde, vor allem unter den Büchermenschen, er wurde in der DDR gedruckt und gern gelesen. Wolfs mochten besonders Frischs Tagebücher, für Christa Wolf war seine Art zu schreiben, das Fragmentarische daran, Orientierung für ihr eigenes Schreiben. Vermutlich war *Mein Name sei Gantenbein* das erste Buch, das sie von Frisch las, und daran gefiel ihr, wie er eine Person umkreiste, statt Gewissheiten verschiedene Facetten aufzeigte, und die Verwandtschaft zu ihrem eigenen Stil seit *Nachdenken über Christa T.* war Christa Wolf durchaus bewusst.

Beide schrieben sie über zeitgenössische Themen. Anlässlich einer P.E.N.-Tagung in Stockholm hatten Max Frisch und Christa Wolf eine gemeinsame Lesung aus ihren aktuellen Büchern. Dort erzählte er von seinem Plan, *Der Mensch erscheint im Holozän* zu schreiben. Frisch interessierte sich dafür, was Wolfs über seine Bücher dachten, und gab seinerseits – auch kritische – Rückmeldung nach Lektüren der Wolf'schen Bücher. Nach der Biermann-Ausbürgerung zeigte er seine Solidarität durch Besuche in der Friedrichstraße, oft gemeinsam mit Marianne. Diese Unterstützung empfanden Wolfs als enorm stärkend. Damals machte Christa Wolf Fotokopien ihrer Tagebücher und brachte die Filme nach und nach zu Marianne Frisch nach Friedenau, die sie in einer Stahlkassette aufbewahrte, ohne danach zu fragen, um was es sich handelte. Für diesen Freundschaftsdienst war Christa ihr sehr dankbar. Mit Frischs führten sie und Gerhard gerade auch in dieser Zeit viele politische Gespräche. Während Wolfs von der Staatssicherheit observiert wurden, stand Frisch jahrelang im Fokus des Schweizer Staatsschutzes, was ihn sehr empörte. In den späten Achtzigerjahren war er bereits schwer krank. Er hatte früh über den Tod geschrieben und ging seinem eigenen Tod sehenden Auges entgegen, was Christa Wolf als bemerkenswert empfand. Über die Jahre schrieb sie Essays über seine Bücher und auch über ihn, den *kritische[n], verläßliche[n] Freund*. (WA 12, S. 282) *Auf einmalige Weise*, schrieb sie nach seinem Tod, *umkreist das Werk von Max Frisch den Menschen unserer Zeit, seine Spiel-Arten, seine Möglichkeiten, seine Verstrickungen, sein Versagen. Merkwürdig ist, daß er jene Werte, ohne die er sich Menschlichkeit nicht denken kann, befestigt, indem er zugleich die „Persönlichkeit" in eine Menge austauschbarer Rollen aufzulösen scheint.* (WA 12, S. 281f.)

## Christa in Santa Monica, Gerhard in Berlin

Während Gerhard Wolfs neugegründeter Verlag seinen ganzen Einsatz vor Ort forderte, war Christa Wolfs Wunsch nach Distanz zu den Berliner Verhältnissen unübergehbar. Sie entschloss sich, ein neunmonatiges Stipendium als Scholar des Getty Center for the

History of Art and the Humanities im kalifornischen Santa Monica anzunehmen, wo sie sich von September 1992 bis Juni 1993 aufhielt. Dies war – nach über vierzig gemeinsamen Jahren – die erste längere Trennung des Paares. Zwar konnte Christa an einige Freundschaften und Bekanntschaften aus den früheren USA-Aufenthalten anknüpfen und fand auch unter ihren Mitstipendiaten aus aller Herren Länder anregende, interessante Gesprächspartner, aber die Trennung von Gerhard verstärkte doch ihr Gefühl der Fremdheit. Aus einem Traum, den sie gleich zu Anfang ihres Aufenthaltes in Santa Monica im Tagebuch notierte, nahm sie das Gefühl der Unbehaustheit, des Heimatverlustes mit in den Tag, Erinnerungen an die Flucht Anfang 1945 stellten sich ein. Ihr war bewusst, dass sie dringend *Urlaub von der Realität* (Tag, S. 503) in Deutschland brauchte, um wieder zu sich selbst zu finden. Der Druck, unter dem sie stand, war einfach zu groß. Nachdem sie längst wieder in Berlin war, entwarf sie in einer großen Anstrengung über ein Jahrzehnt hindurch ihr letztes Buch, *Stadt der Engel*. Dort, in der Erzählung *Wüstenfahrt*, der Tagebuchprosa *Begegnungen Third Street* und der witzigen Szene *Fototermin L.A.*, hält sie Eindrücke und Erfahrungen dieser Monate fest. Das Hier und Jetzt und das Dort und Damals vermischten sich. Während sie sich den Begegnungen mit ihren Mitstipendiaten öffnete, auf den Spuren der Emigranten aus Hitlerdeutschland die kalifornische Umgebung erkundete und sich erneut in Thomas Manns Tagebücher vertiefte, stellten sich erste Gedanken zu einem neuen Schreibprojekt ein, in dessen Zentrum erneut eine mythologische Figur stand: Medea, von der die Überlieferung berichtete, sie habe nicht nur ihre Nebenbuhlerin, sondern auch ihre Kinder ermordet. Aber Christa Wolf sah von Anfang an eine andere Medea, *die Göttin, die Heilende, auch durch Imagination Heilende*, und fand eine Ausgangsfrage, die sie tiefer in den Stoff hineintrieb: *[W]ird sie vielleicht von der Männerwelt in Korinth auch wegen dieses Überhangs an Imagination verleumdet, verfolgt und verfemt – da sie ja nun mal ihre Kinder nicht getötet hat, wie Euripides es ihr andichtet? Offenbar hat er für das Unmaß an Haß, das ihr durch die Jahrhunderte folgt, ein starkes Motiv gebraucht, ich müßte also, um diesen Haß zu erklären, die Geschichte neu aufbrechen. Medea, die Zauberin, die den Männern, auch Jason, Angst macht. Die von Kolchis andere Werte nach Korinth mitgebracht hat. Die, letzten Endes, kolonisiert werden soll.* (Tag, S. 504) In Los Angeles erhielt Christa Wolf Besuch von Günter Gaus, dem langjährigen Freund, der mit ihr dort ein Fernsehinterview „Zur Person“ führte. Den Brief des engen Freundes und Kollegen Volker Braun beantwortete sie mit dem Text *Rückäußerung*. Beiden Freunden gab sie offen, genau und rückhaltlos Auskunft über ihren Weg, über Fragen und Zweifel, Verletzungen und Enttäuschungen.

Die Nachrichten, die Christa Wolf aus Deutschland erreichten, ihren „Fall“ betreffend, verstörten und lähmten sie. Die regelmäßigen Telefonate mit Gerhard konnten seine Nähe und seinen nüchtern-liebevollen Zuspruch nicht ersetzen, Briefwechsel mit Freunden und Kollegen nicht die lebendige persönliche Begegnung. Manchmal, wenn wieder ein neues Fax aus Berlin in ihr das übermächtige Gefühl auslöste, gedemütigt und schutzlos ausgeliefert zu sein, übermannte sie Verzweiflung. Tausende von Kilometern entfernt von ihrem Mann und sehr allein, erfand sie in ihrer Ratlosigkeit ein eigenes Überlebensprogramm, um wenigstens die nächste Nacht zu überstehen. Sie las sich Paul Flemings Gedicht *An sich* – „Sei dennoch unverzagt, gib dennoch unverloren ...“ – so oft vor, bis sie es schließlich auswendig konnte. Aber dann war erst Mitternacht. Und da, so beschreibt sie es in *Stadt der Engel*, begann sie zu singen. Über zweieinhalb Seiten erstrecken sich die Liedanfänge, die sie aufschrieb, Lieder, die sie seit der Kindheit begleiteten, Lieder aus allen Zeiten ihres Lebens, die in ihrem Gedächtnis aufbewahrt geblieben sind, unvergessbar. Das Singen tröstete sie. Sie sang und sang, bis die Nacht überstanden war und sie erschöpft einschlief.

Die andere Kultur, die andere Sprache, die andere Prägung des Alltags – all dies erzeugte zwar manche Irritation und auch Gefühle von Fremdheit und Distanz bei Christa Wolf, ermöglichte ihr aber auch den Abstand zu Deutschland, den sie gesucht und gebraucht hatte. Je länger ihr Aufenthalt dauerte, umso leichter fiel es ihr, sich offen und neugierig auf die anderen Erfahrungen und Eindrücke einzulassen, die sich hier boten. Die Geschichte *Wüstenfahrt* erzählt davon – eine bunt zusammengewürfelte Gruppe, darunter die Ich-Erzählerin, unternimmt einen Ausflug in die Wüste. Die Beschreibung dieser an Widrigkeiten und Absurditäten reichen Tour gerät zu einer von hintergründigem Humor durchzogenen Reflexion über kulturelle Unterschiede, insbesondere auch in der Kommunikation zwischen Menschen verschiedener Herkunft. In der Erzählung von einem missglückten Ausflug wird als mythologischer Hintergrund das Motiv des Labyrinths, die Suche nach dem „roten Faden" erkennbar. Labyrinth und Irrfahrt sind in der Nachwendezeit immer wieder auftauchende Motive in Christa Wolfs Texten. Darin spiegelte sich ihre Suche nach ihrer neuen Rolle als Schriftstellerin im vereinten Deutschland, nach ihrem Selbstverständnis als Autorin unter völlig neuen Verhältnissen. Übrigens war sie darüber hinaus auch als Autorin auf der Suche nach einer neuen verlegerischen Heimat. Der ostdeutsche Aufbau- und der westdeutsche Luchterhand-Verlag, die jeweils über die Ost- bzw. West-Publikationsrechte an den Werken von Anna Seghers und Christa Wolf verfügten, einigten sich kurzerhand dahingehend, dass alle Seghers-Rechte zu Aufbau, alle Wolf-Rechte zu Luchterhand transponiert wurden, was auch im Sinne von Gerhard Wolfs Verlag Janus press war, dessen Vertrieb nun Luchterhand übernahm. Aufgrund verschiedener Umgestaltungen und Eigentümerwechsel bei Luchterhand veröffentlichte Christa Wolf zwischenzeitlich auch bei Kiepenheuer & Witsch, ehe sie schließlich von Luchterhand, wo von 1999 bis 2001 auch die zwölfbändige Werkausgabe erschien, 2005 zu Suhrkamp wechselte. Den Hauptgrund für diesen Wechsel vertraute sie dem Tagebuch an: Sie wollte nicht Autorin *bei diesem Mammut-Konzern Random House sein*. (Tag 2, S. 96)

## Wieder in Berlin

Zurück in Berlin, im Sommer 1993, trat für Christa und Gerhard Wolf nach der langen Trennung der liebgewordene Alltag wieder in den Vordergrund. Er bedeutete, vielleicht für Christa mehr als für ihren Mann, gewachsene, verlässliche Stabilität. Sie hatte dabei das Bild vom großen Küchentisch vor Augen, an dem im Wechsel der Zeiten verschiedene Gäste und Familienmitglieder sitzen, sie selbst dabei. Sie notierte ihre und Gerhards verschiedene Frühstücksgewohnheiten: Während er gerne Räucherlachs frühstückte und dazu Tee trank, zog sie Kaffee und ein Knäckebrot mit Pflaumenmus vor. Der Alltag hatte sie wieder, mit allen Verpflichtungen und Lasten, die sie auch durch ihre Schwäche, nicht „nein“ sagen zu können, mitverursachte. Sie und Gerhard hatten dasselbe Buch gelesen und diskutierten ihre unterschiedlichen Positionen dazu. Sie gingen im Gespräch die Buchvorstellung von neulich durch, erzählten einander Anekdoten von dem Abend und freuen sich wie so oft darüber, *wie vorteilhaft es ist, ein Erlebnis miteinander zu teilen, es bekommt noch eine andere Dimension, mehr Dichte, und sogar unsere oft sehr unterschiedliche Beurteilung von Leuten, über die wir erbittert streiten konnten, lassen wir nun gelten, um sie – was wir erst lange Zeit später bemerken – allmählich in die eigene Sicht mit einfließen zu lassen* (Tag, S. 513f.), bis schließlich eine gemeinsame Erinnerung daraus wurde. Bei Autofahrten durch Berlin nahmen sie beide sehr genau wahr, was sich verändert hatte – die Namen von Straßen zum Beispiel –, und mit diesen Veränderungen des Vertrauten gingen nicht nur permanent kleine Verluste einher, sondern da gingen Positionen zur Geschichte verloren. So las Christa Wolf in der Zeitung, *daß in Berlin die Namen von Kommunisten, die von den Nazis ermordet wurden, von Straßenschildern getilgt werden sollen. So nenne ich sie hier: Hans Beimler, Katja Niederkirchner, Heinz Kapelle, und frage, welches Signal das in seiner Unschuld bestätigte Gemüt durch diese Entsorgung von Geschichte empfangen wird und wohl auch soll. Fast scheue ich mich, weil ich es kaum glauben kann, die anderen gefährdeten Namen zu nennen, Marx, Engels, Luxemburg, Liebknecht. Nun gut, aber einige deutsche Kampfflieger bleiben den Berlinern auf ihren Straßenschildern erhalten.* (WA 12, S. 512)

Gemeinsam mit dem Herausgeber Hermann Vinke stellte Christa Wolf Ende September 1993 den Band *Akteneinsicht* in einer Potsdamer Buchhandlung vor. Damit hatte sie sich zu viel zugemutet, merkte sie bald. Vor allem spürte sie, dass die Zuhörenden sie weiterhin in ihrer alten Rolle als lebenskluge Ratgeberin sahen. Diese Erwartung wollte und konnte sie nicht mehr erfüllen. Und zugleich wurde ihr bewusst: *Wann werde ich, oder werde ich überhaupt je noch einmal ein Buch über eine ferne erfundene Figur schreiben können; ich selbst bin die Protagonistin, es geht nicht anders, ich bin ausgesetzt, habe mich ausgesetzt.* (Tag, S. 524)

Die Unruhe, die in dieser Zeit lag, trat immer wieder ins Wolf'sche Alltagsleben. Bei Gerhard Wolf machte sie sich dergestalt bemerkbar, dass er unter Schwindel und unter einer Magenentzündung litt. Die Verlagsarbeit war aufreibend, auch wenn sie viele beglückende Momente hervorbrachte und Freude über gelungene Bücher. Er betrieb seinen Verlag kompromisslos, machte sein Programm ohne Abstriche, wobei abzusehen war, dass er damit kaum je schwarze Zahlen schreiben würde. Christa begann sich Sorgen zu machen, ob die anstrengende Verlagsarbeit nicht auf lange Sicht über seine Kräfte ging. Aber sie wusste auch: *Was er mit und in diesem Verlag macht, ist ja, leider zu spät begonnen, sein Lebenswerk, und das darf nicht einfach abgebrochen werden.* (Tag. S. 536)

Im Januar 1994 erhielten Christa und Gerhard Wolf gemeinsam die Varnhagen-von-Ense-Medaille der Stadt Berlin für ihre Verdienste um das literarische Leben der Stadt – zunächst Ost-Berlins und nun ganz Berlins. Das Geschenk ihres Mannes zu ihrem fünfundsechzigsten Geburtstag im März war das schöne Buch *Ein Text für C. W.* – ein *Band mit Versen, Prosa, Reden, Tagebuchseiten, Fragmenten, Austausch lebendigen Tuns, am Kontext gegenwärtiger Literatur mitschreibend, in den man sonst kaum Einblick bekommt* (Text, S. 3), ergänzt um die Mappe *Ein Blatt für C. W.* mit Originalgrafiken von Malerfreunden.

Christa Wolf führte den Gesprächskreis weiter, mit Diskussionen zum Beispiel darüber, was heutzutage „links" ist. Beim Weibertreff diskutierten sie Daniela Dahns Buch *Wem gehört der Osten.* Christa Wolf hielt ihre Rede *Abschied von Phantomen* in der Dresdner Semper-Oper, in der sie unter anderem an einen Gedanken von Anna Seghers aus dem mexikanischen Exil anknüpfte. Seghers hatte 1941 geschrieben, in Deutschland seien die sozialen Forderungen nie gemeinsam mit den nationalen gestellt worden – im Gegenteil seien die sozialen Forderungen gerade von jenen, die das Nationalgefühl für sich gepachtet hatten, erstickt worden. Christa Wolf verlängerte diesen Gedanken dahin, dass auch die deutsche Einheit als Losung nicht über die inneren Widersprüche und sozialen Kämpfe in diesem Land hinwegtäuschen kann, über Ausländerfeindlichkeit und Rassismus, über gegenseitige Vorbehalte und Misstrauen zwischen den West- und den Ostdeutschen. Eindringlich plädierte sie dafür, in beiden Teilen Deutschlands *von dem Phantom Abschied zu nehmen, welches das je andere und damit auch das eigene Land lange für uns waren.* Denn: *Wir wissen ja, wohin geleugnete, verdrängte Wirklichkeit gerät: Sie verschwindet in den blinden Flecken unseres Bewußtseins, wo sie Aktivität, Kreativität schluckt, aber Mythen hervortreibt, Aggressivität, Wahndenken. Das Gefühl von Leere und Enttäuschung, das sich ausbreitet, erzeugt mit dieser Anfälligkeit für soziale Krankheitsbilder und Anomalien, bei der Gruppen von Jugendlichen „plötzlich" aus der Gesittung herausfallen, in unserer Zivilisation für gesichert geltende Übereinkünfte aufkündigen – junge Zombies ohne Mitgefühl, auch für sich selbst.* (WA 12, S. 532f.)

Wieder waren ihre Tage dicht besetzt, und wann immer sich die Möglichkeit ergab, fuhren Wolfs wenigstens für ein paar Tage nach Woserin. 1994 feierte Christa Wolf ihren fünfundsechzigsten Geburtstag mit einem großen Empfang bei der Leipziger Messe und arbeitete in diesem Jahr hauptsächlich am *Medea*-Manuskript. Ihre linke Hüfte machte ihr zunehmend zu schaffen, von der anstehenden Operation erhoffte sie sich größere Bewegungsfreiheit. Die Schmerzen und Blockierungen führten dazu, dass sie Bewegungen

Im Wintergarten der Wohnung am Amalienpark, Berlin-Pankow 1994

zunehmend vermied. Der Mittagsschlaf war jeden Tag aufs Neue eine große Erleichterung für sie, die Pause hätte gerne noch länger dauern können. Ihr Pflichtgefühl und die Schwierigkeit, „nein“ zu sagen, führten immer wieder dazu, dass sie sich ein Interview, eine Veranstaltung auflud, die sie von den Dingen abhielten, die ihr wichtiger waren. Zwischen Christa und Gerhard Wolf entwickelte sich auch hier ein eingespieltes Muster – sie machte Zusagen, obwohl er Protest einlegte, sie bedauerte ihr Entgegenkommen und er machte ihr Vorhaltungen, dass sie wider besseres Wissen sich eine Verpflichtung hatte auferlegen lassen. Sie kannte dieses Muster inzwischen zu Genüge, aber sie konnte sich *von der Schablone, [sie] sei verpflichtet, [sich] zu engagieren, nur schwer lösen.* (Tag, S. 533) Die Operationen zuerst der linken, dann der rechten Hüfte zwangen sie zu Auszeiten. Dennoch blieb das Pensum an Aufgaben und Terminen, das ihre Kalender ausweisen, enorm. Mit besonderem Bedauern notierte Christa Wolf, dass es ihr aufgrund der Bewegungseinschränkungen zunehmend schwerer fiel, Kinder und Enkelkinder zu treffen, die ebenfalls viel arbeiteten, wenig Zeit hatten und in deren Wohnungen man nur über viele Treppen kam.

## Malerfreunde

Gerhard Wolf verband, wann immer es sich anbot, die Vorstellung eines neuen Janus-press-Buches mit einer Ausstellung oder einer Performance, so bei den Malerbüchern von Carlfriedrich Claus, Hartwig Hamer, Martin Hoffmann, Helge Leiberg oder Günther Uecker, um nur einige zu nennen. Auch Grafik, so zum Beispiel die jährlichen Kalender von Angela Hampel, hatte er von Anfang an verlegt. Zunehmend war auch Christa Wolf an den Performances beteiligt, indem sie eigene Texte – *Im Stein* und aus *Medea* – las, zu denen der Maler Helge Leiberg zeichnete und Lothar Fiedler die Musik komponierte. Bei Janus press erschienen *Wüstenfahrt* mit Günther Ueckers Bildern und eine Mappe mit Radierungen Ueckers zu *Medea*, *Was nicht in den Tagebüchern steht* mit Aquarellen von Helga Schröder und *Sommerstück* mit Landschaften von Hartwig Hamer.

Schon in den Siebzigerjahren trug Gerhard Wolf ein *geheimes Vorhaben: „Meine Freunde, die Maler" mit Arbeitstitel* (Malerfreunde, S. 7) mit sich herum. In den frühen Neunzigerjahren trat Peter Böthig, der Leiter des Kurt-Tucholsky-Museums Schloss Rheinsberg (damals Kurt-Tucholsky-Gedenkstätte), mit der Idee an Christa und Gerhard Wolf heran, ihre Beziehungen zu bildenden Künstlerinnen und Künstlern in einer Ausstellung zu dokumentieren – daraus entstand die im Sommer 1995 in Schloss Rheinsberg und später auch in Berlin, Wolfsburg, bei Köln und andernorts gezeigte Ausstellung, ergänzt durch den bei Janus press erschienenen Katalog *Unsere Freunde, die Maler.* Ähnlich wie der gemeinsame Band über den *Gesprächsraum Romantik* ist auch dieser Katalog Ausdruck sowohl eines gemeinsam verfolgten Interesses, einer Verbundenheit, die gleichermaßen den bildkünstlerischen Werken wie den Künstlern galt, die sie schufen, als auch Dokument der jeweils unterschiedlichen Aneignungs- und Betrachtungsweise von Christa und von Gerhard Wolf. Die Auskünfte in den Gesprächen, die Briefwechsel und Texte, welche die Abbildungen der Kunstwerke begleiten, bezeugen die persönliche Nähe, oft Freundschaft, das Verstehenwollen von Arbeitsweise und Gedankenwelt der bildenden Künstlerinnen und Künstler durch die vom Wort her kommenden Wolfs. Ein Teil der Bilder, die in der Ausstellung zu sehen waren (neben Leihgaben der Künstler), ist Bestandteil der Sammlung, die in der Wohnung am Amalienpark die Wände schmückt, Zeugnis eines selbstverständlichen Zusammenlebens mit Büchern und Bildern. Allerdings gab es bei Wolfs nie ein explizites Sammlerinteresse, sondern sie haben, oft durch Begegnungen inspiriert, insbesondere vor 1990 durch ihre Ankäufe Künstler unterstützt, die keinen Zugang zu Galerien und dem staatlichen Kunsthandel hatten.

Von Christa Wolfs Werken gingen zahlreiche Inspirationen für bildende Künstlerinnen und Künstler aus, am eindrucksvollsten sicherlich die 1987 in der Moritzburg in Halle an der Saale gezeigten Arbeiten zu *Kassandra* und die Bilder und Grafiken zu *Medea*, die 1998 in einer Ausstellung im Frauenmuseum Bonn zu sehen waren. Es war naheliegend, dass Gerhard Wolf seiner Vorliebe für bildende Kunst nicht nur in den Büchern und Grafik-Editionen im Rahmen seines Verlags nachging, sondern sich auch auf andere Art an der Präsentation bildender Kunst beteiligte. 1997 initiierte er die Gründung der Galerie „Forum Amalienpark", wo seitdem Ausstellungen, oft zusammen mit Lesungen befreundeter Autoren und Autorinnen, stattfinden. Seine Sammlung aus der Protestszene der DDR stellte Gerhard Wolf 2006 in Zusammenarbeit mit dem Archiv der Akademie der Künste zu Berlin am Pariser Platz und im Jahr darauf im Rahmen des Erlanger Poesie-Festivals aus. Die Ausstellung trug den Titel *Im Malstrom subversiver Bilder* und versammelte Arbeiten aus den Siebzigerjahren der Chemnitzer Gruppe „Clara Mosch", bei deren Pleinair in Gallenthin 1981 neben Christa Wolf auch Sascha Anderson, Stefan Döring, Bert Papenfuß und Eberhard Häfner lasen. Das Miteinander von Bild und Wort prägte auch die Szene der Prenzlauer-Berg-Künstler in den frühen Achtzigerjahren. Die hier ausgestellten Bilder und Dokumente gaben zwar nur *Fragmente eines Jahrzehnts*, wie Gerhard Wolf schrieb, *[a]ber sie sind und bleiben als Merk-Mal einer Zeit, die schließlich unvermeidbar auf den Herbst 1989 zulief.*

2008 zeigte Gerhard Wolf im „Forum Amalienpark" Arbeiten von *Malerfreunden*, die ihnen durch Arbeiten für Christa Wolf und für Janus press verbunden waren: Hartwig Hamer, Angela Hampel, Martin Hoffmann, Helge Leiberg, Gerda Lepke, Núria Quevedo, Günther Uecker. Aus dieser Ausstellung entwickelte sich schnell ein größeres Projekt, erweitert durch Leihgaben der Künstlerinnen und Künstler, das 2010 in Schloss Neuhardenberg zu sehen war, wiederum dokumentiert durch ein Buch, das eröffnet wird mit einem behutsamen Porträt von Carlfriedrich Claus, entstanden nach dessen Tod. *Wenn man will*, schreibt Christa Wolf, *mag man ihn als Figur anachronistisch nennen. Ich denke, seine visionäre Gedankenwelt, die in seinen Schriftblättern aufgehoben ist, weist weit in die Zukunft hinaus. Er hat daran geglaubt, daß es Sinn hat, an die Wurzeln unserer Existenz als Mensch vorzudringen und sie bloßzulegen. Er unterzog sich der enormen Anstrengung, die dazu nötig war, um aus der Untiefe des bisher Unbewußten und Ungesehenen etwas Gestaltetes heraufzuholen, das in uns Erkenntnis, Wieder-Erkennen aufblitzen läßt und uns staunen macht.* (Malerfreunde, S. 8)

## *Medea. Stimmen*

1991 hatte Christa Wolf mit der Arbeit am Medea-Stoff begonnen, und Ende 1995 beendete sie das Buch. Es war ihr erstes nach der sogenannten Wende entstandenes Werk, und natürlich verarbeitete es auch Erfahrungen dieser Zeit, ohne deshalb umstandslos zum „Schlüsselroman" zu neigen. Wie bei jedem Schreibprojekt waren auch hier die Gespräche mit ihrem Mann wesentlich für Christa Wolf, um so klar und so differenziert wie möglich das, was ihr vorschwebte, zu gestalten. Ein zentrales Thema hier ist die Erfahrung, *daß unsere Kultur, wenn sie in Krisen gerät, immer wieder in die gleichen Verhaltensweisen zurückfällt: Menschen auszugrenzen, sie zu Sündenböcken zu machen* (WA 11, S. 252), und diese Ausgrenzung des Anderen, Fremden betrifft in patriarchalen Gesellschaften gerade auch Frauen. Medea, ursprünglich eine Heilkundige, wurde von der später installierten patriarchalen Herrschaft denunziert und als Giftmischerin und Kindermörderin verleumdet. Mit dieser Lesart setzte Christa Wolf das Verfahren einer dekonstruktiven Lektüre der Überlieferung über eine weibliche Figur fort, das ihr Schreiben von Anfang an geprägt hatte – ob es um den Zusammenbruch von Rita Seidel, den Tod von Christa T., den Suizid Günderrodes oder den Mord an Kassandra ging: Erzählend ging es Christa Wolf stets darum, die Wahrheit über diese Frauen herauszustellen, Verkennungen abzutragen, zu zeigen, wer sie in Wirklichkeit waren. In *Medea. Stimmen* erzählte sie von der Entstehung und der Notwendigkeit der Sündenbock-Konstruktion, in deren Namen auch unsere modernen, zivilisierten Gesellschaften noch immer Menschenopfer fordern und bekommen. Christa Wolf zeigte hier in subtilen Einzelporträts, welche Dispositionen manche Menschen anfällig machen, Opfer, Täter oder beides zu sein. Medea, die sich durch Erschütterungen und Desillusionierungen hindurchgearbeitet hat, ist die Figur mit dem weitesten Horizont innerhalb des Geschehens und mit der schonungslosesten Selbstreflexion. Sie dekonstruiert die Machtverhältnisse zuerst in Kolchis, dann in Korinth, so wie der Roman als Ganzes die Dekonstruktion des überlieferten Bildes von Medea betreibt. Medeas Dilemma als Opfer von Verhältnissen, in denen Macht(erhalt) und Moral auseinanderfallen, entspricht in unserer Zeit die Einsicht, dass in den modernen Zivilisationen das Konzept der Aufklärung und der Selbstaufklärung gescheitert ist – dass es aber gleichwohl keine Alternative dazu gibt. Medea verweigert die Versöhnung mit ihrem Schicksal, und Wolfs Roman verweigert die Rettung irgendeiner Utopie.

Wenige Monate nach Erscheinen waren bereits hunderttausend Exemplare verkauft. In den folgenden Jahren absolvierte Christa Wolf unzählige Lesungen aus *Medea. Stimmen* in Deutschland und dem europäischen Ausland, die ein riesiges, begeistertes Publikum erreichten. Das Buch inspirierte europaweit zahlreiche Bearbeitungen des Stoffes für Rundfunk und Theater sowie bildkünstlerische Arbeiten, so war etwa im Frühjahr 1997 eine entsprechende Ausstellung im Frauenmuseum in Bonn zu sehen. Im Osten und im Westen Deutschlands wurde *Medea. Stimmen* sehr unterschiedlich rezipiert, im Unterschied zur einhellig positiven Aufnahme im Ausland. Die ungebrochene Resonanz der Werke Christa Wolfs beim Publikum verdeutlichte, dass Bedürfnis und Interesse nach einer persönlich authentischen, moralisch glaubwürdigen und an zeitgenössischen Konflikten orientierten Literatur wie der ihren im Osten wie im Westen weiterhin vorhanden waren, und auch, dass gerade die auf der Psychologisierung des Mythos beruhenden Stoffe wie *Kassandra* und *Medea* sich in ihrer Vielschichtigkeit und Mehrdeutigkeit für heutige Zeiten als besonders geeignet erwiesen. Eben diese starke Resonanz bei ihren Leserinnen und Lesern konnte Christa Wolf gar nicht anders denn als Verpflichtung und als Erwartung wahrnehmen. Dass sie weiterhin bereit und willens war, dieser Erwartung auch gerecht zu werden, kollidierte immer häufiger mit ihrem Gesundheitszustand. Sie musste sich mehreren Hüftoperationen unterziehen. Nicht nur Reisen und Lesungen wurden zunehmend beschwerlicher und anstrengender, sondern auch die alltäglichen Verrichtungen, alles, was mit Bewegung zu tun hatte.

Die starke Irritation, ja Verunsicherung, ob sie in den neuen Verhältnissen überhaupt noch schreiben könnte, blieb – trotz der Erfolge etwa von *Medea. Stimmen* und der permanenten Weiterarbeit. 1996 hatte sie erwogen, ihre Erinnerungen an die Reisen in die Sowjetunion, die Begegnungen mit Büchermenschen dort, mit Schriftstellerkollegen und mit Übersetzerinnen und Übersetzern, mit Städten und Landschaften und mit russischer und sowjetischer Literatur aufzuschreiben – aber sie tat es nicht, weil sie keine überzeugende Antwort auf die Frage nach dem Wozu fand, auch wenn Gerhard sie darin bestärkte, die *russischen Erinnerungen* festzuhalten. Aber für Christa waren diese Betrachtungen, die sie zum Teil in ihren Reisetagebüchern notiert hatte, ortlos geworden – denn die Länder, die dazu gehörten, die gab es nicht mehr. *Manchmal*, notierte Christa Wolf im September 1996, *denke ich mitten am Tag ganz deutlich: Meine Zeit läuft ab.* (Tag, S. 570)

Sie schrieb wunderbare Essays über Heinrich Böll, Elisabeth Langgässer, Nelly Sachs, Anna Seghers. Und sie schrieb an dem Prosastück, das später *Leibhaftig* hieß. Daneben finden sich in ihren Aufzeichnungen immer wieder Überlegungen, wie sie das Amerika-Material organisieren könnte. Christa und Gerhard Wolf, die nun beide auf die siebzig zugingen, verloren Freunde und Weggefährten wie Wolfgang Heise, Stephan Hermlin, Lew Kopelew und Carlfriedrich Claus. Ein großer Verlust war der unerwartete Tod von Franci Faktorová, die im Juni 1997 während eines Besuchs in Berlin bei der Familie ihres Sohnes starb. Gerhard Wolf hatte sich nach Francis Tod immer wieder gewünscht, Christa möge über sie schreiben – aber das wollte sie nicht, Franci war ihr zu nah.

## Im siebten Lebensjahrzehnt

Im Oktober 1998 wurde Gerhard Wolf siebzig, im folgenden März Christa. Der Almanach, den Peter Böthig zu Gerhard Wolfs Geburtstag herausgab, trägt den ebenso schönen wie treffenden, aus einem Gedicht Friederike Kempners (1828–1904) entliehenen Titel *Die Poesie hat immer recht* und ist in Wort und Bild dem Autor, Lektor, Mentor, Herausgeber und Janus-press-Verleger Wolf gewidmet. Er versammelt Zeugnisse von Freunden – auch von Carlfriedrich Claus, der im Sommer gestorben war – aus einem halben Jahrhundert und gibt in seiner Vielstimmigkeit ein beredtes Echo auf ein beeindruckendes Lebenswerk. Der Almanach spiegelt aber auch Entwicklung und Akzente der DDR-Literatur, ihrer Protagonisten und der vielfältigen Beziehungen wider, die sie untereinander und mit Gerhard Wolf verbanden. Seine Frau steuerte dazu das 1988 zu seinem sechzigsten Geburtstag entstandene liebevolle Beziehungsporträt *Er und ich* bei, das für sich spricht. Gerhard Wolfs Weg in seiner Eigenwilligkeit, seinen Zufällen, Ansprüchen und Herausforderungen verdeutlicht auf seine Art die Berechtigung des Titels. Man liest Fürnbergs Zeile „Die Partei hat immer recht" mit, und augenzwinkernd wird der Sieg der Poesie über die Ideologie bestätigt. Das ist ganz und gar im Sinne Gerhard Wolfs. Indem er sich entschloss, Werk und Leben des Prager Dichters vermittelnd zu erschließen, legte er den Fokus auf das ganz besondere Zusammenwirken von literarischer Tradition, poetischer Sprache, dichterischem Selbstverständnis und Zeitgeschichte. Er hat sich seitdem stets mit Autoren beschäftigt, zu denen er Anziehung, Nähe und Verwandtschaft verspürte und mit denen sich über kurz oder lang freundschaftliche Verbundenheit entwickelte. Das war der Resonanzboden, auf dem Gerhard Wolf essayistische Annäherungen gelangen, die von Anfang an stets die eigene Subjektivität einbrachten, und es war auch die Grundlage für die gemeinsame Arbeit des Lektors und des Dichters am Text. Der Wirkungsradius ist nur scheinbar klein, insofern er sich auf diesen engen Austausch bezieht. Die Großzügigkeit und die so gänzlich uneitle Haltung, die Gerhard Wolfs Arbeit als Lektor, Mentor, Herausgeber und schließlich auch als Verleger charakterisieren, ist einer persönlichen Eigenschaft geschuldet, die heutzutage beinahe ausgestorben ist. Sie schließt die Fähigkeit ein, sich vorbehaltlos und uneigennützig einer Tätigkeit – der Entwicklung und Intensivierung des poetischen Ausdrucks – zu widmen, allein um dieser Tätigkeit willen; die Freude und Heiterkeit, die Poesie auslösen kann, zu genießen und zu vermitteln; und schließlich der völlig unzeitgemäße Verzicht auf ökonomisches Denken, wo es um die Erscheinungsform der Poesie als Buch geht. Den Lebenstraum, die Bücher zu verlegen, die er immer schon gerne „machen" wollte, unabhängig vom Markt, den konnte Gerhard Wolf sich spät, aber nicht zu spät mit der Unterstützung seiner Frau erfüllen.

Zur Feier des siebzigsten Geburtstags von Christa Wolf in der Akademie der Künste las die Schauspielerin Corinna Harfouch den Prosatext *Im Stein*, der die verstörende Erfahrung der körperlichen Fühllosigkeit mit dem wiedererwachenden, wahrnehmenden, reflektierenden Bewusstsein verschränkt. Über die wiederholte konkrete Erfahrung der Narkose hinaus fasst dieser Text den prekären Zustand der körperlichen Lähmung bei gleichzeitiger mentaler und emotionaler Sensibilität metaphorisch ins Bild – es stellen sich Assoziationen ein wie ein lebendiger zitternder kleiner Vogel, fixiert in der geschlossenen Hand, oder der Zauberbann im Märchen, der Menschen zu Stein werden und auf ihre Erlösung warten lässt. In dem Jahr erhielt Christa Wolf Preise, die mit den Namen von Elisabeth Langgässer, Samuel-Bogumil Linde und Nelly Sachs verbunden sind. Obwohl sie inzwischen zumeist an Krücken ging und kaum mehr frei von Schmerzen war, reisten sie und Gerhard im Jahr 2000 nach Frankreich, wo sie in verschiedenen Städten aus *Medea* las. Anlässlich der Hommage zum einhundertsten Geburtstag von Anna Seghers hielt Christa Wolf in der Berliner Akademie der Künste eine bewegende Rede, der sie den Titel *Im Widerspruch* gab. Die Essays, die sie seit nahezu einem halben Jahrhundert über Seghers geschrieben hatte, enthielten immer auch genaue Überlegungen über die unterschiedlichen Zeitläufte, die das Leben der eine Generation Älteren und ihr eigenes geformt und erschüttert hatten. *Am Ende hatte sie*, schreibt Christa Wolf über Seghers, *auf Fotos ein erschrockenes Gesicht, das mich an das Selbstbildnis des alten Rembrandt erinnert, an den Ausdruck derer, die vieles, vielleicht zu vieles, gesehen, durchschaut, erlebt und überlebt haben. Die wissen: Kein zufälliges Unglück ist ihnen zugestoßen. Es war alles so gemeint.* (WA 12, S. 747) Seghers' Leben nachzeichnend, wissend, empathisch und voller Respekt auch angesichts der Haltung, mit der die Ältere mit den Widersprüchen umging, mit denen sie konfrontiert war, in den DDR-Jahren schließlich vollständig desillusioniert, aber ohne Alternative – ob Christa Wolf daran dachte, wie wohl ihre eigene Bilanz ausfallen mochte? Im Tagebuch notierte sie, während sie an dieser Rede schrieb: *Später dann, in der DDR, erlebte sie* [Seghers, S.H.], *was wir alle erfuhren: Mit dem Rücken an der Wand zu stehen, zwischen falschen Alternativen. Nur daß sie überhaupt keine Wahl hatte, etwa in ein anderes Land zu gehen. – Es gibt wenige Geister im heutigen Deutschland, die bereit und in der Lage sind, eine solche Biografie als*

In Woserin, August 1999

*Ausdruck der deutschen Geschichte zu sehen und weit weniger als Zeugnis persönlichen Versagens und persönlicher Schuld.* (Tag, S. 623f.)

2001 und 2003 nahm Christa Wolf in Begleitung ihres Mannes an Gesprächen teil, zu denen Bundeskanzler Gerhard Schröder Intellektuelle und Kulturschaffende ins Bundeskanzleramt eingeladen hatte, um sich mit ihnen über den Krieg in Afghanistan und dann zum Krieg im Irak auszutauschen. Im Januar 2002 las Christa Wolf mit Emine Özdamar und Günter Grass im Bundeskanzleramt. In ihrem Tagebuchtext *27. September 2001* thematisierte sie den *Riß im Gewebe der Zeit* (Tag 2, S. 15), verursacht durch den Anschlag auf die New Yorker Zwillingstürme, folgte den Spuren, dem Echo, das dieser Angriff in ihrem näheren und weiteren Umfeld – Privates und Politisches untrennbar miteinander vermischt – hinterlassen hat.

Nach langem skrupulösem Abwägen und Diskussionen mit Gerhard entschloss sich Christa Wolf, ihre Tagebuchaufzeichnungen zum „Tag des Jahres" zu publizieren. Mit der Entstehung und der Tradition dieser Aufzeichnungen hat es eine besondere Bewandtnis. Die sowjetische Zeitung *Iswestija* hatte 1960 (und griff damit auf ein Projekt zurück, das Maxim Gorki 1935 ins Leben gerufen hatte) Menschen in allen Ländern aufgefordert, ihren Tagesablauf am 27. September zu beschreiben und so zu einem „Gesamtbild der heutigen Welt" (WA 3, S. 573) beizutragen. Diese Idee gefiel Christa Wolf so gut, dass sie von 1960 an zusätzlich zu ihren Tagebuchaufzeichnungen ein besonders ausführliches Protokoll des „Tages des Jahres" schrieb, das ihr in manchen Jahren auch beinahe zu einer Art Jahresbilanz geriet. Über die Jahre hinweg konnte sie so beobachten, wie sich *diese Alltage ... in gelebte Zeit* (Tag, S. 5) verwandelten. Die Beschreibungen des 27. Septembers unterschieden sich deutlich von ihrem übrigen Tagebuch, und auch sie waren keineswegs zur Veröffentlichung vorgesehen – denn sie selbst, die da „ich" schrieb, zeigte sich ungeschützt und lieferte sich aus. Aber sie spürte auch, beim Wiederlesen: Da hat sich ein Abstand eingestellt, sich selbst gegenüber – sie konnte sich selbst „historisch" sehen, gebunden an ihre Zeit. Und sie empfand, dass diese Aufzeichnungen *ein Zeitzeugnis* waren. Diese Einschätzung teilte auch Gerhard. Als Titel erwog sie „Zeitachsen", während Gerhard für „Ein Tag im Jahr" plädierte und sich, wie oft bei der Titelgebung ihrer Arbeiten, durchsetzte. 2003 erschienen die Aufzeichnungen zum 27. September unter dem Titel *Ein Tag im Jahr. 1960–2000*. „Aus der Perspektive des Alltags und des subjektiven Erlebens", schrieb der Wolf-Biograf und Kritiker Jörg Magenau, nachdem auch der Folgeband veröffentlicht war, „entstand eine in der Literaturgeschichte wohl einzigartige Langzeitbeobachtung und experimentelle Biografie." (*Tagesspiegel*, 13.3.2013)

## Leibhaftig

2002 erschien *Leibhaftig*, und in diesem Jahr erhielt Christa Wolf den Deutschen Bücherpreis für ihr Gesamtwerk, überreicht durch Günter Grass auf der Leipziger Buchmesse. Seit ihrer lebensgefähr-

Christa und Gerhard Wolf betrachten die Titelradierung von Günther Ueckers *Medea*-Zyklus, 2001

lichen Erkrankung im Jahr 1988 begleitete sie dieser Stoff. Früher hatte sie gedacht, sie würde, wie ihre Mutter, mit achtundsechzig Jahren sterben. Immer öfter nahm sie an Trauerfeiern für verstorbene Freunde und Kollegen teil, und manchmal waren diese jünger als sie selbst – wie Tina Wrase, die mit Saxophon und Klarinette *Medea*-Lesungen begleitet hatte und 2000 mit vierzig Jahren starb. Das Thema Tod und Sterben war Christa Wolf präsent, sie fragte sich, wie oft mache ich das noch, erlebe dieses und denke jenes, und immer wieder hielt sie fest: *Ich lebe gern.* (Tag, S. 615) Die Arbeit an der Erzählung *Leibhaftig* begann sie mit ersten Notizen im Sommer 1988, als sie noch im Krankenhaus lag. Als Titel stellte sich irgendwann *Hadesfahrt* ein, und zwischendrin dachte sie, dass sie hier *die Geschichte eines Scheiterns* (Tag, S. 627) erzählen würde. Aber es wurde eine Rettungsgeschichte. Die Ich-Erzählerin, durch den Zusammenbruch ihres Immunsystems in Todesnähe gebracht, wird wieder gesund. Eine Bauchfellentzündung treibt sie in Fieberträume, in denen sie Stationen ihrer Biografie erneut durchlebt. Ihr

Zusammenbruch erfolgt in dem Moment, in dem auch der Staat DDR seine Widerstandskraft verliert. So erlebt die Erzählerin ihren Leib als Seismograf gesellschaftlicher Konflikte. Der Weg, den ihre Seele zurücklegt, führt sie nicht nur durch die eigene Geschichte und deren Kränkungen und Krankheiten, durch Vergessenes und Verdrängtes, sondern auch durch die Menschheitsgeschichte und deren Reflexe in Mythos und Literatur. In ihrer Vielschichtigkeit und ihrem Anspielungsreichtum (auch auf frühere eigene Texte) ist *Leibhaftig* ein für Christa Wolf charakteristischer Text. In dem *Du*, welches für die Ich-Erzählerin jederzeit ansprechbar ist – *Lieber* redet sie ihn an, denkt an ihn als an den *nächste[n] Mensch[en]* (Leibhaftig, S. 120, 17) –, ist der Vertraute, der Lebensgefährte kenntlich, der die Verbindung nie abreißen lässt. Die Entscheidung zu leben verdankt die Kranke auch ihm, der wie Orpheus seine Geliebte dem Hades entreißen möchte. Sie bittet ihn, ihr jenes kleine, hellblau eingebundene Buch mit Goethe-Gedichten mitzubringen, das Geschenk der Lehrerin vor vielen Jahren an die tuberkulosekranke Jugendliche. So kann sie mit seiner Hilfe ein unvollständig erinnertes Gedicht endlich vervollständigen. In den Erinnerungen der Ich-Erzählerin ist ihre erste Begegnung auf der Mensatreppe der Jenenser Universität unter dem Stichwort *Menschenglück* aufbewahrt *– ich blickte auf, da standest du in deiner verwaschenen Luftwaffenhelferjacke auf der Treppe und […] blicktest dann prüfend auf mich, und das war der Blick. Das Bild glitt in mein inneres Archiv zu den unzerstörbaren Stücken.* (Leibhaftig, S. 49) Als sie das Schlimmste überwunden hat, bringt er ihr Köstlichkeiten ans Krankenhausbett, selbstgekochte Gemüsesuppe, zart gedünstete Hühnerschenkel, lockeren Griesbrei. Und als sie sich endlich aus dem Schwebezustand zurück ins Leben gekämpft hat, ist er da, sie in Empfang zu nehmen. Er zeigt ihr das Panorama vor ihrem Krankenzimmerfenster, das *aus Stadt und Garten und dem See [besteht], der bis zum Horizont reicht und in der Sonne blinkt. Darüber, wie ein See in der Sonne blinkt, gibt es ja ganze Gedichte. In Natur ist es aber auch schön, sagst du. Ich sage, ja, es ist schön. – Du sollst ja nicht weinen, sagst du. – Das, sage ich, steht auch in einem Gedicht.* (Leibhaftig, S. 185) So hat also die Poesie wieder einmal recht behalten.

## Das achte Lebensjahrzehnt

Im September 2002 feierten Tinka Wolf und Martin Hoffmann in Woserin ihren gemeinsamen einhundertsten Geburtstag. Dies war Anlass für ein großes Fest mit Verwandten, Freunden und Nachbarn, die sich zum Teil seit Jahren kannten oder gerade erst kennenlernten. Man unterhielt sich, lachte und diskutierte, genoss das Essen und das von einigen Freunden aufgeführte Theaterstück. Christa Wolfs Beschreibung dieses Zusammenseins in Woserin erinnerte nur sehr entfernt an das damals schon von der Ahnung der folgenden Verluste und Abschiede geprägte *Sommerstück*. Die doppelte Geburtstagsfeier ist einfach, was sie ist: ein Fest, ein Anlass zur Freude, zum Zusammensein mit Familie und Freunden. Die Sehnsucht nach der Utopie, die ein Vierteljahrhundert zuvor ihre Erfüllung in der Zeit der Gemeinsamkeit, in den Momenten eines bereits überschatteten Glücks fand, hatte sich endgültig verflüchtigt.

Ihr Zeiterleben erschien Christa Wolf zunehmend flacher, äußerlicher, die Lust und der Antrieb zum Schreiben verringerten sich mehr und mehr. Dennoch arbeitete sie fast ständig an ihrem Amerika-Buch, wie sie es nannte, *Stadt der Engel.* Im September 2003 notierte sie, *daß [sie] dieses Jahr ganz nach außen gewirbelt wurde und keine Mitte mehr [hat], kein Thema, das [sie] umtreibt und zum Schreiben zwingt. Da hinein, in diese Leere, strömt das Äußerliche.* (Tag 2, S. 50) Das gelebte Leben gewann ein immer stärkeres Übergewicht gegenüber dem, was die Zukunft noch bringen würde. Wenn Gerhard die wunderbare Kartoffelsuppe kochte, wie beide sie liebten, dachten sie jedes Mal daran, dass sie dieses Rezept von Frieder Schlotterbeck hatten, und – *ach, manche Menschen fehlen uns doch sehr* (Tag 2, S. 52) – sie sahen vor ihrem inneren Auge die Reihe der Toten, die sie vermissten. Aber sie blieben mit ihnen in Verbindung. Christa Wolf bereitete in den folgenden Jahren ihre Briefwechsel mit Anna Seghers (1900–1983) und der Ärztin und Emigrantin Charlotte Wolff (1897–1986) zur Herausgabe vor. Gerhard Wolf begann mit den Vorbereitungen zu einer Biografie über Carlfriedrich Claus. Sein Anliegen war es, diesen Ausnahmekünstler populärer zu machen – aber welcher Verlag würde sich an ein mutmaßlich so schwer verkäufliches und aufwendiges Projekt herantrauen? *Es wäre genau die Arbeit, die Gerd in den nächsten Jahren fesseln würde und die ihm entspräche*, notierte Christa Wolf im Tagebuch. *So ist er zwar immer beschäftigt, manchmal sogar sehr stark, aber es fehlt ihm diese zentrale Aufgabe. Das bekümmert mich.* (Tag 2, S. 115f.) Die lebenslange enge Freundschaft zu Volker Braun dokumentiert beispielsweise der schöne gemeinsame Text des Autorenpaares Wolf unter dem Titel *C Gespräch im Hause Wolf über den in Vers und Prosa / G sowohl als auch stückweis anwesenden Volker Braun* zu dessen fünfundsechzigstem Geburtstag 2004, in dem sie ihn *als sinnlichen Autor* (Rede, S. 41) würdigen.

In den ersten Jahren des neuen Jahrtausends wurden Erich Arendts (1903–1984) Gedichtbände mit Gerhard Wolfs Nachworten im Rimbaud-Verlag neu aufgelegt und damit ein Versuch unternommen, den weltläufigen Dichter, der sich erst 1950 nach langen Jahren der Emigration in Spanien, Frankreich und Kolumbien gemeinsam mit seiner Frau Katja Hajek in der DDR niederließ, wo er mit einundachtzig Jahren starb, vor dem Vergessenwerden zu bewahren. Seine ersten Gedichte hatte Arendt in den Zwanzigerjahren in Herwarth Waldens *Sturm* veröffentlicht. Als KPD-Mitglied verließ er Deutschland 1933 und schloss sich während des Spanienkrieges der katalanischen 27. Division an. Seine Vertrautheit mit der katalanischen und der spanischen Sprache prädestinierte ihn später in der DDR als Übersetzer der Lyrik von Rafael Alberti, Vicente Aleixandre und Pablo Neruda. Aber er, der sich als „Vagant" verstand, *spürte doch bei allem hoffnungsvollen Neubeginn bald auch die geistige Enge und Begrenztheit* (Gesang, S. 102), notierte Gerhard Wolf. Nach inkriminierenden Befragungen im Zusammenhang mit den Prager Slánský-Prozessen trat Arendt aus der SED aus. Als Rückzugsort wählten er und seine Frau die Ostsee-Insel Hiddensee, vor allem aber bereisten sie in den Fünfzigerjahren die Mittelmeer-Inseln, wo die Gedichte des Bandes *Ägäis* entstanden. In einem über viele Jahre verfolgten, schließlich weggelegten Editionsprojekt Gerhard Wolfs, das der deutschsprachigen Exillyrik gewidmet war, wäre Arendt neben Brecht und Becher eine besondere Bedeutung zugekommen. Gerhard Wolf, der ja auch als Lektor mit Arendt gearbeitet hatte, war immer wieder fasziniert von dessen ständiger Weiterarbeit an seinen Versen, sie zu verknappen und zu verdichten. Das Gedicht *Die Figur*, auf eine Frauenstatue Wieland Försters, widmete Arendt Christa und Gerhard Wolf.

2009 legte Gerhard Wolf unter dem Titel *Lebenslied* eine gemeinsam mit der Fürnberg-Tochter Alena getroffene Gedichtauswahl Louis Fürnbergs zu dessen einhundertstem Geburtstag vor. Im Nachwort zu diesem Querschnitt durch Fürnbergs Werk, das ihn immer wieder beschäftigt hatte, zeigte er ausschnitthaft die verschiedenen Facetten des jüdischen Remigranten, der die jungen Deutschen, die er in sein Weimarer Haus einlud, mit Mozart, Dvořák und Mahler ebenso bekanntmachte wie mit den Songs seiner Spieltruppe aus dem Prag der Vorkriegsjahre. *Ich höre ihn*, erinnert sich Gerhard Wolf, *nicht ohne hintersinniges Lächeln sagen: „Der Mensch ist geheimnisvoll." [...] Das Geheimnis seines Lebens, das wir oft nur in der immanenten untrennbaren Verbindung seines politischen und ästhetischen Engagements sahen, bestand gerade darin, daß wir Diskrepanzen nicht wahrnahmen oder ihnen nicht nachgehen wollten, den Schreiber dieser Zeilen nicht ausgenommen.* (Fürnberg, S. 112) Dies holte er hier nun nach – dass er auch im Vertrauten, oft Durchdachten immer noch Neues entdeckte oder die eigene Position selbstkritisch überprüfte, ist charakteristisch für ihn.

## Arbeit an *Stadt der Engel*

Der erste Impuls, über ihre Erfahrungen in den USA zu schreiben, entstand 1980 während Christa und Gerhard Wolfs gemeinsamem Aufenthalt in Oberlin/Ohio. Aber erst der dreizehn Jahre spätere, mehrere Monate währende Aufenthalt im kalifornischen Santa Monica, nahe bei Los Angeles, der Stadt der Engel, die schon den Emigranten Brecht zu seinen *Hollywoodelegien* inspiriert hatte, motivierte Christa Wolf, diesen Plan zu verfolgen. Über einen sehr langen Zeitraum hat sie immer wieder neu angesetzt, das weiter anwachsende Material mehrfach neu organisiert, immer wieder unterbrochen von anderen Schreibprojekten, von anderen Verpflichtungen, von den Schwierigkeiten, die Alter und Krankheit mit sich brachten. Sie erwog sogar, die Veröffentlichung ihres „Tag-im-

Auf einem Empfang des Suhrkamp Verlages, 2006

Jahr"-Bandes ihr letztes Buch sein zu lassen – *Einfach, weil die Reibungen, die ich erlebe, mich nicht tief genug angehen und daher keine Funken schlagen, die ein kreatives Feuerchen entzünden könnten.* (Tag 2, S. 67) Das Schlafen avancierte zu ihrer *Lieblingsbeschäftigung*, wie sie selbstironisch im Tagebuch notierte. Die Zeit für Lektüren, über die sie und Gerhard sich so gerne austauschten – zeitgeschichtliche Sachbücher, Biografien und Autobiografien, Bücher von befreundeten Autoren –, überwog die Zeit für eigene Schreibarbeiten. Sie sprachen über das Älterwerden, beobachteten Anzeichen von Müdigkeit, Vergesslichkeit, Schwäche. Bei Christa häuften sich die Zeiten, *da [ihr] der Gedanke an den Tod nah und andauernd gegenwärtig war* (Tag 2, S. 73). Gerhard versuchte sie aus den depressiven Stimmungen herauszuholen, indem er sie an schöne gemeinsame Erlebnisse erinnerte oder ihr mit einem Essen, das sie sich gewünscht hatte, eine Freude machte – und freute sich dann seinerseits, wenn sie glücklich am Tisch saß und genoss, was er zubereitet hatte. *Die Minestra ist köstlich. Gerd hat extra, nach einem guten italienischen Kochbuch, ein sehr würziges Pesto dazu gemacht, mit viel Knoblauch, das wird über die Suppe gestreut, nebst Parmesan, und dazu besteht er auf einem „Trunk": Campari/Soda. Gerd hat alles mit großer Lust zubereitet und freut sich an meiner Begeisterung. Soll ich dir mal was sagen? sage ich. Ich habe dich lieb. – Das beruht auf Gegenseitigkeit, erwidert er trocken.* (Tag 2, S. 78) Die Fassung von *Stadt der Engel*, die 2005 schließlich vorlag, hatte Gerhard einer *höflich-harschen* Kritik unterzogen. Nun suchte Christa nach einem neuen Zugang zu dem Stoff, hoffte darauf, einen neuen Ton, eine souveräne Erzählhaltung zu finden, die sie weiterbrachte. In diesem Jahr erhielt sie einen Herzschrittmacher. Die Schmerzen im Knie machten ihr das Gehen und das Stehen schwer. Ausstellungsbesuche wurden unmöglich, weil sie vor den Bildern nicht mehr stehenbleiben und sie betrachten konnte. Es fiel ihr schwer, sich mit dieser Behinderung, mit diesen Schmerzen abzufinden. Treppensteigen – ihre Wohnung im Amalienpark liegt im zweiten Stock – wurde zu einer Herausforderung, vor der sie sich jedesmal fürchtete. Besuche bei den Kindern und Enkeln waren nicht mehr möglich. Wenn sie nachts, was immer öfter geschah, in einer depressiven oder ängstlichen Stimmung erwachte, trainierte sie tapfer positives Denken. *Und ich muß wieder an mein angstbesetztes Manuskript über die Stadt der Engel denken*, notierte sie im Tagebuch, *das so langsam vorrückt, vielleicht auch, weil sich der Stoff, der doch einfach „da" zu sein scheint, Jahr für Jahr verändert und ich gar nicht sicher bin, ob ich ihn in seiner endgültigen, was hieße: „wahren" Gestalt erwische. Da es das letzte Wichtige ist, was ich schreiben werde, scheine ich mich zu überfordern. Lasse mir übermäßig viel Zeit, ohne zu wissen, ob ich die wirklich noch habe. Und oft, wenn ich sehe, was die Jungen schreiben, frage ich mich, wieso mein Schreiben – der Inhalt und der Gehalt dieses Schreibens – „wichtig" sein soll.* (Tag 2, S. 95) Das wirklich Wichtige – so kann man zwischen den Zeilen lesen – war nicht (mehr) das Schreiben, sondern der gemeinsame Alltag mit Gerhard, waren die Rituale ihrer Tage, und Christa fragte sich: *Wie lange noch? Wie oft noch?* (Tag 2, S. 106) Und arbeitete diszipliniert am Manuskript weiter, während Gerhard zu seinem täglichen Einkaufsgang aufbrach. Während sie schrieb und korrigierte, sah sie die Straßen von Pacific Palisades vor sich, *das Netzwerk, das die einzelnen Punkte – die Häuser der Emigranten – miteinander verknüpfte. Eine einmalige Anhäufung von Geist und Kultur.* (Tag 2, S. 114)

Sie nahm wahr, dass es ihr zunehmend leichter fiel als früher, schreibend in einen *Erfindungsrausch* zu verfallen und *von der schlichten naturalistischen „Wahrheit“* abzuweichen (Tag 2, S. 111) – und sie vermutete, die Protagonisten würden dies mit Befremden zur Kenntnis nehmen. Aber anders als beim Schreiben von *Sommerstück*, wo dieser Aspekt sie geradezu verfolgte, die Angst, jemanden zu verletzen, indem sie sich gestalterische Freiheiten herausnahm, hatte sie zwar leichte Skrupel, aber sie verfuhr hier mit dem Stoff als souveräne Erzählerin.

Eine Kniegelenkoperation mit langwierigen Wundheilungsstörungen – genau genommen waren sechs oder sieben Operationen jeweils mit voller Narkose notwendig – hielt Christa Wolf fast die gesamte zweite Hälfte des Jahres 2008 in verschiedenen Krankenhäusern fest. Ihre Aversion, sogar Angst vor der Narkose wuchs. Wann immer es möglich war, las sie Zeitung – in diesem Sommer machte die „Finanzkrise“ Schlagzeilen – und es geschah etwas Merkwürdiges: Sie *staunte und begriff sehr wohl die Bedeutung dieser Ereignisse, doch konnte ich sie nicht auf mich beziehen: Wenn ich mein Gefühl in Worte fassen sollte, müßte ich wohl sagen: Das alles betrifft mich nicht mehr. Meine Zeit ist vorbei. Ich sehe den Ereignissen zu. Mit 80 ist man nicht mehr dabei. Dies ist nicht mehr meine Zeit.* (Tag 2, S. 127f.) Sie fühlte sich nach diesem *Krankheitssommer* gehörig gealtert, fürchtete den herannahenden achtzigsten Geburtstag als *Grenze zwischen Alter und Todesnähe.* (Tag 2, S. 128) Zu arbeiten war ihr unmöglich, das Manuskript blieb liegen. Sie registrierte, wie sich ihre Prioritäten änderten, und nahm diese Veränderung an. *Vieles ist mir gleichgültig. Das einzige, was mich interessierte, war alles, was meine Familie betraf. Mir wurde bewußt: Dies ist der feste, dauerhafte Bestandteil meines Lebens – erst danach kommt alles, was mit meiner Arbeit zusammenhängt.* (Tag 2, S. 128) Sie las manchmal in einem ihrer eigenen Bücher. *Ich las die Texte wie zum ersten Mal*, notierte sie leicht befremdet, *erinnerte mich nicht, daß ich sie geschrieben hatte, und fand sie zu meinem Erstaunen „nicht schlecht“. Eigentlich, dachte ich, habe ich doch alles gesagt, was ich zu sagen hatte. Könnte ich mein „Werk“ nicht als abgeschlossen betrachten? Muß ich mich noch an diese Schwerarbeit mit „Stadt der Engel“ heranmachen?* (Tag 2, S. 128f.) Aber gleichzeitig hatte sie das Gefühl, dass es ein Vergehen wäre, ihre Zeit ungenutzt –

ohne zu schreiben – verstreichen zu lassen. Sie vermutete hinter ihrer Schreibblockade sowohl die *Einsicht in die Vergeblichkeit dieses Tuns* als auch *Zweifel in [ihre] eigene Fähigkeit, diese neue Herausforderung noch zu meistern* (Tag 2, S. 129).

Die *große Freude in diesem sonst freudearmen Sommer* (Tag 2, S. 126) war, das erste Mal die Urenkelin Nora im Arm zu halten. Dann, im Oktober 2008, der achtzigste Geburtstag Gerhards – und Christa konnte zum ersten Mal nicht dabei sein, denn sie war im Krankenhaus. Sie bekam Angst um ihn, der seine eigene Feier selbst vorbereitete, dass er sich übernehmen würde. Vielleicht hatte er sich mit seiner unglaublichen Aktivität auch über dieses Datum hinweggerettet.

Sie und er sind auch für ihre Freunde nur zusammen zu denken. In einem Christa Wolf zum achtzigsten Geburtstag gewidmeten Band beschreibt Christoph Hein diesen „Glücksfall": „Und es ist für mich immer ein Erlebnis, sie mit ihrem Gerhard zu sehen. Was für ein wunderbares Paar, stets voller Zärtlichkeit und Aufmerksamkeit füreinander. Es scheint, als ob immer ein Lächeln über den beiden schwebt, ein Lächeln mit einer kleinen, feinen Ironie gepaart, die das Liebevolle nur verstärkt. Eine so gewichtige deutsche Autorin, und so viel gelebte Liebe. Das ist ein Glücksfall, nicht nur für Christa Wolf, auch für die deutsche Literatur." (Wort, S. 57f.) Ihren eigenen achtzigsten Geburtstag im März 2009, den die Enkelkinder ausrichteten, feierte sie heiter in großer Runde mit Familie, Verwandten, Freunden, Kollegen, es wurde getafelt und gesungen – und sie hielt jene *Kuckucksrufe* betitelte *Kleine Rede zu einem günstigen Augenblick*. Sie sprach über das Janusgesicht des Alters, davon, dass *Verständnis* ein Schlüsselwort für sie sei, im Leben wie beim Schreiben. (Rede, S. 125f.) Sie war glücklich darüber, dass sie genesen war und dieses Fest im Kreise ihrer Familie und Freunde feiern konnte. Und sie arbeitete weiter am Manuskript von *Stadt der Engel*, nahm es mit nach Woserin. Gerhard war mit dessen bisheriger Fassung nicht zufrieden, störte sich an bestimmten Formulierungen – *„Der neue Glaube kommt listigerweise über den Kopf." Und der alte? fragt er. Kam der nicht auch über den Kopf? Oder woher sonst? – Über Emotionen, sage ich. Und wenn über den Kopf, dann über einen anderen Teil des Kopfes.* (Tag 2,

S. 135). Christa diskutierte mit Gerhard, aber sie verspürte diesmal wenig Bereitschaft, seinen Änderungsvorschlägen zu folgen – sie fürchtete sich vor der Arbeit, die das mit sich brachte, das traute sie sich nicht mehr zu. Gerhard kochte Erbsensuppe, ein *Lieblingsgericht aus Kindertagen.* (Tag 2, S. 137) Sie genossen den herrlichen Spätsommer mit seinen intensiven Farben, den grün belaubten Bäumen, dem Himmel in *unwirklichem Blau* (Tag 2, S. 136). Allerdings konnte Christa mit ihren beiden Krücken nur wenige Schritte gehen. Sie sollte sich einfach daran gewöhnen, dass es nun so ist, dachte sie bei sich. Auch, dass Gerhard ihr beim An- und Ausziehen half, weil sie manche Bewegungen und Handgriffe nicht mehr alleine schaffte.

Immer schon hatte Christa Wolf gerne gesungen – eine durchsungene Nacht rettete sie, wie sie in *Stadt der Engel* beschrieb, aus Verzweiflung und Einsamkeit. Nun machte sie, deren unerhörte Aufmerksamkeit sich mit den Jahren immer weiter geschärft hatte, die Erfahrung, dass manchmal sehr leise in ihr gesungen wurde. Wenn sie sich nach innen konzentrierte, konnte sie es hören.

Sie war froh über jeden Tag, der ohne persönliche Katastrophen zu Ende ging. Es gab kaum mehr einen Tag, an dem ihr der Gedanke an den Tod nicht präsent war, das Wissen, wie wenig Zeit ihr und ihnen beiden zusammen noch gegeben sein würde. *Die Horrorvorstellung, allein leben zu müssen*, notierte sie im Tagebuch. *Oft am Tag blicke ich auf Gerd, was er gerade macht, seinen Gesichtsausdruck, seine Haltung, wie er etwas sagt. Wie er, manchmal triumphierend, zum Abendbrot ein überraschendes Gericht hereinbringt. Ich horche, ob ich ihn atmen höre. Ich kann ihn ja nicht wecken, um ihm zu sagen, wie ich ihn liebe.* (Tag 2, S. 143)

2010 erschien endlich *Stadt der Engel.* Christa Wolf hat dem Buch, das sie über ein Jahrzehnt in seinen verschiedenen Fassungen beschäftigt hatte, ein Motto von Walter Benjamin aus *Ausgraben und Erinnern* vorangestellt: „So müssen wahrhafte Erinnerungen viel weniger berichtend verfahren als genau den Ort bezeichnen, an dem der Forscher ihrer habhaft wurde." Auch mit dieser autobiografischen Prosa, in der sie in der für ihr Schreiben charakteristischen Weise Biografie, Innenwelt und Zeitgeschichte verschränkte, thematisierte sie zugleich die Erinnerungsarbeit selber und die Widerstände, Irritationen, Verletzlichkeit, Sehnsucht, Nüchternheit und die Ängste, die sie weckte. Der Lebensgefährte, das Du jenseits des Ozeans, begleitet die Ich-Erzählerin durch die Etappen gemeinsamer Geschichte und lässt seine ferne Telefonstimme Trost spenden. Die Begleiterin vor Ort, der schwarze Engel Angelina, eine Kollegin von Kora, der Begleiterin auf der Hadesfahrt in *Leibhaftig*, macht es der Ich-Erzählerin leicht, sich in luftigen Höhen über der Bucht von Santa Monica zu bewegen. *Sie wollte, daß ich diesen Flug genoß. Sie wollte, daß ich hinuntersah und, abschiednehmend, mir für immer einprägte die großzügige Linie der Bucht, den weißen Schaumrand, den das Meer ans Ufer spülte, den Sandstreifen vor der Küstenstraße, die Palmenreihen und die dunklere Bergkette im Hintergrund. – Und die Farben. Ach, Angelina, die Farben! Und dieser Himmel. – Sie schien zufrieden, flog schweigend, hielt mich an ihrer Seite. – Wohin sind wir unterwegs? – Das weiß ich nicht.* (Engel, S. 414f.) Mit diesem Buch und mit dieser übergroßen Anstrengung, es zu Ende zu bringen, ist Christa Wolf sich selbst treu geblieben. Ihre schonungslose Selbsterforschung, die es nicht duldete, Schmerzpunkte mit dem Mantel des Vergessens zuzudecken, hat niemals vor den eigenen Widersprüchlichkeiten und Verstrickungen Halt gemacht. Die Briefe der Leserinnen und Leser, die sie nun auch nach diesem Buch erreichten, zeigten sich auch davon berührt und voller Respekt. Auch öffentliche Ehrungen ließen nicht lange auf sich warten: Christa Wolf erhielt die Ehrendoktorwürde der Universität Madrid, den Thomas-Mann- und den Uwe-Johnson-Preis. *Ich wäre nicht untröstlich*, hielt sie im Tagebuch fest, *wenn ich nicht mehr schreiben würde.* (Tag 2, S. 151)

## Der sechzigste Hochzeitstag

Im Sommer 2011 waren Christa und Gerhard Wolf sechzig Jahre verheiratet. Sie feierten dieses Familienfest am 28. Juli mit Familie und Freunden in Woserin. Christas Geschenk für Gerhard war die Erzählung *August*. Im Frühsommer träumte sie, dass sie schmerzfrei und ohne Krücken laufen könnte, und schrieb in einem Zug die Geschichte von August auf, 1947 ein zehnjähriger Junge, durch den Krieg elternlos geworden. Im letzten Kapitel von *Kindheitsmuster*, das in der TBC-Heilstätte Kalkhorst an der Ostsee spielt, begegnen sich die vierzehnjährige Nelly, Christa Wolfs Alter Ego, und der Junge aus Ostpreußen, der sich das Mädchen, das sich wie eine große Schwester seiner annimmt, als Beschützerin wählt. *August erinnert sich*, so beginnt die Erzählung. Nun lässt Christa Wolf August selbst erzählen. In ihrer Macht als Erzählerin liegt es, ihm ein in seiner Alltäglichkeit glückliches Leben zu schenken. Dies ist übrigens das einzige Prosastück, in dem Christa Wolf einen Mann erzählen lässt. Mit dieser Erzählung schenkte sie ihrem Mann eine Geschichte *aus der Zeit, als wir uns noch nicht kannten*, wie sie in ihrer Widmung schreibt. *Von der späteren Zeit kann ich Dir kaum etwas erzählen, was Du nicht schon weißt. Das ist es ja: Wir sind in den Jahrzehnten ineinandergewachsen. Ich kann kaum „ich" sagen – meistens „wir".* Wenn sie die Widmung an Gerhard mit den Worten schließt *Ich habe Glück gehabt*, dann schließt dieses Glück viel und Verschiedenes ein: ihre Liebe, das gemeinsame Leben, das auch immer ein Miteinanderdenken und -arbeiten war, ein fortgesetzter Dialog, in dem auch andere Stimmen willkommen waren.

Erneute Krankenhausaufenthalte wurden notwendig. In den kurzen Zeiten dazwischen, in denen Christa Wolf wieder zurück in der Wohnung im Amalienpark war, spielte sich ihr Leben unter *irre[n] Schmerzen* (Tag 2, S. 154) zwischen Bett und Sessel ab. Sie spürte und notierte, wie alles weniger wurde: ihr Interesse, ihr Appetit, die Worte. Auch im Krankenhaus umgab sie die Fürsorge Gerhards, jeden Tag kochte er für sie eine Suppe. Am Morgen des 1. Dezember 2011 starb sie, ruhig, umgeben von ihrer Familie. Tapfer und Haltung bewahrend bewältigte Gerhard Wolf die Tage nach Christas Tod, das Begräbnis, die Trauerfeier in der Akademie der Künste, bei der er nach den Freunden, die an Christa erinnert hatten, ein Stück aus dem Schluss von *Stadt der Engel* las, einschließlich eines der Gespräche, die über den Ozean hinweg geführt wurden. *Ist was passiert, rief eine aufgeregte Stimme. – Nein, nichts. Das ist es ja. – Sag mal, bist du beschwipst? – Das auch. Aber vor allem will ich dich was fragen. – Frag. – Ist dir eigentlich klar, daß der ganze Inhalt deines Kopfes mit verlorengeht, wenn du stirbst? – Freilich. Außer dem, was du aufgeschrieben hast. – Ach. Dieser Bruchteil. Es scheint dich nicht zu stören. – Ich denke nicht andauernd daran. – Ich schon, seit kurzem. Nun schweigst du. Was ich noch sagen wollte: Wir werden älter. – Danke für die Mitteilung. – Gute Nacht.* (Engel, S. 410f.) Nähe, die sich über Tausende Kilometer hinweg lebendig anfühlt, ein Gespräch voller Ernst und Heiterkeit. Nichts davon geht verloren, weil es aufgeschrieben worden ist.

# Anhang

## Bibliografie

### *Werkausgaben*

Für Zitate aus den Werken von Christa Wolf: © Suhrkamp Verlag Berlin. Wir danken Gerhard Wolf für die freundliche Genehmigung zum Abdruck von Zitaten aus seinen Werken.

*Christa Wolf. Werkausgabe in 12 Bänden.* Herausgegeben, kommentiert und mit Nachworten versehen von Sonja Hilzinger. München 1999-2001.
Bd. 1: *Der geteilte Himmel* (= WA 1)
Bd. 2: *Nachdenken über Christa T.* (= WA 2)
Bd. 3: *Erzählungen 1960-1980* (= WA 3)
Bd. 4: *Essays, Gespräche, Reden, Briefe 1959-1974* (= WA 4)
Bd. 5: *Kindheitsmuster* (= WA 5)
Bd. 6: *Kein Ort. Nirgends / Der Schatten eines Traumes. Karoline von Günderrode – ein Entwurf / Nun ja! Das nächste Leben geht aber heute an. Ein Brief über die Bettine* (= WA 6)
Bd. 7: *Kassandra / Voraussetzungen einer Erzählung* (= WA 7)
Bd. 8: *Essays, Gespräche, Reden, Briefe* 1975-1986 (= WA 8)
Bd. 9: *Störfall / Verblendung. Disput über einen Störfall* (= WA 9)
Bd. 10: *Sommerstück / Was bleibt* (= WA 10)
Bd. 11: *Medea. Stimmen / Voraussetzungen zu einem Text* (= WA 11)
Bd. 12: *Essays, Gespräche, Reden, Briefe 1987-1999* (= WA 12)

Christa Wolf: *August.* Erzählung. Berlin 2012. (= Widmung)
Christa Wolf: *Mit anderem Blick.* Erzählungen. Frankfurt/M. 2005. (= Blick)
Christa Wolf: *Nachruf auf Lebende.* Die Flucht. Hg. von Gerhard Wolf. Berlin 2014.
Christa Wolf: *Leibhaftig.* Erzählung. München 2002. (= Leibhaftig)
Christa Wolf: Nachwort. In: Friedrich Schlotterbeck: *Je dunkler die Nacht …* Erinnerungen eines deutschen Arbeiters 1933-1945. Stuttgart 1986. (= Nacht)
Christa Wolf: *Nuancen von Grün.* Ausgewählte Texte zu Landschaft und Natur. Zusammengestellt von Angela Drescher. Berlin 2002. (= Grün)

Christa Wolf: *Rede, daß ich dich sehe.* Essays, Reden, Gespräche. Berlin 2012. (= Rede)
Christa Wolf: *Stadt der Engel oder The Overcoat of Dr. Freud.* Berlin 2010. (= Engel)
Christa Wolf: *Ein Tag im Jahr 1960-2000.* [München 2003] München 2005. (= Tag)
Christa Wolf: *Ein Tag im Jahr im neuen Jahrhundert 2001-2011.* Hg. von Gerhard Wolf. Berlin 2013. (= Tag 2)
Christa Wolf: *Der Worte Adernetz.* Essays und Reden. Berlin 2006.

Gerhard Wolf: *Albert Ebert.* Wie ein Leben gemalt wird. Berlin 1974.
Gerhard Wolf: *Beschreibung eines Zimmers.* 15 Kapitel über Johannes Bobrowski. Berlin 1971. (= Zimmer)
Gerhard Wolf: *Bobrowski. Sein Leben und Werk.* [Berlin 1982] Westberlin 1982. (= Bobrowski)
Gerhard Wolf: *Deutsche Lyrik nach 1945.* Versuch einer Übersicht. Berlin 1964.
Gerhard Wolf: *Der Dichter Louis Fürnberg.* Leben und Wirken. Ein Versuch. Berlin 1961.
Gerhard Wolf: *Im deutschen Dichtergarten.* Lyrik zwischen Mutter Natur und Vater Staat. Ansichten und Porträts. Darmstadt, Neuwied 1985. (= Dichtergarten)
Gerhard Wolf: Das fortgesetzte Gespräch. In: *Ahornallee 26 oder Epitaph für Johannes Bobrowski.* Hg. von Gerhard Rostin. [Berlin 1977] Stuttgart 1978. (= Ahornallee)
Gerhard Wolf: *Der arme Hölderlin.* Berlin 1972.
Gerhard Wolf: Nachwort. In: Erich Arendt: *Gesang der sieben Inseln.* Gedichte. Aachen 2002. (= Gesang)
Gerhard Wolf: *Sprachblätter. Wortwechsel.* Im Dialog mit Dichtern. Leipzig 1992. (= Sprachblätter)
Gerhard Wolf: *Wortlaut Wortbruch Wortlust.* Dialog mit Dichtung. Aufsätze und Vorträge. Leipzig 1988. (= Dialog)

Christa Wolf / Gerhard Wolf: *Ins Ungebundene gehet eine Sehnsucht.* Gesprächsraum Romantik. Prosa und Essays. Berlin, Weimar 1985. (= Sehnsucht)
Christa Wolf / Gerhard Wolf: *Malerfreunde.* Leben mit Bildern. Essays. Reden. Halle 2010. (= Malerfreunde)

## *Briefwechsel, Veröffentlichungen von Freunden, Kollegen und Zeitgenossen*

Louis Fürnberg. *Briefe 1932-1957.* Hg. im Auftrag der Akademie der Künste der Deutschen Demokratischen Republik von Lotte Fürnberg und Rosemarie Poschmann. Band II: 1954–1957. Berlin, Weimar 1986. (= BW Fürnberg)

Reimann, Brigitte / Wolf, Christa: *Sei gegrüßt und lebe.* Eine Freundschaft in Briefen. 1964–1973. Hg. von Angela Drescher. Berlin, Weimar 1993. (= BW Reimann) © Aufbau Verlag GmbH & Co. KG, Berlin 1993.

Wolf, Christa / Fühmann, Franz: *Monsieur – wir finden uns wieder.* Briefe 1968–1984. Hg. von Angela Drescher. Berlin, Weimar 1995. (= BW Fühmann)

Wolf, Christa / Seghers, Anna: *Das dicht besetzte Leben.* Briefe, Gespräche und Essays. Hg. von Angela Drescher. Berlin 2003. (= BW Seghers)

*Was zählt, ist die Wahrheit.* Briefe von Schriftstellern der DDR. Hg. von Werner Liersch, Halle/Saale 1975. (= Wahrheit)

*Akteneinsicht Christa Wolf.* Zerrspiegel und Dialog. Eine Dokumentation. Hg. von Hermann Vinke. Hamburg 1993. (= Akteneinsicht)

*Christa Wolf.* Eine Biographie in Bildern und Texten. Hg. von Peter Böthig. München 2004. (= Bildbiographie)

Deiritz, Karl: Ich halt's halt mit der Kunst. Ein Gespräch mit Gerhard Wolf. In: *Verrat an der Kunst?* Rückblicke auf die DDR-Literatur. Hg. von Karl Deiritz und Hannes Krauss. Berlin 1993. (= Kunst)

*Unsere Freunde, die Maler.* Hg. von Peter Böthig, Berlin 1995.

*Die Poesie hat immer recht.* Gerhard Wolf – Autor – Herausgeber – Verleger. Ein Almanach zum 70. Geburtstag. Hg. von Peter Böthig, Berlin 1998. (= Poesie)

Stiftung Archiv der Akademie der Künste. Das Archiv von Christa Wolf. Katalog zur Ausstellung „Wie man es erzählen kann, so ist es nicht gewesen", konzipiert von Sabine Wolf in der AdK, Berlin, aus Anlass des 75. Geburtstags von Christa Wolf. Berlin 2004.

*Stille Post.* Inoffizielle Schriftstellerkontakte zwischen West und Ost. Hg. von Roland Berbig. Berlin 2005.

*Stimmen der Freunde.* Gerhard Wolf zum 85. Geburtstag. Hg. von Friedrich Dieckmann. Berlin 2013.

*Ein Text für C. W.* Texte für Christa Wolf zum 65. Geburtstag. Berlin 1994. (= Text)

*Wohin sind wir unterwegs?* Zum Gedenken an Christa Wolf. Sonderdruck. Berlin 2012.

*sich aussetzen / das Wort ergreifen.* Texte und Bilder zum 80. Geburtstag von Christa Wolf. Hg. von Therese Hörnigk, Göttingen 2009. (= Wort)

Bräunig, Werner: Der Autor und sein Lektor. In: *Situation 66.* 20 Jahre Mitteldeutscher Verlag Halle (Saale), 1966. (= Situation) © 2014 by Werner-Bräunig-Erben, by Claus Bräunig - Bevollmächtigter und Vertreter für die Erben (Rechteinhaber) am literarischen Nachlass von Werner Bräunig.

Bruyn, Günter de: Fragment eines Frauenporträts. In: *Liebes- und andere Erklärungen*. Schriftsteller über Schriftsteller. Hg. von Annie Voigtländer. Berlin, Weimar 1972. (= Erklärungen)

Bruyn, Günter de: *Vierzig Jahre*. Ein Lebensbericht. Frankfurt/M. 1996.

Hermsdorf, Klaus: *Kafka in der DDR*. Erinnerungen eines Beteiligten. Berlin 2006.

Kirsch, Sarah: *Allerlei-Rauh*. Eine Chronik. Stuttgart 1988. (= Allerlei-Rauh)

Schlotterbeck, Anna: *Die verbotene Hoffnung*. Aus dem Leben einer Kommunistin. Hamburg 1990. (= Hoffnung)

Seghers, Anna: *Glauben an Irdisches*. Essays aus vier Jahrzehnten. Hg. von Christa Wolf. Leipzig 1974. (= Glauben)

Simon, Annette / Faktor, Jan: *Fremd im eigenen Land?* Gießen 2000. (= Land)

Simon, Jana: *Sei dennoch unverzagt*. Gespräche mit meinen Großeltern Christa und Gerhard Wolf. Berlin 2013.

Wander, Fred: *Das gute Leben*. Erinnerungen. Wien 1996.

Wolf, Dieter: *Gruppe Babelsberg*. Unsere nichtgedrehten Filme. Berlin 2000.

## *Weitere Literatur*

Barck, Simone/Langermann, Martina/Lokatis, Siegfried: *„Jedes Buch ein Abenteuer“*. Zensur-System und literarische Öffentlichkeiten in der DDR bis Ende der sechziger Jahre. Berlin 1997. (= Abenteuer)

Becher, Johannes R.: *Der Aufstand im Menschen*. Hg. von Ilse Siebert. Berlin, Weimar, 2. Aufl. 1986. (= Aufstand)

Bloch, Ernst: *Das Prinzip Hoffnung*. Band 1, Frankfurt/M. 1980. (= Bloch)

Edschmid, Ulrike: *Verletzte Grenzen*. Zwei Frauen, zwei Lebensgeschichten. Hamburg, Zürich 1992. (= Grenzen)

Geißler, Gudrun: Stephan Hermlin und die junge Lyrik. In: *Kahlschlag*. Das 11. Plenum des ZK der SED 1965. Studien und Dokumente. Hg. von Günter Agde, Berlin 1991. (= Kahlschlag)

Hilzinger, Sonja: „Avantgarde ohne Hinterland" (Christa Wolf). Zur Wiederentdeckung des Romantischen in Prosa und Essayistik. In: *Literatur in der DDR*. Rückblicke. München 1991.

Hilzinger, Sonja: *Christa Wolf*. BasisBiographie. Berlin 2007.

Hilzinger, Sonja: Objektivierte Mimesis und subjektive Authentizität. Ein Versuch über Uwe Johnson und Christa Wolf. In: *Johnson-Jahrbuch* 11 (2004).

Hilzinger, Sonja: „Prinzip Hoffnung". Biblische Motive im Werk Christa Wolfs. In: *Cultural Politics and the Politics of Culture*. Hg. von Helen Fehervary und Bernd Fischer. Oxford, Bern 2007.

Hilzinger, Sonja: Sie und er. Ein Modell der anderen Art. In: *Christa Wolf*. München 2012.

Hilzinger, Sonja: Fortgesetzter Versuch. Christa Wolf und Anna Seghers. In: *Argonautenschiff*. Jahrbuch der Anna-Seghers-Gesellschaft 14 (2005).

Lukács, Georg: *Gelebtes Denken*. Eine Autobiographie im Dialog. Red. István Eörsi. Aus dem Ungarischen von Hans-Henning Paetzke. Frankfurt/M. 1981. (= Lukács)

Magenau, Jörg: *Christa Wolf*. Eine Biographie. Berlin 2002.

Mayer, Hans: Der Redner Ernst Bloch. In: *Ernst Blochs Wirkung*. Frankfurt/M. 1975. (= Wirkung)

Pietrzynski, Ingrid: „Die Menschen und die Verhältnisse bessern ..." Literaturvermittlung in Literatursendungen des DDR-*Rundfunks*. In: *Buch, Buchhandel und Rundfunk 1950-1960*. Hg. von Monika Estermann und Edgar Lersch, Wiesbaden 1999.

Walther, Joachim: *Sicherungsbereich Literatur*. Schriftsteller und Staatssicherheit in der Deutschen Demokratischen Republik. Berlin 1996. (= Sicherungsbereich)

Wolf, Sabine: Christa Wolf und Uwe Johnson. Zwei Möglichkeiten. In: *Johnson-Jahrbuch* 11 (2004).

Biographische Datenbanken: www.bundesstiftung-aufarbeitung („Wer war wer in der DDR? Ein Lexikon ostdeutscher Biographien", „Deutsche Kommunisten: Biographisches Handbuch 1918 bis 1945")

## Bildnachweis

Karin Blasig: 114
Bundesarchiv: 131 (Bild 183-B0509-0010-008, ADN-Zentralbild/Irene Eckleben)
Helmut Dilcher: 112
Christa Grams: 188
Franziska Messner-Rast: 245
Mike Minehan: 269
Helga Paris: 179, 191, 197, 227, 236
Katja Rehfeld: 258
Frank Rothe: 267
Vera Stark: 206

Trotz gewissenhafter Suche konnten nicht alle Inhaber der Fotorechte gefunden werden. Für berechtigte Ansprüche bitten wir um Mitteilung.

## Die Autorin

Dr. Sonja Hilzinger, 1955 geboren, ist Literaturwissenschaftlerin, Lektorin und Beraterin (www.sonjahilzinger.de). Sie veröffentlicht seit Jahrzehnten zu Christa Wolf und hat die zwölfbändige Christa-Wolf-Werkausgabe im Luchterhand Literaturverlag (1999–2001) herausgegeben. Zu ihren weiteren Publikationen zählen Biografien über Anna Seghers und Inge Müller. 2005 erhielt sie den Caroline-Schlegel-Schelling-Preis der Stadt Jena. Im Verlag für Berlin-Brandenburg erschien 2009 ihre Biografie über Elisabeth Langgässer.

## Personenregister